千年圆梦

2020年中国脱贫攻坚纪实

主编　李朝全

广东高等教育出版社
Guangdong Higher Education Press
·广州·

图书在版编目（CIP）数据

千年圆梦：2020年中国脱贫攻坚纪实/李朝全主编．—广州：广东高等教育出版社，2021.4

ISBN 978－7－5361－6975－3

Ⅰ．①千…　Ⅱ．①李…　Ⅲ．①纪实文学－作品集－中国－当代　Ⅳ．①I25

中国版本图书馆CIP数据核字（2021）第025809号

QIANNIAN YUANMENG：

2020 NIAN ZHONGGUO TUOPIN GONGJIAN JISHI

出版发行	广东高等教育出版社
	地址：广州市天河区林和西横路
	邮政编码：510500　电话：（020）87554152　87551163
	http://www.gdgjs.com.cn
印　　刷	广东信源彩色印务有限公司
开　　本	787毫米×1 092毫米　1/16
印　　张	29.75
字　　数	430千
版　　次	2021年4月第1版　2021年4月第1次印刷
定　　价	68.00元

序

李朝全

“民亦劳止，汔可小康。”这是《诗经·大雅·民劳》中的诗句，意思是老百姓实在太劳苦，也该稍稍得到安康了。表达了远古先民们的一种理想。

《礼记·礼运》对“小康”社会做了最早的界定：“禹、汤、文、武、成王、周公，由此其选也。此六君子者，未有不谨于礼者也。以著其义，以考其信，著有过，刑仁讲让，示民有常。如有不由此者，在執者去，众以为殃。是谓小康。”翻译成白话文就是：夏禹、商汤、周文王、周武王、周成王和周公旦，由此成为三代中的杰出人物。这六位君子，没有哪个不谨慎奉行礼制。他们彰显礼制的内涵，用以考察人们的信用，揭露过错，树立讲求礼让的典范，为百姓昭示礼法的仪轨。如有越轨行为，即便有权势者也要斥退，百姓也会将其看作祸害。这种社会就叫小康。

天下小康，再至天下大同，是中华民族的千古梦想。摆脱贫困，实现小康，衣食无忧，安居乐业，生活殷实，这是中国人民千百年来梦寐以求的美好生活。然而，即便是在贞观之治、开元盛世的盛唐时代，中华民族也未能实现全民和全社会的小康，也存在“朱门酒肉臭，路有冻死骨”的现象。

中华人民共和国成立以后，中国共产党领导中国人民本着摆脱贫困、实现小康的远大梦想，孜孜不倦，持之以恒，坚持不懈，努力奋斗。改革开放以后，我们才逐步地摆脱了贫困，解决了十几亿人的温饱问题，而后开始了向全面小康奋进的伟大历程。到 2020 年底，14 亿中国人即将全面彻底地告别贫困，真正做到一个都不能少、一个都不落下地迈进小康。

在中国人民摆脱贫困、迈向全面小康的进程中，涌现出无数可歌可泣、感人至深的人物和故事。我们的作家没有缺席，我们的文学勇于担当，及时发声。作家们深入脱贫攻坚第一线，深入那些特别贫困集中连片地区，展开细致周到的采访，创作了一大批有温度、有筋骨、有道德、有分量也有力量的文学作品。这些作品真实地记录了中国人民在实现脱贫和小康这一千古梦想的艰辛历程，为历史留下了珍贵的文学影像，具有独特的史志价值、认识价值、教育价值和文学审美价值。

目录

CONTENTS

筑　梦

追　梦

圆 梦

筑　梦

扶贫脱贫工作一直以来都处在进行时。

2012年12月，习近平总书记在河北阜平看望慰问困难群众、考察扶贫开发工作时强调，消除贫困、改善民生、实现共同富裕，是社会主义的本质要求。

2013年11月3日，习近平总书记在视察湘西花垣县十八洞村时，首次提出“精准扶贫”，明确要求“不栽盆景，不搭风景”“不能搞特殊化，但不能没有变化”，不仅要自身实现脱贫，还要探索“可复制、可推广”的脱贫经验，从而正式拉开了我国全面脱贫攻坚战的序幕。

此后7年间，不仅贫困地区，全国四面八方都纷纷行动起来，伸出援手，支援贫困地区、贫困人口，与贫困作战，在中国大地上展开了一场轰轰烈烈的脱贫攻坚大战。

欧阳黔森

一级编剧，二级教授，贵州省核心专家，国务院特殊津贴专家。贵州省文联主席，贵州省作家协会主席，贵州文学院院长，第十一、十二、十三届全国人大代表。中宣部文化名家暨“四个一批”人才，获“全国中青年德艺双馨文艺工作者”称号。代表作有长篇小说《雄关漫道》《非爱时间》《绝地逢生》《奢香夫人》及中短篇小说集等10部。编剧并任总制片人的电视连续剧有《雄关漫道》《绝地逢生》《奢香夫人》《24道拐》《星火云雾街》《伟大的转折》《花繁叶茂》；电影《云下的日子》《幸存日》《极度危机》等12部。多次获得全国“五个一”工程奖、全国电视金鹰奖、全国电视飞天奖、全军金星奖等。

花繁叶茂，倾听花开的声音

花茂村原名荒茅田，意指贫困荒芜，后改名花茂，寓意花繁叶茂，这是荒茅田人一个美好的愿望。荒茅田人没想到这个愿望，需要一个甲子的漫长岁月，才能梦想成真。

穷则思变，是改变现状的重要因素，换句话来说，穷不思变，无论多久，你的境况依然不会有任何改变。从1955年更名为花茂，一个甲子60年的岁月，对于一个村庄来说，确实是一个漫长的过程，而这个过程就是一个村庄从贫困到富裕的奋斗历程，而这个历程就是一部中国农民的心灵史诗。

是啊，穷则思变，是改变现状的重要因素，但并不意味这个因素就能改变你的一切，有的贫困不是因为你思变就能改变，就如有的国家和地区祖祖辈辈都在贫困、祖祖辈辈都在思变，但依然没有改变，依然贫穷。这是一个世界性的问题。

荒茅田这个名字也不知道叫了多少个朝代，一句话，这个地方就是一个贫困、荒芜的地方；即使它叫花茂了，也并未改变它是一个贫困村的状况。

在纪念长征胜利 60 周年之际，我曾受贵州省委宣传部的委派，写一部反映中国工农红军第二方面军长征的电视连续剧剧本《雄关漫道》。为了写好这部剧，作为创作者，必须系统、详细、深入地了解党史、军史，特别是长征这段历史。于是，我重走长征路，而地处遵义县枫香镇境内的苟坝会议会址也是我的目的地之一。这样，我才知道有一个花茂村存在。那天，坐在吉普车上，一路颠簸了 6 个多小时，还没到目的地，同车的本地人见我着急，便对我说：这里已经是花茂了，最多 10 分钟就到苟坝。我朝车窗外一看，花茂不仅没有花，树也没见几棵，道路泥泞不堪，民房陈旧杂乱，真的有点不堪入目。说实话，这样的地方很难让人记住。

结束那次采访后，没有人再给我提起过花茂，花茂村就像我经过的很多村庄一样，没有留下任何记忆。即便 5 年后为了创作一部电影剧本，我再次到过苟坝，也没有想到花茂村的存在。其实，到苟坝只有一条路，我肯定经过了花茂村。

我再次来到花茂村的时候，花茂已经是花繁叶茂一派生机勃勃的景象，已是远近闻名的美丽乡村，更是“百姓富、生态美”的模范村。

这次来花茂，主要是创作一部反映“精准扶贫”的电视连续剧，这就必须在这里长住，与这里的老百姓促膝谈心，体验他们的生活，这样才能写好他们。5 天后的一个傍晚，刚吃完饭，枫香镇的党委书记帅波说：欧阳老师很辛苦，吃完饭我陪你到苟坝散散步。我很惊讶，苟坝？这里不是花茂吗？帅波说，苟坝村和花茂村就一步之遥。我更惊讶了，我说：嗨，奇怪了，苟坝我到过两次，第二次来也就是 5 年前，按说这个地方我必须经过啊，也看到过啊，哪有这么美丽的一个地方嘛，短短 5 年时间，莫非换了人间？帅波兴奋地说：你到过苟坝？哎哟，你再看看今天的苟坝，你肯定也认不出了！

苟坝确实发生了翻天覆地的变化，苟坝村也从一个贫困村变成了小康村。花茂村和苟坝村比邻，都在马鬃岭山脚下，苟坝村因为苟坝会议在这里召开而远近闻名，在党史、军史上有着重要地位——在这里，进一步确立和巩固了毛泽东在党中央和红军中的领导地位。然而，这地方却由于地处边远，由于自然条件的限制，长期处于贫困。

党的十八大以来，习近平总书记多次前往革命老区调研考察，每到一地，他都牵挂着老区人民的生活，多次讲到，“要让老区人民过上更加幸福美好的生活”，并将其提高到政治责任的高度来认识，郑重地指出，“加快老区发展，使老区人民共享改革发展成果，是我们永远不能忘记的历史责任，是我们党的庄严承诺”。

以往，我们知道的是“全面建设小康社会”，而党的十八大报告中提出“要在2020年前，全面建成小康社会”。“建设”和“建成”一字之差，体现我们在建设小康社会的步伐中有了明确的时间点和明确的目标，这一字之差，充分体现出了底气和自信、使命和担当，放眼世界，这无疑是一个伟大的承诺！

由于我长期从事文学创作，深入生活、扎根人民，便是我工作、学习的常态。在基层待的时间多了，对基层的情况，我可以说是非常了解的。就说这五年以来，我几乎大部分时间都在乡下走村过寨，自然免不了要与县乡的基层干部打交道，但更多的是与当地老百姓打交道。所谓“交道”，其实就是一个沟通和认识的过程，这个过程使我非常愉悦，而这个愉悦，只有来到这里才能感同身受。因为我的愉悦是来自于他们的愉悦，而他们的愉悦来自于党的政策、党的关怀、党的温暖。无疑，老百姓的感情是质朴的，他们发自内心的那种表白，让人听后内心不由得升腾起一种对共产党的敬畏之心和敬佩之情。

表白是质朴的，质朴的表白却令人震撼，这些话语至今在我耳边回响。这是一位年近花甲的老人的表白，他说：辛苦了共产党，幸福了老百姓。老人家说的这句话，听起来很简单，细想起来却一点都不简单，因为，“辛苦”和“幸福”这两个词，浓缩了这一时期党的形象和老百姓的感受。如果不是身临其境，如果不是和老百姓促膝谈心，我就听不到这样纯朴的心声，而老百姓这样真实的心声给我带来的不仅是心灵的震撼，更是灵魂的洗礼。

那天的采访情景至今想起还历历在目。采访的话题是从“三改”开始的，由于花茂村要搞乡村旅游，所谓“三改”即是“改环境、改厨房、改厕所”，这是乡村旅游必备的整改。老人说：“一开始我不理解，我们祖祖辈辈都是这样生活的，为什么非改不可？村委第一书记周成军多次来我家给我做工作，做不通他还不走了。那个苦口婆心啊，真像一个婆婆在唠叨。我看他起早贪黑的，今天跑这家，明天跑那家，心想，人家是为了什么啊，还不是为了我们。”采访即将结束时，我说：“湄潭县龙凤村田家沟的老百姓唱了一首歌叫《十谢共产党》，你知不知道？”他说：“知道，那首歌太长了，按我说就一句话：辛苦了共产党，幸福了老百姓。”

这位老人的话，佐证了枫香镇党委书记帅波和花茂村第一书记周成军的说法，我分别采访他们两位时，他们都说，基层干部的辛苦指数决定了村民的幸福指数。当时我不以为然，甚至认为他们只是说了几句冠冕堂皇的话，但当我在这个村庄住了下来，与村民们“张家长、李家短”拉开了家常，并相互信任说起了心里话，才知道，这位乡镇书记和村第一书记的话是真真切切的。

村民们说，现在的干部和原来不一样了，他们到了我们村，来帮助我们奔小康，每天起得比我们早，睡得比我们晚，吃一顿饭还非得给钱，不给钱的话，他们就不吃。

短短几句朴实的话，说出了现在乡镇党员干部下基层的工作作风，也切实反映了从严治党以来，共产党的先进性进一步在群众心目中生根发芽。

作家也是一样的，如果脚上只带着汽车尾气，下到田间地头后也就随便看看，再进村里吃一顿农家乐，然后抹抹嘴巴拍拍屁股走人，这样走马观花，是永远不可能写出贴近百姓生活的作品的。

而真正的作家，就是要像习近平总书记说的那样：深入生活，扎根人民，才能写出“沾泥土、冒热气、带露珠”的文章，这就要求作家在人民中体悟生活本质，吃透生活底蕴，并且把生活咀嚼透了、消化完了，才能变成深刻的情节和动人的形象，作品才能激荡人心。

我在遵义的花茂村、苟坝村体验生活，真真切切地感受到了这两个地方翻天覆地的变化，这儿就是习近平总书记说的“看得见山、望得见水，记得住乡愁”的好地方。短短五年，可以说“百姓富、生态美”的美丽乡村就是花茂村、苟坝村的现实景象。自从深入实施精准扶贫以来，花茂村、苟坝村的变化，用“翻天覆地”来形容毫不为过。

原来的花茂，我是看见过的，印象就是脏、乱、差，偏僻而贫穷，而现在的花茂，真真实实呈现在我眼前的是：一幢幢富有特色的黔北民居散落于青山绿水之间，一条条水泥路成网状连通着每家每户及每一块农田。不要小看它，一个小小的村庄，该有的它都有了，如果按照很早以前的说法，“通水通电通电话通广播电视是共产主义”的话，那么现在，花茂村通网络、通天然气，有污水处理管网，有电商，有“互联网+”中心，有物流集散点，这样的社会主义初级阶段，能不令人欣喜吗？采访枫香镇党委书记帅波时，他曾说过一句话：就是要让每一栋黔北民居都成为产业孵化器，从而带动各种产业发展。此话并非虚言，眼见为实哪！

采访花茂村现任第一书记潘克刚时，他对花茂的发展如数家珍。他说：花茂有今天，得感谢精准扶贫，精准扶贫这四个字深入人心。原来我们也扶贫，但都不太理想。比如输血式扶贫，他缺钱，你就扶，没有从根本上解决问题，说实话，有的人甚至拿到钱就打酒喝去了；造血式扶贫也有不理想的地方，比如这家人文化不高，你给他讲搞科技扶贫，他往往认识不到位，即使项目上马了结果也收效甚微。这样很容易造成脱贫了又返贫的现象。精准扶贫太好了，它的六个精准是：扶贫对象精准、项目安排精准、资金使用精准、措施到户精准、因村派人精准、脱贫成效精准。我们严格按照这样去做，脱贫了的农户就不可能再返贫。

花茂村的脱贫致富，只需从这几个数据就可以看出来：2012 年花茂村外出务工者多达 1 200 余人，村中出现大量留守儿童及空巢老人，五年后，花茂村各项产业得到健康发展，出外打工者也逐渐回到村里，现在出外务工者仅有 200 余人（2016 年，共有 178 万人来花茂村旅游，综合收入 5. 69 亿元）。现在花茂村有 1 345 户人家、4 950 人，人均收入 14 119 元，按目前颁布的农村小康收入标准为人均 1 000 美元，那么花茂村人均达到 2 105. 29 美元。花茂村有轿车 233 辆，其中不乏宝马、捷豹等高中端车辆（不含皮卡等农用车辆）。

据苟坝红色文化旅游创新区管委会负责人刘明贵介绍，苟坝红色文化旅游创新区核心区接待游客近 300 万人次，实现旅游综合收入达 15. 69 亿元。刘明贵说：我们以“传承红色文化基因，打造美丽乡村”为己任，苟坝村是著名的“苟坝会议”会址所在地，苟坝会议精神就是“讲政治、守纪律、敢担当”。

“党要管党，从严治党”，十分深入民心，这从我与老百姓的交谈中就能充分感受到。记得在花茂村采访一位村民时，这位村民说：“现在的党员干部都知道哪样做得，哪样做不得。说实话，现在在村里，吃亏的都是党员干部，我看他们加班加点的，还不发加班工资，想起来，他们真的是为了我们好啊。有时候，看着他们实在辛苦，想表达表达心意，送什么他们都不要。当年红军在这里不拿群众一针一线，现在的党员干部到村里来也是一样的。像干部鼓励我们搞一家一户的农家客栈，说实话，当时我们眼界也没这么宽那么远，没想到有那么多城里人来吃住，那时候，你家看我家，我家看他家，就是没人行动起来。第一书记、支书和主任都来过我们家拉家常，其实就是做我们的工作，喝的茶、嗑的瓜子花生都是他们自己带来的。村委会的事情都是一事一议、集体决定。一些谋发展的事情，感觉有困难，都是村干部带头干。原来村里人家中有事，都喜欢你家请客我家送礼，说实话，大家都有点受不了。现在好了，干部们不兴这一套了，我们群众也就慢慢不兴这一套了，还把红白喜事的操办规定写进了村规民约。”

在这里我深深地感受到了泥土的芳香，以及芳香中散发出来的思想光芒。花茂村的脱贫致富，是精准扶贫深入实施的现实成果，而这样的成果正在无数个花茂村实现。精准扶贫深入人心，我相信，不管谁到这里来，只要与老百姓促膝谈心，就能从他们的话语中体会到精准扶贫的重大意义。

记忆最深的是，有一次采访土陶烧制作坊的非物质文化传承人母先才老人。他家的作坊最早时是一个小作坊，只做一些泡菜坛子、酒罐子，销路不好，收入不高，甚至面临严重亏损。就在他准备放弃这个手艺的时候，镇长和村第一书记多次前来帮他找原因谋思路，还请来了遵义师院艺术学院的师生来给他的产品进行免费设计，并把他的作坊作为教学试验基地，同时建议他根据市场需要做出旅游产品，并增加制陶体验作坊，让旅游者可以参与其中。现在，仅制陶体验这一项，每逢周末 30 台机器一天收入达到 6 000 ～ 7 000 元，使这个濒临倒闭的微小企业获得了新生；加上镇里根据微小企业的补助政策给予补助，母先才家的土陶烧制作坊已今非昔比。母先才说："说实话，像我们这种处于贫困线以下的手艺人，如果不是书记、镇长、第一书记无数次来关心和支持，没有他们的出谋划策，就没有我的今天。"

母先才说了一句让我至今难忘的话：活了这么久，我终于重要了一回。

这句话，是那样的朴实，那样的精准。这位老人真切感受到了自己的重要。同步小康，一个都不能少，这正是领袖的情怀。2015 年 6 月 16 日，是花茂人永远不会忘记的日子，这一天，习近平总书记来到了花茂村，亲切地与村民们拉家常，村民王治强回忆说："习主席平易近人，笑起来像太阳，让我们心里暖洋洋。你信不，我现在的心，天天都是热的。"他自豪地说，别看我们这里山区偏僻，来过两个主席，一个是毛主席，一个是习主席。

是的，长征途中的 1935 年 3 月 10 日，在这里毛泽东主席用一盏马灯照亮了中国革命前进的道路；也正是在这里，进一步确立和巩固了毛主席在党中央和红军中的领导地位，从而挽救了红军，挽救了党。80 年过去，弹指一挥间，挥去的是时间，挥不去的是伟人留下的那些丰功伟绩。

是的，在中华民族伟大复兴的征途中，习近平总书记来到了这块红色的土地。习近平总书记在这里感慨地说："怪不得大家都来，在这里找到乡愁了。"总书记亲切地说："党中央制定的政策好不好，要看乡亲们是哭还是笑。"习近平总书记还告诉我们："要守住发展和生态这两条底线。"花茂村的繁荣和发展，正是遵循了领袖的这一睿智的执政理念。村民王治强笑起来像一株向日葵，他说："习主席说我们是哭还是笑的时候，在场的乡亲们都笑开了花。"

落实习近平总书记视察贵州的讲话，成为全省上下的强大共识和扎实行动。

帅波说，习近平总书记在花茂视察后，花茂成了远近闻名的"乡愁"品牌，而这个品牌要名实相符还任重而道远。我们压力很大，省委书记来给我们撑腰杆，同时也严肃地鞭策我们："作为全国贫困人口最多、贫困面积最大、贫困程度最深的省份，贵州被称为全国脱贫攻坚的主战场、决战区，未来几年能否实现同步小康、不拖全国的后腿，不仅仅是经济问题，而且是重大的政治问题。"这一席话，掷地有声，让基层干部既感到压力，更增添了动力。

中国共产党第十八次全国代表大会明确提出：确保到 2020 年实现全面建成小康社会宏伟目标。党的十八大以后，习近平总书记在 26 次国内考察中，有 15 次涉及扶贫开发，有 7 次把扶贫开发作为主要内容，由此可见，贫困问题，是中国全面建设小康社会的"拦路虎"，也一直是总书记最为牵挂的事情。

我在花茂写的剧本，讲述就是贵州省遵义市播州区枫香镇下辖的 21 个村，如何从贫困村到小康村再到"百姓富、生态美"的富裕村的递变。

2012 年前，地处大娄山脉腹地的播州区枫香镇所辖的 21 个自然村，只有少数几个村庄解决了温饱问题，多数村庄还处于贫困线上下。每一个村的自然条件、实际情况都不同，脱贫过程中面临的难题也不同。

这 21 个村无外乎三种典型：第一种以花茂村为例，地处大山马鬃岭的东边，地势以丘陵为主，以种植水稻为主，老百姓吃上饭没有问题，但是要想脱贫奔小康，这个担子不算轻；第二种以纸房村为例，地处马鬃岭的西边，山势险峻雄伟，几乎没有稻田，多为旱地，是出了名的贫困村，如何脱贫，这个担子更重；第三种以保海村为例，典型的喀斯特地貌，这种地貌被联合国教科文组织认为是不适宜人类居住的地方，石漠化严峻，山陡土薄，不适合农作物生长，不要说水田，就是旱地也要看天收获，这是深度贫困村，如何脱贫，担子可谓沉甸甸的。

但是，无论是花茂村、纸房村还是保海村，都必须一个不落地同步小康，这是历史的责任和担当。播州区枫香镇党委书记帅波说起这21个村庄，特别是马鬃岭西边的深度贫困村怎样在2020年不拖全国人民的后腿同步小康时，信心十足。他说，老百姓从原来被动等你扶贫，转变成了现在主动的我要脱贫。这样的转变真不容易，原来等你来扶贫，矛盾不少，一是老百姓对脱贫致富缺乏信心，二是老百姓看你忙他不忙，你急他不急，每年就盼望着那点扶贫款，扶贫款到了，又“你家多了，我家少了”地常常争吵不休。后来精准扶贫开始了，情况就大变了，六个精准扶贫的精准实施，使老百姓真真切切地感受到了真实、公平、实惠。老百姓说，看到上上下下那么多党员干部为我们忙碌，我们再不争口气，这脸都不知往哪儿藏。“我要脱贫，我要奔小康”成了群众的共同心声。所以说，扶贫更要扶志气。老百姓有了这样的志气，就没有什么困难能难住我们。

当初，马鬃岭西边的村民们看到花茂、苟坝发展好了，曾抱怨说：就隔一座马鬃岭，一边是欧洲一边是非洲。帅波说：什么欧洲非洲的，这里是播州。扶贫工作从来都是一视同仁的。当然，你们现在不如花茂，除了自然条件恶劣的因素外，也多在自身的问题上找找原因。放心吧！总书记说，同步小康，一个都不落下，我们会不折不扣做到的。

后来，省委、省政府出台了一系列的脱贫举措，比如扶贫的“五个一批”：发展生产脱贫一批、易地扶贫搬迁脱贫一批、生态补偿脱贫一批、发展教育脱贫一批、社会保障兜底一批。还有扶贫的“五个坚持”：坚持扶贫攻坚与全局工作相结合，走统筹扶贫的路子；坚持连片开发与分类扶持相结合，走精确扶贫的路子；坚持行政推动与市场驱动相结合，走开放扶贫的路子；坚持“三位一体”与自力更生相结合，走“造血”扶贫的路子；坚持资源开发与生态保护相结合，走生态扶贫的路子。

这些强有力的举措，使偏僻边远、自然条件恶劣的深度贫困村看到了希望，马鬃岭西边的几个村庄也次第打响了脱贫致富攻坚战。到 2020 年，播州区枫香镇的 21 个行政村中的深度贫困村，一个都不会拖后腿，一定会与全国人民同步小康，这一点我坚信不疑。

潘克刚是十九大党代表，临去北京前，他精心挑选了几张花茂的照片，把家乡的新貌和乡亲们的笑脸带到北京，向总书记汇报。他知道，他一定会近距离见到总书记。习近平总书记是贵州代表团的一员。

两年多过去了，每当想起习近平总书记在视察花茂时讲的“政策好不好，要看乡亲们是哭还是笑”，王治强依然心潮澎湃。他说：“总书记来的那天，太阳特别红，向日葵开得特别的艳。总书记的讲话像太阳一样又温暖又慈祥，在场的乡亲们都笑开了花。”我与王治强谈心的时候，他总是重复他那天的感受。我采访时，帅波几乎都在场。“每次听见，心里总是多了一份责任，多了一份信心。”他说，“花茂村近年来发展山地现代高效农业，推动农旅一体化，村民生活更上一层楼。为什么花茂村的乡亲们笑开了花，就是精准扶贫的政策好和切实有效地落实了总书记的讲话精神。”

这几年，贵州省、市、区上下都特别关注花茂的发展，为了乡亲们的笑更美更甜，各级党委、政府都行动起来，实施了一系列的举措。首先是党建引领：创建精准服务型党组织，倡导“五带头五提升”。群众常说，村看村、户看户，群众看党员、党员看干部，群众富不富，全靠党支部。花茂村的快速发展，精准服务型党组织的建立无疑是强有力的抓手。

各级党委打造阳光党委，政府则“消除藩篱，开门办公”，探索“五带头、五提升”，推动党员干部践行“五带头”：带头学习提高、带头争创佳绩、带头服务群众、带头遵纪守法、带头弘扬正气；实现党组织思想建设“五提升”：提升思想建设、提升党员素质、提升服务能力、提升发展水平、提升群众满意度，发挥党组织、党员、干部在精准扶贫、率先小康中的“领头雁”和“火炬手”作用。为推进花茂村扶贫开发，播州区成立了苟坝红色文化旅游产业创新区，发展全景域旅游助推率先小康。

自从“五带头、五提升”切实开展后，行政审批从简，“马上办”“钉钉子”“负责到底”“服务创业”“敢于担当”五种精神被大力倡导。对省委确定的同步小康 6 大项 25 个核心统计监测指标，播州区根据自身特点对实现程度在 80% 以下、80% ～ 90%、90% ～ 95%、95% 以上的指标分别实施红、橙、黄、绿“四线管理”；建立重大项目信息化管理平台，实行项目建设“五个一”（即一个项目、一名领导、一个专班、一个机制、一抓到底）和“五定”（即定时间、定责任、定人员、定任务、定效果）的工作机制，督促各部门主动作为。选派村级党组织“第一书记”、实行村干部绩效考核等工作机制，一次通报、两次约谈、三次问责；结合实际研究制定镇、村两级统计监测指标体系，强化城乡居民收入、“百姓富、生态美·美丽乡村”创建，联系服务群众“最后一公里”等工作的动态监测；分级开展小康示范创建，上下联动、示范引领、整体推进。再是在机制上创新：“五带十帮”是因地制宜的好办法，它精准地构建了大扶贫格局。针对花茂村一带的精准扶贫中的问题和主体，实施“五带”，即一是党员干部结亲带贫困户搭建“连心桥”，二是驻村工作组带贫困户破解“发展难”，三是龙头企业带贫困户化解“增收难”，四是专业合作社带贫困户抵御“大风险”，五是致富能人带贫困户实现“产业兴”。构建党委领导、政府主导、群众主体、部门帮扶、社会参与的大扶贫格局。实施“十帮”：一是帮助找准脱贫门路，二是帮助搞好技能培训，三是帮助解决项目资金，四是帮助拓宽销售渠道，五是帮助改善人居环境，六是帮助顺利完成学业，七是帮助关怀孤残老弱，八是帮助实施医疗救助，九是帮助提升文明素质，十是帮助强化法治。

省委主要领导说的话“贫困不除，愧对历史；群众不富，寝食难安；小康不达，誓不罢休”，被播州区区委书记黄国宏记得牢牢的，接受我采访时，他一直重复这几句话，看来，他切身体会到了这几句话的分量。黄国宏的自信和务实，给我留下了深刻的印象。他说："人民对美好生活的向往就是我们的奋斗目标，我们要把这句话真正落到实处。这些年实施小康工程，通过'四在农家·美丽乡村'累计打造20个类似花茂甚至高于花茂的示范村，再结合现代高效农业园区建设，推动农旅、文旅、工旅、商旅一体化发展，带动农民实现持续增收，打造了一张'乡愁播州'的亮丽名片。通过实施幸福工程，抓好安居、教育、健康等群众生活息息相关的生活实事，启动实施700多个重大民生工程，城乡基础设施明显改善，群众获得感普遍增强。"

我再次看到潘克刚，是在10月19日《新闻联播》里，当习近平总书记来到党的十九大贵州省代表团时，他将花茂村近两年来的发展变化向总书记做了汇报，还把一张展现花茂村新貌的照片送给总书记。总书记高兴地说：这是风景画，很漂亮。

潘克刚回到花茂的第一件事就是宣讲党的十九大精神，地点就在"红色之家"的院子里。他向大伙儿仔细介绍党的十九大的盛况和自己的参会情况，当回忆起与习近平总书记见面时的场景，潘克刚十分兴奋，他说："能够参加党的十九大，非常激动，我深受教育，备受鼓舞，这是一次终生难忘的人生经历。"

王治强忍不住抢话："潘书记，总书记有没有提到我们乡村旅游今后该怎么走?"王治强经营着"红色之家"，正是当年总书记来到了"红色之家"，他才从此走向了致富的康庄大道，他当然最关心的是乡村旅游，这也是花茂村民普遍关心的问题。潘克刚激动地说："我向总书记汇报了现在乡村旅游成了花茂乡亲致富新路时，总书记嘱咐：既要鼓励发展乡村农家乐，也要对乡村旅游作分析和预测，提前制定措施，确保乡村旅游可持续发展。"

潘克刚的宣讲就这样一问一答地持续了一个下午，"红色之家"院子里乡亲们的笑声不绝于耳。他们的笑是由衷而幸福的。

这里是一块红色的土地，有着对红军、对党的深厚感情，这里的人民曾哺育了共产党领导的中国工农红军，与共产党、红军建立了深厚的鱼水情。

习近平总书记说：全面建成小康社会，一个不能少，特别是不能忘了老区。

精准扶贫的深入实施，使得花茂村、苟坝村旧貌变新颜，全国、全省无数个花茂村、苟坝村正在旧貌换新颜。

潘克刚满怀憧憬："相信花茂村的未来会越变越好。花茂村还要继续坚持发展乡村旅游和农特产品种植，让乡亲们吃上'旅游饭'，让生态变成'摇钱树'，让'乡愁'成为'大品牌'。让我们这幅'风景画'更加美丽，以此来感谢党中央和总书记的关怀。"

花茂村何时起有这么一个美丽的村名，又为啥取了这么一个美好的名字，是谁取的呢？我没有得到确切的回答。唯一确认的是，花茂村已是远近闻名的美丽乡村，更是"百姓富、生态美"的模范村。

我在花茂前后生活了大半年，为的是要写好一部反映精准扶贫的长篇电视连续剧，当我海量采访后正思考如何下笔时，党的十九大刚刚胜利闭幕，新时代、新起点、新征程，吹响了中华民族伟大复兴的号角。总书记那句气贯长虹的话"中华民族的面貌发生了前所未有的变化，中华民族正以崭新姿态屹立于世界的东方"，还在我耳畔似春雷炸响，我的大脑里闪现出的片名是：《花繁叶茂》。是的，马鬃岭山下的花茂村、苟坝村不再是脏乱差的贫困村了，现在它们繁花似锦、美丽和谐。在这样的环境中生活，是很有诗意的，于是，在创作《花繁叶茂》剧本的间隙，我大脑里总是不断出现一首诗，而这首诗，又变成了一段如泉水叮咚般的旋律，在我耳边婉转悠扬地响起。我想，在这花繁叶茂的伟大时代，我何尝不是在倾听花开的声音呢？

不仅是我听到了花开的声音，我想，全国人民、全世界人民都在倾听！

（选自《光明日报》2017 年 10 月 16 日，有改动）

罗伟章

全国文化名家暨“四个一批”人才。著有长篇小说《饥饿百年》《大河之舞》《太阳底下》《磨尖掐尖》《空白之页》《世事如常》《声音史》，小说集《我们的成长》《奸细》《寂静史》《白云青草间的痛》《罗伟章中短篇小说》，散文随笔集《把时光揭开》《路边书》，长篇非虚构《凉山叙事》。曾获人民文学奖、小说月报百花奖、华文最佳散文奖等。

“我希望每朵花都开放”

“有些娃儿也跟外头学，说减负，都落后成这样了，还减啥子负？你只要没学死，就给我往死里学！他们6点钟就起来，确实苦哇。我在民族中学当校长的时候，每天比老师和学生要起得早，头天睡得再晚也要比他们起得早。我站在一个地方，他们能看到我的背影，不敢迟到，心里也安。一想到学校这5 000多学生里头总要出些人才，我就在那里高兴。有时候哭，也不晓得是不是高兴得哭。”

说这段话的人是勒勒曲尔。

我相信，绝大多数城里人，甚至不需要城里人，在条件相对较好的乡村，人们听了这段话，也会指出那种做法的错误。但我想，如果你也被闷在水里，可能会换一种眼光。为改变贫穷落后的面貌，四川凉山昭觉人的决心、苦斗和重塑民族风貌的努力，令人动容。我本人完全能理解他们，而且深受感动。听了勒勒曲尔那段话，我多次控制不住自己的眼泪。

勒勒曲尔出生于昭觉和喜德两县交界的比尔乡，小时候生活苦、求学苦，因而特别痛恨不负责任的老师，对自我要求更是十分严格。因律己过严，追求完美，有人说他不像个彝族人。而在他看来，彝族人恰恰更要提振精神。作为昭觉县教育局局长，他希望呈现给教育管理者、教师和学生昂扬的气象。既有好风，就该乘势而上，既仰望星空，又脚踏实地。他要求老师比情怀，要求学生比勤奋、比进步。无论教师还是学生，都要有精神风貌，“哪怕你走路，也给我捏起拳头走！”有了精神风貌，懂得自立自强，就能赢得做人的尊严。

对昭觉教育系统而言，人才流失不仅有教师，还有学生，成绩好且家里又稍具条件的学生，就跑到西昌读书去了。东方红小学是昭觉最好的小学，据老师李兴梅说，生源也大不如前。勒勒曲尔兼任校长的民族中学，情形就更不堪些。昭觉最好的中学是昭觉中学，可优先选择学生，等他们把学生篦过一遍，才能轮到民中。虽整体生源弱，但也各有层次，为因材施教，民族中学实行分级教学，头100名进雄鹰班，中100名进奋进班，末100名进自强班。勒勒曲尔到各班讲话时都鼓励大家，只要有梦，敢于追梦，踏实肯干，梦想就能变成现实。自强班的学生们从小就不自信，因此首先要让他们从精神上站起来，学校用各类兴趣小组培育和发现他们的长处，并在课业上降低难度；学生能听懂，每天有点收获，慢慢就有自信了。同时，学校还鼓励他们阅读课外书，然后评选出“阅读王”，可以获得一本书作为奖励，扉页上有校长亲笔题写的励志语。

勒勒曲尔相信，成绩差的学生不守纪律，搞些破坏，并不是他们想这样，而是对自己不满的一种表现方式，是想以此寻找自身的存在感。所以要给予他们存在感，一旦发现学生的优点，就大张旗鼓地表扬，升旗仪式的时候，把那孩子叫到台上，全校师生给予掌声。在雷动的掌声里，勒勒曲尔拥抱那孩子。孩子下去时，虽然脸红红的，有些不好意思，可三步并作两步走，内心的激动和生发出来的精气神，都溢于言表。回去再一告诉父母，父母惊喜，“我的娃娃被校长拥抱了”。于是，他们送孩子读书的热情也高涨起来。

在勒勒曲尔的理念当中，学校教育不只是领导和教师的事，学校的每一个从业者都是教育者，包括门卫、炊事员、清洁工等，都首先要以教育者的身份要求自己，发现了学生的不对之处，都要以关心的态度给学生指出来。

“我希望每朵花都开放，”他说，“开得好不好看不要紧，先开起来！”

当然，要得到社会的认可，还必须有“开得好看”的花。在这方面，民族中学成为昭觉的突破。昭觉学校教育史上，中考从没有超过 700 分的，而民中 2016 级 1 班就有 3 个，该班英语平均分 103 分，也是昭觉的峰值。其中沙古阿木被中央民族大学附中录取，成为昭觉本土培养的首位中央民大附中学生。

高中 2013 级 1 班学生子木果果考上了四川师范大学，543 分的成绩破了全省一类模式办学以来高考文科最高分纪录。“在昭觉，这很不容易，考上重点本科很难。”凉山州人民政府副州长、昭觉县委书记子克拉格说。学校奖励子木果果 5 000 元，县上奖励 5 万元，大学四年，她就不用花家里的钱了。勒勒曲尔让她把多余的钱用来买书，并对她说：“把你初、高中时没读的书在大学里补回来！你大学四年没读完 1 000 本书，不要回来见我！”

高中 2014 级 4 班学生勒伍布堵莫，以凉山州第一名的成绩考上了中央民族大学。“那天那娃儿抱着我哭啊！”勒勒曲尔至今说起还激动不已。子克拉格也特别谈到这件事：“听说上了中央民大，男女老师抱到一起哭，校长自己掏钱买了酒，和大家狂欢到天亮。”

即使是学校教育，昭觉也是全民参与。除了政府、家支等的支持，还有三点也很有意思。

一是“学业补偿”。有些孩子并没完成义务教育就出门打工去了，待强力推行义务教育的时候，他们已经十六七岁。在龙沟乡、支尔莫乡这种特别偏远的地方，那群十六七岁的孩子很多从没上过学、读过书，因而出去处处碰壁。龙沟乡党委书记马比哈伍说：“为了让他们会写自己的名字，认得厕所两个字，将他们招回来，重新编班入学。”

二是“巾帼小课桌”。配合“一村一幼”，妇联组织了“巾帼家教志愿者”，无论妇联主席还是帮村干部，不管你的职业是警察、医生还是会计，只要有能力，没有场合也没有时间限制，在大街小巷、房前屋后、田间地头碰到孩子，都可以把他们叫过来，教几句普通话，或者教一个拼音、两个汉字。如果在山上，可以教他们认识植物；如果在水边，可以教他们游泳的注意事项；如果在电线杆旁，可以教他们万一触电怎样自救和救人。零零散散地教些小知识，积少成多，说不定有一天就能用上。

三是“实物教学”。这个当然不算创意，在许多国家和地区，图书馆、博物馆和名人故居，都是常用教学资源，与课堂教学形成合力。昭觉把戒毒所当成教育基地，每届新生开学，都会带学生们去参观。如勒勒曲尔所说：“看看我们的同胞干了些什么，看看我们的前辈干了些什么。到你们这一辈，要永远不吸毒、不贩毒。哪怕你啥成就没有，你只老老实实做人，做一个有尊严的农民、市民，也是对国家和地球的贡献。”

从这些细节，可以看出昭觉人是怎样在拼，而且拼得有多么聪明。

持续发力，成效显著。比如四开乡，前几年的入学率只有 50%，现在达到 89%，眼下全乡只有 32 个辍学孩子，其中还包括超龄的在内。而最大的成效是，家长送孩子读书的热情暴涨。“我们这代人做出牺牲，日子过苦一点，换来下一代的希望。”在竹核乡，我跟这个名叫沙马阿则的农民站在田埂上摆谈，他说出了这句话。沙马阿则三十七八岁年纪，有一个儿子、两个女儿，全都在学校读书。“文凭高就干技术工，没文凭就干体力活，读了大学还可以参加工作，当老师、医生，考公务员。”这是他最朴实的见解和愿望。他说，自己一直在外面打工，是最近家里有事才回来的。在家乡本来也可以打工，脱贫攻坚，到处修房子，有的就在家门口修，可是你没技术，只能干体力活，干体力活的工资没有外面高。如果懂技术，就比外面干体力活的收入高多了。“我要是有文化、懂技术就好了，不用东奔西跑，还能照顾家里头。所以再难，都送娃儿进学堂，免得受我们受的苦。”

没文化会吃苦头，即使有甜头，没文化也尝不到，尝到了也不能持久。比如支尔莫乡的悬崖村（本名阿土列尔村），因一个网络视频和《新京报》

的报道出了名，村里一帮男女青年借势做起了网络直播，“打赏的不少，收入很不错，”悬崖村第一书记帕查有格说，“但是他们文化低，翻来覆去就拍那几个镜头，不知道网络直播也要弄出些花样，讲究个层次，因此很快别人就看厌了。现在悬崖村做网络直播的只剩了个别人。”由此他们也懂得了，必须送娃儿进学堂。

不仅把娃儿送进学堂，还尽量送进好学堂，连贫困户也如此。这一点从在校学生人数也能反映出来。李兴梅所教的班有 87 个学生。一个班八九十人是比较普遍的现象，甚至有上百人的，包括悬崖村小学（阿土列尔村小学），每个班也有 60 多人。当地并没有那么多学生，因与美姑、雷波二县邻界，他们又把学校办出了名，那两个县的周边住户也把孩子送来了。

凉山和大凉山腹地昭觉县，朗朗的读书声正穿云破雾，迎向晴空。

（选自《文艺报》2020 年 7 月 8 日，有改动）

李春雷

河北成安人，1968 年生。文学创作一级。中国报告文学学会副会长，河北省作家协会副主席。主要作品：长篇报告文学《钢铁是这样炼成的》《宝山》等 21 部；中短篇报告文学《木棉花开》《夜宿棚花村》《朋友：习近平与贾大山交往纪事》等 200 余篇。2005 年、2018 年两次获得鲁迅文学奖，2012 年获得全国精神文明建设“五个一工程”奖，还曾多次获得徐迟报告文学奖、中国新闻奖等。

太 行 梦

前些天，我在河北省平山县采风。

这里，位于太行山深处，是中国革命圣地，却又是著名的贫困山区。截至 2015 年底，全县仍有建档立卡贫困村 260 个、贫困人口 40 126 人。近几年来，随着精准脱贫工作的全面深入推进，这一切，都冰消雪化了。特别是山里人的精气神，也真正挺立起来了。

在河北平山实验中学，我见到一位名叫赵敏的高一学生。这个 16 岁的女孩子，腼腆却热情，拘谨又阳光，小脸红润润、胖嘟嘟，溢满了幸福的微笑。

班主任老师悄悄地告诉我，这个孩子，有故事……

赵敏刚刚出生两个月，妈妈就不见了。

对于妈妈，她没有一丝儿印象，因为妈妈竟然没有留下一张照片，甚至没有留下一个完整的名字。所以，她对于妈妈的想象，只是天上的白云，是小河的水面，是夜晚的月亮。

说起她的身世，连山上的大树小树都摇头叹息……

一

太行山，是黄土高原与华北平原的分界线，号称天下之脊。

漫长的历史中，太行山承载了太多的苦难、荣耀和期望。

近代以来，它更是一座负荷国运沉浮的大山。抗日战争时期，八路军总司令部就设在这里，下属三个师更是以此为基地，发展壮大，遍布全国，最终取得抗战胜利；解放战争后期，中共中央总部就驻扎在平山县西柏坡村。正是在这里，党中央指挥了扭转乾坤的三大战役，并从这里出发，进驻北京、开国奠基。

但是，太行山啊，又是一座贫穷的山。

发生在这里的最早的脱贫故事，便是那个著名的古典神话“愚公移山”。

可见，摆脱贫困，是中国农民自古以来最强烈的梦想。可惜，由于政治、经济、科技水平等方方面面的原因，人类在这条漫长的道路上攀爬了几千年，直到如今的新时代。

中华人民共和国成立以来，为了中国农民脱贫，中国共产党做出了巨大努力，进行了诸多探索。其中规模最大的行动就是轰轰烈烈的“农业学大寨”运动。而大寨村，同样位于太行山深处。

改革开放之后，随着党的各项农村政策的全面落实，太行山在慢慢地热起来、绿起来、富起来。但是，这座山毕竟太大了，贫困人口太多了，遍布角角落落。比如赵敏的家乡——这个名叫前嘴的小村。

这里有多么偏僻呢？

这样说吧。这里距离县城 80 公里，而且大多是弯弯曲曲、高高低低的悬崖峭壁的山路。已经跨入 21 世纪了，但村里有一半人还没有去过县城。

这里有多么贫穷呢？

截至2008年，这里还没有通电，没有硬化路面，没有自来水，更没有学校、卫生室、商铺，哪怕一爿小小的商品销售点。

这里，只有一座座横亘着的山、山、山，只有一张张饥饿的嘴、嘴、嘴。

世世代代的人们，在这里默默地生活着，像山上的树，像树下的石，像石旁的水……

二

赵敏的父亲，名叫赵光光。

为什么叫光光呢？

小时候，村里没有电，家里只有一盏煤油灯，灯头如豆半坑明。光明，成了山沟人最大的奢侈和向往。而且，他是独生子，也是全家的未来之光。

父母没有文化，便希望儿子上学，为家族争光。学校在邻村，路远，山高沟深，风霜冰雪，时有危险，还要交学费，而且老师不安心，学生都灰心。因为几十年来，这所小学从来没有学生能够考入县城中学，更别说考上大学了。读到小学三年级，光光实在看不到希望之光，就辍学回家了。是的，上学有什么用呢，反正也考不上大学，反正也找不上工作，不仅白白交学费，还要耽误做农活儿。

于是，告别课本的光光，就在山坡上干农活。

这一带，是太行山最深处，也是最高处，海拔超过2 000米，夏天不热，冬天奇冷。家里只有3亩地，只能种土豆、玉米、黄豆、荞麦。由于全是望天收，只能填充肚子。

这里不仅偏、高，还光。

这个光，不是光亮亮的光，而是光秃秃的光。的确，小村周围的山，大都是和尚头，不仅无树，也无草，全是白花花的石头、黄糊糊的土。为什么深山区也如此荒芜呢？原来，千百年来，村人以砍柴和放羊为生。小树初长成，就被砍烧了，小草刚发芽，就被羊啃了。

最可笑的是，赵光光，竟然不知道自己的生日。

的确，他不仅不知道自己是哪一天出生，甚至也不知道是哪一年出生，因为他的父母从来没有为他庆祝过生日。这一家人，就这样懵懵懂懂地过日子。

光光已经年过三十，还是一条“光棍”，成了名副其实的光光。

后来，他不得不像许多村民一样，踩着弯弯的山路，外出打工。最近的城市，就是太原了。

他没有别的本事，只有浑身力气，搬砖、扫马路、运垃圾。由于没有身份证，是黑户口，工资低廉。

出去三年，终有收获。2003 年 2 月，大约 38 岁的赵光光，终于“脱光”了。

女方姓彭，山西省运城市农村人，也属于太行山区。和光光一样，只读过小学三年级。

他们简单地结婚了，没有结婚照，也没有结婚证。光光的结婚礼服，只是一件粗糙的西服上衣，花费呢，仅仅 20 元。

彭女子虽然没有文化，模样一般，却朴实、健康，会过日子，还通情达理，孝敬老人。这个破败的家，终于有了笑容。

但好景不长，大难临头。2004 年 2 月，彭女子难产。乡卫生所只有止痛药，只能输液，而去县城，又太远了。

乡卫生所的病床上，彭女子在生下一个女婴的两个月后，无奈而亡。她的遗物，全部化为一堆火烬。所以，她确切的名字，也随之烟消云散了。

这个女婴，就是本文主人公赵敏。

这个可怜的女婴啊，就这样在孤苦中长大。

赵敏 6 岁时，只得到邻村上学，还是父亲早年的那所学校。

光光多少次想让女儿辍学，但这个性格内向、胆小怯弱的小女孩啊，却是喜爱学习呢。

常常地，赵敏问父亲，妈妈到哪儿去了？父亲总说在外地打工，过年就回来了。

过年时，女儿再问。父亲撒谎说路太远，车票太贵。等你长大，妈妈就回来了。

于是，稚弱的她，就盼着长大。

三

石家庄外国语学校，简称石外，原名石家庄市第43中学。

这原本是一所普通中学，建于1994年，校址在郊区农村，只有一个30多亩的院落和一栋楼房，负责招收周围的乡村学生。开学第一个学期，由于条件实在简陋，新招学生流失近三分之一。

首任校长强新志，易县人。易县，位于太行山深处，正是荆轲刺秦王之前吟诵“风萧萧兮易水寒，壮士一去兮不复还”的地方。这个太行山娃子，有一股难以置信的壮士精神。几年时间，便把一所无人问津的新建中学，跃升为全市领先。1997年，该校正式更名为石家庄外国语学校，扩大规模。又经过10年发展，到2007年，石家庄外国语学校已成为全国教育系统先进集体，不仅升学率位居全省前茅，而且在素质教育方面更是突出，从而引起全国关注。

2014年，国家“精准扶贫”战略开始全面实施。

近年来，为了彻底改变太行山的教育状况，当地政府投巨资在山区腹地的平山、赞皇、元氏，灵寿、井陉、行唐6个县建造了56所中学和小学，专门免费招收农村贫困孩子，并配备了优质教师力量。但由于这些学校大都位于深山，硬件设施虽然优良，但软件普遍落后，更主要的是教学办法陈旧。过去，教育部门也曾多次进行帮扶，每年派驻教师，但来去匆匆，不能扎根，效果不明显。

如何从根本上帮扶？

强校长经过深深思考，制订了一个“精准教育扶贫，十年帮扶工程”，决心利用 10 年时间，义务扶持其中 12 所学校（每县中小学各一），将其全面提升，成为样板，进而带动太行山区的全部中小学校。

四

2016 年 9 月，赵敏进入平山县第二中学。

这所中学，位于县城郊区，正是石家庄外国语学校的帮扶对象。

父亲来送她。这是他们父女两人平生第一次走进县城。

看着眼前的繁华，父女俩，哭了。

小姑娘 12 岁了，已经有了自己的心事和思考。是啊，这个可怜孩子，还从来没有见过母亲呢，更没有感受过母爱呢。她看到别的孩子大都是父母一起前来送行，便第一次严肃地问父亲，妈妈到底在哪儿?

她的眼睛，含着泪花，瞪得好大好大，死死地逼视着父亲。

父亲摇摇头，闭上眼，不得不说出实情。

赵敏默默地流着泪，看着天上云，看着太行山。这个结果，她早就有预感，竟然是事实。

从此之后，她沉默了，像太行山的石头。

同学们都是山区孩子，基础差。由于国家投资，免收学费，免收书本费和住宿费，吃饭有补助。

全年级共 12 个班，800 多名学生。赵敏的入校成绩，是 402 名。

石家庄外国语学校的帮扶，全面而深入。

首先是校长。除了对被帮扶学校的校长和副校长进行集中培训之外，更让他们与石外校长和副校长结对子，随时联系，随时交流，形成师带徒关系。

其次是教师。从石外精选 100 名优秀任课老师，与被帮扶学校教师进行一对一地交朋友。每月抽出一周时间，石外教师必须到现场，与山区教师一同备课、一同上课，并进行同课异构。什么是同课异构呢，就是备课后，你先讲一遍，我再讲一遍，从中找出差距。山区的老师们每月也要拿出一周时间进入石外，进行观摩学习。平时，双方虽然身处城里城外、山里山外，却可以随时微信交流。

最主要的是学生。参照石外的校本课程，山区学校开设了各种素质教育课程：舞蹈、美术、体育、航模等。还有各种各样的特色活动，读书会、运动会、夏令营等。

13 所学校的联合运动会开幕了。过去，山区孩子只会列队，喊一二一，现在，也穿上整齐的校服，进行各种各样的体育运动，排球、篮球、足球、健美操等。

大家的笑声，融汇在一起，形成一片片五彩缤纷的祥云。

石家庄外国语学校的许多外教，也多次走进山区学校，与孩子们一起现场交流。山区的孩子们，哪里见过这阵势呢。刚开始，都不敢说话，皱着眉，躲得远远，像刺猬，像含羞草。老师们鼓励他们上前说话，孩子们还是不敢对话，只是写纸条，递上去。

……

学校的饭菜真好吃啊。有一次，食堂出售苦瓜炒肉，赵敏从未见过，就要了一份。

别的同学，吃得津津有味。只有她，感到苦苦难耐。她张大嘴，呸呸呸，全吐掉了。

老师问她为什么。

她说："好苦啊，难吃死了。"

同学们看着她，掩口而笑。

老师叹一口气："苦孩子，竟然吃不得苦。"

是啊，我是太行山里的苦孩子，平时最能吃苦，现在却怎么最吃不得苦呢。

五

当地人常说，我们早就是富裕生活了，早饭是蛋，午饭是鱼，晚饭是羊。

是的，一日三餐蛋鱼羊，不是早就脱贫了吗？

非也。

如果告诉你，蛋是山药蛋的蛋，鱼是洋芋的芋，羊是洋芋的洋，你会怎么想？你会猛然反胃，吐出一口酸水来。

几百年的山药蛋生活，此地的山民似乎都变成了憨憨的山药蛋，变成了呆呆的黄泥块，木讷无言，只会吃苦。

妻子去世后，光光的日子仍是蹒蹒跚跚。

父亲和母亲先后生病，一个胃癌，一个肺癌，陆续去世。

为了给父母治病，光光借了 2 万多元。

不得已，只得把 3 亩地租给别人，外出打工。由于身心乏力，又没有身份证，每年只能挣下几千元。除了各种消耗，所剩无几。

这些年，山里的世界在细细碎碎却又轰轰烈烈地变化着。

2009 年，山沟里通电了。每家每户的夜，亮堂堂。电视、洗衣机、冰箱、电脑等，都来了。

2011 年，村里通上了自来水。拧开水龙头，泉水哗哗哗。

2013 年，光光到乡派出所，正式办下了一个身份证。这个信息时代，没有身份证，寸步难行啊。在办理身份证时，他也在长辈和伙伴们的回忆中，正式确定了自己的出生年月日，即 1969 年 1 月 9 日。

2015 年，他被村里确定为贫困户，每年可以得到相应的补助。过年过节时，还会发放生活用品。

2016 年，孩子到县城上中学，一切都不用花钱。

老人走了，孩子上学了，他也有了身份证。于是，便外出打工。现在的他，挣钱也多了，是过去的两倍。

2017 年，光光第一次为自己过生日。那一天夜里，他破例走进一家饭馆，点了两个菜，喝了几杯酒。看着天上的繁星闪闪，闻着桌上的酒菜飘香，他第一次感到，生活和生命，如此美好呢！

这年春节时，他又为自己买了一件西服，200 元。

……

与光光的家境一样，小村周边的生态环境，也彻底改变了。这些年，我们这个国家，正在全面调整和精准发展理念，越来越注重生态建设，绿水青山才是真正的金山银山！过去光秃秃的山头，长满了郁郁葱葱的绿草。山羊、野兔、山鸡等人类的伙伴，纷纷回归了。

最苦恼的是，秋天里，野猪常常糟蹋土豆和玉米。于是，村干部组织村民，昼夜值守，像抗日战争和解放战争期间抓坏人、抓奸细一样。

六

春季开学后，石家庄外国语学校的 100 多名被保送进入名牌大学的优秀高三学生，由于不用参加高考，便开始进行社会实践。

他们的实践基地，就是被帮扶学校。

这些天才少年，在山区的讲台，与赵敏们进行着良好的现场交流。讲学习方法，谈人生理想，说生活故事。十多天时间，与赵敏们建立了良好关系。

离别的时候，赵敏和同学们，都哭了。她们几个同学凑钱，给小老师送了一个耳机。小老师也送她们每人一个日记本，扉页上写一句话：亲爱的小学妹，北京见！

暑假时，石家庄外国语学校挑选了 50 名深山区学生，入住石家庄市内的学生家里，进行一周的生活体验。

赵敏住在一名彭姓女同学家里。她与这位新伙伴，一起看电影，一起游泳，一起听音乐会，一起看球赛，一起洗澡，一起做饭，一起打扫卫生。她在快速地熟悉城市生活。

夏令营开始了。那位优雅的女外教，用英语与大家交流，并希望同学们用英语写一个小短文。

不一会儿，赵敏便第一个交卷了，并主动上前，进行口语交流。

“你好，爱丽丝老师。”

“你来自哪里？”

“我来自太行山区的前嘴村。”

“前嘴？”

“是的，那里是一条山沟的出口处，是一个开放的地方。”

“开放？哈哈哈……”

大家都笑了起来。赵敏也笑了起来。

她突然想起，自己已经一年多没有这样开心地笑过了。

在学校里，赵敏也交上了最好的朋友。这个朋友，居然也姓彭，正好是母亲的姓氏。她和班里另外 10 名同学，被确定为特殊贫困生，待遇是用餐全免费。食堂里的所有饭菜，看上什么吃什么。

她不仅喜欢吃苦瓜炒肉，还喜欢吃鸡腿、焖大虾、烧带鱼。

不知不觉中，她长高了。学习成绩呢，也悄悄地提高了，由全年级 402 名，提高为 106 名。

……

过年时，回家。看着漂亮、秀气且开朗的女儿，光光似乎不认识了。

七

山里人的习惯，过春节拜年时，晚辈要向长辈磕头。

往年，赵敏向父亲磕头，光光总是给 10 元或 5 元压岁钱。可 2018 年的春节，光光破例地给了女儿 500 元。

女儿长大了，正是爱美的季节，虽然在学校学习生活一切全免费，但还是要让她自己买饮料喝，买衣服穿，喜欢什么买什么。

这几年，光光在外打工，每年能挣下 2 万多元，不仅把外债全部还清了，还存下 3 万元。

去年以来，随着年岁增大，光光决定不出远门打工了，只在村周围打零工。村里发展乡村旅游，种植高山作物，照样可以赚钱。

山上生长着各种各样的野树和灌木，蓊蓊郁郁，覆盖着整个夏天和秋天。秋黄的时候，一夜白霜袭来，满山的柿树上和酸枣枝上便挂满了一盏盏晕红的小灯笼，把整个山乡映照得红彤彤。光光们就在这一盏盏小灯笼的光亮下，开始了金黄色的秋收，金黄色的玉茭、金黄色的柿子、金黄色的核桃、金黄色的土豆……

世代贫穷的太行山，富了，更美了。

是的，现在的太行山深处，绿浪如波。山坡上，一排排、一层层楼房，也像波浪；大路上，一列列、一行行汽车，更像波浪，涌动着、前行着……

太行山群峰，又像一个个舞台，站立着无数的演员，在唱、在笑、在呐喊，向世界呐喊。

……

几度春秋，石家庄外国语学校对太行山区的教育帮扶，也大见成效。

2016 年开始，他们帮扶的完全由山区贫困学生组成的 12 所中小学校，已经陆续开始在各县的中考中夺取状元。其整体教育水平，已基本与城区重点中小学持平。

2019 年 9 月，赵敏考入河北平山实验中学，读高中。入学时，成绩是全班第 17 名。

我采访的时候，班主任老师告诉我，这姑娘优秀呢，最近一次考试，已是全班第 7 名。

说着，老师鼓励赵敏接受我的采访。

赵敏，落落大方地坐下来，以纯正的普通话，向我讲述了以上故事。

（选自《人民日报》2020 年 8 月 26 日，原名为《一位山区女孩的读书故事》，有改动）

郑彦英

1953 年出生，陕西省礼泉县人，历任河南省委《党的生活》杂志编辑室主任，灵宝市副市长，河南省文学院院长，河南省文联副主席，作品有长篇小说《从呼吸到呻吟》，电影《秦川情》，电视剧《石瀑布》等，散文集《风行水上》获第五届鲁迅奖。系国务院专家，河南省省管专家。

兰考古琴奏响富民曲

2020 年，我多次到河南省兰考县采访，看到、听到、感受到的，全是兰考干部群众齐心协力补齐短板奔小康的情况。4 月，我又一次来到了兰考。车一进入兰考，就进入了一个花的世界，睁开眼到处是花朵，闭上眼到处是花香。花以泡桐为主，泡桐是先开花后长叶子的，所以满树都是花，紫色的、粉色的，花张扬着，蕊伸长着，向整个世界展示着美好的信息。我去看了焦桐，满树的花繁盛鲜艳；又去看了习桐，满树的花开得热烈而又奔放。就是在花的背景下，在花香的氛围里，我分别和兰考县领导在不同场合进行了交流，与统计局等部门的同志比较核对了数字，与老百姓一起在大棚和田野说上学、说就医、说饮水、说住房、说出行、说卫生等。我从老百姓的话语中听到了满意，我从老百姓的笑脸中读到了喜悦。

我在花香中找到了兰考县委书记蔡松涛。我对他说了我所了解到的小康标准。他说："你到群众中去看看，到没到小康，群众的感觉最准。"

这话有道理。于是，我开着车，在兰考的花海里穿行了一周，拍下了许多笑脸，录下了许多笑声。最后，我到了徐场村，访问了这个以制琴而名扬天下的平原小村庄。从桥下的涵洞里穿过去，到了徐场村口，便可以看到一面墙，墙上写着一行大字——“中国民族乐器村”。这一行字名副其实，因为琴，因为名气，来徐场村参观的人络绎不绝。于是，乡里专门为这个村庄配备了一名讲解员。

讲解员叫李梦晨，一个高个子女同志，利落而又新潮，披着长发，带我们一家一家地走，让我们看了一家家的琴房、木料房、制作间、刷漆间，让我们看了各种各样的琴、瑟、筝，还有琵琶等弹拨乐器。说到高兴处，特别是说到不同琴的音效时，她就会亲自弹几下，让你领略，让你恍然大悟。

在这期间，她向我们叙述了徐场村发展琴业的经过。20 世纪 60 年代，为了防治风沙，焦裕禄带领兰考人大量种植泡桐。泡桐确实为防治风沙起到了巨大的作用。慢慢地，人们发现，广植于兰考的泡桐，是极佳的乐器材料，能为兰考带来丰厚的收益。泡桐木质轻，不走形，生长迅速，树干直，原先兰考百姓用它做风箱。用泡桐做出来的风箱密封性好，风大，而且木质轻，易搬运，所以很受全国老百姓喜欢。除了风箱外，泡桐木做的箱子、柜子和办公用品，都因为轻和不走形受到人们喜爱。

20 世纪 80 年代，一位上海乐器师傅发现，泡桐板材十分适宜做乐器。这位乐器师傅在徐场村找到了从事桐木板材加工的代士永，希望他能够为乐器厂提供泡桐木。代士永当然一口答应，因为板材价格很好，几乎赶上做风箱的价格了。很快，有心的代士永发现，给上海乐器厂供泡桐木，一方木头只给几百块钱，而乐器厂用小小一片泡桐木做音板，做出的古琴就卖 3 000 多元，而一方木头，就能做几百个古琴音板。他就动了脑筋，想请上海师傅到盛产泡桐的兰考做古琴。师傅说：“做古琴还要紫檀木呢！这种木头统购统销，价格也贵，你们买不到也买不起。”

师傅没想到的是，代士永倾全家甚至全村之力，买到了。他重金请到了上海的师傅。代士永叫两个儿子和村里的几个小伙子跟着上海师傅学制琴手艺。这些年轻人自然是夜以继日地学。两年后，大家都掌握了做古琴技术，加上师傅是上海名师，古琴销路大好。

现在兰考的古琴，是中国名牌，每年销售 20 多万台。还有音板，兰考特有的沙地长出的泡桐做出的音板，有极强的共鸣效果，所以中国音板市场大部分的音板由兰考供应。如今，代士永已经驾鹤西去，而他的儿子已经成了制琴大师。

在讲解员的带领下，我们去了代士永大儿子代胜民的古琴店。我们驻足于一个由整块桐木掏出来的巨大的七弦琴前。代胜民随手在琴上弹拨一下，琴声立即从掏空的内腔里冲撞回旋而出，始如空谷鸟鸣，接着就是百鸟朝凤。我当下被琴声迷住，屏气凝神，静静地目视前方，如同看着缤纷多彩的音乐丝絮。

讲解员对我说，为了扩大古琴产业的销路，兰考与阿里巴巴的“农村淘宝”开展合作。通过网络，兰考的古琴不仅卖到全国各地，还漂洋过海，卖到了新加坡、美国和韩国等地。兰考越来越多的当地人开起了网店来销售古琴。85 万人口的兰考，目前全县注册的古琴生产企业有 187 家。此外，还有超过 200 家网店，通过线上平台销售古琴、古筝。

目前，徐场村 60% 的村民都开有制作民族乐器的家庭作坊，剩下的 40% 村民也几乎都在村里给这些作坊打工。乐器生产企业已发展到 52 家，民族乐器生产的从业人员达 1 000 多人，吸纳贫困家庭劳动力 160 余人。民族乐器产品主要有古筝、古琴、琵琶，并形成了一条比较完整的产业链，年产各类乐器 5 万多台（把），年产值达 9 500 万元。

从代胜民的乐器店出来，讲解员带我们走进了一个整洁而又规划得很有韵味的院落，墙上有花絮垂下来，树上的叶子把阳光摇晃得闪闪烁烁。随着讲解员的呼唤，一个个子不高的中年人从堂屋迎了出来，后面跟着个年轻人。中年人叫徐雨顺，后面跟着的年轻人是他的大儿子徐冰。我们跟着他们到了堂屋，便见屋子一侧，放着一张巨大的茶台，徐冰立即给我们沏茶。我问徐雨顺：“这茶台是什么木头做的？”徐雨顺笑笑说：“红木。这是做琴帮的必需品，先在这儿用着，也等于晾着，几十年后，就是做琴的好料了。”

通过交谈我知道，徐雨顺着迷于琴的制作，技艺高超，而且常有创新，使乐器达到崭新的音响效果。更重要的是，他培养了两个儿子。大儿子是1991年出生的徐冰，大学毕业后，便回家跟父亲开始学习古琴的斫制和演奏。古琴的制作工艺复杂，从选材到上弦要经过几十道工序，制作一张精良的古琴需要历时两年。从2014年开始，徐冰先后赴北京、天津、上海、广州等地学习古法斫琴技艺，并在每一道工序上都做到一丝不苟，所以，他做的琴，深受客户喜欢。二儿子徐亚冲也同样擅长制琴、弹琴。他们正在凤鸣湖畔试琴。

在徐场村，在兰考，这样的家庭还有很多，他们依靠泡桐，凭借制琴这一门手艺，在这片热土地上创造属于自己的美好小康生活。兰考县在注重经济发展的同时，也注意加强文化设施建设、积极组织文化活动，不断丰富当地人民的精神文化生活。

（选自《文艺报》2020年7月3日）

哲　夫

原山西省作协副主席、太原文学院院长、太原市文联副主席、城市文学社社长、《都市》主编。正高二级作家。著有长篇小说《黑雪》《毒吻》《天猎》《地猎》《极乐》《天欲》《地欲》《人欲》等，中短篇集《电影导演和他的两个女演员》《燃烧的诱惑》《长牙齿的土地》等，报告文学有《中国档案》《黄河追踪》《淮河生态报告》《长江生态报告》《黄河生态报告》《爱的礼物》《大地上的风景》等。曾获中国图书奖、中国环境文学奖、冰心文学奖、北京文学奖、赵树理文学奖等。

“岢岚是个好地方”

把中国扶贫放在全球语境下你会有惊人的发现。

——题记

存　在

“解放”语出北魏贾思勰《齐民要术·安石榴》：“十月中，以蒲藁裹而缠之；二月初乃解放。”《三国志·魏志·赵俨传》：“俨既囚之，乃表府解放……”宋代文天祥《罗融斋墓志铭》：“有生馈禽鱼，必解放之。”元代贯云石《清江引·惜别》曲：“闲来唱会《清江引》，解放愁和闷。”明代吴承恩《西游记》：“他却一一从头唱名搜检，都要解放衣襟……”康有为的《大同书》戊部第七章：“囚奴者，刑禁者，先行解放，此为据乱。”闻一多的《死水·你看》：“你看春风解放了冰锁的寒溪……”诸如此类多多，兼及物质与精神，或二者的综合。

1818 年 5 月 5 日出生于德国特里尔小镇的马克思，因为赋予了“解放”以耀眼的思想光芒，25 岁便不得不离开德国，带着妻子颠沛流离于欧洲多个国家，他说：“哲学把无产阶级当作自己的物质武器，同样，无产阶级也把哲学当作自己的精神武器；思想的闪电一旦彻底集中这块朴素的人民园地，德国人就会解放成为人。”

1937 年 4 月 24 日《解放》周刊在延安创刊，毛泽东在《解放》周刊发表有《论反对日本帝国主义进攻的方针、办法与前途》《为动员一切力量争取抗战胜利而斗争》《论持久战》等重要著作。中国人民解放军、解放全中国、解放天下受苦人、解放西藏农奴、解放牌汽车等，在历史进程中“解放”二字，始终伴随着新中国的发展脚步。

1948 年 4 月 4 日，农历戊子年乙卯月己未时，毛泽东主席与周恩来、任弼时等中央领导同志在前往西柏坡途中，在烧炭山上，毛主席还顺便向山上的老农借了一个火点起一支香烟，吞云吐雾，并与老农聊了几句天，然后才踏着夕阳的余晖走下山，去岢岚县住宿。

岢岚县在烧炭山脚下，地处晋西北黄土高原中部，管涔山西北麓，位于山西省忻州市西南部，县南与吕梁市为邻，北依五寨、河曲，南靠兴县、岚县，东邻宁武、静乐，西与保德相连。面积 1 984 平方公里，现辖 2 镇 10 乡，人口 8.6 万人，县政府驻岚漪镇。岢岚县地势东南高、西北低，东部山地以岢岚山主峰荷叶坪为最高，海拔 2 784 米，山上森林茂密，植被良好。西南部为烧炭山，山上牧草繁茂，宜于放牧。西部与西北部为黄土丘陵区，水土流失严重。中部沿岚漪河两岸形成带状平川区。全县山地为 1 140 平方公里，丘陵为 799 平方公里，平原为 45 平方公里。岢岚有全国三大卫星发射中心之一的太原卫星发射中心，但许多人以为太原卫星发射中心在太原，根本不知道在岢岚，更不知道岢岚还是个历史悠久的县。岢岚早在石器时代就有人类定居，从殷商起各族政权即在此治所管辖，还是拱卫太原的重要屏障要塞，历来为兵家必争之地。

毛泽东在岢岚路居期间，还顺便接见了参加岢岚三级干部会议的全体与会人员，并留下“岢岚是个好地方”的深情赞语，然后才去了西柏坡。翌年毛泽东便叼着那支从烧炭山老农烟锅里借火点燃的冒着丝丝缕缕青烟的香烟，赴京赶考去了。

时过多年，我和岢岚县扶贫办年轻英俊的赵利生主任，和具有一派斯文气象的康利生，循着毛主席的足迹登上了烧炭山，我们 3 人也在山上学样抽了一支烟，只是遍寻不见一个老农，老农们都整村易地搬迁了。无处借火只好自来火点燃，相对吞云吐雾，吐出的烟絮，即刻被劲疾的山风撕碎，涂抹到如火如荼浓烈的烧炭山秋色的画卷之中。

就在不远处，山风催动耸立于岭头峰顶的风力发电管线，这些风力发电的样子，远看也就是一支支竖起的细细香烟，如同一株株缭乱的三叶草的叶片。走近了细看却让人心惊，这些银灰色的香烟，竟是一支支粗可几人怀抱的巨无霸“雪茄”，支支高耸入云天，棵棵都烟望雾视，叶片呼风唤电。这等巨无霸的风力发电和龙鳞般的光伏晶体，在岢岚县许多地方蔚然已成洋洋大观，很是让我们感叹了一回。

“毛主席在我们岢岚县老百姓的心里是一个神一样的存在，”赵利生操着浓浓的岢岚话感慨地说，“就在我们站的这个地方，毛主席向一位农民借了个火，还聊了几句天。那时的烧炭山，种有不少田地。1948 年 4 月 4 日，毛泽东与周恩来、任弼时等中央领导同志在前往西柏坡途中路经岢岚，是从兴县那边一路走过来的……”

这里是黄土高原之上的土石山区，人类的记忆，顽强如同深埋黄土之中的石头。举凡露头的石头都有根，我曾看到过太行山一座石头凿出来的碾盘，它的根连着太行山，不打碎了寻常是搬不走的。

在来烧炭山的路上，我们先去了赵家洼。赵家洼是岢岚县的一个村庄，这个村庄全是 25 度以上的坡地，全村人只有一口井，种地和吃水都困难，属于典型的“一方水土养不好一方人”的地方。县里果断决策，赵家洼整村搬迁，但大家都捏着一把汗，怕有人说三道四。

这时候中央来了个人。这个人来赵家洼走村串户访贫问苦。赵利生声情并茂地说：就像走亲戚一样，走进刘福有家里。刘福有两口子已 70 多岁，92 岁的老母亲与他们生活在一起，5 个孩子成家后都进城打工去了。刘福有喊着向 92 岁的老母亲介绍来人，老母亲耳朵背，听不清儿子的话，也不明白新称谓，反问：谁？谁？刘福有情急之下，只好大声吼喊：“就和毛主席一样！”刘福有 92 岁的老母亲听了，老眼里霎时间云烟滚滚，蓦地睁开来，满脸核桃皮似的皱纹顿时舒展，咧开没牙的、露出红红牙床的嘴巴，笑成了一朵花，握住来人的手亲热得半晌不肯松开……这就是人类生命记忆被时光凿刻的顽强，由此及彼地被点燃之后，会即刻照亮衰弱的生理机能。

赵利生笑着这样解释：“不是事先安排的，就是自然而然的，92 岁一个耳聋眼花的老人，你不和她说，就和毛主席一样，她是真的弄不懂，她活在过去的岁月里。但刘福有无意中说了一句真心话，在岢岚人的心里，总书记就是和毛主席一个样。这话应该说没有错，我觉得在为人民服务这个问题上，前后就应该是一样的，你说是不是？还有就是习近平总书记在全国访贫问苦，在我们赵家洼村停留的时间是最长的……”

科学日新月异，地球已经小成了一个村子，在茫茫宇宙间，迄今为止，我们只有这一个地球。中国再大也不过是地球村里的一亩三分地，村子里的风水坏了，邻里都会受害，所以保护这个村子的生态环境就是保护中国的一亩三分地。光靠一个人不成，得抱团取暖，不光要为中国的老百姓服务，还要为地球村所有的人类服务。这也是马克思、恩格斯的共同理想和共同表述，他们说：“只有在共同体中，个人才能获得全面发展其才能的手段，也就是说，只有在共同体中才可能有个人自由。”

建立人类命运共同体被写入了中国共产党章程。党的十九大报告定义并表述为：“构建人类命运共同体，建设持久和平、普遍安全、共同繁荣、开放包容、清洁美丽的世界。”还有扶贫，细细想来，把扶贫放在人类发展的历史进程中和全球化的语境下来认知，方知扶贫这个思路很不简单，与生态环境保护和人类命运共同体这两个思路，是互为连带、相辅相成，具有同一密切因果，是一步深思熟虑的大棋。具体内容待我在后边的章节里细说。无疑这是走出历史循环的又一个要紧关节。过后，我专门就此填了一首《定风波》的新韵，题为《地球独秀在宇宙》，从春秋四季的循环往复说起：

先扫梧桐帚上秋，后撩桃李入溪沟。
云货琳琅风捡漏，杨柳，青铜锈绿耍吴钩。
鼎食钟鸣全宇宙，独秀，航勘未见类星球。
何必动辄披甲胄，参透，天人合体护风流。

记　忆

类人猿向人类进化的过程是一级接一级渐进式发展的，人类历史的持续性，也是由一个一个具体的人，一代接一代，渐进式书写的过程。景感生态的人，也即物质的人，本身是有局限性的，更何况，还有特定的历史阶段的必然性，所以，人类历史经常会出现大同小异的甚至雷同的故事，雷同的场面。但雷同的只是情节和主旨，故事照样生动，因为时间、人物、细节已经有所不同，历史因此得以常新。

岢岚是个老区，刘福有 92 岁的老母亲年轻时，耳熟能详的大约只有一个名字，所以当她听到这个名字时，记忆即刻被点亮了。毛泽东是从南湖舫船、从八年抗战、从大生产、从重庆谈判、从三年解放战争、从延安去西柏坡，从烧炭山走去岢岚，老母亲焉能不晓？

1949 年 3 月 23 日是个历史性的日子，中共中央从西柏坡起程前往北平时，毛泽东风趣地对大家说：“今天是进京的日子，不睡觉也高兴呀。今天是进京‘赶考’嘛。进京‘赶考’去，精神不好怎么行呀？”周恩来也说：

“我们应该都能考试及格，不要退回来。”毛泽东说：“退回来就失败了。我们绝不当李自成，我们都希望考个好成绩。”

时过多年，一个名叫梁家河的村来了一个北京插队青年，他爸是富平县人，距离延安不到300公里。他在梁家河待了7年又赶考进了京。他吃过农村的苦，深知穷山恶水的可怕。2015年10月21日，他在伦敦金融城市长晚宴上的演讲中提道：“我不到16岁就从北京来到了中国陕北的一个小村子当农民，在那里度过了7年青春时光……年轻的我，在当年陕北贫瘠的黄土地上，不断思考着‘生存还是毁灭’的问题，最后我立下为祖国、为人民奉献自己的信念。”2016年7月1日他又意味深长地对人们说：“这场考试还没有结束，还在继续。今天，我们党团结带领人民所做的一切工作，就是这场考试的继续。”

以上这两个细节我曾在《大地上的风景》一文中写到过，在这里重提，是想告诉人们，物换星移，时代已经不同，人物已经更迭，但有一个根本的考题没有变，那就是我在开篇所说的两个字：解放。

没有土地，就没有人类文明，这话听起来不错，但在今天却有些过时。我和赵利生、康利生都不同程度地讨论过这个问题。我的观点是：土地生长五谷，没有土地就没有农耕文明，但现在已经进入了现代化工业时代，小农经济显然是不适应时代发展了，所以，扶贫的更深一层含义，不仅是让农民脱贫，让农民进城，还有从土地的无所不在的束缚中把农民解脱出来。

“我就是个农民！”赵利生说，“家里世代务农，要不是考上个五寨师范，现在还在家里务农呢！我们这里的学生，最想上的就是五寨师范，因为毕业国家包分配，考上五寨师范意味着命运就此改变，可以当老师月月领国家的工资了，当时，是农村人梦寐以求的！”

似乎，无论是打土豪分田地，还是扶贫，以及上五寨师范，都与土地有扯不脱的瓜葛。说农民离不开土地，现实的表达则是土地意味着贫穷。过去是科举，现在考大学，上五寨师范，从工、从商、从政，成为农民的梦想，目的没有变，共识很明确，从土地的束缚和贫穷中把自己先解放出来，改变个人以及家族的命运。时至今日谁也休想再把农民束缚在土地上了。城里人瞄住了村里的土地，开始往村里跑。这种现象被称之为第二次土地解放或是城乡大换防。

"事实已经是了！"康利生说，这个县职高的副校长也是五寨师范的毕业生，"好多村里的青壮年都另谋生路，大多数都进城打工，逢年过节，回来瞄上一两眼就又走了，留守的都是老弱病残……"

我们聊的时候，傍山依势的赵家洼村，除村中最好几间房留作历史见证，其余的房屋已拆掉复垦，种了各种药材。

我问他村里有没有明清或是民国的建筑？赵利生笑了："要有明清民国建筑还能拆？都是烂得不能再烂的烂房子，真要是不拆，维修个样样得花好多钱的，还得跟省里要，拆了省心，但也可惜……"

距赵家洼村不远的宋家沟村，如今青砖灰瓦，木屋黄墙，整修一新，扮演和替补了本该由赵家洼承担的角色，俨然成了岢岚县的一个热门景点。宋家沟中心村和乡党委所在地，是去宋长城景区的必经之地，也是 2016 年习近平总书记在岢岚县访贫问苦的第二站。宋家沟也因此从一个默默无闻的小山村，变成了一个人人皆知的红火地方，不仅提前完成了周边 14 个村 145 户 256 人的易地扶贫搬迁建设安置，还乘机加强生态建设，利用毗邻宋长城景区和荷叶坪原始次生森林旅游景区的优势，大力发展旅游，2018 年成为国家 AAA 级旅游景区，2019 年又跻身于中国美丽休闲乡村。接踵而来的变化是外地务工人员回来务工了，旅游季节通过摆摊位、农家乐赚钱。多地游客方言，2018 年第一届宋家沟乡村旅游季活动累计接待游客 20 余万人次。2019 年 6 月 21 日，截至下午 5 点就已接待游客 22 000 余人次。仅 4 天，全村就收入 32 万元。我去时，露天大屏幕正在播放实况，那个因在梁家河插队 7 年而饱尝并深知农民疾苦的人，面对他的农民兄弟淳朴的面容深情款款发出这样的号召：和党中央一起，撸起袖子加油干！

我有《相见欢》新韵两首合成《较个中国真》词曰：

路居馆里哪人，日如轮。
今又情真、都暖岢岚春。
远又近，显还隐，是脱贫。
撸起袖儿、千线一根针。
不均人患堪惊，岂能轻。
较一个真、还上欠的情。
富贵冷，暖生境，共枯荣。
过猛繁奢、犹怕毁农耕。

岢　岚

农耕一词最早出于何典？不清楚，但约定俗成的原始农耕是以半坡遗址和河姆渡遗址为例的，先猎而后耕，成为一种共识。考古材料显示，黄河流域多为原始农业遗址，这些遗址都在公元前6000年至前5000年，属氏族公社阶段，距今七八千年。《白虎通》书分析颇有意趣：“古之人民皆食禽兽肉，至于神农，人民众多，禽兽不足，于是神农因天之时，分地之利，制耒耜，教民农作，神而化之，使民宜之，故谓之神农也。”《周易》称三皇之一的伏羲氏为“庖牺氏”，唐代史学家司马贞统而概之：“结网罟以教佃渔，故曰宓牺氏，养牺牲以庖厨，故曰庖牺。”把驯化禽畜放养鱼鳖以适庖厨者的功劳悉归于伏羲。“神农氏作，斲木为耜，揉木为耒，耒耨之利，以教天下。”《拾遗记》则不顾《周易》的人话，干脆就神话伺候：“时有丹雀衔五穗禾，其坠地者，帝乃拾之，以植于田，食者老而不死。”

佐证是全球的农学界几乎都认为粟的种植是中国人的首创，半坡遗址即发现了窖藏和罐藏的粟，早在新石器时代中国粟就传到日本、朝鲜、阿拉伯、小亚细亚、俄国等国家和周边地区。半坡氏族的猪绝大部分是在幼小时宰杀掉的，大汶口时期宰杀的猪则多为成年母猪，数量也很多。这说明了古代传说并非空穴来风。

农耕文明与游牧文明是中华民族古代两种不同文明，它们在相当一段时间是并存不悖且是互补的，迄今为止在有些地方仍然可以见到并存的华彩片段，这一点在岢岚县就表现得十分明显和突出。

我来时，岢岚刚刚开罢脱贫攻坚表彰会，受表彰的脱贫人员大多都是养殖专业户，养羊的、养牛的、养驴的、养猪的、养鸡的，还有养骆驼的，占多数。走到野地里随处可见牛羊在山坡云朵一样游逛着吃草。我问赵利生："全国各地退耕还林，封山禁牧，要求圈养牛羊，岢岚怎么还在放牧?"赵利生侃侃而谈："岢岚县素有'骑在羊背上的县'的美称，养羊是岢岚的支柱产业。岢岚县面积 1 984 平方公里，现在加上流动人口也不过 8 万人，可以说是地大人少。主要有岚漪河、东川、南川、北川几条支流，属于黄河水系，牛羊有喝。草坡现存有 138 万亩，年产草量 50 万吨，载畜量 31 万只羊单位，牛羊有得吃。岢岚柏籽羊肉全国有名，岢岚绒山羊，产绒量高、肉质鲜美。县上也考虑过圈养，可因地制宜这么一考虑，觉得不能简单地一刀切，就折中：夏秋草木旺发在山上放牧，初春和冬天圈养!"

早在石器时代岢岚就有人类定居，从殷商起，各族政权即在此更迭。龙山文化遗址，春秋、汉、晋、北齐、唐代遗址，摇曳多姿。现存岢岚县城为后汉刘知远所筑，已有 2 200 多年历史。北宋文学家欧阳修任枢密院副使时，曾几次来岢岚巡查，这个出生于今江西省吉安市永丰县的北宋人乍见僻处边塞深处蜿蜒团伏的岢岚城墙，便被其流云般不修边幅、丘陵似沉雄坚实、峰峦如若的高大、天荒地老的沧桑野旷夺了眼球和心魄。经过一番浏览、观赏、品鉴、考据、思考而后，曾为时人的北宋欧阳修，如推理欧公文字之今人我，情不自禁，一改寻常为文的洋洋华彩，不惜以记流水账的直白，不事铺张，以时间、地点、朝代、年月、尺寸、数字行文，凿凿据实，历历记载，从中宣说出一个字里行间看不见的惊叹：噫吁兮岢岚，一座沉雄出奇、巍峨罕匹、形如战舰、经历代增广修筑的边塞高古之城!

他在撰写《修岢岚城疏》一文时，不厌其烦流水记之曰：神宗元丰八年（1085 年），知州贺绍庆"于城东增广 2 里"。明洪武七年（1374 年），镇西卫指挥使张兴将全城包砖，“周围7里，城高3丈8尺”，城形如舟。城楼12座，上有旗杆、垛口。城门高大出奇，四门都有瓮城，城外有一条宽5丈、深2丈的护城河。东、西、北门外各有吊桥一座，城外4关2堡。现仍存北、东、南3座城门瓮城和大部分残垣断壁，高大的城门实属国内少有。城“周围5里”建制，建有防御体系，其格调与西安古城相仿佛，只是规制格式缩微一些而已。

“我们岢岚城的地形地貌就像一只船的样子!”康利生慢悠悠地说。战国时赵武灵王在此修筑了长城，隋文帝沿用北齐长城旧迹以筑隋长城，后宋太宗太平兴国五年（980年）在北齐和隋之基础上，又修筑现在岢岚境内现存的宋长城。长期以来学界认为宋朝没有修筑过长城，考察得知岢岚境内现存从县城东山至王家岔乡有30公里大部分保存较好的宋长城，附近散落有大量宋朝瓷片，有的地段还发现有使用火器的炮台。这一发现极具学术价值，填补了中国长城史上的空白。岢岚古城文旅项目正在施工，已经扬帆起航驰向远方。

“于是怪事出现了。这几年，时常半夜三更的一辆车驰来，在东城门停下，车上下来一个人，小车撇下这个人绝尘而去。这个人包裹得严严实实的，按亮手电就上了城墙。有时候是春天，有时候是夏天，有时候是秋天，有时候是冬天。一年四季，经常如此，有时候早，有时候晚，而且前后已经好几年了，许多人都看到过他。春天夏天秋天还好，可以在城墙上看看风月，赏赏夜景，也还说得过去。可是大冬天他也这样，风卷着雪花呼呼地刮，吹得人眼都睁不开，冻得人迈不开步子。可这人一点不在乎，在城墙上走走停停，东看看，西摸摸，站一会儿，蹲一会儿，还使劲儿抠什么，还不时掏出一个小本子往上记什么。你说怪不怪？从东门到西门得走一个多小时，好不容易挨到了西门，人也差不多快冻僵了，这才哆哆嗦嗦地下了城墙……”

说这番话的人是我新认识的忻州电视台的一位朋友，他使用的是职业化的镜头语言，说完之后，呵呵地笑，让我猜这人是谁？我说猜不出，他抚掌大笑揭穿谜底：“还能有谁？除了这个县的县委书记谁还会关心这座古城的复建质量？质量差一点点也不依不饶的……”

我求证赵利生，他说：“白天施工，去了碍事，还扎眼，人家还得陪你，晚上没人，想看啥看啥，想咋看咋看，方便。一个岢岚就够书记忙的，还是忻州市常委，太忙了，白天根本也没时间，只好晚上去。也不是一回两回，大家也都知道。发现问题就批评，就要人家返工，一点也不客气。在岢岚县干了 8 年，一砖一石，一草一木，都如同他自己的孩娃，打断骨头连着筋，任何差错都能让他牵肝动肺！”

岢岚城依沟洼地势而筑，中间宽而两头狭长，其形如舟，载沉载浮，环山如凝固的浪头，扑扑簌簌，憋住了欧阳修的一声清呼。如今颓败，残垣断壁，仍然可辨北、东、南 3 座城门以及瓮城所在。城门楼子和城中央的钟鼓楼基本已经恢复。想当年，欧公闻鸡啼之声，而应晨钟之响，听马嘶人起，打理巡务。夕时鸦噪，暮鼓起处，牛羊从四山下来，哞哞咩咩之声从四座城门洞里，络绎不绝地流入黄昏。我假装自己就是当年的欧阳修，在城中巡察，见城门洞底部，多为清一色斑驳石条，历千年沧桑而弥坚，当为旧物。

我发现，因地形地物缘故，岢岚城墙残存的华彩片段，并不能被历朝历代的法理人情所约束或一刀切齐，而如同一个喝醉酒的率真的本地汉子，远离人文束缚，在野天野地里，踉踉跄跄歪斜行走，使之更接近于自然的烂漫、天地的原趣，一派没遮拦的法天贵真。记载有说在明洪武七年（1374 年）镇西卫指挥使张兴将全城包砖，但从遗存的片段看，似乎只是几座城门洞包了砖，其他城墙部分还是裸着。或是包砖之后，城砖被荒蛮年代和不断更新观念的老百姓悉数拆了去盖猪圈羊舍？也未可知，姑且置疑。岢岚城墙修复也循魏晋风骨，只限于四城门楼子旧制还原，大部分残存城墙片段，也都原汁原味撂在原地不动，该是牛大还是牛大，该是羊小还是羊小，不乱原来的牛羊阵仗，只围拦起来而已。便连过去城墙上被穷人掏挖借居的窑洞也原汁原味，只是泥填了而已，灰抹的痕迹历历在目，并不曾刻意粉饰。

“这是真实的面貌!”康利生不无赞许，“过去城里的人们不懂这是文物，过去家里的孩娃任性使气时会说，不和你们住了，我到城墙掏个洞洞自己住去呀！现在住不成了。过去有好多人在城墙上掏窑洞住，竟然还有人在城墙上盖了一座二层小楼。为让这些住户从城墙搬走，县上费了牛大劲，讨价还价就是不走，书记也拿他们没法!”

“书记的确是个好书记!”赵利生感叹，“我在县委宣传部10年，去信访局干了不到一年半，根本没想到能提拔重用我，没想到，事先没和我说就宣布我当扶贫办主任，我一听心里嗡的一下头就大了，赶紧找他辞官，可他说，不能辞，就看中你了。那时我对人家都不大了解，你说他咋就看上我了?”

赵利生这么说时，正好路过他老家的一个集中安置点阳坪村，在四合小院式的搬迁新村，恰好遇上两个同村人。眼瞅着赵利生在我面前，在两个古稀老人面前，刹那间，活脱脱，由县扶贫办主任，变回邻居家的孝顺孩子，改回地道的乡音亲热与之啦呱，手挽着老人回家。两个老人手里拎着两个透明的塑料袋，一眼就可以看得明白，一个装着生鸡蛋，一个装着熟鸡腿。过去，我只见过村里人挎个篮子到城里卖自家鸡下的鸡蛋以换油盐调料，如今反过个儿，不光住在城里，买城里的鸡蛋，还吃起城里人的鸡腿来啦？房间不大，但设施一应俱全。眉开眼笑的两个老人又端茶，又拿烟，又剥水果，不离左右，追撵着赵利生一口一个“利利”地乱叫，还非要留我们吃饭，亲热得就好像他俩是赵利生的爹妈。

赵利生是个苦孩子，12岁就失去父亲，靠天天给学校打扫卫生勤工俭学才侥幸完成学业，比农村中同龄人更早更深就懂得了贫穷的可怕和生活的艰辛。但这些并没有使他忧郁和沉默，而是更加坚实了他的信念。他指点着几个地方，讲述他儿时的趣事，山风撕扯他的头发，想让他住口。可他还是说出了真心话：“我就是个农民，农民子弟给农民做事，要上对得起天地时令，下对得起父老乡亲。”

（选自《文艺报》2020年6月17日，有改动）

徐锦庚

人民日报社山东分社社长，高级记者，十三届全国人大代表，中国作家协会会员，中国报告文学学会理事。在《人民日报》《光明日报》《解放军报》《文艺报》《人民文学》《中国作家》《山东文学》《时代文学》等刊物发表大量作品，著有《中国民办教育调查》《国家记忆——一本〈共产党宣言〉的中国传奇》《台儿庄涅槃》《大器晚成》《涧溪春晓》5部长篇报告文学作品。曾获鲁迅文学奖、中宣部“五个一工程”奖等。

涧溪春晓

引　子

村里的变化可大了

“瞧，总书记就坐在俺全家中间！”

敲开赵顺利家门，一股暖意拂面，开门老人精神矍铄。

赵顺利是山东省济南市章丘区三涧溪村村民，老人是他父亲赵永发。2018年6月14日上午，习近平总书记考察三涧溪村时，走进赵顺利家，同一家人围坐一起拉家常，问他们收入怎么样，搬迁花了多少钱，生活上还有哪些困难。

往事历历在目。回想那一天，赵顺利一家人沉浸在幸福中。

致富路宽，迎来幸福时光

虽已八十高龄，但赵永发思维清晰，手脚麻利，说话连比带画。

“总书记问俺们有几口人、几间房，搬迁花了多少钱，孩子在哪儿就业，一个月收入多少，生活上还有哪些困难。”赵永发没想到，当时总书记会问得那么细，“听说俺家在旧村改造时，置换了好几套房，总书记笑了，说这是农村改革发展的成果。”

赵顺利平时嘴拙，那天倒顺溜，拉着总书记的手说：“这些年，致富路越走越宽，日子越过越红火，全靠党的政策好。”总书记高兴地说：“农业农村工作，说一千、道一万，增加农民收入是关键。”

赵顺利的妻子马业玲腼腆文静，回忆起来也禁不住眉开眼笑：“那天上午，俺全家像做梦似的，这是俺们最幸福的时光！”

更让一家人惊喜的是，习近平总书记在2019年新年贺词里提到了赵顺利。

那天晚上，一家人正在看电视，听到总书记说“在山东济南三涧溪村，我和赵顺利一家围坐一起拉家常”，小外孙乐得直蹦跶，说“习爷爷在说咱家哩”。

赵永发手机平时难得响，那晚却烫手，亲戚朋友打电话祝贺，街坊邻居也上门道喜。

人心思进，做好事当榜样

赵家四世同堂，共18口人。赵顺利是长子，有两弟两妹，膝下一双儿女，外孙已6岁。村周围有许多企业，他啥车都会开，找份工作很容易，不用起早贪黑，活儿也轻松。五兄妹每家年收入10多万元，虽然都在农村，生活却也滋润，一点不比城里差。

“总书记离开俺家后，俺爹马上开家庭会，约法三章：一要家庭团结，不能斤斤计较；二要谦虚低调，不能趾高气扬；三要心平气顺，不能信口胡说。”赵顺利说，“去年6月14日，俺全家开了个纪念会，感恩总书记，感恩共产党！”

三涧溪村党委书记高淑贞说，这一年多来，赵顺利全家人变化很大。

2018年10月，有户残疾村民面临拆迁，一时没找好过渡房，赵顺利二弟媳刘淑美做通丈夫工作，主动让出住房，还把家具留给他们使用。前不久，又有户村民遇到同样的困难，赵永发也腾出住房，搬到儿子的另一套房里。

马业玲有个哥哥，因老年丧子，心灰意冷，旧村改造时，无论村干部咋劝，就是不肯搬迁，说要在老屋终老。她一趟趟往哥家跑，终于做通工作。

进步最大的是赵顺利。他以前是个“闷葫芦”，现在能说会道，口才赶上他爹了。更可贵的是，赵顺利积极要求进步，2018 年底递交了入党申请书。“总书记这一来，给咱上了一课。以前，只忙乎自家挣钱，不操心集体的事。现在咱也想入党，多为老百姓做些事。”

2018 年 12 月，刘淑美光荣入党，赵家有了第一个党员。这事，赵永发常挂在嘴边。

乡村巨变，振兴正在路上

赵顺利领着记者，围着村子里外转了一圈。三涧溪是个大村，现有 1 160 户 3 371 人。五六年前，全村尽是低矮平房。现在，22 幢高楼已安置四成村民，集中供暖。房前屋后停满轿车，全村有 900 多辆，户均将近 1 辆。

村前的灯光球场、健身广场，都是 2019 年新建的。“那个大铁笼啥用场？那是笼式足球场，时髦吧？孩子们可喜欢了！”看记者疑惑，赵顺利“炫耀”起来。

村头的敬老院像花园，旁边是乡村振兴馆。东侧有个牌坊，后面是片古村落。三涧溪村正在建设古村旅游综合体项目，发展乡村旅游，为村民持续增收致富建立长效机制。在高淑贞鼓励下，赵家开了“赵顺利特色小吃铺”，即将正式营业。

隔着马路，有片厂区，立着高烟囱，漆成红白色。“哪个高烟囱？噢，那是老供暖厂，因为烧煤污染环境，现在改成乡村振兴学院，烟囱用来搞灯光秀了，晚上可漂亮啦。”

村北有个巨大基建坑，坑底正在施工。这里将建 32 幢高楼，到 2021 年完工后，全村人都能住上新房。再往北，是村里的产业园。

“要说变化，村里的变化可大了。这一年多来，村里冒出七八家新企业，多得记不住名。公交专线也开通了，可以直达章丘城里。”赵顺利越说越兴奋。

道路四通八达，路边蜡梅吐蕊，暗香浮动。村民幸福的笑脸，就像蜡梅花儿一样绽放。

破译乡村治理的“密码”

三涧溪，山东章丘的一个村庄。一听名字，就很有诗意。

一个村庄，居然也有“八大景”：“北岭西望火车烟，南涧卧牛石万千。马蹄浣衣多少妇，月牙弈棋赛神仙。赵家垂柳千条线，石岗避暑月更天。砚窝留名奇石古，胡岑枝荆到顶园。”景入诗，诗如画。

诗意的村名，画般的村貌。这个中国北方的村庄，表面看去，小桥流水，诗情画意，波澜不惊，犹如风景。其实，真正走进去才发现，村庄并不宁静，几乎每天都有矛盾冲突，都有暗流涌动。

这个看似宁静、实则充满斗争故事的村庄，就是主人公高淑贞“唱念做打”的舞台。在这个舞台上，她由生涩到成熟，从蹒跚学步到长袖善舞。10 多年，三涧溪由穷到富、由乱到治。

三涧溪是中国乡村的缩影。本文展示的，既是一位村官的奋斗历程，也是一个村庄的治理故事。

一

采写三涧溪，最初我的计划是，挖掘扶贫脱贫素材，讲好勤劳致富故事。然而，当我融入三涧溪触摸其灵魂深处时，渐渐有了新的感知。

同其他脱贫村不同，三涧溪曾经“阔”过。老铁匠马世昆，人称“劈铁大王”，在改革开放初期，组建钢铁冷断加工队，带领乡亲走南闯北，

1979 年，为集体创收 18 万元，这在当时是个天文数字。以后年年上台阶，到 1987 年前后，断钢队每年为村里创收 120 万元，年交税 25 万元。多年间，三涧溪的水电、提留、摊派、日常运转等费用，均来自断钢队。在马世昆带领下，村里办起多家企业，还建有幼儿园，集体经济厚实，村民生活富裕，是远近闻名的先进村。

然而，到 20 世纪 90 年代，马世昆却受人排挤，气出脑溢血，黯然辞去村支书，最后郁郁而终。三涧溪陷入混乱，班子软弱涣散，人心一盘散沙，违法乱纪不断，村庄脏乱不堪，村支书像走马灯，6 年换了 6 任，最短的仅干 7 天，村集体欠债 80 万元，重新堕回穷村，成了烂摊子。

2004 年，在苦无良将的情况下，乡村女教师高淑贞临危受命，回到婆家村，担任村支书。15 年来，她强班子、治村容、勇担当、敢亮剑，励精图治，敏锐把握机遇，顺势而为发展。三涧溪走出泥淖，再次脱贫致富，村集体净资产上亿元，人均年收入 28 000 元，还跻身全国先进行列，荣膺"全国民主法治示范村""全国平安家庭创建先进单位""全国妇联基层组织建设示范村""全国综合减灾示范社区"等殊荣。2019 年底，就在我采访时，三涧溪又被评为"全国乡村治理示范村"。

三涧溪贫富交替，有迹可循：过去贫穷，是因普遍贫困、苦无出路，脱贫致富靠的是勤劳。后来返贫，乃因人心涣散，勾心斗角。脱贫攻坚，受益于国家扶持、区域优势。国家扶持显而易见：自 2003 年以来，连续 17 年，中央 1 号文件皆为"三农"，近年更是倾力扶持，多方力量叠加，乡村躬逢其盛。区域优势在于，作为章丘的城郊村，三涧溪被征土地多、就业机会多，脱贫水到渠成。

所以，三涧溪的脱贫攻坚有其鲜明特点：不仅由"穷"到"富"，更是由"乱"到"治"。换言之，其脱贫攻坚的主要任务不再是寻找致富门路，而是如何提高治理能力、提升文明素养。

鉴于此，我改变创作初衷，围绕八字着墨：成风化人，由乱到治。

二

中国乡村急剧变化，处于多年未有之变局，亟待新的治理方式。

过去，人们为生计疲于奔波时，文明素养容易被忽略。脱贫致富后，“仓廪实而知礼节，衣食足而知荣辱”，文明素养的要求浮出水面。如何提升农民文明素养、提高乡村治理能力，既是脱贫后面临的紧迫问题，也是现代农村的主要矛盾。

随着城乡一体化推进，农村人口流动加速。改革开放初期，全国外出务工不足200万人，到2018年底，农民工总量达2.88亿，其中外出农民工1.73亿。乡村变革和快速转型，打破保守的社会格局，乡村社会原先的同质性、封闭性、排外性，逐渐被个性化、开放性、多元性取代。人被裹挟进入现代社会，思想观念仍在缓慢转型中，“身子已住楼房，头脑还在平房”。受小农意识桎梏，有的农民安贫乐道、不思进取，有的得过且过、目光短浅，有的懒惰成性、坐等帮扶，有的铺张浪费、薄养厚葬……由于缺乏利益联结，村民各种各的地、各干各的活儿、各吃各锅里的饭，乡土人情趋淡，人际关系疏离，社会凝聚力弱化。

在经济利益驱动下，一些农民传统道德摇摇欲坠，糟粕思想乘虚而入，人生观、价值观错位，社会责任缺乏，法治观念淡薄。有的自私自利，贪占集体利益，只想索取、不想奉献，只想享受权利、不愿承担义务。有的只在乎自己一亩三分地，“老婆孩子热炕头”，事不关己，高高挂起，对公共事务漠不关心，不愿为公共事务出力。有的急功近利、利欲熏心，养殖者滥用激素和抗生素，将工业品掺入食品中，影响食品安全；种植者过量使用化肥、农药和除草剂，污染作物、水体和土壤。

与此同时，人们利益需求多元，对政府要求增多，监督愿望增强。当需求无法满足时，产生失望和焦虑，引发社会治理问题，矛盾纠纷日趋复杂，由过去的家庭、邻里矛盾为主，转变为经济纠纷为主，涉及宅基地、土地承包、项目征地、林地收益等，加上在选举、医疗、环保、交通等方面的纠纷，导致矛盾深化，化解难度增大。

这些情况，在三涧溪村都或多或少存在。

还有一个现实不容忽视：大批农村精英迁入城市后，导致农村缺乏生机活力，治理人才短缺，治理主体弱化，村干部素质下降。有的年龄偏大，"七个人八颗牙"，文化程度偏低，综合素质不高，缺乏乡村治理能力。有的不思进取，怕担责任，得过且过，缺少干事创业的激情。有的作风简单粗暴，听不进群众意见，遇事拍脑袋，凭主观想象决策，缺乏民主意识。有的怕吃苦、怕吃亏，工作不深入，作风不扎实，缺乏艰苦奋斗精神。

党的十九届四中全会提出，要构建基层社会治理新格局。基层是国家治理的最末端，推进国家治理体系和治理能力现代化，必须紧紧依靠基层、聚力建强基层。乡村治理的关键，在于自治、法治、德治三位一体，以自治增活力，以法治强保障，以德治扬正气。自治属于村庄范畴，法治属于国家范畴，德治属于社会范畴，"三治"互为补充、相得益彰。

村民自治的重要目标，就是强化主体意识，提高参与公共事务积极性，让农民说事、议事、主事。乡村治理重在春风化雨，挖掘道德力量，德、法、礼并用，引导农民向上向善、孝老爱亲、重义守信、勤俭持家，增强乡村发展软实力。

"三治"能否融合，关键在于村"两委"班子。而班子坚强与否，取决于党支部书记。雁飞千里靠头雁，船载万斤靠舵人。

三

村干部资源匮乏，权力有限，当好不易。要当好乡村领头雁，尤为不易。

领头雁，我采访过很多。在山东，"蔬菜大王"——寿光市三元朱村党支部书记王乐义，我写过。"当代保尔"——沂源县张家泉村党支部书记朱彦夫，我也写过。这些领头雁，是全国典型，大名鼎鼎，各有各的经历、各有各的风采、各有各的传奇。

然而，相比其他村，三涧溪更复杂。相比其他人，高淑贞更立体。在乡村领头雁群体中，她是鲜明独特的“这一个”。

三涧溪是个大村，3 000 多人，“苗不一样齐”，有占集体便宜的、有告黑状的、有暗中使绊子的，还有存心找碴儿的……歪风邪气时不时就冒出来。历史遗留问题多，纠缠着很多人的利益。作为村支书，如果不愿得罪人，光想和稀泥，会一事无成。治村理事，要敢于斗争，敢于亮剑。高淑贞就是一路斗争过来的，总是以昂扬向上的姿态，遇到困难不躲，遇到障碍不绕，敢碰硬，不退缩，头拱地，往前冲。比如村里修路，冒出几个“拦路虎”，其中还有丈夫的长辈，她大义凛然，毫不畏惧，剑锋所向，六亲不认，“杀猴给鸡看”，果断“敲硬壳”，让别的村民心存畏惧，不敢再出幺蛾子。

自古以来，人类社会每前进一步，都离不开矛盾运动，有矛盾就会有斗争。习近平总书记强调：“中华民族伟大复兴，绝不是轻轻松松、敲锣打鼓就能实现的，实现伟大梦想必须进行伟大斗争。”“当严峻形势和斗争任务摆在面前时，骨头要硬，敢于出击，敢战能胜。”大到治国理政，小到治村理事，莫不如斯。只有奔着矛盾问题去，迎着风险挑战上，在大是大非面前立场坚定，在危机困难面前挺身而出，在歪风邪气面前坚决斗争，才能攻坚克难，战无不胜。

敢于斗争，不是莽撞蛮干，还须善于斗争，注重策略方法，讲求斗争艺术。为了解决问题，高淑贞能伸能屈，原则问题寸步不让，策略问题灵活机动，有时甚至妥协让步，火候拿捏到位。比如村里迁坟时，有户人家仗着亲戚是干部，上边有人撑腰，任凭她赔笑脸、套近乎，横竖不买账。她迂回侧击，先礼后兵，祭出“敲山震虎”招数，再适当放宽条件，让这户人家心悦诚服、乖乖就范。比如征地时，一个村民撺掇另一个炮筒子，合伙儿给村里出难题。她巧使“离间计”，除夕夜冒雪送年礼，以怀柔战术感化，把炮筒子争取过来，让心术不正者孤掌难鸣，掀不起风浪。

敢于斗争，还须善于团结。否则，一味杀伐施威，终会众叛亲离。一个篱笆三个桩，一个好汉三个帮。团结协作，是一切事业成功的基础。一个村干部要想干成事，就得善于用人。

高淑贞深知，三涧溪由富返贫，症结是组织涣散、人心浮动，搞窝里斗。所以，她想办法把人拢起来，用人之道别具一格：人尽其才，变短处为长处。比如，让爱挑拨的人管调解，让爱打架的人管治安，让爱挑事的人管监督，让爱提意见的人出点子。有个年轻人，性子急，脾气倔，动辄吹胡子瞪眼，好用拳头说话。一般人看他，那是一身毛病。高淑贞却发现他为人正直，原则性强，只要用到正道，会是棵好苗子，就让他组建“为民服务队”，专门负责拆违、清障等棘手工作。事实证明，此人用对了。

对有缺点的年轻人，高淑贞都想办法用起来，给他们戴上“紧箍”，用其长，束其短。昔日人见人嫌的混混儿，成了她的座上宾。一些村民不理解，在背后讥讽她，说她用“歪苗”“收破烂儿”。她说：“如果只盯着人的缺点，天下无可用之人；如果善于发现别人的优点，到处是可用之人。对这些小年轻，你推一把，就是对手；你拉一把，就是朋友。‘歪苗’只要从小扶正，也能长成参天大树；‘破烂儿’是放错地方的资源，可以变废为宝。”

几句平实话语，道出用人精髓。

四

习近平总书记指出：“当干部就要有担当，有多大担当才能干多大事业，尽多大责任才会有多大成就。”农村脱贫攻坚，关键在于领头雁的担当作为。担当作为，正是高淑贞的亮点。

天下事，在局外呐喊议论，总是无益，必须躬身入局，挺膺负责，乃有成事之可冀。高淑贞先在娘家村，后在婆家村，一干 20 年，清路障，拔穷根，换班子，摸家底，夺资产，打官司，建公寓，迁祖坟，盖澡堂，修学校……一桩接一桩，一件接一件，之所以能善作善成，很大程度上就在于她躬身入局，担当作为，不怕跑断腿，不怕磨破嘴，始终激情洋溢，就像不知疲倦的陀螺，一个人带动一村人。

高淑贞干中学、学中干，境界逐步提高。起初，她去娘家村任职，想法很朴素，“给娘家人长长脸”。随着眼界和格局打开，从自发上升到自觉，

“让百姓过上好日子”成为她的信念。婆家村亲戚一大堆，她刚到任时，亲戚们指望能沾光。后来发现，算盘打错了。涉及村民利益，她总是一碗水端平，不偏不倚，亲不向，外不推，努力写好“公”字，公平、公正、公开、公道。遇到不好推的难事时，她不仅不优亲厚友，还“胳膊肘儿往外拐”，先拿亲戚开刀。脚跟站得正，说话有人听。她能一呼百应，威信就是这样建立的。

几则抵押贷款的事，足见高淑贞的担当。

猪倌王元虎缺钱，高淑贞领着他挨家挨户借，几年借了22家，自己签名担保，帮他筹款上百万元。担保是有风险的，万一王元虎还不出，她须代为偿还。不仅如此，她还拿出房产证，为王元虎抵押贷款。

村里有家生产医疗设备的企业，环境要求高。恰巧，旁边有个养猪场，导致环（境）评（估）通不过，企业同猪场闹僵。高淑贞调解无果，一跺脚，用自家住房抵押，又向姐妹借钱，凑足53万元，先把猪场买下来，这才“解扣”。

村里欲建育苗基地，需要300万元。集体账面有钱，但不能动。银行“荣誉贷”政策，她够格享受，但须以个人名义，还要押上自家房产。应该说“荣誉贷”是把双刃剑，押的是个人信誉，搞砸了名誉受损。投资项目虽然好，也不是非做不可。不做，没人说话；做成了，村民未必领情。何况300万元不是小数，万一搞砸了，家庭难以承担。为了村里发展，她又是一咬牙，押上房子和“荣誉”，鼓动老公“以私谋公”。

高淑贞不仅勇于担当，还善于担当。脱贫攻坚中，她政治站位高，机遇意识强，不逞匹夫之勇，巧妙借力使力，顺势而为，做到事半功倍。

高淑贞是春天里的早行人，自从当了村支书，她就对春天情有独钟。因为每年的中央1号文件，都是在充满希望的春天来临。她对春天、对中央1号文件翘首以盼，渴望用自己的手为农民播撒下希望的种子。每年1号文件一出来，她学深悟透，活学活用，从字里行间寻找村庄发展新机遇。

比如，三涧溪因地处城郊，受城市发展规划限制，20年未获批新宅基地。2006 年中央 1 号文件提出，加强宅基地规划和管理。高淑贞马上动念，向街道领导汇报，但遭到否定。领导说，三涧溪太乱，也没钱，干不了，她的任务是确保稳定，守住摊子，别出事就行。这年，街道 18 个村中，有 4 个村被列入新农村建设试点。高淑贞不甘心，再次请缨，得到上级支持，三涧溪被追加为试点村。村里没有钱，她“空手套白狼”，让施工单位垫资，建起四幢楼房。当村民乔迁新居时，另 4 个试点村的项目还没影呢！

按照中央政策，凡被列为新农村建设示范村的，公益事业都能享受“以奖代补”，政府扶持 6 成，村里自筹 4 成。三涧溪被列为示范村后，高淑贞一气列了 10 多项新建、改造项目，共需 600 多万元。街道领导担心她贪多嚼不烂，劝她少报些。但她觉得机会难得，要把优惠政策用足。最终，项目全部获得批复，并一一建成。这么多项目，单凭一村之力，财力不逮。正是高淑贞抢抓机遇，尽心尽责，谋事有基，成事有道，得到上级鼎力支持，才使村庄“一步跨十年”。

可以说，三涧溪的脱贫致富受益于历年中央 1 号文件，赶上改革开放好时代，可谓“最是一年春好处”。三涧溪的跨越发展，受益于三涧溪人抢抓机遇，搭上国家政策顺风车，“早起的鸟儿有虫吃”。在脱贫攻坚中，三涧溪注重提升村民素养，从“富口袋”转向“富脑袋”，走在其他脱贫村的前列。

筑巢引凤

自从到了三涧溪，高淑贞特别喜欢春天。春天，是播撒希望的季节。在她眼里，还有一层特别的含义：每年的中央 1 号文件，就是希望的种子。

在高淑贞的记忆中，1982—1986 年，中央连续五年的 1 号文件，主题都是围绕农业、农村和农民，对农村改革作用巨大。所以她一到任，就反复琢磨 2004 年的 1 号文件。这个文件，重新聚焦“三农”问题。2005 年的 1 号文件，再次以“三农”为主题。她的许多迷茫、困惑，都在这两个 1 号文件中找到了答案。从那时起，她就开始盼着春天，盼着 1 号文件，就像农民盼着报春鸟。每年的 1 号文件，她都会反复研读，从字里行间寻找发展机遇。

三涧溪有个能人，叫李云岭，年过五旬。他早年在外经商，攒了点儿资金，回村里要了 20 亩流转地，盖起一栋办公楼、一个大车间，建制氧厂。

半年后，李云岭找到高淑贞，苦着脸："高书记，我的厂房已建七八成，现在干不下去了，想请您帮帮忙。"

"咋了?"高淑贞忙问。

李云岭叹口气："摊子铺太大，资金跟不上，银行贷款也还不上。村里能不能帮我担保贷款?"

"你已经贷了多少?"

"200 多万元。"

"这个有风险，村里不好担保。"高淑贞摇摇头，给他出主意，"对了，你在外面认识人多，想办法招商引资，找人合作。"

农村招商不是一件容易事，无工业用地指标，土地难以变性，不像旁边的城东工业园，有合法工业用地，有完整基础设施，容易招商引资。高淑贞没少为征地忙活，但多为园区效力，本村用地主要是公益事业，没有用于工业的。而工业园区除了补偿给村民征地款外，只能解决部分村民就业，无法为村集体创收。要增加村集体收入，村里必须招商引资。

过了些日子，李云岭兴冲冲上门："天桥区有家连发公司，老板是位女强人，叫杨莲英，她的企业面临拆迁，正在找厂址，看了好几个地方都不满意，答应来我的厂里看看。"

高淑贞问："她愿意搬到乡下来?"

李云岭笑嘻嘻："我把你抬出来了，她听了很感兴趣，说要来会会你。"

高淑贞问："企业是生产啥的？不会有污染吧?"

李云岭说："是医疗设备，采血笔、采血针，都是出口的。对环保要求高，不会污染环境。"

"好啊!"高淑贞很高兴。

几天后，李云岭领着客人上门。高淑贞眼睛一亮：身材高挑，大红风衣，变色眼镜，梳着小辫，风姿绰约，一看就是见过世面的。看模样，年约 50 开外。

杨莲英坐定后，问起高淑贞的来历，高淑贞如实相告，详细介绍了村里的情况。杨莲英越听越兴奋，一改刚到时的矜持，主动自我介绍。听说她已 69 岁，高淑贞大为惊讶。两人越谈越投机，把李云岭晾到一边。

杨莲英扭过头看着李云岭："你说了半天，还不如高书记几句话。"

李云岭有点儿窘，摸摸后脑勺："嘿嘿，我咋能跟高书记比呢？"

高淑贞问："你们企业用工量大吗？"这是她关心的事。

杨莲英说："我们是劳动密集型企业，主要靠手工装配，是轻体力活，也是细活，最好是女工干。村民也可以领回家干，按件计酬。"

"太好了！"高淑贞拍着手，"我们村一些妇女，有的家人瘫痪在床、有的要照顾老人、有的丧偶，被拴在家里，出不了远门，这活儿再合适不过了！"

"不过，"杨莲英瞟了李云岭一眼，直来直去，"我可不想同个人合作，再说我对李总还不了解，还需要考察。"她边说边转向高淑贞，"我看高书记是个干事的人，我同村里合作有兴趣。"

"呃……"李云岭有点儿不情愿，又有点儿无奈，"既然这样，只要高书记愿意，我可以把厂房转给村里。反正我也支撑不下去，只要能解套就行。"

高淑贞问李云岭："你已经投了多少？"

李云岭含含糊糊："800 万元。"

高淑贞追问一句："多少？"

李云岭迟疑片刻，改口道："700 万元。"

高淑贞不信："究竟多少？如果村里参与，是要审计的，你实话实说。"

李云岭脸红了一下："是……五六百万元。"

"对村里来说，这不是小数目。"高淑贞掂量，"如果村里出土地、李总出厂房，我们三方合作，怎么样？"

杨莲英一口回绝。

李云岭紧跟着说："我也不愿意。"

高淑贞奇怪："为啥呢？"

杨莲英嘴巴不饶人："我还是那句话，我只想同你高书记合作，不想同个人老板打交道。"

李云岭说："既然杨总不愿同我合作，我还是彻底退出。否则，将来你不当书记咋办？我信不过别人，不想夹在中间受气。"

"这事村两委要开会研究。"高淑贞沉吟，对李云岭道，"如果决定接，村里会给你合理补偿，不会让你吃亏。"

杨莲英继续说："我同村里合作，是有条件的。"同高淑贞见面之前，她去过现场，李云岭的项目周围净是农田，只有一条施工便道通外面，"如果我来的话，你们必须 10 天内在厂区外建一条硬化路，与三涧大道连通，还要建一个配电室，我自己不投资。"

"啊？10 天？"李云岭大吃一惊。

"没问题，我答应你！"高淑贞沉着应道。

送走杨莲英，高淑贞约上徐绍霞、李东刚，一起来到叶恒德家，开了个村两委碰头会。叶恒德赶紧招呼，给他们倒茶。他老伴有病，他要在家照顾。

高淑贞说："以前同我们打交道的，都是一些土老板，除了喝酒就是抽烟。这会儿，来了个洋老板。杨总经常出国，见多识广；产品主要出口，有发展前景；用工模式灵活，妇女在家里就能就业——我算了一下，月收入能有两三千元呢。这样的企业，我们打着灯笼都难找，一定要想办法引进来。她提的条件，我们要尽量满足。"

叶恒德老成持重："这么好的事，能轻易让我们碰到？她的企业有那么好吗？别是江湖骗子吧？"

"这好办。"高淑贞回答，"她来考察咱们，咱们也可以上门考察她。"

"对对，这主意好，反正济南离咱也不远。"徐绍霞说。

李东刚提了个问题："我们同李云岭咋谈？"

叶恒德给大家添了一遍水，微皱眉头："是啊，几百万元呢，从哪里拿？"

徐绍霞和李东刚有点儿泄气，说这么一道高坎，咋迈得过去？

“我不信弄不到钱。”高淑贞给大家打气，“小时候，我们连背心都穿不起，现在不是穿上大衣了？过去出门靠脚走，现在不是开上汽车了？只要我们开动脑筋，办法总比困难多。”说归说，其实，她心里并无对策。

徐绍霞说：“婶婶，这几年你累得不轻，大家也跟着受累，你就别难为自己了，还是歇歇吧。”

高淑贞说：“村里只有不断发展，才能有好出路。这事不能久拖，我们得麻利办，别拖得太久，夜长梦多，让她跑喽。”

叶恒德知道她的性格，只要认准的事非要做成，便笑着说：“听你的吧，我们一起去看看，帮你参谋参谋。”徐绍霞和李东刚也跟着说去。

高淑贞当即拿起手机，拨通杨莲英的电话，说想去她厂里看看。杨莲英很高兴，连连说好。

第三天，4 人让李云岭领着，来到天桥区杨莲英的工厂。这里已拆成一片废墟，只剩下她一家厂，进出已很不便。高淑贞明白了，杨莲英要求 10 天修好路，她还以为是故意出难题，原来是急于搬家。

一见面，杨莲英就说：“没想到，你这么快就来了。”

高淑贞诚恳地说：“我是想为老百姓办点儿事，而您是干实事的，是我钦佩的企业家，所以我要赶紧来学学。”

杨莲英领着一行人，将工厂里外看了一遍，车间一尘不染，井然有序，比她介绍的还要好，几个人啧啧称赞。在杨莲英办公室，高淑贞看到一摞荣誉证书，有“山东省十大巾帼英雄”，有“山东省三八红旗手”，更坚定了她的信心。

杨莲英又提两个条件：一是 7 天内硬化好厂区外的路，并建好配电室。二是必须同村集体签协议。

高淑贞略一思忖，回答：“7 天之后，你再去看。配电室的事，我马上去找人，不过配电室七天建好我没把握，因为需要电力部门办手续，由他们施工。”

杨莲英笑笑：“你们量力而行吧。”

回到村里，高淑贞立即召集村两委，详细介绍情况，统一大家意见。

接着，她像临阵指挥官，开始战前布兵：“恒德哥，这片地是你庄里的，修路征地的事，你马上搞定，别耽误施工。素利，你配合恒德哥。”

叶恒德、马素利答应了。

徐绍霞担心：“万一人家不肯征咋办?”

叶恒德微微一笑：“这事交给我了，保证不拖后腿。”

高淑贞心里一暖：这位老大哥，一直在为我遮风挡雨，从来不讲条件。

施工的任务交给赵大起，他有支施工队。高淑贞让赵大起火速赶来，下达任务：“明天就动手，白天黑夜干，务必在 7 天内干成!”

“7 天?”赵大起有点儿犹豫，“那里是个石岗子，工程量不小。再说，她可能说说而已吧，哪会那么准?”

高淑贞说：“只要她有诚意，7 天后准会来。”她明白，杨莲英如果不想来，不会提这个苛刻条件。既然提了，既有急的成分，也是在考察她，看她是否诚心，是否有能力。

赵大起问：“修好后，万一她不来呢? 我估算了一下，要七八万元哩。”

高淑贞坚定地说：“你先垫资，我已同李云岭说定了，成，咱修；不成，咱也修! 如果不成，修路的钱他付。他贷款我不敢让村里担保，但修路钱我可以担保，他给不了你，我个人给。”

赵大起放下心来，领命而去。

第六天，杨莲英提前来了。

工地热火朝天，正在浇筑混凝土，高淑贞蓬头垢面，也泡在工地上。她掸掸身上的土，捋了下凌乱的头发，说：“杨总，请放心，明天保证完工!”

“哎呀，高书记，你真的很能干!”杨莲英由衷感叹，临走时表态，“只要你能确保我同村集体签协议，我就一定来!”

要确保双方签约，村里必须先同李云岭了结。经审计，李云岭共投入 518 万元，他要求村里一次性付清。

高淑贞正绞尽脑汁时，章丘国土局返还给村里一笔土地征用款，共计 600 多万元。按规定，这笔钱存在章丘财政局指定专户上，作为永久性补偿，不能一次性发放给村民。

村两委会、村民代表大会通过后，高淑贞向办事处请示。办事处领导说，我们只有监管权，没有批准权。要批准，得找国土局。高淑贞赶到章丘，向国土局汇报。

局长赞许道："好钢要用在刀刃上，这个钱用得值，既能壮大集体经济，增加集体固定资产，又能帮助群众在家门口就业，我支持！我们马上研究，尽快拨给你们。"

有了这个承诺，进展一帆风顺。村委会同李云岭签订厂房购买协议，待国土局下拨款项后，一次性付给他 518 万元。这意味着，三涧溪村多了笔固定资产，价值 518 万元。随后，村委会同连发公司签订厂房租赁协议，连发公司每年支付租赁费 50 万元，每 5 年提高租金 10%，为期 30 年。

连发公司开张后，三涧溪村 70 多人进厂务工，230 多人领零件在家装配。

囿于农村用地政策，2012 年，这块土地履行招拍挂手续，由连发公司摘牌，交纳相关费用，变性为工业用地。三涧溪村出租的，实际上是地上附着物。

关猪场

杨莲英做事很用心，按她的设计要求，连发公司建得像花园，有凉亭，有喷泉，绿树成荫。

院内东侧，是公司餐厅。这天中午，太阳毒辣，正刮着东南风。杨莲英步入餐厅，缩了下鼻翼，不对！饭菜飘香中，竟夹杂着一股臭味。她推开紧闭的窗户，臭味更浓烈，扑面而来，险些将她熏倒，她赶紧关了窗户。

"外面是啥味？"她问道。

"猪粪味。"员工回答。

"哪来的？"

"外面有个养猪场，估计今天出粪了。"

"啥？养猪场？"杨莲英惊愕，"我怎么不知道？"

“一直在呢，以前没觉着。今天太阳猛，又刮风，味传过来了。”

杨莲英是个讲究的人，经这一说，倒了胃口，匆匆填了几口饭，叫上办公室主任吕华，出门去看个究竟。

公司东院墙外是个土丘，树林茂密。林外的地上摊满黑乎乎的东西，散发着刺鼻的臭味。吕华说，这就是猪粪。

杨莲英捂住鼻子，问道：“摊在这儿干吗？”

吕华说：“晒干后出售的。”

往前走，四周都是庄稼地，中央有个养猪场，场内气味比外面更浓。一个五六十岁的男子，正推着小车，从猪舍往外起粪。

杨莲英不管三七二十一，上前就兴师问罪：“你们怎么搞的？猪粪摊得到处都是，臭死人了！”

男子抬起手臂擦了把汗，没好气地问：“你是谁啊？吃饱了撑的，跑到这儿多管闲事！”

杨莲英说：“我的厂子就在旁边，臭得没法干活了！”

男子不甘示弱：“我在这儿养了10多年猪，你才来几天？谁让你来的？”

杨莲英说：“我是你们村请来的，是给你们村做贡献来的！”

男子冷笑一声：“你别说得好听，不就是为了挣钱嘛，我也是为了挣钱，不都一样？你不喜欢，可以走啊！”

回到公司，杨莲英气愤难平，嘱咐吕华：“我们是生产医疗器械的，对环境要求高，正在争取通过环评，这么脏的环境怎么行？你马上同村里交涉，请他们尽快把猪场迁走。”

这里是东涧溪的地盘，吕华请李东刚帮忙协调。李东刚很为难：“让他迁走？这太难了。这样吧，我同他说说，别把猪粪往西边摊，兴许会好一点儿。”

养猪场主叫邓明亮，退伍军人，炮捻子脾气，一点就着，长期以养殖为业。李东刚找到他，他的气还没消呢。

“这个老杨婆子，说话太胀饱（方言，意为‘强势’）！”邓明亮恨恨地说，“猪粪这么湿，我不摊晒怎么运走？我是临时摊晒的，翻斗车很快就拉走了。这次车子晚来了，就多摊了几天。她不能好好说吗？一上来就骂开了。”

李东刚说：“离她厂实在太近，难怪她发脾气。你能不能往东边摊？”

邓明亮两手一摊：“我的猪圈就在西边，以前一直往西边摊。如果摊到东边，要费不少劲？一定要我摊到东边，那她得给我点儿补偿。”

李东刚转告吕华，吕华又告诉杨莲英。杨莲英断然拒绝：“他干自己的活，怎么让我出钱？这不是讹人吗？不给！”

话传到邓明亮耳里，他头一拧：“我还不稀罕呢！我就偏往西边摊！”两家关系越处越拧，随地而摊的猪粪从没断过。

连发公司来了客人，花园般的内部环境让客人赞不绝口，但空气中的猪粪臭味却让主人脸上无光。

听了杨莲英抱怨，高淑贞对班子成员说：“现在招商引资，有一种说法，叫‘引人上门，关门打狗’，说的是客商落户后，对客商敲诈、盘剥。我们虽然没给杨总添麻烦，但她的烦恼我们不能不管不顾，要帮着解决。”

李东刚挠挠头：“我们几个协调多次，双方都不让步。”

高淑贞说：“连发是我们千方百计引进的企业，为我们壮大集体实力、解决老百姓就业做了大贡献。我们一定要为他们创造良好的环境。这事情不能再拖了，即使邓明亮不摊猪粪，两家也离得太近，会影响企业的发展。我们要下决心，把邓明亮的猪场迁走，另外给他找个地方。”

大家一听，直摇头：“他那个倔脾气，连猪粪挪个场地都不让，还会答应迁走？不可能！”

高淑贞说：“他脾气是急了点儿，但还是明事理的，不是胡搅蛮缠的人。这样吧，我来同他谈。”

此时，邓明亮已有抵触情绪，高淑贞几次上门，他都避而不谈。每次看到高淑贞进门，他就操起工具，借口要干活，躲在猪圈里不肯出来。

高淑贞无奈，决定迂回侧击。邓明亮有两个儿子，长子平时在外居多，妻子高红；次子邓林生，在杨威的工程队，妻子高芹。巧了，两对夫妻都是她的学生。

高淑贞先找到邓林生，说："连发公司为村里做的贡献，你们也看在眼里，你们也是受益者，你媳妇不也在公司上班吗？为了确保连发公司的环境，猪场非迁走不可，地方我们已找好了，你帮着做做你爹工作。"

邓林生答应了，临走时漏了一句："俺爹找杨孝坤商量过。"

一听到杨孝坤，高淑贞一激灵：看来，事情要变复杂了。

第二天，邓明亮满脸怒气，走进高淑贞的办公室："淑贞，听说你要赶我走？你是我最佩服的书记，做事公道，敢做敢当。这回，你怎么就偏心了呢？"

高淑贞问："我怎么偏心了？"

邓明亮说："她老杨婆子是发展经济，我不也是发展经济吗？你要保护外来的企业，我是本村的经营户，就不保护了吗？你是不是沾她的好处了？"

"笑话！"高淑贞反问，"难道我上你家去过，就沾你的好处了？引进这个厂，是村里开大会同意的，我们都有责任保护他们的利益。你的利益当然也要保护，但是你污染了环境，影响了他们企业发展，所以让你迁走。"

邓明亮掏出两个本子，拍在桌上："这是土地使用证、养殖许可证，我是合法经营，谁也赶不了我走。"

高淑贞一看他有备而来，让他坐下，倒了杯茶，慢声细语解释："不是赶你走，是让你换一个地方。杨总为村里贡献大，每年交给村里 50 万元呢，还有 300 多人就业，你家不也沾光了吗？过节时，她还给村里的孤寡老人送面送油。这么好的企业，我们上哪儿找啊？希望你能顾全大局，为全村的利益考虑一下。你的损失村里会补偿的，不会让你吃亏。"

邓明亮不吭声了。他走后，高淑贞又找到高红，让她也一起做做工作。

高红面露难色："我是做儿媳妇的，说了也白搭。"

高淑贞说："你小叔子态度很好，已经做过你公公爹工作了。你和你老公也帮着说说。我同你公公爹谈过了，觉得他还是个明白人。"

高红答应试试。

过了几天，高红回复："我公公爹说，一次性给他钱，买下猪场，他就不养了。"

高淑贞一听有门：“好啊，他要多少？”

高红说：“他没说。”

“我这就去问他。”高淑贞直奔猪场，见了邓明亮后，开心地问：“明亮哥，你想通了？”

邓明亮说：“若不是你讲得在理，我才不会让步呢。”

高淑贞趁热打铁：“你要多少？”

邓明亮算了算，连几头猪一起，开价 70 万元。

高淑贞说：“行！你等我回音。”她直奔连发公司。猪场占地 3.1 亩，高淑贞盘算的是，让杨莲英买下猪场，把两块土地连成片，既解决了难题，又扩大企业规模，一举两得。现在邓明亮讨了价，杨莲英还个价，双方总能慢慢谈拢。说不定，杨莲英听到消息后会笑逐颜开的。

岂料，杨莲英哼一声：“70 万元？若不是他连累，我早就通过环评了，现在还想讹一把？我不要！”

高淑贞赔着笑脸：“冤家宜解不宜结。您是省城来的，见多识广，大人有大量，既然他开了价，您就别和他计较，还个价。行不？”

杨莲英一脸不屑：“不就是个破猪圈吗？给他十万八万就行了。”

出了连发公司，高淑贞又往猪场走，心想：双方差距太大了，能不能想个办法，让邓明亮给个实价，好让杨莲英接受？快到猪场时，她有了主意。

进猪场后，高淑贞对邓明亮说：“明亮哥，我也不知道猪场值多少钱，这样行不？你找个能人，根据济南和章丘的政策，拿出赔偿依据来，算个实价。”

邓明亮“嗯”了一声。

高淑贞继续说：“对了，我看你常同杨孝坤在街头站着，他挺明白的，打官司有经验。”

邓明亮看高淑贞一眼，又“嗯”一声。

高淑贞不放心，又追问一句：“如果一次性给你钱，你能确定走吗？”

邓明亮干脆地说：“达到我的要求，我就走。”

“行！”高淑贞说，“我们一起努力。”

过了几天，邓明亮找到高淑贞，改口了："我给你面子，一口价，60 万元。要就要，不要就算了。"

高淑贞暗忖，他准是咨询过杨孝坤了，但没有点破。

"但是，"邓明亮继续说，"我是有条件的。"

"啥条件？"高淑贞问。

"坚决不能给老杨婆子！"邓明亮断然道。

"为啥？"高淑贞不解。

"哼，她太胀饱！"邓明亮愤愤地说。

高淑贞黯然。看来，虽然才两三个月的事，双方都把对方伤害得不轻。这个结，不容易解。

高淑贞想，只有连发公司买下猪场，才能最终解套，至于邓明亮不愿卖给杨莲英，他说了不算，大不了村里先出资买下来，再卖给连发。她情知无法说服杨莲英，而吕华跟随杨莲英多年，深得其信任，她便想请吕华帮忙。

连发公司有个职工叫李祥育，小名李宾，是三涧溪人。杨莲英刚进村时，让高淑贞推荐一个机灵的年轻人跟着她干，平时方便同村里沟通，高淑贞便推荐了他。

高淑贞把李祥育找来，让他去请吕华帮忙，说只要杨总答应买下来，哪怕是再压压价，她也想办法做通邓明亮工作。

吕华回复说："杨总说了，无论多少价，坚决不要！"

高淑贞还是不死心，又到了邓明亮家，反复拉锯，一项一项过，又将价格压到 53 万元。然后硬着头皮，再次找到杨莲英，试图说服她。

以前每次见面时，杨莲英都是笑眯眯的，这次却阴着脸，冷得像块冰，话也像块冰，狠狠砸在她心头："我还是那句话，坚决不要！不但不要，你还必须把他拿掉！"

高淑贞努力克制住自己："杨总，您这样，我们就没法谈了。"

杨莲英手一挥："那就不要谈了。"

离开连发时，高淑贞十分沮丧，心里像揣了块石头：一切努力，难道都白费了？越想越觉得窝囊，眼泪禁不住流了出来。她怕被路人看见，赶紧抹掉，铁下心来：开弓没有回头箭，好不容易说动邓明亮，已没有退路，必须尽快买下来，免得夜长梦多。至于下一步，天无绝人之路，办法总是有的。

问题是，买猪场的 53 万元从哪里来？此前，村两委开会时，曾议过由村里出资买下来，但意见难统一，觉得这是个包袱，不该让村集体来背，何况 53 万元不是小数目。

高淑贞一跺脚：用自家的住房抵押贷款，哪怕砸锅卖铁，也要迈过这道坎！

回到村里后，高淑贞打电话给李祥育，让他把哥哥李祥诚，还有杨孝坤、邓伟找来。4 人都是东涧溪的。

4 人到齐后，高淑贞说："邓明亮已同意卖猪场了，价格是 53 万元，你们 4 人当中间人，同他具体对接。孝坤哥，你是老党员，你多把把关，帮忙起草协议。"

能得到书记如此信任，4 人都觉得很荣幸，特别是杨孝坤，更是受宠若惊，向高淑贞表态："高书记，你只管放心，我们一定办得妥妥的。"

高淑贞为啥选他们 4 人？其实用心良苦：选杨孝坤，是怕他给邓明亮出歪点子，再横生枝节；选邓伟，因他是邓明亮本家侄儿，邓明亮信得过；选李祥育，因为他是连发公司职工，便于今后衔接。

李祥育知道杨莲英的态度，问道："谁来买？谁出这笔钱？"

高淑贞平静地说："我用自家住房贷款，先买下再说。"

"啊？！" 4 人目瞪口呆，"这咋行呢？将来咋办？"

高淑贞说："将来咋办，我还没想好。就是想尽快给杨总解套，让连发公司通过环评。"

杨孝坤不以为然："能不能够通过环评，那是杨莲英的事，你犯得着搭上自己家吗？"

高淑贞说："她是我们引来的第一家企业，要给她创造良好的创业环境。再说，她每年给村里 50 万元租赁费，解决那么多人就业。只有她企业发展好了，咱村的利益才能得到保障。"

杨孝坤有些感慨："淑贞哪，有你这样的书记，是三涧溪的福气！"

高淑贞趁热打铁："我一个人能干啥？得靠大家齐心协力。孝坤哥，你是老党员，有经验，希望你多多帮衬我。"

杨孝坤赶紧起身，拱手说："哎呀，淑贞哪，你这话言重了。只要你信得过、用得着，只管吩咐。"

高淑贞热情地说："将来少不得麻烦你！"

高淑贞同丈夫赵云昌商量，要拿房本抵押贷款。

赵云昌问："你决定了吗？"

高淑贞"嗯"了一声。

赵云昌撇撇嘴："既然你定了，还同我商量啥？我不同意管用吗？"

高淑贞笑嘻嘻地说："我寻思你也没啥事，这么多年了，还能不了解你吗？肯定会同意的。"

赵云昌做躲避状："别给我戴高帽，我消受不起。你爱折腾就折腾吧，别让我睡大街就行。"

高淑贞拿着房本，到银行办手续，贷了 20 万元。她又找姐姐、妹妹和几户村民，借了 33 万元。这笔钱，她要付利息。按章丘民间借贷规矩，年利息为 2 分。凑足 53 万元后，她一次性交给邓明亮，双方签订买卖协议。

杨莲英闻讯后，十分惊讶，默默无言。

猪场是拿下来了，到哪儿找下家呢？高淑贞苦思冥想。她先找村里的源虎食品公司，想建成饲料厂。经过咨询，因离连发公司太近，也会影响连发的环评。

高淑贞的妹妹高淑华在三涧溪村西开了家炒鸡店，这天中午，高淑贞信步来到店里。店里坐满客人，妹妹正在忙乎着，看见她来，开玩笑地问："姐，又来借钱了？"

"是啊，"高淑贞打趣道，"要不，再借点儿？"

"没问题。多了没有，三五万元还拿得出的，只要你付利息就行。"高淑华很爽快，"别看你端着铁饭碗，拿着人民教师的工资，整天忙得不着家，收入还不如我这开小店的呢。”

高淑贞羡慕地说：“是啊，看你这人进人出的，生意还真不错。比我强多了。要不，我辞了职，跟着你干吧。”

“别别别，”高淑华慌忙摆手，“我可雇不起。咱家就你一个吃公家饭，我可不敢拉你下水。”

正说着，又来客人了，高淑华忙着招呼，把高淑贞晾在一边。高淑贞正欲离开，突然闪过一个念头，瞅准空当儿，把妹妹拉到一边，悄声问：“你愿意换个地方开店不？”

高淑华疑惑地问：“换哪里？我这个店的租期还没到呢。”

高淑贞说：“你先忙着，晚上同你聊。”

当天晚上，姐妹俩聚在一起。高淑贞热切地说：“猪场一时找不到下家。我是书记，不能自己搞经营。我有个想法，把猪场改造一下，你到那里开炒鸡店。咋样？”

高淑华大吃一惊，一脸嫌弃：“到猪场开饭店？多恶心啊！”

“你真是孤陋寡闻。”高淑贞拍了妹妹一下，“我看到报道说，浙江搞乡村旅游，就把猪圈、牛栏改造成猪圈茶室、牛廊咖啡，还成了网红，我们也可以效仿啊。猪场都是混凝土地面，用得上；猪圈有七个隔断，可以做小单间；北屋原先是住人的，可以做大单间。我们只要彻底打扫干净，再好好改造一下，就可以用，说不定也能成网红哩。”

高淑华皱起眉头：“姐，不是我说你，你当个芝麻粒大的村干部，把全家搞得鸡犬不宁。没见过你这当姐姐的，把妹妹往火坑里推。”

高淑贞微嗔道：“瞧你说的！你是我亲妹妹，我还能害你不成？我遇到困难了，你不帮我，我还指望谁帮？再说了，那也不是火坑，旁边就是工业园区，客源没问题。你现在只有一间店面，那里有 3 亩多地，院子里可以停车，是个像模像样的饭店哩。我敢保证，将来生意肯定更红火！”

听姐姐这一说，高淑华动心了：“那行，听你的呗。”

第二天，高淑贞接连打了几个电话，通知杨威、赵大起、李祥育等人，晚上到村部碰个头。

晚上，几个人到齐后，高淑贞把猪场的事说了一遍，又说了自己的打算。大家一听，都很吃惊，替她担心。

高淑贞说："我已是过河卒子，只有往前拱。以后，我每个月都得付利息，说句心里话，压力蛮大的。今天请你们来，是想请你们帮忙。大起，猪圈改造的活儿，交给你们施工队；李宾，你是木匠，负责换所有的门；杨威，你安排铲车来。费用你们先垫着，将来一起算。"

几个人应声而去，第二天就干起来。高淑贞叫上妹妹，一起帮着干。

事情很快在村里传开，村民不知内情，议论纷纷：

"哟，当书记的，咋干起买卖了？"

"逼着邓明亮卖猪场，原来是自己想干哩。"

"听说是给她妹妹置的。"

"这不是以公谋私吗？"

"可不嘛，是搞腐败哩！"

过了些日子，话传到杨莲英耳中，她十分不安，赶到猪场，找到高淑贞："淑贞，你帮我解决了难题，倒让你作难了。要不，我把这块地包了，改造成菜地，提供给食堂。你花了多少钱，我算给你。"

高淑贞感激地笑笑："杨总，如果你真想要，就过一段时间。不然，邓明亮还要回来养猪。"

猪场刚改造好，办事处纪委来人了。原来有人匿名举报，说高淑贞打着集体旗号，霸占老百姓猪场。幸亏，办事处知道事情经过。虽然举报不实，经这一折腾，高淑贞觉得，再让妹妹经营不妥，就停了下来，场地一直闲置。这一耽搁，就是一年半。

这一年半，高淑贞从没断过付利息。

猪场挨着城东工业园，旁边就是聚鑫钢结构公司。有一天，工业园办公室负责人来找高淑贞，说聚鑫公司准备扩大规模，想继续征地。高淑贞一看，聚鑫公司相中的地恰巧是猪场邻地，便提了个条件：把猪场一并征走。公司答应了。

征地手续由工业园办理。猪场的土地是集体的，补偿归集体。地面附着物的补偿，经核算 78 万元，由工业园办公室负责发放。其中，近 8 万元是一口取水井的补偿，归村集体所有；猪场改造费用，直接发放给赵大起等人。其余的款项，发给高淑贞。高淑贞领到补偿款后，长长舒了口气：果真是天无绝人之路。

扶猪倌

2009 年春，一个年轻人走进高淑贞办公室，腼腆地叫了声："老师！"

"元虎来了？坐，坐！"高淑贞热情招呼，给他泡了杯茶。年轻人叫王元虎，闫家峪乡盆崖村人，10 岁时举家搬到东太平村，在王白中学读书时，是高淑贞的学生。这个大山来的孩子，文静寡言，学习用功，后来考入山东农业管理干部学院，学习畜牧兽医专业。

王元虎面孔黝黑，身材瘦削，戴副眼镜，站起身接过茶杯，说："我在相公村租的猪场下半年到期。我能不能到您这里来养猪？"

"可以啊，热烈欢迎！"高淑贞满口答应，"我正在琢磨搞土地流转呢，可以腾出土地。"

高淑贞很欣赏这个学生。

王元虎大学毕业后，在普集镇普西村租了 1 亩地，投资 3 万元，建了个小型养猪场。不承想，当年疫病横行，投资打水漂，改为开兽医门诊，带着十几个师弟师妹，接连开起 4 家连锁店，钱也挣了几十万元。

2006 年，蓝耳病暴发，养猪户纷纷倒闭，兽医门诊惨淡经营。"人不能不吃肉吧？"王元虎把危机当商机，又萌生养猪念头。2001 年，他边开兽医门诊边租下一个小型养猪场，在提心吊胆中开业。第一批猪崽每公斤 2 元多，出栏时每公斤卖到 3 元多，当年利润就达 41 万元，比干 3 年门诊挣得还多。他决定大干一场，次年又在相公庄镇相公村租了个养猪场。不料，当年粮食价格上涨快，而生猪价格迅速下滑，头年挣来的钱又一股脑儿全赔进去了。他心一横，彻底关掉兽医门诊，一门心思饲养高端新品种——生态黑猪。

家里含辛茹苦好不容易培养个大学生，竟去当猪倌，做父母的十分恼火，一直耿耿于怀。但有个姑娘却坚定支持他。

姑娘叫李少清，是王元虎校友，学的是食品加工专业。听说女儿找了个养猪的，父母强烈反对。苦劝无果后，父亲一怒之下与她断绝了父女关系。

高淑贞却刮目相看：现在的大学生，毕业后都爱往城市挤，这对年轻人有志气！她柔声安慰李少清："你别难过。你俩结婚时，我就是你的娘家人。"后来他俩结婚时，娘家人果然一个没来，高淑贞便顶上去了。

高淑贞特别赞同土地流转。三涧溪的耕地土层薄，土质贫瘠，加上缺水，庄稼收成低，地里刨食难以果腹，村民靠外出打工谋生。有城东工业园后，很多村民都到厂里上班，顾不上庄稼活，有的把地包给别人种，有的干脆撂荒。于是，她想流转一些土地，搞适度规模经营。王元虎的想法，正合她心意。

王元虎一走，高淑贞立即选址。胶济铁路北侧有一块闲置地，原是胶济铁路路基，铁路改道后，这段路基废弃荒芜多年，产权仍属于铁路系统。高淑贞想，与其闲置浪费，不如利用起来建猪场，将来国家收回时再退还。为给王元虎节省投入，她组织两委干部义务劳动，连干 10 多天，将场地平整好，修好进场道路，移交给王元虎。王元虎则按每亩 1 500 元的价格，付给村集体租赁费。

2009 年 4 月，王元虎的猪场开始建设。与邓明亮的粗放养殖不同，他搞的是"零药残、零激素、零重金属"生态养殖。其养殖方法独特，美其名曰"快乐养猪法"：黑猪孕育、繁殖、成长、屠宰的整个过程，都贯穿着快乐养殖理念，最终形成肉质鲜嫩、野味浓郁、风味独特、营养丰富的生态黑猪肉。为使小猪心情愉悦，让它们听音乐、睡"席梦思"床、玩玩具，同时配有按摩器具。为保证肉制品质量安全，对 30 公斤以下的猪认真防疫，合理饲喂，30 公斤以上不添加任何工业饲料。为保证肉质鲜美，让它们充分运动，任其自然生长 13 个月才出栏。为使消费者对产品放心，从源头养殖到销售终端，实行网络化全程追溯。生长的黑猪，身上长着特有的大理石花纹，不易被复制。

这样的养猪场，建设标准高，前期投入大。因头一年的失利，王元虎囊中羞涩，干着干着，钱就不够了，凡是能借的、能贷的，都跑了个遍，个人的关系几乎全部用完。曾经就读的大学，系里的七八个老师，有五六个当过他的债主。无奈之下，他只好向高淑贞求助。

村里谁家有钱没钱，高淑贞底儿清。于是，她在前面走，王元虎在后面跟，上门借钱。

第一家是马世传。他是老党员、老“劈铁”，当过劈铁队长，长子是警察，次子是技术工人，家境不错。

高淑贞开门见山：“叔，您那两个钱呢？我再使使。”头一年，村里帮施工队筹钱，提前给参建公寓楼的村民付工钱，高淑贞向他借过 5 万元，转年就还了。

“行！”马世传年近八旬，身体硬朗，快言快语，“你叔就这俩钱。是打到你卡里，还是取出来？”

“不是我借，”高淑贞指指王元虎，“是帮他借。”

马世传不认识王元虎，见是个毛头小伙子，有点儿犹豫。高淑贞赶紧介绍。

马世传略一思忖，对高淑贞说：“既然你开口，没问题。”

王元虎当场写了借条。

高淑贞也签上字，说：“我负责担保。”

马世传接过借条，笑笑说：“有书记担保着，我就放心了。”

第二家是韩荷香。见老姐妹上门，韩荷香一把拉住她，亲热地说：“哎呀，啥风把你刮来的呀？”忙着让座泡茶。

寒暄过后，高淑贞直截了当地说：“你那 5 万元呢？快拿出来，先让我使使。你每天煎饼卷大葱，反正也不使钱，放那儿白闲着。”原来，村里刚退给韩荷香 5 万元购房定金。

韩荷香诧异："你干啥借钱？"

高淑贞指着王元虎："我是帮他借，他要扩大企业规模。"说着，把借钱缘由重复了一遍。

"你使还差不多，给他使……"韩荷香嘴一噘，"嘴上没毛，办事不牢。"

"咋了？"高淑贞放下茶杯，故作不满，"你别门缝里瞧人，他小两口都是堂堂大学生，还怕赖你钱？"

韩荷香嘴一撇："养猪谁不会？还用得着大学生吗？大学生养猪有啥出息？不是白瞎了吗？古人说了，家财万贯，带毛的不算。"

高淑贞说："他们是现代化养猪，是科学养猪，学问大着呢。哪天你去看看，开开眼界。"

"养猪有啥看的？"韩荷香边说边进里屋，拿出一只布兜，从里面掏出 5 万元。

王元虎写完借条后，韩荷香将笔递给高淑贞："你得签个字，我心里才踏实。"

"没问题！"高淑贞麻利地签上字，"我早就有打算，给他担保。他还不出，我来还。"

韩荷香收起借条，问："你不担心受连累？"

高淑贞说："我对他有信心。"

离开韩荷香家，高淑贞又领着王元虎走了几户，每户借三五万元。为了让他们放心，每次打借条，她都主动签字担保。她希望，她的信誉既能换取村民对王元虎的信任，也能增强王元虎的信心和动力。

有一次，高淑贞参加济南市人代会，同水寨门口村的书记苑广芹住同一房间。有天晚上，王元虎打来电话，说是买饲料没钱了。高淑贞问需要多少钱，王元虎说 4 万元就行。

正巧苑广芹在场，问明缘由，十分惊讶："你这个书记当的！还管这事啊？你不要找别人了，我借给他！"

高淑贞既尴尬又感激。

养殖曾是三涧溪村的特色，养猪、养鸡、养貂、养狐狸，养殖户增收致富了，却因皆是粗放经营，严重污染环境。她之所以倾力帮王元虎，是因为她觉得，这才是今后农村养殖的方向，要让他带动其他养殖户，建立养殖示范区。

然而，外来户的身份，让王元虎处于尴尬中。同样是外来户，村民对办厂搞工业的不会排斥，因为他们可以进厂务工挣钱；而养猪对村民来说，再熟悉不过，觉得是同自己抢饭碗，自然要排斥。

如何让王元虎融入村里、安心养殖？高淑贞想到一招：让他在村里落户。她同王元虎一说，王元虎求之不得。高淑贞说："你写个申请来。"

村两委会上，高淑贞读了王元虎的申请，征求大家的意见。叶恒德、马素利、徐绍霞等人都支持，也有几个人不同意，说让王元虎占便宜了，户口可以落下，但不能享受本村村民待遇。

高淑贞说："现在到处都在抢人才，落户口、送住房、付高薪，政策很优惠。我们没啥资源，也没啥可优惠的，王元虎夫妻俩都是大学生，搞的是现代化养殖，养的是新品种，同大学密切合作，养殖需要大量玉米青饲料，还可以推动规模化种植。这就是人才啊。他们来落户，是咱村的荣幸。如果这么小家子气，怎么能够吸引人才、留住人才？"

一席话，说得反对者心服口服。

2009 年 10 月，王元虎全家正式落户三涧溪。有人逗他："元虎，你们还走不？"

王元虎乐了："三涧溪是我的家呀，咋还会走呢？"

王元虎养的是黑猪新品种，出栏周期较长，短则 10 个月，长则 13 个月，出栏前的难题接踵而至，每个关口都离不开钱。2010 年下半年，养猪场已投资 600 多万元，王元虎又来找高淑贞。

看他一脸苦相，高淑贞明白了："钱又没了？"

王元虎"嗯"了一声。

高淑贞想，若再找一般村民借，数额不大，涉及人多，将来万一还款困难，影响面太大，不如找经营大户。于是领着王元虎，来到柳立明家。

柳立明是烧窑能手，以前开过石灰窑，后来因污染环境，被强制关闭。拆窑过程中，曾与高淑贞发生过冲突。可谓不打不相识，其妻李凤菊与高淑贞反而成为好姐妹。柳家家底厚，夫妻俩豪爽，出手大方，一借就是10万元，回回不落空。

第二户便是杨莲英，也是有求必应。

几年间，高淑贞领着王元虎先后走了22家，借了100多万元。

终于到出栏期。王元虎的黑猪，因饲养时间长，肉质口感很好，价格相对较高。他打不起广告，高淑贞就给认识的人打电话，帮他推销。别人逗趣："你咋成卖肉的了？"

投资规模逐渐加大，到700多万元的时候，猪已有1 000多头，一天需开销1万多元。按王元虎的梦想，生产1万头优质黑猪，占据生态健康的高端市场，这意味着养殖周期长、成本高。为此，2011年，他与青岛一家上市企业合作，对方注入资金，压力暂时缓解，但新的问题又出现了。就在这年，不少高端消费品市场萎缩，合作方追求的，是利润的最大化，为规避市场风险，决定放弃高端市场，改为"四月肥"生产模式。

分歧越来越大，2013年，合作方决定撤资。王元虎不得不再次东借西凑，花300多万元回购股份。为帮王元虎凑钱，高淑贞又拿出房产证，为他抵押贷款。

一路磕磕绊绊走来，王元虎的企业越做越大。从最初的生态养殖场，到济南源虎食品有限公司，集生态养殖、种植、产品直销于一体，在三涧溪村、文祖街道山区、湖南湘西州泸溪县宋家寨村建成三个养殖基地，后两个都是扶贫基地，通过产业带动，帮助两个贫困村各增收18.3万元和60万元，100多家贫困户靠养猪脱贫。源虎公司总占地2 000多亩，员工50多人，年出栏黑猪5 000余头，年销售收入2 000余万元，成为济南市农业龙头企业，被列为济南市大学生创业实践基地、消费者最喜爱的农产品基地，央视二套、七套等媒体也介绍其养殖经验。

王元虎的荣誉伴随而来：济南市十六、十七届人大代表，山东省十三届人大代表，山东省青年联合会委员，山东省乡村之星，山东省乡村好青年，2015 年度全国农村青年致富带头人。

在王元虎带动下，三涧溪村 30 多名青年返乡创业。村党总支成立青年创业党支部，由王元虎任党支部书记。他组织村里 120 多名青年党员、回乡大学生、复退军人，成立“绿涧生态农业专业合作社”，打造“绿涧农创园”田园综合体。

荣誉贷

最让高淑贞振奋的，是 2018 年的春天。

这年的 1 号文件，主题是决胜全面建成小康社会，实施乡村振兴战略。3 月 8 日，习近平总书记参加十三届全国人大一次会议山东代表团审议时，又对实施乡村振兴战略发表重要讲话，提出推动乡村产业、人才、文化、生态、组织“五个振兴”。

“一年之计在于春，一天之计在于晨。我们也要抓住机遇，围绕‘五个振兴’，顺势而上！”在村民代表大会上，高淑贞兴奋地说。

王元虎猪场旁边有 100 亩耕地，已经流转到村集体，村两委打算对外招商，搞农业规模经营。办事处很支持，说可以列入乡村振兴规划。种啥好呢？有人说种甜瓜，有人说种西瓜，谈了几个项目，都不理想。高淑贞说，要种，就要种出品牌效应，具有示范作用。

这天，高淑贞来到源虎食品公司，打算让王元虎一起想想办法。王元虎正同一个年轻人热烈交谈，见高淑贞来，赶紧介绍：“这是薯立方的创始人宋章峰。”

“水立方？”高淑贞没听清。

“哈哈！是薯立方，烤地瓜的。”王元虎赞不绝口，“他有 230 多名员工，总部在济南，是一家集绿色生态农业、加盟连锁、直营连锁、电子商务为一体的综合性公司，在全国有2万多家品牌连锁店，几乎覆盖所有省份呢!”

“哇！不是烤地瓜吗？烤出这么大产业?”高淑贞肃然起敬。

王元虎滔滔不绝介绍：宋章峰是菏泽成武人，2011年大学毕业时，就在济南开了第一家地瓜坊，是“全国YBC青年创业之星”“山东十大创业青年”。

“啥是YBC?”高淑贞没听懂。

宋章峰解释：“就是中国青年创业国际计划，YBC是英文简称，是扶持创业的教育性公益项目。这是共青团中央、英国驻华大使馆等8家单位倡导成立的。”

王元虎继续介绍：“为了确保地瓜品质，章峰在种植基地同乡农们一起吃、一起住、一起栽种、一起收获，带动文祖、官庄、宁家埠等街道的贫困村，发展了数百亩地瓜种植。”

高淑贞眼睛一亮，急切地问：“我们村有100亩地，正在招商，你愿不愿来投资?”

“太好了!”宋章峰高兴地说，“我们正需要扩大种植面积呢!”

高淑贞说：“单纯租赁土地，一年租金才3万元，村集体收益太低。咱们能不能合作，实现双赢?”

“三涧溪村远近闻名，我很愿意合作!”宋章峰满口答应。

宋章峰回济南后，拟订一份合作方案：他出200万元，村里出300万元，双方合资建育苗基地。他每年付给村里两笔钱：一是15万元土地使用费；二是在产生效益前，按300万元的4%返还给村里，产生效益后再按6%～8%返还，如果有两季产量，可以协商增加返还额。

高淑贞一算，村里每年至少获利27万元，是单纯租地的9倍，还可以带动5 000亩地瓜种植，由宋章峰包销。她觉得这个方案好，立刻向街道党工委汇报，党工委书记表态支持。于是，双方很快签订协议。

协议签订之后，才发觉尴尬了：300万元到不了账。

高淑贞原指望，搭乡村振兴顺风车，获得政府部门的补助。她拿着协议书，跑了好几个部门，答复都是：你们只有干成功后，才能以奖代补。

“对了，”高淑贞一拍脑袋，“要不，再用一次土地征用补偿款?”

村里的这笔款多达 5 000 多万元，存在章丘区财政指定账户上。每年 7 月底、12 月底，区里用其利息，按每年每亩 1 200 元标准，给被征用土地的村民发放。

高淑贞在两委会上一说，大家已经尝过一次甜头，纷纷说："这是好主意。钱越存越贬值，靠吃利息太不划算，不如盘活它！"

高淑贞兴冲冲跑到区国土局。国土局答复，这笔款只能专款专用，不能挪作他用，这是制度。

解除合同？不行！这意味着违约，会影响三涧溪的对外形象。再说，这是个好项目，不能轻易放弃。

高淑贞不甘心，跑到章丘农村信用社双山分社找到副主任郭元军，打听有没有向农村倾斜的优惠政策。

郭元军说："有是有。问题是，以谁的名义贷？由谁担保呢？"

高淑贞问："村委会名义，或者村经济合作社名义，行吗？"

"都不行。"郭元军摇摇头，想了想，忽然眉头一挑，"对了，现在刚推出一个新产品，对你是最合适的。"

高淑贞一喜："太好了！什么产品？"

"荣誉贷。"郭元军说，"你是老先进了，获得过哪些荣誉？"

高淑贞扳着手指：全国优秀党务工作者、全国三八红旗手标兵、全国三八红旗手、全国基层优秀理论宣讲先进个人、第七届全国道德模范提名奖、山东省担当作为好书记并荣立一等功、山东省优秀共产党员、山东省优秀女干部、山东省道德模范、山东省脱贫攻坚先进个人、第六届齐鲁巾帼十杰、山东省三八红旗手标兵……

"够了，够了！"郭元军笑了，"光是一个'全国优秀党务工作者'，就足够了！"

"你的意思是，以我个人名义贷款？"高淑贞问。

"是的。"郭元军说，"要押上你家的房产证，还要你老公一起签字。"

高淑贞沉吟良久。这个荣誉贷，是把双刃剑，押的是个人信誉，搞砸了名誉受损。何况，300 万元不是小数目，万一出了偏差，家庭难以承担。

她说："这么大一笔款，我不能一个人做主，要同家里人商量一下。"

高淑贞大女儿在北大读医学博士。小女儿大学毕业后，在济南日报当记者，平时住在济南，双休日回村陪母亲。赵云昌平时住章丘城里，双休日也回村里，给母女俩做饭。这个双休日，小女儿有事没回来，赵云昌下班到家后，却见妻子在厨房忙着，桌上摆着好几个菜，还摆着酒和酒杯。

赵云昌疑惑："今晚女儿不回来，还这么丰盛？"

高淑贞从厨房探出头说："我陪你喝几盅。"

赵云昌看看挂历："不年不节的，咋喝起来了？你不是好久没沾了吗？"

高淑贞解下围裙："我好久没喝了，今天有空儿，想喝点儿。"

坐下后，高淑贞一边殷勤倒酒，一边说些高兴的事。几杯酒落肚后，赵云昌脸色泛红，有说有笑。

高淑贞见时机已到，装作随意的样子："云昌，有件事要同你商量下。"

"啥事？"赵云昌放下酒杯，警觉起来，"有啥好事？有事也都是你做主。同我商量，别又是缺钱吧？"

高淑贞有点儿难为情："嘿，还真让你说着了。"

"怪不得！"赵云昌恍然大悟，轻轻一拍桌子，"我说呢，今天这么殷勤，我差点儿上当了。"

"嘁！看把你嘚瑟的。"高淑贞白了他一眼，嘴巴不饶人，"我同你商量，是尊重你是一家之主。要不，我自己就拍板了。"

"那好吧——"赵云昌拉长声调，"有什么事，就向一家之主汇报吧。"

高淑贞一五一十把荣誉贷的事说了一遍。

赵云昌一边听一边锁紧眉头："我真服了你，这么喜欢折腾！把房产证当提款机了？押了一次又一次。为村里做事，我不反对，但也得量力而行。这个项目虽然好，也不是非做不可。不做，别人能怎么着你？做成了，村民未必领情，说不定又写举报信，说你谋私利了。万一搞砸了，我们就要砸锅卖铁、倾家荡产，有谁会帮我们？我呢，从来不指望沾你的光。你呢，也别老是连累家里，把我搞得心神不宁。"

高淑贞静静听着，过了良久，看着丈夫，柔声说道："你说得在理。这事儿，可做可不做，退一步海阔天空，进一步吉凶未卜。可我是一村之主啊，总得为村里的长远发展考虑，不能因为一些人瞎叨叨就不做事。你别生气，你是我最亲的亲人，我遇到难处时，不靠着你，还能指望谁呢?”

听妻子这么说，赵云昌消了气，脸色缓和下来。

高淑贞剥了一只虾，放在丈夫碗里，继续说：“虽然有些人误解我、中伤我，但我相信，绝大多数老百姓是理解我、支持我的，上级领导也是理解我、支持我的。今天我理了一下，发现有这么多的荣誉。这些荣誉，既是组织上对我的肯定，也是老百姓对我的信任。这是无价之宝，花多少钱也买不来。就冲着这一大摞红本本，我也要好好工作。荣誉贷，也不是每个人都能享受的，这本身就是一份荣誉。我能用这份荣誉为村里做点儿贡献，也是取之于民、用之于民，是一件很荣幸的事。”

响鼓不用重槌敲。妻子一番话，说到赵云昌心坎上。作为一名教师，他焉能不懂这些道理? 他为刚才的态度羞愧，赶紧给妻子剥了两只虾：“你这么操心，辛苦了，多吃点儿。你说的，我都理解。哪怕是上刀山、下火海，我也陪你走一趟!”

丈夫的举动让高淑贞心里暖暖的，她给丈夫斟了杯酒，慢声细语：“其实，我也不是一味蛮干。我打听过了，章丘有 13 个乡村振兴示范村，济南和章丘按四六配套比例，扶持每个村 1 000 万元，扶持方式是以奖代补。也就是说，如果一事无成，就一分没有；只要项目做成，资金不是问题。我搞荣誉贷，只是先垫资而已，没啥风险。当然了，如果项目半途而废，还是有风险的。”

赵云昌提了个问题：“300 万元不是小数目，每个月利息要 1 万多元呢。这笔开支，谁承担呢?”

“先扣我的工资。”高淑贞说，“宋章峰答应，先预支我 5 万元付利息，将来结算时再扣下，但需要让王元虎给我担保。”

赵云昌乐了：“你像老母鸡带小鸡一样，终于把元虎带大了，现在轮到他为你分忧了。”

“是啊!”高淑贞甚是欣慰，“他的翅膀已经长硬，可以为村里做贡献了。”

赵云昌给两只酒杯斟上酒："啥时去办手续？我请好假，陪你一起去。"

"好！"

两只酒杯轻轻一碰，两颗心挨得更近了。

布谷催播

2019 年 10 月 1 日，北京。20 余万军民欢聚一起，庆祝中华人民共和国成立 70 周年。阅兵仪式结束后，游行活动开始，天安门广场成为欢乐的海洋。10 万群众、70 组彩车，组成 36 个方阵，缓缓行进。每组彩车都蕴含鲜明主题，三十三号彩车是"从严治党"。彩车上，高淑贞作为基层党组织代表，昂首挺胸，精神焕发，挥舞着鲜花，纵情欢呼。此时此刻，她心潮澎湃，难以自已。

高淑贞深知，她很渺小，因为她只是十四亿分之一；她很自豪，因为她是九千万队伍中的一员；她很光荣，因为她从田埂走向天安门。身处这样的环境，她忽然觉得，自己过往的一切委屈、烦恼、疲惫、痛苦，都如过眼烟云，微不足道；自己过往的一切追求、奋斗、勤勉、奉献，都物有所值、回馈巨大。

"滴水之恩，当涌泉相报。"高淑贞扪心自问，"为我们敬爱的党，为我们伟大的国家，为父老乡亲们，我还能做些什么呢？"

回到家乡不久，从北京传来喜讯：三涧溪被评为全国乡村治理示范村。高淑贞深知这份荣誉的分量，这是全村父老乡亲自觉改造、华丽蜕变的结果。

2020 年的春天又来了，高淑贞欣喜地发现，中央 1 号文件再次聚焦"三农"。每年的 1 号文件一公布，她都要寻宝似的，逐字逐句细细咀嚼，从中寻找机遇。这次，她又拿着 1 号文件，从头到尾，一字不落，通读了一遍。第二十四条的几段话，让她眼睛一亮：

"将农业种植养殖配建的保鲜冷藏、晾晒存贮、农机库房、分拣包装、废弃物处理、管理看护房等辅助设施用地纳入农用地管理，根据生产实际合理确定辅助设施用地规模上限。农业设施用地可以使用耕地。"

“开展乡村全域土地综合整治试点，优化农村生产、生活、生态空间布局。在符合国土空间规划前提下，通过村庄整治、土地整理等方式节余的农村集体建设用地优先用于发展乡村产业项目。”

反复诵读这些话，高淑贞冒出新的想法。她把自己关在办公室，在纸上又写又算，同村两委碰头商议后，又打了无数电话，最终敲定三个项目：

搭建 30 套移动板房，建设“农产品不夜村”一条街，为下班族提供晚上购物便利；

与顺丰公司合作，生产中央厨房半成品食品，搞冷藏物流配送；

利用乡村振兴示范村的优势，在区农业农村局支持下，开设线上“赋能平台”。

高淑贞“坐三望五”，继续酝酿下一步动作：利用旧村改造腾出的宅基地，建美食街，搞康养项目，发展民宿。

新冠肺炎疫情刚出现拐点，她就召开村民代表大会，领着大家重温 1 号文件，畅谈新一年的打算，把大伙儿的心都扇热了。

接着，高淑贞循循善诱：“新世纪以来，这已是第 17 个指导‘三农’的 1 号文件了，脱贫攻坚质量怎么样、小康成色如何，很大程度上要看‘三农’成效。1 号文件里，要求补上全面小康中的突出短板。大伙儿说说看，咱们村的短板在哪里呢?”

“现在有车有房，生活无忧，已经很知足了。”

“是呀，搁 10 年前，想都不敢想，该知足常乐。”

“嘿嘿，你现在知足了，过几年又嫌这嫌那，想过更好的日子了。”

高淑贞笑盈盈地说：“今天，不要你们摆好的，要找短板。”

“要说短板，脱贫攻坚的基础还不够稳固。”

“增收渠道也不够多。”

“粮食生产还离不开靠天吃饭。”

……

村民代表们你一言我一语，讨论热烈。

“你们说的，都有道理。不过我觉得，”高淑贞环顾四周，表情凝重，

“同全面小康的标准相比，我们最突出的短板是，村民的文明素质、道德修养、思想境界还有很大差距。有的人，眼里只有自己的一亩三分地，对集体的事不闻不问，光想着占集体便宜；有的人，过于看重自己利益，为了芝麻粒大的事，锱铢必较，勾心斗角，导致亲人反目、邻里成仇；有的人，只顾着小日子过得滋润，顾着老婆孩子热炕头，对老人不关心、不孝顺，说话粗声恶语，给孩子带了很坏的头；有的人，把发家致富看成自己有本事，整天怨这怪那、牢骚满腹，端起碗来吃肉，放下筷子骂娘，对国家、对社会没有一点儿感恩心，也不想想，我们这些高楼、道路，还有交通、水电等基础设施的发展，哪项离得开党的好政策？哪项离得了各级政府的关心支持？离开这些，我们一事无成。我们的祖辈、父辈，吃苦受累一辈子，为什么一生贫困？难道他们不勤劳、不下力？我们应该庆幸赶上了好时代。这些问题说明，我们虽然有车有房，口袋鼓起来了，衣服光鲜了，但脑袋还是瘪的，还没富起来；我们虽然住上宽敞明亮的高楼，但脑袋还蜗居在以前的低矮平房里。当年马世昆带领大伙儿脱贫致富，为什么后来人心涣散、一盘散沙？富裕村又变成贫困村？根子在于我们只注重‘富口袋’，不注重‘富脑袋’。如果村民的文明素质跟不上新时代，今天脱贫致富了，明天还会重新返贫……”

顿了顿，高淑贞语重心长：“所以，我们还没到松劲歇气的时候，乡村振兴的路，还很长很长呢！”

一番话，说得大家一个劲儿点头。

这时，传来一阵鸟鸣声：“布谷，布谷……”

“听，布谷鸟催我们播种哩！”会场气氛顿时热烈起来。

窗外，一股沁人心脾的芳香扑面而来。那是春天的气息。

哦，春天在召唤他们……

（选自《人民文学》2020 年第 7 期，有改动）

何建明

江苏苏州人，生于1956年。中国作家协会副主席，中国报告文学学会会长。代表作有《共和国告急》《落泪是金》《国家行动》《部长与国家》《国家》《那山，那水》《浦东史诗》等。曾三获鲁迅文学奖、四获徐迟报告文学奖、五获全国精神文明建设“五个一工程”奖。

山　神

在大山住久了的人，一定会相信山神的存在。山神具有超凡的力量，那力量来自大山不可逆行的意志与信仰，那是大山的精气与灵魂。山神，就是大山的精气与灵魂的融合体。

2017年11月17日，我的主人公真的成了“山神”。习近平总书记亲自为他让座，“山神”从此受万众瞩目与崇敬，被奉为当代英雄。

——题记

现年66岁的黄著文在遵义市播州区（以前叫遵义县），绝对是有名有姓的水利专家。1976年从贵州工学院水利专业毕业后，他就在当时叫遵义县的县水利局工作，退休前在管业务的副局长职位上干了20余年。

全区的每一条溪、每一个大大小小的水利工程，没有他不清楚的。区上的干部这样向我介绍黄著文［黄著文因此也就很牛了。一则他有理由牛，二则历史上的播州本来就很牛。早在商周时代，这里就有“百濮”人在此居住。唐贞观十三年（639 年），播州府在此设立，直至明朝万历二十八年（1600 年）。当然，播州改成遵义后，最出名的当数1935 年，长征中的中国工农红军三进三出此地，并召开了闻名中外的“遵义会议”和“苟坝会议”]。

那么黄局长，你应该对黄大发很熟吧？尤其是他开凿的那条“大发渠”——村民这样称呼的水渠……那天，我见黄著文后，问他。

他摇摇头，说，其实原来也不是太熟，或者说根本就算不上熟。我在县上搞了近一辈子水利，大大小小的项目不下百个，由于工程原因，全区上上下下，至少也接触了好几万人吧！但除了单位同事，真正记得住的其实也不是太多。

黄大发呢？他属于你记住的还是没记住的？我又问。

在宣传他之前，老实说，他还只是个我不是太熟，但是一个属于让人记得特别牢的那么一个人。

为什么不是太熟，又对他记得特别牢呢？

黄著文长叹一声，仰头闭目了一阵，似乎心头释放了一块什么特别沉重的东西似的，道，我已从岗位上退下 6 年，一辈子也算是个知识分子吧，但不是党员，要说工作也干了些，但身上也有些知识分子的通病，让我瞧得起的和真正佩服的人没几个，就是这“几个”，说句实话也还有的不咋样。但，说起黄大发，我不能不佩服。他是一个真正的共产党员。像他这样的人，在遵义也只有他黄大发一个人，我认为在全国甚至全世界，恐怕也是绝无仅有！所以上面说要宣传黄大发，让我去当演讲团的成员，我没有推辞，我说我愿意讲，我要大讲特讲黄大发的事迹，因为他是一个崇高无私的人，他这个人就像是一个神。像是一个因为有了为百姓做好事的理想和信仰后就变成了神的人。所以我觉得他是一个神！我们山里人相信大山是神灵之物，山神是有的。他黄大发就是一个。黄著文说完上面的话，重重地向我点头，又补充这句话。这个神圣而虔诚的表情，显然是为他自己的话的庄重性做出进一步的肯定，当然更是对黄大发这个“神”的敬重。

我虽然不相信世上有绝对的无私者、崇高者，但世上确实有这样的人。

世俗的社会和世俗的环境里不容易让一般人成为无私者和纯粹的崇高者。我们山区有许多地方不同于世俗社会，尤其是大山的深处，就叫它深山里吧。那些地方真的太纯了，那里人的纯朴程度让你无法想象，许多我们一般人觉得不可思议的事，在那里它就变得非常自然。黄著文说，所以我们贵州才有了黄大发这样的人，他是真正的大山里的人。80 岁之前，他到过最远的地方就是我们县城。到县城也是为了给百姓办事，为了开凿他的那条水渠……而且他第一次到县城，是靠着一双腿走到县城的。寒冷的大冬天呐，200 多里山路啊！他就是这么一步一步地用双脚量到县城的呀！当时我看到他穿了一双破解放鞋，脚趾头还露在外面……我看到黄著文说这话时，双眸盈满了泪水。

一个 66 岁的铁骨铮铮的长者，是什么事能让他回忆起来如此激动？

应该是 1990 年的冬天。是腊月的一天晚上，黄大发跑到县城来找我。黄著文说，开始我并不知道他找我。因为那天我到乡下去落实一件冬季农田水利建设的事，回到县城已经很晚了。快到家时，我突然看到暗淡的路灯下，在我家门口有个人好像在等谁似的，但一下又看不清是谁，所以我边朝前走边注意观察。就在这时，那个人突然冲我快步走来。还没等我看清他是谁，那人就抱住我连声哆嗦着嚷了起来，小黄！黄著文！黄局长……总算见着你啦呀！

你是……一个愣怔，我没有一下认出对方是谁，又好像哪儿见过。

我是黄大发，草王坝的黄大发呀！那人说。

哎呀，你是黄大发呀！你怎么到这儿来了？有啥事嘛？我问。不明白个头本来就很矮小的黄大发怎么穿了那么单薄的衣衫，全身还在发抖……

快到屋里去！你怎么冻成这个样嘛！黄著文一把拉住黄大发，就将他往自己屋里拉。进屋后，又赶紧生起火，让黄大发挨着炉子烘火取暖。

总算找到你了！你现在当局长啦！太好了！嘴唇冻得发紫、说话断断续续的黄大发激动得直在跺脚。

你怎么知道我住在这儿？黄著文问。

我到了县城，就打听你们水利局在哪。后来总算找到了，可人家下班了。问了看门的，说你这些天没在班上，到乡下去了。我就要来你家里的地址。县城大呀！找了两个多小时。又在你这门口等了个把小时……嘿嘿，总算没白等，你回来了！年近花甲的黄大发高兴得像孩子般冲黄著文乐。你现在当局长了啊！

副的。黄著文纠正道。

副的也是局长嘛！黄大发开心地说，你当了局长，我的事就有希望啦！你一定是我的“大救星”……

嗨，你千万别给我戴高帽子！还是为了你那条渠？黄著文隐隐约约想起十几年前第一次与黄大发认识时的事，那一次他被拉去看过的那条废弃的水渠……

是啊！我一辈子能做的也就是修渠这一件事，所以你要帮我忙！黄大发的身子还在发抖，人却像发神经病似的冲到黄著文前面，再一次紧紧拉着对方的手，连声恳求道。

黄著文！黄局长，无论如何，你得看在我们是老相识、老朋友、老工友面上，你得帮我一把！那水渠对我们草王坝、对我来说，就是命，不！比命还要重要的事情！你一定得帮忙啊！

黄著文感觉自己的手被对方捏得非常疼了。两个男人的目光此刻长时间地碰在一起，并产生出对撞的火花，那火花是力量、是岩浆、是火山——不易被感动的黄著文，这一刻被黄大发的虔诚和迫切愿望强烈地感染了，说，坐下来谈，别着急！

我、我还是站着，站着好！黄大发放开黄著文的双手，脸上尴尬地笑着，说。

你这是怎么啦？都到我家了，你还客气啥？黄著文迷惑不解。

黄大发不好意思地拉拉衣角，我身上太脏……

看你这个人！黄著文一听就生气了。上前用力一把，将黄大发按在自己家的椅子上。说，你先坐着，我给你烧点吃的，也好暖暖身子。

别别，我已经吃了！你别去忙！黄大发站起，一把拉住黄著文，这么说。

黄著文不相信，你吃了？哪儿吃的？

就——就在你家前面拐弯路口的一家小铺里吃的。

尽瞎说！那边哪有小铺嘛！黄著文笑黄大发说穿帮了。

是吃了！你千万别忙碌了！你要不跟我说工程的事我就走。黄大发犟着脾气说道。

黄著文无奈地摇摇头，那你就先坐下，谈谈你的水渠吧。黄大发顿时情绪高涨。只见他从斜挎的黄军用包里取出一卷纸，并展开道，这是我们给你们局里的报告，乡里、区里都盖了章的……

我说大发书记，你先不用跟我说报告的事。我今天要认真地告诉你一句话，你这么大的工程，就靠你草王坝一个村、千把号人、200 多个强劳力是吗？黄著文停住话，问。

正劳力 234 个。黄大发回答。

就算你有 300 个劳力吧。黄著文又问，你知道整个工程需要多少劳力吗？

多少？黄大发张大眼。

黄著文无奈地拿起笔，“唰唰唰”地几个乘法，然后将笔往桌上一扔，说，至少六七万工！就按你现有 300 个劳力算，你说你要修到啥时候？

黄大发瓮声瓮气道，我不怕，一年修不成两年，两年修不成三年、五年都成。只要我活着，就一直修下去。如果我死了，再让儿子、孙子他们继续修下去！

你真当愚公啊！黄著文叫了起来。

我不是愚公。但我要看到自己村的地灌上水，百姓能吃上白米饭……黄大发的眼珠一动不动地看着黄著文。

你……黄著文还想说什么，当他的视线触碰到黄大发的那双不动的眼珠时，内心一阵痛楚和无奈，这是个顽固不化的人，同时又是无法改变他意志的人。

你……好，就算你有劳力，子子孙孙修下去，可你有钱吗？黄著文再问。

所以我跑了两天来县里找领导，请领导们帮助。黄大发的眼珠仍然不动。

那……黄著文想告诉他，全县一年的水利经费用于农田建设也就二十来万，都给你黄大发也不够你工程的呀！

领导如果给的钱不够，我们村里百姓卖掉玉米、豆子，还有其他的东西垫上。如果再不够，我们去扛石头赚了劳力费也一起垫上。女人们还可以养鸡卖鸡蛋……黄大发说了一大串。

黄著文越听越堵心。别说了，别说了。我还想问你，上次你那条水渠为什么花了那么大的代价没有通上水呀？

就是技术不行。我们没有技术。黄大发的眼珠转动了，并且闪着光芒。现在不是好了吗！有你黄局长！有你帮助我们，技术问题就不是问题了嘛！

你……好了好了。今天我们不谈你的水渠了！黄著文摆摆手，半命令似的。你已经跑了两天山路——也不知你是怎么跑到县城来的。一定累坏了，今晚在我这儿好好睡一觉，明天一起到局里谈你的事。

不不！我走！我走！突然，黄大发站起身就往外走。

嘿嘿，你现在去哪个地方呀？黄著文赶紧拉住黄大发，说，你不在我这里住，你还想往哪儿去呀？

有地方住。我自己有地方住！黄大发这回使出很大的劲挣脱着往外走。

你这个人怎么回事？黄著文有些生气了，说，这么晚了，你上哪儿去嘛！

不用管了你！今天见到你就是最开心的事！明天上你单位啊！黄大发一挥手，就在街头消失了，一个矮小又穿着单薄衣衫的老人消失在北风呼啸的县城的一条小街头，像一颗飘动的尘粒，被寒冷的夜空裹在寒气中消失得无影无踪……黄著文突然想起，等等，给你披条棉大衣！

可，当他再从屋里走到门口时，黄大发早已不知去向。

黄大发后来告诉我，那夜他住在两块钱一宿的一家小旅店。我身上那么脏，哪好意思住人家黄局长家嘛！他说，从黄著文家出来，已经很晚了，我找了几家旅店，都很贵，都在十元以上一宿，我已经出来两天了，身上钱不多了，还要回家呢！所以找了好几家，最后才找到一家最破旧的小旅店，人家也要八块钱一夜，是八个人一间的。我说我就不住在屋里，走廊里是不是可以便宜点？最后人家同意了，说看你这么大年岁，照顾一下吧，给两块钱。这可能是天下最便宜的旅店了！

刚在走廊里睡下的黄大发，突然被人“嘿嘿”地叫了起来。什么事？什么事？他迷迷糊糊地问。

人家说，你这打呼打得也太玄乎了吧！我们睡不着，你得搬走！

黄大发赶紧抱歉，拉着钢丝折叠床和被子，往走廊的顶头没有人住的地方挪位置。自言自语道，现在可以了，现在不吵人了！

等他再睡的时候，竟然睡不着了。他想想这两天走过的路，一阵悲喜。悲的是：从草王坝到县城，竟然有那么远的路！竟然要走整整两天，而且还是紧赶慢赶在下午临下班前才赶到了县城。这两天的山路，让黄大发明白，他村子外面的世界太大了！喜的是：总算找到了水利局，关键是水利局的熟人黄著文竟然当上了副局长！有熟人是局长，咱草王坝的水渠就有希望了！想到想着，黄大发就闭上了双眼……

第二天早晨起来的时候，他发现眼眶边怎么有些黏糊糊的，嗯，是泪迹啊！怎么昨晚流泪了？为什么？

好事。咱水渠有戏了！他异常高兴地在小店用五毛钱买了一碗粥和一块酱豆腐。匆匆吃完后，抹抹嘴，就直奔水利局。

同一个晚上，还有一个男人流了泪。他就是黄著文。

黄大发走后，黄著文自己动手弄了些吃的，这一天他家人带着孩子回娘家去了。吃罢，洗涮完毕，上了床。黄著文的眼前又闪出了黄大发的身影……本来，这一天从乡下的一个水利工程回家已经很累了，但躺下后的黄著文怎么也睡不着，因为黄大发的影子一直在搅着他。

黄大发啊黄大发，少见，少见你这样的人！真是一个奇人……黄著文的脑子里一直在想，这么个小老头，他怎么就想得出从几百里外的大山深处，靠双腿走到了县城！晚上如果不是他黄大发出现在家门口，若换个什么地方，他黄著文一定以为他是个要饭的流浪汉。瞧他大冬天穿的一条单裤，脚上的一双解放鞋露着脚指头，冻僵的脸青一块紫一块……但黄大发不是流浪汉，是带着乡亲们修渠的已经当了几十年的村支部书记啊！

大山里的人多么实在，也多么可怜！黄著文睡不着，是因为天下竟然有这么个黄大发，为了村上的一条无法想象是否能修得起来、是否能通得上水的渠道，竟然在时隔14年后，重新来找他……

14年！黄著文想了想：14年前的1976年，自己刚从贵州工学院水利专业毕业参加工作。碰到的第一个“怪人”“奇人”就是黄大发。

14年啊，一晃就这么过去了！黄著文睡不着，干脆起身打开灯，镜子里的他，已经不再年轻，由于常年在山区的水利工地上奔波劳作，头上都有银丝了。虽然一直在水利局工作，但岗位已经换了不知多少，光在局内的业务股就换了五六个，从小科员，到工程师，一直到现在的副局长。我黄著文觉得虽没干出什么大事，但也算在遵义这小地盘上叱咤风云数十年了，阅尽山川人物无数，却就是没想到竟然对黄大发此人不甚了解！

一个村支书，一个做梦都想给村上开凿一条能让村民们吃上白米饭的水渠的村支书，14年的决心从没改变过！不对，认识黄大发是14年，但他黄大发上山开凿挖渠可不是14年，应该是30年了啊！从1960年到1990年，不整整30年吗？30年不变一颗心，少有！没有！

黄著文一想到这些，更无睡眠。无法睡，也不仅仅是为黄大发这一颗30年不变的心，更多的是，14年前与黄大发第一次认识时的情景太让黄著文记忆深刻了——

1976年是个什么岁月？这一年中国遇上了大难：周恩来、朱德、毛泽东三位领袖相继去世。同时还有一下死了近30万人的唐山大地震……当然，也有粉碎“四人帮”这样的喜事。总之，这一年对中国人来说，经历的感情波折太多、太深、太要命！

贵州山区的普通百姓，除了上面这些共同要经历的国家大事外，也有他们自己的事情。比如黄著文他正好在这一年大学毕业，10月份，他怀着“沉痛悼念毛主席”“化悲痛为力量”“到最需要的山区建设好自己的家乡”的愿望，到家乡的县水利局报到、上班。

上班后的第一个任务是到平正乡那边的一个水利工地检查工作。黄著文说，那时没有公路，连像样的土路也不多。我和局里的另外两名干部也是步行了两天才到达那个乡的。有一天一位个头很矮的中年人找到我，说，听说你小黄是大学毕业生，专门学水利的，我想请你去看看我们那儿有条水渠为啥通不上水。我问他那水渠是县上的工程还是乡里的工程，他说都不是，是他们村上自己挖凿的。

有没有名？黄著文又问。

有啊，叫红旗大渠。那中年人回答得很响亮。

黄著文赶紧翻了一下局里发的有关全县水利工程的资料小册子，可就是没找到“红旗大渠”。没有你们的嘛！

不通水了，所以就没进你们的小册子里了。小个子中年人这么回答道。

那你是村里什么人？跟水渠有啥关系？黄著文又问。

我叫黄大发，是村上的支部书记，草王坝村支书。那水渠就是我带领大家干的，可惜没有干成……中年人很沮丧。

黄大发！名字挺吉利。大发、大发，可惜没发起来。黄著文一阵窃笑。

看在本家同姓面上，跟你去看看吧。毕竟是刚毕业的大学生，人家一位村支书跑了十几里路来求情，黄著文自然蛮感动。

不是河南有条毛主席都知道的“红旗渠”嘛，所以我们当时也给自己的这条渠起了个名，叫“红旗大渠”。一路上，黄大发跟大学毕业生黄著文讲他和水渠的故事。

我们先去了黄大发自己叫的“红旗大渠”的水源地。随后跟着他一直沿着他们在山上开凿的石渠走，最后是穿过一段几百米的隧道……几十里路，又是在山上，十分难走。出隧道时就天黑了，又跟着打着火把的黄大发披荆斩棘走了 10 多里山路，很晚才算到了草王坝村。黄著文说，那真是大山深处的穷山村！黄大发所在的那个自然村，我们进村的时候，一片漆黑，除了萤火一样的几柱火把外，就是狗叫声，旷静旷静的，挺吓人。这也是我上班搞水利后第一次夜间到大山深处，所以感触特别深。

村里没有任何可以接待我们的，黄大发说，你们就住我家。进了他的家，我才知道啥叫山里人，啥叫我们贵州山区的穷百姓。那个时候已经1976年了，新中国成立20多年了，可是我看到的黄大发家就是像过去“忆苦思甜”中那些贫下中农们所描写的那样，墙壁是用玉米秆和竹子编夹的，只有房子前面几垛墙用的是木板。几间房子里面除了两张床和一个灶头，好像啥都没有。只有墙角的几根竹竿上挂着不少玉米，这大概是一家人的口粮和全部“可支配”的家当了！黄大发他还是一村之大支书呢！其他普通村民是啥样？我心想：是否能确保顿顿有玉米吃啊！后来我发现，这个草王坝村的村民们包括黄大发家在内，他们平时连玉米都是不够吃的，吃的主食叫苞谷糊，是连玉米的芯一起碾碎磨成粉后的那种东西，难吃极了，现在我想起来还觉得嗓门被啥东西卡塞住一样无法下咽……黄著文连连摇头，回忆道。

当时已是快10月底了，山区的夜里很冷。黄大发家只有两张床，他和妻子还有两个孩子在身边，他就对我们说，家里就这个条件，你们仨睡一张床。他的意思是他们一家人再睡另一张床。这种野外生活对我们这些在山区工作的水利工作人员来说，好像也习惯了，所以比我年长的两位同事说，挺好挺好，麻烦黄书记了！我呢，是新毕业的大学生，单位同事说好肯定也就这个样了。睡的时候，我发现我们仨盖的是两床被子，还行，睡下后不算太冷。因为白天走的路太多，累了，一躺下就直到天亮。

我是被几声狗叫吵醒的。清晨，山区的狗叫得特别响亮，好像也特别凶似的。我最先起床。黄著文说，可就在这一刻，我被眼前的景象惊呆了：他黄大发一家四口，竟然连一床被子都没有，仅靠身边的炉灶那么一点热气过了一夜……我当时很感动。后来黄大发对我说，他家只有两床被子，怕我们冻着，就都盖在我们身上。他和妻子就在火堆边坐了一夜，不停地往火堆里添松枝，生怕孩子和我们水利局来的仨人半夜冻着。

这样实在，这样真诚的山里人，你能不感动吗？黄著文说。

（节选自《山神》，天地出版社，2018年版，有改动）

辛 茜

鲁迅文学院高研班学员。中国作家协会会员、中国散文学会理事、青海散文报告文学学会副会长。著有散文集《眼睛里的蓝》《茜草为红》《一望成雪》，长篇散文《燧火的赠品》《青海湖的召唤》《我的青海湖》，长篇报告文学《尕布龙的高地》、中篇报告文学集《苍莽高地》。曾获第四届冰心散文奖、首届中国丝路散文奖、2018 年“北京文学”优秀报告文学奖等。

缓缓流淌的爱

无怨无悔

4 月，是玉树的冬天，漫天飞舞的雪花正悄然落下，两行“艰苦不怕吃苦，缺氧不缺精神”的大字，在玉树援青指挥部不算宽敞、不算明亮的食堂里显得格外醒目。第四批北京对口援青玉树的医疗专家们正在吃晚饭，他们大多在玉树藏族自治州人民医院工作，常常因为就诊的患者太多，或者处理急重患者晚到，于是，指挥部把开饭时间推后了半小时。

往常，他们会一边吃饭，一边小声交谈，或者独自与家人通话、视频、微信。可今天，指挥部来了位陌生人，气氛显得稍稍有些严肃。

一阵沉默后，北京中医药大学附属护国寺中医院，内科大夫王宏伟打破了沉寂：“听说玉树就是因为地震，之前根本不知道。”

北京市西城区展览路医院妇科住院医师徐杰说：“第一次知道玉树，就是 10 年前的地震。”

北京市大兴区人民医院放射科主治医师苏建伟叹到：“玉树，真的是太遥远了。”

北京市丰盛中医骨伤专科医院创伤科主任、副主任医师李晔诚恳地说：“了解玉树，确实是从2010年4月14日地震开始。”

北京市大兴区中西医结合医院副院长、主任医师郭勇看着陌生的访者说：“当时，我问去多长时间，领导告诉我，3年。”

王宏伟：“头天科室主任给我打电话，要去援青，去玉树，你去不去？我考虑了一下，去。第二天，我就报名了。”

李晔：“既然国家有了这样的需要，组织上有这样的需要，有这样的困难需要我，我作为一名共产党员，佩戴着党徽，我就会来。”

又是一阵沉寂，来采访的陌生人心里有所触动。

苏建伟：“我那时，只要一动，心率能达到110～220。”

郭勇：“刚到时，我的血压到了190～120。”

王宏伟：“讲课时，讲到30分钟就会大喘气，上气不接下气。”

看似文弱，实则内心强大的北京市丰台中西医结合医院超声科主治医师刘翠翠说：“我尝试过红酒、啤酒，还没喝过白酒。但是酒不稳定，想想我还是选择吃安眠药吧！”

李晔：“背井离乡远离亲人，忍受一点困难，忍受一点高原反应，这都不算什么。但是，我觉得我的家人，我的父亲，妻子、闺女，他们承受的压力比我要更多一些。”

徐杰：“孩子还小，看不到我的时候就会找，妈妈去哪儿了？妈妈是不是又走了？听到这话就觉得特别难受。”

李晔：“只要不提家，其实都挺好的。”

徐杰：“孩子唯一的一次就是说，他要去青海找妈妈。”

王宏伟：“争取在我走了以后，留下一支带不走的医疗队。”

刘翠翠：“现在，我已经自学了一些简单的藏语，从患者进门，我可以单独告诉患者，躺下、弄衣服、鼓肚子、侧身、起来。这个过程我全会。”

徐杰：“高原除了缺氧，其他什么都不缺。”

看到陌生人难过的表情，李晔说："请北京的亲朋好友不要担心我们。我们一定会照顾好自己。一定会健健康康、圆圆满满地完成医疗援青任务。"

饭后，夜幕降临。郭勇建议大家一起出去走走。经过河边，来到广场，斑斓的霓虹灯映红了他们的脸。他们不由地停下来，随着婉转回旋的音乐，模仿着，与当地藏族人跳起了锅庄。

郭勇的舞步协调自然，仿佛已经融入了音乐的世界，与宽广的天幕同样迷人。这是高原的夜晚，有星星、有乐曲、有舞蹈，还有来自北京援青医疗团队每个人发自内心的祈祷与祝愿。

三年很长，三年很短。像一首诗、一首歌，有独具个性的词汇、自我发现的过程，属于自己的美好、心血与精华。也许离开玉树后，他们今生今世也不会再来。也许一段时间后，他们会思念、会牵挂，会在下班路上，穿过楼群密布的街道时，突然想起这片辽阔的草原，在情思与不断的回望中，为自己曾经在这里工作、生活无比欣慰。

第二天，他们带着医疗卫生用品及疫情防护用品，在院长郭勇的率领下，再次驱车来到偏远的哈秀乡，与社区工作人员一起探访贫困户的病情。在哈秀乡村民尕松多杰的家里，小尕松的父母亲给来自北京的援青医生们献上了洁白的哈达，表达着自己的感激之情。

来到玉树后，援青医生们才知，平均海拔超过 4 200 米的缺氧环境，使这里的孩子们患先天性心脏病的概率很高，是平原地区的 10 倍。在一次去哈秀乡慰问贫困户建档立卡，为当地群众体检时，他们发现年幼的小尕松患有严重的先天性心脏病，经州医院彩超检查，确诊小尕松的心脏有 7 毫米的室间隔缺损。这种病的最佳治疗时期恰好是 3 岁。可是小尕松的父母，却因经济条件等原因心存顾虑。郭勇便马上同北京儿童医院、北京宣武医院、青海省心脑血管病专科医院沟通、会诊，决定由青海省心脑血管病专科医院免费给小尕松做修补手术。

2019 年 10 月 12 日，小尕松被送往青海省心脑血管病专科医院接受手术治疗。手术当天，郭勇有急事要从西宁飞回玉树。趁着登机前几个小时，他买了一辆玩具小汽车直奔高心所。走进病房，见小尕松正害怕地大哭，不肯做手术，家人也开始动摇，想打退堂鼓。

“小尕松可真是个康巴汉子，哭起来震天响啊。”郭勇抱着孩子，哄了好一会儿，把他抱进了手术室。

回到玉树，飞机刚一落地，郭勇就收到了主刀医生发来的微信：“手术成功，缺损完全修补好了！”他心里的石头才落了地。今天，看到天真可爱的小尕松不但长高了、长胖了，还活泼了许多，他们能不高兴吗？他们多么希望，患先天性心脏病的孩子都能有小尕松的这样的幸运，不要错过治疗的黄金期。

通天河的水一直在流，阿尼玛卿雪山身披朝霞默默注视，迎来了一批又一批援青干部、专业人才。他们克服高寒缺氧带来的身体不适，按照中央部署，启动了对口支援玉树藏族自治州的工作，并尽自己所能创造着援青人的辉煌。可是，玉树第四批玉树援青指挥部党委委员、副指挥长马晨告诉我，又有多少人知道，北京对玉树的援助可追溯到1970年。那时，玉树经济落后，生活条件很差，北京市东城区鼓楼医院全体医生和医生家属，听说玉树群众生了病不能翻过巴颜喀拉山到西宁治疗的消息后，竟然无条件地、毫无怨言地于1970年3月毅然整体搬迁至青海，成为“玉树州人民医院”的主体，为玉树的医疗服务与建设做出了牺牲。20世纪70年代，出生在玉树的许多孩子都由鼓楼中医院医生接生，许多玉树人普通话讲得好，还带着明显的京味，是因为随迁而来的医生家属大部分当了学校的老师。

2010年1月，中共中央召开第六次西藏工作会议。会议确定由北京、上海、天津、浙江、山东、江苏等六个省市对青海、甘肃、新疆、云南四省藏区开展对口帮扶。2010年6月，北京成立了北京市对口支援和经济合作工作领导小组青海玉树指挥部，帮助玉树灾后重建工作。从此，北京与玉树、玉树与北京，遥遥相望，相距1 900公里的两座城市，紧紧连接在了一起。

马晨部长记忆力超强，文清思缜，表达精确，对玉树传统文化的阐释，对多年来北京对口玉树帮扶援建成果的梳理，特别是他心中涌动着的，对玉树人民强烈的感恩之情，使全国六省市对口帮扶青海这一重大决策显得尤为崇高、神圣、自然。

捧出一颗真诚的心

天色微晴，沿着通天河支流益曲，可以到达海拔 4 200 米以上的隆宝滩湿地。海拔渐次升高，星罗棋布的湖泊沼地把草滩切割成了数不清的“沙洲”和“小岛”。一处平坦而密集的高山草甸上，紫色的鼠尾草，蓝色的脉花党参、秦艽、白色的珠芽蓼，黄色的金莲花、金露梅，匍匐在地的独一味各显风姿，密集而丰饶。王宏伟一边低头欣赏，一边自言自语，这儿可真是中药材的宝地，你看，你看看？什么都有。突然，他又惊讶地叫出了声：“瞧啊，居然还有扁蕾，这可是治疗急性黄疸性肝炎、结膜炎、胆囊炎的良药。”过去，只在书本上见到过。如今，扁蕾娇小柔美的身姿，像小仙女出现在湿润低矮的灌木丛中，怎么不让他欣喜万分？

一年多了，来到玉树的王宏伟，已经是草原上远近闻名的神医。几百公里外赶到州医院的牧民，不管什么病，哪儿不舒服，都要找他。听说神医王宏伟快要结束援青任务返回北京，治好了病的患者又陆续来到医院，想让他再看看，就连医院的医生护士，都把自己的家人带到医院让王宏伟诊治。工作很辛苦、很累，但是一想到马上就要离开玉树了，他又觉得舍不得。只能拼命看病，多看一个算一个。

刚来时，王宏伟和其他医生一样，遇到的最大难题是沟通不畅。患者大多是草原上的牧民，一句汉话不会说，也听不懂，查房的时候得带一个年轻大夫。医生和护士大部分也是藏族，交代事情时，他们会答应好着好着，但其实也没怎么听懂。有些患者刚来看病的时候，不愿意吃中药，扎针吧，又担心害怕。

春节放假前，来了位患者，看完以后，给他推荐了好多种药他都不太愿意，最后非常勉强地开了几副中药拿回去了。等王宏伟过完春节回来，也不知这个患者是怎么知道消息的，一大早就来到医院，兴奋地告诉王宏伟，吃了他开的药效果太好了，已经基本上没有症状，还主动要求针灸。这之后，患者越来越多，每天上午，都有很多患者等在门前找北京的大夫，开药、针灸。王宏伟忙得一口水都喝不上，之后索性连杯子都懒得拿出来了。中午回到指挥部，先上楼喝口水，然后洗脸吃饭休息休息。下午 2 点或 2 点半一到医院，门前又等着一堆人，感觉过得特别充实，有些牧民听说州医院有个北京大夫扎针扎得好，从治多、曲麻莱奔到他这里，可又表达不清病史，他就先给他治，哪儿疼治哪，先减轻患者的痛苦。这些牧民非常淳朴，没有过多的话，扎完针只要不痛了就马上要走。像这种情况，他都不收费。他们的家离州上很远很远，来一趟不容易，收什么费呢？

记得那是 4 月 21 日，平常又忙碌的一天，屠世欢医生接到一个电话，她朋友的右手很痛很痛，无法抑制！屠医生让她赶快来医院急诊，同时，拉着王宏伟和他一起去急诊室。赶到时，见患者被一群人围着，家人正努力控制她的右臂，以协助护士在左臂抽血。抽血结束，家人再也不能控制，只能看着她紧紧抓着右臂躺在地上呻吟。仔细看时，患者的右手蜷缩成“握固”状，整个右手和右前臂紫黑肿胀僵硬，还不停地喊着“快帮我按住手臂，有虫子向上爬。痛呀……”。问她起因，只说是中午在户外喝了一杯茶，突然间右手食指与中指之间被虫子咬了一下，钻心疼痛。之后感觉有虫爬，且由手指间爬向手臂，逐渐发展到右手蜷缩不能伸直，右臂疼痛难忍。每一次感觉到有虫爬，疼痛则更剧难以忍受。在家人帮助下，王宏伟观察到，患者所说的虫咬处略微高出皮肤，肤色稍红，右手指僵硬到难以掰开。急切中，他初步考虑是否为急性动脉血栓，但超声室已经下班，这从未见过的症状情况，让王宏伟有些束手无策。可眼看着那位妇女疼得在地上打滚，家属难以控制，怎么能忍心不管，再说不管，也没地方送啊。没时间考虑那么多了，他虽然头脑空白，只能硬着头皮上了。于是让家属帮忙将患者抬上诊疗床，首先依时辰用灵龟八法应开外关穴，但右手不能配合，故先开双足临泣穴，患者没有明显感觉，再取太冲、公孙、申脉、照海、三阴交、阳陵泉，患者依然无感。再看患者右手“握固”状，考虑到“肝主握、筋会阳陵泉”，且诉起因为户外吹风，痛处如虫咬，症状如虫在皮下爬行，遂刺双百虫窝。但此时的患者，痛苦挣扎中裤子太紧，不能充分暴露大腿，遂断然隔裤针刺百虫窝穴，并在“虫咬处”加以围刺，同时提插捻转强刺激双太冲穴。这时，患者突然说疼痛症状较前减轻，于是坚持强刺激双太冲穴 10 余分钟，患者感到虫爬感次数减少，疼痛减轻，右手手指稍伸开。随着提插捻转刺激双百虫窝穴，患者诉再无虫爬感，疼痛更轻，右手展开。于是坚持强刺激太冲、百虫窝穴，并让屠医生配合刺激左侧外关穴。

作为一名医生，治病救人是天职，这是必须要做的事，要承担的责任。但是，在这样一个特殊的时刻，冒险带来的风险也是巨大的。此时，与屠医生结伴回家的儿科医生李连梅也来到急诊。看到经过针刺的患者症状明显缓解，敬佩地望着王宏伟。可王宏伟不敢放松，考虑还是因为风邪入络，因其症状怪异，疼痛剧烈，不除外中恶可能，待针刺约 1 小时后，予起针，并处祛风和络方，并嘱外购苏合香丸服用。

他抬起头，擦擦额头上的汗，本以为治疗结束，谁料刚刚起针 1 分钟，患者右手“虫咬处”逐渐隆起，并且沿皮下向旁边转移，患者再次疼痛发作，右手开始僵直。李连梅医生看到后，口中念到“皮下移行肿块，多见于牧区儿童，考虑蝇蛆病”。听到李医生所说，再问患者去年夏天是否有蚊虫叮咬史，且眼见患者皮下可见移行肿块，遂予针刺百虫窝、外关、内关穴防止虫上行，王宏伟即可对皮下肿块行围刺。其中两次针下有异常声响，患者亦觉随响声痛止，再与针柄裹艾绒施以温针灸法杀虫。约 40 分钟后，患者右手再无痛感，遂起针。

起针 2 分钟后，患者右手拇指根处再现一处移行肿块，遂再针百虫窝、外关、内关穴防止虫上行，围刺右手大拇指根部，并其中一针，患者再说又中一虫，其痛立止，再予温针灸法杀虫。再次治疗40分钟后，起针观察10分钟，患者再无皮下移行肿块，右手再无痛感，皮肤颜色恢复正常，活动自如，遂结束治疗。如此，从下午6点下班到晚上9点多，王宏伟用温针灸法杀虫治疗共耗时约3小时，用针80余根。

之后，患者血常规回报无异常，结合皮下移行肿块，再加蚊虫叮咬史，考虑蝇蛆病可能性大。患者的家人惊讶万分，不停地表示感谢。王宏伟也很奇怪，本次治疗，起初也是毫无头绪，好在治疗中发现线索，并施治成功。如果患者真的是蝇蛆病，那么此次针灸治疗成功，也算是针灸杀虫的一次实践吧。后经王宏伟查阅资料，确有蝇蛆病记载，症状和这位妇女的相同。在玉树，面对前所未有的挑战，从未见过的奇怪病症，那种被患者强烈需要、渴求的感觉，成了王宏伟援青最大的快乐。其实人的价值不就是让人觉得需要吗？

爱心倾洒高原

2019年7月，新婚一年的刘翠翠来到遥远的青海高原，在玉树州人民医院功能科任副主任。大学期间，刘翠翠曾经梦想过有一天能够服务边疆、保卫边疆。如今，梦想终于实现，她的内心竟萌发出多年不曾出现的豪情壮志，到玉树后一定要传输知识、传递理念，更要为当地百姓服务。

然而，现实并没有她想象的那么理想浪漫，玉树的含氧量最丰富时也不足平原60%，强烈的高原反应使她无法入睡，整日的胸闷、头胀使她浑身无力。她只能慢慢走，绝对不能跑，一走快，一上楼、上坡，心脏就会狂跳，就会气喘吁吁、头晕头疼。寒冷、缺氧的气候条件，让她觉得一年时间是这样的漫长，也让她体会到了玉树人民艰辛的生活。

她成了玉树援青指挥部吃“思诺思”最多的人。有时候，刚吃了药躺下，接到急诊电话又得自己打车去医院，回来后，睡意全无，又怕苦熬到天明之后，头脑不够清醒影响工作质量，只好再吃一片。指挥部离医院有一段距离，黑漆漆的天，黑漆漆的路，让娇小文弱的刘翠翠心里挺害怕，可是患者在急诊室躺着，她只能大着胆子去，而且刘翠翠天生怕冷，最热的七八月份，晚上出门还得穿上厚厚的羽绒服。但是，她坚持着。她没有别的想法，就是想在援青期间认真工作，尽自己一份责任，把自己全部的激情、智慧与力量倾洒在这片古老的高原上；就是想尽自己所能改变玉树落后的医疗条件，改善当地人民的就医质量，解除更多人的病痛，可一年时间又是这样的短暂，转瞬即逝。

刘翠翠是超声科的主治医师，每当她的眼光停留在患者身上，特别是那些没有条件做产前检查的孕妇；那些年轻貌美、未成婚的女孩子因多年结核病渐渐衰弱的身体；那些因先天性心脏病、肝包虫病失去生活勇气的牧民，她的心里就会涌起难以言说的阵阵悲伤。那一刻，她完全忘记了结核病特殊的传染性，忘记了自己过于敏感的体质，不论在医院，还是下牧区巡诊，她都毫无顾忌地，使劲地大着嗓门，又比又画地向听不懂汉语的牧民询问，有很多次，经过检查后才发现与他面对面说过话的人就是一个结核患者。作为医生，最重要的防护是口罩，但她戴口罩是过敏的，除非必须，她一般都不戴口罩直接给患者做检查，即使在疫情很严重的三四月份也是如此。然而，面对种种有可能发生的危险，她从不回避，也不畏惧，她也没有别的办法，因为她不忍心看着他们得了病不知情，病了又得不到治疗。有一次，一位从杂多县赶来的孕妇生命垂危，检查中发现婴儿已经从破裂的子宫进入腹腔死亡。刘翠翠心如刀绞，不敢想象这位孕妇经受了怎样剧烈的痛苦，忍到现在，她只能一遍又一遍地告诉孕妇产前检查的重要；一遍又一遍地劝告不相信先天性心脏病患儿必须接受手术治疗的患儿父母，只能在心中勉励自己，能救一命是一命。

除了每天的日常工作，她参加了北京援青医疗队赴四川省石渠县和络须镇医疗援助义诊活动，和援友们去玉树州哈秀乡开展建档立卡贫困户结对帮扶行动，开启 5 +1 +1 家庭医生式健康服务模式。2020 年五一劳动节，她又和援友们一起为玉树州治多县和曲麻莱县医院送医赠药，为当地武警支队队员义诊。为了大大缩短患者就医检查的程序和时间，她和功能科主任尼向一起完善了科室的各项工作制度、工作流程，对超声诊断的工作模式、精细化学科管理进行了调整。她还争取时间带领大家学习新技术，结合大家的实际需求总结整理成册《超声科笔记》，便于实时教学和应用。教学中，她不仅讲知识，还严格考核，将自己多年总结的经验毫无保留地传授给医院的同事。她诚恳地要求科室的年轻医生，大胆操作、精准判断，强调医疗质量是医院的生命线，必须尽快提升全科的超声诊疗水平、诊断质量，要多宣传结核病、肝包虫病的预防，多强调孕妇的产前检查、产后康复，以一颗医者的仁爱之心关爱患者，换位思考，体会患者的疾苦，服务上细之又细，技术上专之又专，赢得百姓的信任，提高自己的自信心。

一天又一天过去了，她迎来了玉树的春天，绿树缠绕、野花遍地的夏天。每当一个又一个患者做完超声检查来不及穿好衣服就双手合十地对她说“扎西德勒”，她的心里就会升起为自己能够参与援青工作的自豪之情。每当因错过治疗期无法治愈的患者，默默无声地走出超声科的大门，刘翠翠的心都快要碎了，与城市里为一点点事就要与医生相争、纠缠不清的有些人想比，草原上的牧人，太令人心痛。

刘翠翠温柔安静，甚至有些内向，不善言辞、朴实无华，但是，只要走进诊室，开始工作，就好像变了一个人，风风火火、干脆利落。她只是千千万万普通超声医生中的一员，但不可或缺，特别在高原玉树尤为重要。她那关注的目光、探头下的身影，是另一种方式记录生命的动人旋律，也是无数个无私奉献的医生对医生这个崇高职业的最好诠释。

2020 年 5 月，刘翠翠荣获 2019 年玉树州“巾帼建功标兵”荣誉称号。当晚，她在日记里深情地写道：“我始终觉得自己代表的不仅是个人，作为一名共产党员，我背后所呈现的是丰台区中西医形象，是北京形象，甚至是党和国家的形象。这份责任不断鞭策着我努力学习，让患者得到最有效的治疗。这就是我的初心。路还要继续走，脚下的路还很长！”

都是我们的孩子

2020 年 5 月 10 日下午 6 点 10 分，当东航 MU2218 的客机冲破厚厚的云层降落在巴塘机场的时候，已经二次返回机场迎接的北京援青干部、州卫健委副主任黄平和北京援青干部、州人民医院院长郭勇，北京援青干部、玉树市委组织部副部长朱应延的心也跟着落了地。3 小时前，他们就到达了机场准备接机。这架从成都飞玉树本该在 3 点 10 分降落的飞机，因云层厚、气流强等天气原因无法降落，被迫掉头返回西宁。飞机上乘坐的是中华民族团结进步协会医药卫生发展委员会秘书长张绍国、清华大学第一附属医院心外科主任李洪银教授、影像学专家唐秀杰博士、爱心人士张吉顺先生，一行四人的医疗团队是专为玉树先心病儿童救治活动而来，这是北京新冠肺炎疫情防控级别调整以后，第一支逆行高原的医疗专家组。

张绍国秘书长是个急性子，飞机在西宁一落地，就给朱应延副部长打来电话："朱啊，你赶紧帮我看看今天西宁还有没有飞玉树的飞机，今天必须飞上去，不能耽误明天的活动。"朱部长心中苦笑，这个问题不只是航空公司的事，主要得看老天爷的脸色。玉树的天气就是这样，一天四季，特别是下午，刚才还风和日丽，转眼就风云突变，开始下雪，在内地已经短袖了，玉树人还穿着羽绒服。

4 月 30 日下午 4 点 30 分，重大突发公共卫生事件应急响应由一级降为二级的消息，通过微信、短信、电话的形式纷至沓来。北京的亲朋好友、领导同事，表达的是同一个意思："兄弟回来吧，不用隔离了""猪哥，回来吧，可以喝酒了""爸爸，可以回家了，我要爸爸"。因缺氧和睡眠不足反应迟钝无精打采的朱应延副部长顿时心潮澎湃。上高原一个多月了，这是玉树全年最缺氧的时候，睡觉成了最大的问题，去年半年一直吃"思诺思"能睡五六个小时，这个月吃药只能睡两三个小时。漫漫长夜，仰望星空，睡着的时候梦见女儿，睡不着的时候翻看女儿的照片和视频，想得最多的就是女儿、儿子。到了高原才明白，夜晚不一定是用来睡觉的，更多的时候是用来失眠的，能睡个好觉是一种很奢侈的事情。五千里外的北京，不论繁华，重在氧气充足。五一假期适逢“解禁”，回京好好补补觉，是多么好的理由。但同时张绍国也来了微信：“兄弟，北京解禁了，希望组织专家尽快去玉树筛查。”

这是年前他们谋划了很长时间，针对玉树先天性心脏病儿童的免费手术项目，因新冠肺炎疫情一推再推。如今，漫长的冬天过去了，疫情得到了控制，终于可以成行，朱应延激动的心慢慢平静下来。

2019 年冬天，朱应延代表企业到一个特别远的深山里下乡，给孩子送捐赠校服。有一个男孩叫扎西，长得帅帅的，朱应延问他叫什么名字，他腼腆地扭过头不搭理。等他们开车要走的时候，他却追着车跑，还哭了。当时，朱应延眼里也涌满了热乎乎的眼泪，孩子再小也懂得感情啊。还有一次下乡，因为路滑，他们追尾了一辆藏族老乡的车。朱应延下车查看情况，主动提出赔偿。藏族老乡也下了车，用藏语问他们是哪里的。司机告诉他，是北京来的援青干部。他嘴里嘟囔了好几句话，摇摇手上车走了。司机告诉朱应延，他说北京是玉树的亲人，来援助也不容易，就这样算了。又有一次，朱应延下乡走访玉树下拉秀乡的一所学校。发现一个孩子面黄肌瘦的。老师说，这个孩子有先天性心脏病，上不了体育课。他还遇见了一位漂亮的藏族少年更松西然，清秀文静，目光柔和，脸上总带着害羞的笑容，没有杵状的手指，嘴唇也并不青紫，但病症已露出端倪。13 岁正是活泼好动的年龄，可更松西然显然过于安静，不太喜欢运动，相比其他孩子，更容易患上感冒。

在玉树，先天性心脏病发病率可达千分之十七，对孩子的发育、包括对寿命都有影响，但孩子无法在当地手术，他们的生命变得非常脆弱。即使活到了成年，也不能结婚生子，特别是得了病的女孩儿，不知什么时候便会爆发。

金巴然吉家住在玉树下拉秀乡，父母早年辛苦劳作，不到 50 岁就失去了劳动能力。如今，父母和 6 个弟弟的生活、学习，全靠金巴然吉跑出租车每月四五千的收入支撑，给弟弟治病，家里确实难以承担。朱应延是两个孩子的父亲，看到生病的孩子非常心疼。“把他们带到北京去治病！”成了他最大的心事。

这样的孩子有多少？他询问玉树市教育局局长，局长拉出了 51 人的名单。他向原单位北京市密云区委组织部做了汇报，寻找救治政策和医疗资源，自己则联系密云区企业捐款。不久，密云区统战部门提供了一个线索，中华民族团结进步协会医药卫生发展工作委员会正好有免费救治先天性心脏病儿童的政策项目。又得知，项目救助的是云贵川偏远山区的儿童，专家们从没有上过青海高原。此时正值大雪封山，最缺氧的 12 月。双方约定，来年一开春，医疗专家就到玉树进行筛查。

当他告诉女儿，爸爸不能回去的时候，视频那头，女儿哇哇地哭了。中午，孩子的奶奶说女儿摔了一跤，脑袋直接拍到了地上，中午饭没吃，就上床睡觉了。心疼的他当时就掉泪了。多想飞回去，抱抱她，摸摸她的头还疼不疼。可这时，为了更多的小朋友，只能对不起女儿了、委屈女儿了。

先天性心脏病患者基本分布在中小学、幼儿园，而 26.7 万平方公里的玉树，有上百所学校，甚至上千个镇村教学点，在短时间内紧急通知疑似患者参加筛查活动实属不易。可专家们在两天时间内，硬是克服高原反应，连续作战，筛查出疑似先天性心脏病儿童 206 人，确诊符合手术条件的患儿 39 人，并做出决定，两个月内，由中华民族团结进步协会医药卫生发展委员会分批组织孩子们，前往清华大学第一附属医院免费手术治疗。

就在这时，秘书长张绍国接到电话，96 岁的母亲突发心梗、脑梗，心率降到 30，血压降到极低值，生命垂危，临时心脏起搏器、插管全上了，就等着他回去。临上飞机前，他哽咽着对大家说，希望回去还能看到“热乎乎”的妈。在场的人无不为之动容。

很快，金巴然吉得到学校的通知，弟弟可以免费到北京治疗了。接着，更松西然、江文才仁，下拉秀那个病弱的孩子，20 个孩子的家长都得到了通知。

2020 年 8 月 1 日，在北京援青玉树指挥部的统一协调，中华民族团结进步协会医药卫生发展委员与清华大学第一附属医院的积极沟通，慈善机构和爱心人士的大力支持下，第一批接受治疗的 20 名先天性心脏病患儿在家长和随行医护人员的陪伴下，顺利到达清华大学第一附属医院。医院心脏外科医护人员与放射影像科、检验科、超声室、心电图室、临床营养科等科室和部门密切配合，为患儿开设了一条感人心扉的绿色通道——从派出专业医务人员接站，到井然有序安排检查，从解决患儿及家属的第一餐，到快速核酸筛查完毕安排患儿进入病房，每一个细节都为确保患儿顺利治疗做好了前期准备。不仅如此，朱应延副部长还带着他 9 岁的儿子从密云区赶来医院，为玉树的小朋友们加油打气，在送给孩子们每人一本的读物上写上了祝福语：希望你像孙悟空一样勇敢、祝你早日康复……还有密云区爱心企业香喷喷餐饮集团公司执行总裁、党支部书记王守宇为孩子们带来了路费和精心装扮的图书；密云区爱心企业北京质诚捷讯水利工程有限公司总经贾酒祎为孩子们带来了路费和亲切的问候。

清华大学第一附属医院心外科主任李洪银说，此次来京的 20 个孩子患的是基本先天性心脏病，包括房间隔缺损、室间隔缺损、动脉导管未闭三种情况。在出现重度肺高压之前，患儿自身可能没有呼吸困难等感觉，但如果缺损过大，活动耐量会下降。同时，心房之间或者心室之间存在的缺损，会造成血液左向右分流，长时间的这种分流就会影响孩子生长发育，而且他们还会特别容易出汗、上呼吸道感染，稍不注意就会得感冒。

“这次来得很及时。”随队医生及翻译、玉树州人民医院儿科大夫吉安非常感慨，“跟随孩子来京的家长绝大部分是牧民，不会汉语。手术后，才知有的孩子差点就错过了最佳治疗期，真是万幸啊。”正常情况下，一个孩子的手术费少则 2 万，多则 8 万。吉安坦言，这次来京的孩子家里大多困难，能免费治疗，真是为他们的家庭卸下了一个重担。

5 月，李洪银教授在玉树筛查时，检查出江文才仁的肺动脉第二音特别响，脉搏氧饱和度只有 84% ~86%，这种情况往往做不了手术。但是，他考虑到普通人上了高原，脉搏氧饱和度也只有 80%，觉得到了平原地区，可能还有手术机会。果然，来到北京后，通过吸氧、调整，江文才仁的肺动脉第二音减轻，脉搏氧饱和度达到了 95% 以上。李洪银教授满怀信心，没给孩子做有创检查，仅通过超声、胸片、查体便做出了判断——可以手术。事实证明，李洪银教授的判断没错，术后，江文才仁恢复得很好。8 岁的男孩江文才仁不爱说话，但有双会说话的眼睛，大而明亮。护士说，孩子刚来时弱弱的没力气，现在眼见着活泼爱动了，改变他命运的是这次北京之行。李洪银教授说，如果不做手术，这个孩子在平原地区有可能再活 10 年，在高原则活不到 10 年。此次手术祛除了病因，今后，他的寿命将和其他孩子一样。

更松西然患的病是对位不良型的室间隔缺损，为避免手术后发生并发症左室流出道梗阻，手术修补时要做特殊处理，手术难度也相应增加。他的父母很担心，一直在和朱应延通电话。但手术前，他的哥哥金巴然吉已经不再害怕，看着一起来的孩子们手术后都很健康，他相信医生。8 月 11 日，更松西然的手术很顺利，当晚 8 点他逐渐清醒，脱离了呼吸机，12 日回到病房。

8 月 18 日，20 名孩子已经全部手术成功，安全返回玉树。玉树人民知道，是北京派来的援青干部把孩子们带到了北京，是北京的医生为孩子们治好了病，北京是首都，党和国家心里有他们。

烟雨蒙蒙隆宝滩

隆宝滩总是静悄悄的，益曲河也总是有节奏地轻轻响着。天上飘来了一块云，雨点滴滴答答落了下来。原北京市丰台区政府纪检干部，现担任玉树州纪检书记的王峻很有经验地说：“没关系，一阵过雨，咱再坐会儿。”

王峻书记是典型的山东人，军人出身，信仰坚定，为人耿直，心地善良。他懂文学，喜欢文学，读了很多书，鉴赏力很高。他认为纪检书记应该是干部的守护神。来到玉树后，他首先考虑到的是援青干部的身体健康，便邀请中医学专家王宏伟在玉树州纪委、监委召开的中心组理论学习会上给大家讲《〈黄帝内经〉养生观》，从中医历史传承及发展，中医药在本次新型冠状病毒肺炎疫情防控中所起到的作用，阐释《黄帝内经》这部中华医学经典所蕴含的无尽智慧，以医疗卫生事业和纪检监察工作共同的使命“治病救人”为切入点，为纪检监察干部讲解医理药理常识，在海拔4 200米以上的高寒地区，如何调整保护身体，维护身心健康，全身心投入工作的养生观。接着，他又成立了读书会，以图书为载体，宣扬正能量，在精神上引导和鼓励年轻干部，给大家创造一个相互交流的平台。

自从来到玉树，王峻书记的工作和生活就采取了这样一种形式，这种形式只能用乐观、庄重、从容表现出来。唯有读到女儿一篇题为《父亲》的作文时，他的内心才会吹进些许沉重的微风。

女儿的作文是这样写的：

我的父亲，是典型的山东大汉。别人都说父亲聪明、憨厚、朴实，但我总觉得父亲傻。父亲的责任感特强，只要他帮得上别人，就一定尽全力。

在我上小学时，身为英语教师的母亲需要去美国进行一年半的学术交流，但是因为只能去一名家属，而我当时年龄小，母亲不放心让他带我，于是我和母亲就一起出发去美国上学了。和父亲分别了一年的时间，这是我们仨第一次分离这么久。

虽说我们隔了十万八千里，但是我们三个人的心还是紧紧相连的。父亲每天都会和我们视频，一天好几遍，从没间断过。在到了美国七八个月的时候，正值我和母亲假期，于是父亲就请了个长假来看望我们。

父亲的英语特别蹩脚，我和母亲去机场接他的时候路上有些堵车，所以他拿完行李到了接机的地方时，我们还在路上呢。见到父亲时，父亲正站在大厅里，用生硬的英文和一个日本人还是韩国人在那里指着路牌，比画着什么，仿佛在告诉那个人往哪里去。他急得满头大汗，跟那个人反复挥舞着他粗壮的手臂，连比带画地说，那个人还是一脸茫然。我和母亲看到了他们，快步走过去一问才知，原来那个亚洲人也是刚到美国，英语也不怎么好，不知道怎么找一个出口，就向父亲问路。但是父亲英语也不好，就有了刚刚他努力比画解释的那一幕。

我母亲帮助那个人做了解答。我们往车场走去的时候，我哭笑不得地说："你傻不傻呀，直接说我不知道不就完了吗？你那英语水平还给人家指路呢！"父亲回答："那怎么行，我知道却不告诉人家那多不厚道啊，万一他走错了，这人生地不熟的，该多害怕啊，而且比画比画也能交流哈。"

这就是我的父亲，一个傻乎乎的热心人。

前两个月，他们单位要派人去青海玉树那边工作，让人报名。大家没事儿谁愿意出这么远的门啊，一出还要三年时间。我父亲就不一样，他说虽然任务艰苦，但是为了国家更好地建设，怎么能只求自己安逸呢？他既然在其他专业领域不能教书育人、治病救人，那就在自己工作力所能及的范围内，该帮还是要帮的。

我和母亲极其不想让父亲离开，去那么远的地方，我和母亲出国也就是一年半而已，三年这么久的分别，他回来我都高中了，会错过很多看着我、陪着我的时间。而且那里是高原，他年纪也大了，都奔五十了，且不说他受不受得住可能出现的高原反应，那里天气寒冷、变幻无常，五六月都能下小雪，去了就是受罪啊！但是父亲很固执，他认定要做的事一般很难改变。我和母亲真是又气又无奈。母亲骂他："整天说得你多伟大似的，好像你去了那边就靠一己之力翻天覆地一样。”父亲却乐呵呵地说：“没准呢，说不定我能干出个大事呢！”他说话的样子还真是傻乎乎的。

我知道父亲不是真的“傻”，他只是总是那么善良地想要为这个世界做些什么。我的父亲就是这样一个憨憨的父亲，他没有那么伟大，但在我心里，他就是最伟大的父亲。

许是孩子的稚嫩之语，许是雨雾中清冷的氤氲之色，触动了几位援青干部内心的柔软之情。原在北京丰台区政府工作、现任玉树州文旅局副局长的李世琪，不由地想起了自己的姥姥。李世琪的老家在山东日照，从小在姥姥身边长大，和姥姥感情很深。今年初，正值疫情高峰，姥姥突然去世。5 天之后，李世琪的母亲才给他发了一个微信。闻听噩耗，李世琪悲痛难忍，无法释怀。不仅仅因为姥姥带大了他，老人临终前他应该守在身边尽孝，还因为，姥姥的慈爱，姥姥一生吃苦耐劳、勤勉持家的品质对他产生的影响。姥姥 80 多岁了，离开的时候是安详的。但李世琪多么想守在老人家身边，握着她的手，让她带着他浓浓的爱意和眷恋离开这个世界。

雨真的停了，湿润的草墩、灌木，灌木中的野花伸向远方。王宏伟和苏建伟大夫去山上采蘑菇，没出脚面的小溪委婉曲折、清澈透明，长满了黄色的管状长筒马先蒿。王峻和李世琪在交谈，讨论各自单位的工作。有时，实施自己的想法，推进项目开展没有他们想象的那么顺利，但他们并不气馁。他们理解，思维方式和工作方法的转变需要过程，只要能够产生潜移默化的影响就是进步。而且他们也在适应当地干部的工作节奏和方式，体会高寒环境下当地干部的艰难与不易。

光线淡了下来，王宏伟和苏建伟大夫，双手捧着他们采集的黄蘑菇回来了。州纪检委的干部小郭架起烤炉为大家烤了几串香喷喷的黄蘑菇。鲜美的味道无与伦比，是这片高寒冷峻的草甸为人间无意中的赏赐，芬芳留香。

扶贫路上 守护江河源

第二天中午，从曲麻莱县过来的王锐到了楼下。赶忙起身倒茶迎接这位我一直在等，终于等到的年轻人。他是国家能源集团投资有限责任公司的一位干部，现挂职曲麻莱县副县长。

几分钟后，风风火火的王锐气喘吁吁地进了门。他身材高大，比我想象的还要帅，一个多小时后，他还要去机场接集团检查组的领导，这点时间，是他没有吃午饭挤出来的。

我劝他先去吃饭。他说，没事，没事，在路上吃过了。他已经习惯像当地干部一样，吃风干牛肉充饥。我不再坚持，只能默默地听他诉说，发生在江河源头、雪域草原上的故事。

来到平均海拔 4 500 米以上，离玉树州府所在地吉古镇还有 300 多公里的曲麻莱县后，很快就进入了秋季，实际上是曲麻莱漫长冬季的开始，王锐忍受着缺氧带来的身体不适，很快进入工作状态。在深入基层了解曲麻莱的县情乡情，熟悉生活和工作环境后，对习近平总书记来青海时，对青海人民提出的殷切期望“保护好三江源，保护好‘中华水塔’”“青海最大的价值在生态、最大的责任在生态、最大的潜力也在生态”的战略定位，有了深刻的认识。

2018 年，集团公司启动了“黄河源生态保护治理项目”，以黄河源头核心区草场生态恢复为主实施禁牧，让牧民脱贫增收，成为江河源的守护者。为了让牧民群众尽早搬迁，3 个月内，王锐连续下乡，到 33 户牧民家中了解情况，宣传政策。快入冬的曲麻莱寒风刺骨，风雪弥漫，行驶在雪路上的车辆随时会陷进雪坑，偏远的村子根本就没有路。即使这样，他也坚持走村串户，给牧民讲解生态保护的重要性。禁牧之后，国家对牧民提供的生活保障，他还亲自参与牲畜转场，体验牧民的生活。2019 年 11 月 5 日，黄河源头核心区 15 万亩草场的首批 2 665 只牛羊完成转场搬迁，实现了黄河源头核心区历史上的首次禁牧，这是一次不容忽视的成功，它意味着黄河源头保护走入了牧民的生活。2020 年春天，他和当地干部共同研究实施方案，又确定了 17 万亩的禁牧区域以及涉及牧民和牲畜的范围。

王锐性格活泼、聪慧过人，特别喜欢和牧民交朋友，倾听他们的心声，为他们着想，为他们解决实际困难。有些牧民对搬迁有想法，不愿意离开祖祖辈辈生活的地方，他就非常耐心地对牧民群众解释，他说："第一，搬迁是为了恢复退化的草场恢复生态，为了今后能过上好日子。第二，年龄大了会生病，看病得到县上、州上，住在定居点会很方便。曲麻莱县有 70% 的人没有去过西宁、50% 没去过州上、30% 没去过县上，有了病只能挨着。第三，为了自己的孩子能够上学读书，即使上不了大学，至少也得听得懂汉话，和更多的人打交道。况且搬迁能让你们在寒冷的冬天有一个温暖的家，有什么不好呢？"听了王锐的这番话，牧民群众对黄河源生态保护治理的看法渐渐发生了改变。看到牧民们搬进了新居，脸上洋溢着满意的笑容，王锐从心里高兴。为了提高项目管理水平，协调在县财政账户设立专用科目，王锐在扶贫局设立了"黄河源生态保护治理项目"专用账户，实行专门项目管理，制定了《国家能源集团援建曲麻莱县黄河源生态保护治理项目资金管理办法》。

有一天，一位年轻女子找到王锐。她是大连人，2013 年，曾经作为环保基金会成员来到曲麻莱县从事环保教育。2015 年，这位大连女孩嫁给了曲麻莱县一位英俊的藏族青年。随后，她把大连的房子卖了，开始在海拔 4 600 米的黄河源头麻多乡扎加村种树。

"我需要你的支持。"她盯着王锐，目光灼灼，不容置疑。

王锐看着女孩，女孩身形单薄，面容秀丽。

女孩明白他的心思："这儿冬天冷，可是我们东北的冬天零下 30 多摄氏度，照样长树；这儿海拔高，可是海拔 4 500 米以上的西藏阿里也照样长树，这儿怎么就不能种树。"

王锐沉默了一会说："这儿种树，需要三年时间才能确定是否成活，不经过验证不能报项目。您已经种了两年，但是，我可以自己拿 5 万块钱给你种树。反正援青三年给我的补助，我一分钱也不往回拿，除了给孩子们买书、学习用品，可以用在环保上。”

过了几天，王锐去了扎加村，大连女孩种下的雪松在蓝天下傲然挺立，那么坚强，那么有力。王锐的心都要被融化了。

2020 年 5 月，在王锐的努力下，集团开始购买草籽、树苗开展人工种草试点，他又多次下乡动员老百姓，甚至让当地宗教人士种树种草，参与后期管理。半年后，黄河源核心区退化的草场明显恢复，生态环境得到了大幅改善。

为了进一步提高曲麻莱县的办学能力和水平，集团公司先后投资 300 万元和 1 710 万元，给曲麻莱县孤儿学校和民族中学建宿舍楼和综合楼。为确保工程质量和工作进度，王锐亲自参加监理工作会，现场监督指导，在多方协作努力下，克服疫情和天气影响，终于使这座凝聚着援青人深情厚谊的孤儿学校宿舍楼于 2020 年 8 月底按时竣工验收，接着民族中学综合教学楼及教师宿舍楼也于 2020 年 9 月底竣工验收。为了给生态治理培养和储备更多的专业人才，一年时间内，他组织致富带头人培训班、基层干部党性培训班、生态管护员意识和能力提升培训班等多个培训班，培训人员 876 人次，超额完成了国资委对集团公司的考核任务。为了改善曲麻莱的生态环境，他与玉树州、玉树市主要领导，玉树州林草局、多方专家沟通分析，配合玉树州“十四五”规划参与制定了《玉树州通天河河畔造林绿化》和《玉树州高原千亩林木良种繁育实验基地提升改造》两个方案。

曲麻莱县地处青南高原江河源头，中华民族的母亲河，黄河发源于曲麻莱县麻多乡约古宗列地区；长江北源主要源流，勒玛河、楚玛尔河、色吾河、代曲河也发源于曲麻莱县境内。辽阔的宽谷大滩、河岸湿地，重山叠岭中纵横的河流、密集的湖泊，让这片浩瀚无垠的苍莽高地成了我国南北两大水系长江、黄河的主要水源涵养地。曲麻莱县境内宝藏遍地，有岩金、沙金、银、铜、铁、铅、锌、水晶石、煤炭、岩盐、盐湖盐等矿物资源；有白唇鹿、野牦牛、野驴、熊、豹等野生动物在此繁衍生息，60 多种野生鸟类来往迁徙于高原；冬虫夏草、红景天、雪莲、鹿茸、麝香、牛黄等 120 多种名贵药材和蘑菇、蕨麻遍布雪山。源头之上，“黄河源”纪念碑、格萨尔王登基台、藏传佛教寺院、昆仑民族文化旅游度假村独具特色，四大神山之一嘎朵觉悟，昆仑冰川、玉溪峰、扎陵湖，广袤无边的草原和通天河两岸风光让人震撼，每年八月八日举行的昆仑民族文化艺术节规模盛大，玉树卓舞、康巴拉伊热烈多姿，高雅华贵的藏族服饰琳琅满目，浓浓的民族风情中，蓝蓝的天空下，客商云集，五彩缤纷。

王锐多么希望，更多的人能来曲麻莱领略壮丽奇崛风光，更多的人知道曲麻莱人为保护江河源做出的牺牲与努力；更多的人能够回报自然，热爱脚下的每一寸土地、每一条小溪、每一朵柔弱而顽强的野花。于是，他发挥援青干部在国家能源集团和曲麻莱县交流交往之间的桥梁作用，发动自己的朋友，让集团领导、民营企业家走进玉树、走进曲麻莱；让曲麻莱人走出曲麻莱，走向北京，共同认识，形成合力，碰撞出更多的对口帮扶机会和项目，为曲麻莱县的发展探索出一条独具魅力，生态优先、绿色发展的高原产业链。

他还非常善于和当地年轻人沟通，经常请他们到他的宿舍，和他们畅谈理想、勾画美好的生活，为他们描述身穿漂亮的冲锋衣、骑着摩托、开着皮卡车放牧的现代化生产方式，通过自己的关系请企业为他们办网红培训班，让他们接受新知识、新理念，带他们到北京开阔眼界，与企业家一起座谈讨论，培养他们的自信心。离开之前，他还想为曲麻莱县留下 1 万条视频，持续宣传。他对我说：“没准哪天，哪一条视频会被人发现，会被人激活，会发挥出巨大的潜力，为这片纯洁、浪漫又神秘的高原大地注入新的活力。”

时间过得很快，临走前，他对我说：“姐姐，您能不能用化名。我只是千百援青干部中的普通一员，还没做出多少事。再说，我还有个私心。来这，我压根没敢跟我妈说，只说是去青海。”

一枚玉“树”高原上的栗子

不记得是第几次翻越海拔 4 815 米的哈秀山了，来自北京昌平区的援青干部、现担任曲麻莱县委常委、副县长的栗云鹏心中有些激动。他工作的地方曲麻莱，是玉树海拔最高、距离州府结古镇最远，条件最为艰苦的一个县。但是，不管他翻越哈秀山多少次，他仍然沉醉于这座雄伟的、连绵不尽的山峰，山峦之上的璀璨、庄严，晶莹如玉。每当这时，他总有一种与世隔绝的感觉，宁静到极致，美到极致。

他渴望更多的人来到这里，与他分享冰雪的纯净、高山的深邃。然而，别说生活在平原的人，就连从小生活在青海的人，也不会轻易来到这里，来到曲麻莱这个让人望而却步的地方。

半年多后，也许是因为长期注意锻炼身体的缘故，栗云鹏基本适应了当地的气候。但是，下乡调研中，不断增加的海拔高度，缺氧加剧的剧烈头痛，会让他的后脑勺发木，失去知觉。周末时间，如果没有特殊情况，他也很少回到玉树州驻地，不是他不想念援友，也不是他不想回驻地休整放松，而是 230 公里的路途遥远、危险，随时穿越路面的牦牛，会令他猝不及防，有一次险些出了大事，还不如利用周末时间，在县上走走看看，尽快熟悉这里的风土人情。

曲麻莱是纯牧业县，每年的地方财政收入只有 1 000 余万元，可每年的一般财政支出能达到 10 亿元左右。一开始，栗云鹏根本不理解国家为什么会对曲麻莱县有这么大的财政转移支付力度，国家政策性帮扶资金在牧民家庭收入中比重过大，会不会让这里的人养成依赖的惰性，不利于今后的发展。可是后来，在他几乎走遍了曲麻莱县的山山水水，在他同县乡干部朝夕相处工作，在他同生活在这里的牧民认识、交往、熟悉的过程中，他不仅打消了这种顾虑，而且还深深地理解了国家为什么下这么大力气，这么大规模帮助西部贫困地区的真实含义，并为自己有幸成为这庞大援助者中的一员感到骄傲。

2019 年冬天，栗云鹏驱车 150 公里去看望一户结对帮扶的困难家庭。这户人家住在长江边，汽车离开公路后，还要走 60 公里崎岖的山路。到了那里，他才知方圆 10 余公里就她们一户人家。户主是一名 35 岁的女性，5 年前丈夫去世，自己带着婆婆和三个孩子生活，其中两个孩子还在读书，最大的女儿在家里帮助分担家务。她们的家有一个敞开的院子，屋子里有窗户，有阳光，陈设简陋却非常干净。虽然有国家政策性收入，但是她们不等不靠，女主人竟独自放牧 45 头牦牛，平时运输物资、饮水就靠一辆摩托车。

栗云鹏热情地和她们交谈，希望能够了解到她们家里的困难。可是，美丽端庄的女主人一直都开心地笑着，大女儿虽然腼腆却也是笑容满面，无忧无虑、天真善良的样子，让栗云鹏心头一动，也让栗云鹏觉得，正是因为有了她们这样自强不息、勤劳勇敢的牧民，有了她们在这片雪域高原上承载的一切，才能为中华民族占据更广阔、更安全、更有保障的生存空间，才会让雪域高原纯净的河水川流不息，才会让生活在平原的人尽享富足安逸。帮助她们，不是什么奉献，也不是什么恩赐，而是中华文明用几千年时间和无数血泪换来的一种最适合的整合方案，是自古以来草原文明与农耕文明交错汇聚而就的和谐生活。

来青海之前，栗云鹏先后在北京昌平区农委、区委办公室、城北街道工作，他意识到，一个地区的发展人才是关键，人才的培养归根结底要靠教育。随着援青政策的不断深入，曲麻莱县对教育的重视和投入前所未有，曲麻莱的孩子们对知识的渴望如同渴望新鲜的牦牛乳汁。一个周末的下午，栗云鹏在回宿舍的路上看到两个拖着行李放学回家的小女孩，就让她们上车，送她们回家，并且应两个小女孩的强烈邀请去她们家坐了坐。

两个女孩的妈妈、姐姐和一个 3 岁左右的妹妹都在家。她们的妈妈不会说汉语，交流靠读初中的姐妹翻译。妈妈的话虽然不多，却始终微笑，表达着她对党和国家的感激之情。她说，是国家的好政策让我们这个六口之家能吃得饱、穿得暖、住得好。两个女孩子对未来很有信心，都想好好学习，但是也说出了学校有些课没有好老师的情况。这与栗云鹏之前到一些学校走访调研的结果一样，因为国家和社会对教育的重视，曲麻莱县学校硬件条件比较完善，学校有设备齐全的音乐、美术、舞蹈教室，有钢琴、电子琴，条件比北京一些普通学校还要优越，但是受到高海拔环境的制约，师资力量薄弱，很难补强，教室、钢琴大多闲置。

和许多人一样，栗云鹏也有过让这些孩子离开家乡到环境比较好的地方上学的念头。但是，当他去过一次措池寄宿学校后，又改变了这种想法。措池寄宿学校离县城很远，只有 4 个老师，带着 19 个孩子上学。老师们对他说，当地藏族不愿意让孩子走远，不愿意和孩子分离。他们说："你们帮助我们建学校，不就是让我们的孩子在父母身边上学吗？建好了学校，为什么还要让孩子们离开家，离开父母呢？"于是，这 4 个老师留了下来，与雪山、草原做伴，为的就是让这里的孩子和自己的父母亲生活在一起。

昌平区对口帮扶曲麻莱县的重点是帮助曲麻莱县奔小康，今年，区政府帮扶曲麻莱县的资金 440 万元，同时有 6 个镇街直接对口帮扶曲麻莱县 6 个乡镇，各职能单位也都对口帮扶。在半年多的时间里，栗云鹏积极努力地发挥桥梁作用，对接了昌平区与曲麻莱县的各个乡镇街道和卫生、教育、交通、市场监管、应急、经信等部门。促进两地经济文化交流交往，协调帮扶项目，在加强干部交流、互相学习中，建立友谊。

栗云鹏身材挺拔，皮肤白皙，好像总也晒不黑。他平时生活的驻地海拔 4 230 米，出外稍一走动，海拔就在 4 500 米以上。刚开始，妻子为他担心，他心里也有些发怵。但现在的他，却从心里感到幸运。每当他乘车翻越一座座山脉，看到孤独的狼在雪地里奔跑，看到羽翼丰满的苍鹰飞过天宇，看到壮丽的雪山、天地一色的洁白，在气温零下 30 多摄氏度的高山峻岭间，在蔚蓝的天空下，凝固为清冷、肃穆、干净、明朗的世界，他会由衷地感到生命的顽强与高贵，大自然的神圣与伟大。他愿意在这里度过三年的宝贵时间，他喜欢与朴实的农民侃侃而谈，他愿意为曲麻莱县的牧民们做一点力所能及的事，他没有一丝一毫的抱怨，没有一点点委屈，他甚至更喜欢曲麻莱的冬天，甚至对曲麻莱严酷的自然环境产生了感情，他渴望更多的内地人能来曲麻莱，感受他所感受的一切，欣赏他所热爱的一切，大地的辽阔、江源的纯洁、雪山的高峻、当地人的质朴友好。

很快，来曲麻莱县快一年了，年轻的栗云鹏和大多数援青干部一样，忍受着与家人的离别之苦、思念之情。2020 年新冠病毒暴发后的 3 月，他在北京海淀区清河街道工作的妻子被安排参与一线防疫工作，负责从湖北武汉返京的北京市人的接返工作。每天都要履行接到后登记、测温，全程护送到各自小区，再交给各小区居家隔离的职责。有一天，栗云鹏突然接到电话，妻子被集中隔离。原因是，在接人过程中，其中有一人血检呈阳性。当晚，刚回到家的妻子接到海淀区卫健委的通知，要求立即返回，和其他 4 位同事一起前往指定宾馆集中隔离。

当时，曲麻莱风雪交加，气温还在零下 20 多摄氏度。栗云鹏的心却像着了火般疼痛难熬。栗云鹏老家在江苏，父母身体不好，妻子的父母年纪大了，也不在北京。本来疫情就让上初一的儿子，常常独自在家。现在，妻子被隔离，吉凶难料，剩下儿子自己一个人在家又该怎么办？就是援青指挥部同意自己回北京，也同样得隔离 14 天。焦急万分、一筹莫展的栗云鹏，不敢多想，越想越怕。就在这时，生怕他担心的妻子发来儿子的一条信息："我饿了，下了包方便面吃了。现在要睡了，请妈妈不要担心。"看到这条信息，栗云鹏再也无法控制自己的感情，流下了眼泪……

儿子懂事了、长大了，可作为孩子的父亲、妻子的丈夫，在这种时刻，是最应该待在他们身边，和他们一起渡过难关的啊！过了几天，情况有了转机，那位呈阳性的武汉人是得过新冠病毒被治愈的人，已经没有传染性。妻子可以回家了，儿子有了照顾，栗云鹏松了一口气。虽虚惊一场，但之前的担心、恐惧、焦虑、难过，几乎让他无法支撑下去。自己在高原三年，缺氧、头疼、失眠，为报项目奔波于各地，查数据、找资料、晚上加班，再忙再累都能克服，但是唯有对家庭的缺失，对妻子、儿子的愧疚，常常让他感到难受。

作为一个父亲，他希望雪山下、长江边的每一个孩子都能和自己的孩子一样受到良好的教育，有一个美好的未来；作为一名援青干部，他怀着对这片土地和人民的热爱，想尽自己最大的努力，参与到全县的建设之中，就像他用了快 10 年的微信名“树之臻栗”一样，做一枚玉“树”高原上饱满而充实的“栗子”。

2020 年，曲麻莱县已经脱贫摘帽，但需要巩固、需要振兴和发展的事业还有很多很多。他希望通过自己的争取，让昌平区的中国政法大学、中国石油大学学生会做工作，请在校学生利用假期来曲麻莱县支教，为牧民的孩子上课，哪怕是一个月、几十天。最好能来几位学钢琴、学声乐的学生。曲麻莱县的藏族孩子有着天生的亮嗓子，如果能发现几个未来的歌唱家、钢琴家该多好，如果音乐教室里闲置的钢琴前，能坐满身穿藏服的小小钢琴家，孩子们清脆的歌声就能飘向更遥远的地方。

（选自《安徽文学》2020 年 12 期，有改动）

向志文

广西凌云人。广西摄影家协会理事、广西作家协会会员、广西书法家协会会员。代表作有《经典凌云》《中国名茶·凌云白毫茶》《心翼》《世纪丰碑》《泗水年华》《一路阳光》等。曾获广西第三届民族文学花山奖、第二届中国世纪大采风报告文学大赛金奖等。

百坭村女子图鉴

黄文秀同志研究生毕业后，放弃大城市的工作机会，毅然回到家乡，在脱贫攻坚第一线倾情投入、奉献自我，用美好青春诠释了共产党人的初心使命，谱写了新时代的青春之歌。广大党员干部和青年同志要以黄文秀同志为榜样，不忘初心、牢记使命，勇于担当、甘于奉献，在新时代的长征路上做出新的更大贡献。

——习近平

文秀书记怎么还没来?

村主任班智华又一次抬头张望，百坭村村部对面，公路上空空荡荡，满坡满岭的绿，在雨后，明媚得让人心醉。桂西北的六月总是这样的，雨随时来随时走，让人无法捉摸。

主任，你打个电话嘛，文秀书记从来不迟到的。村妇女主任韦玉行说。其他几个村干也抬眼看班智华，眼睛里是同样的意思。大家都等急了。

班智华皱皱眉，他不太愿意打电话，如果文秀正开着车呢，电话一响，她一着急，那多不安全呀。这一阵，暴雨连连，路上到处是塌方，开车得全心全意才行。可时间真的不早了，文秀从来没这么迟到过的。以她的习惯，如果被其他事情拖延晚些到，也会事先来个电话，这么不声不响的，有点反常。

文秀的电话不通。班智华又把电话拨到镇里，文秀没在镇里，早上县里召开的第一书记扶贫会议她也没有参加。没道理呀，文秀从来不会无故缺席的。昨天下午，文秀人还在田阳县父母家里，就频频来电话交代这交代那的，天气预报说晚上有暴雨，她放心不下村里。文秀在电话里说，她正往百坭村赶，算算时间，应该早到了的。天气预报果然没错，昨晚一夜暴雨，村里都停电了，进村的路又塌了一大段，可以想象百乐公路沿途的情况也好不到哪里去。文秀会不会被堵在哪儿了？想到这里，班智华心一紧，连忙叫上副支书黄态度，两个人一边开车，一边沿路寻找。

路不好走，沿途隔三岔五就是塌方的地段，车子颠颠簸簸艰难行驶，缓慢的车速让两个大男人心急如焚。三个多小时后，在邻县一个叫九民的地方被拦住了，前方道路被山洪冲断，据说有好几辆车被洪水冲走，十几人失联，文秀的名字就在失联人员名单中。

班智华的心又紧缩成一团，他看着眼前一片疮痍。洪水将百乐公路冲成两截，几十米长的一段柏油路面被冲得支离破碎，路面陷下巨大的坑，一辆黑色轿车侧翻在路坎下，远处沟中几辆车子已是面目全非。浑黄的洪水夹杂着草木沙石，还在源源不断地往河沟狂冲。几百名公安、武警、消防人员正在紧急搜救，乱石中、河沟里，那些忙碌着的橙黄色身影，让人安心又让人揪心。路被封锁，班智华和黄态度去不了现场，只好焦躁不安地等在路边。

没事没事，文秀说不定正和搜救队员一起救人呢。班智华说。他在安慰黄态度，同时也是安慰自己。黄态度一言不发，手托着头，也不知道他在想什么。他和文秀就像亲兄妹一样，班智华知道他心里不好受。

时间变得如此缓慢，每一秒都像是一个世纪那么漫长。

一直到第二天下午6点钟，搜救人员才找到文秀。可是，她回不来了。永远回不来了。那一天是2019年6月18日，班智华永远不会忘记。

时间似乎是错乱的，这一刻和上一刻。班智华多么希望，时间永远停留在上周五，那是他最后见到文秀的日子。文秀说，周一我们再碰头商量维修水渠的事。上了车，文秀摇下车窗，探头向他们挥手，笑着说，我们下周一见。

图1　黄文秀在推销百色特产

那辆白色越野车是文秀贷款买来的，如今这辆私家车已成了百坭村的“扶贫专用车”。上周五，文秀开着车，和村党支书周昌战一起，带着村两委和驻村工作队员，分头去查看灾情。这一段暴雨不断，不少水渠都受损了，培育好的水稻秧苗没法移插进稻田里，大家都很着急，这些秧苗已培育超过50天，再不插秧就全废了。

几天前被雨冲塌的路，村两委和驻村工作队刚疏通好不久，现在又塌了不少。车子走走停停，往几个灾情比较严重的屯去。走到一个地方，又发现一段灌溉200多亩农田的渠道被山洪冲塌，文秀停下车，几个人走去实地查看。文秀走在前面，她双手攀着沟坎，爬到河沟边，身上那件红马甲，黄色的字很醒目地跳出来，田野里一眼就看到了。她刚到百坭村时，每次走村串寨，总喜欢转过身，让村人看她背后那行黄字。“第一书记黄文秀”

她大声念，然后自个儿咯咯笑。村人还没记全那行字，倒先记住她的笑容了。等到村里大人小孩都认识她，那件红马甲仍然跟着她进进出出，文秀说，这样，乡亲们大老远就能看见我了。

直到傍晚，几队人马才陆续回到村部，每个人都累得浑身骨头散了架。文秀说，来，我们一鼓作气，坐下来一起商量，看怎么申请项目，这些水渠再也拖不起了，得抓紧维修。村支书周昌战率先坐到位子上，说，大家坐下来吧，说说今天勘查到的情况。文秀拿出笔记本，一边听，一边记录，迅速列出这天勘查到的受灾情况，大伙儿你一句我一句，很快拟定一个维修任务清单。

下周一，我们再碰一次头，把这些事项敲定下来。文秀说。她迟疑了一下，又说，今晚我还要赶回田阳去，我父亲今天出院，我得回去看看他。

文秀父亲患肝癌的事，村里也是最近才知道的。这姑娘心深，家里的困难从来不提。知道她父亲患癌症后，几个村干部要捐钱给她，可她说什么也不要。

那么晚了，路上不安全，还是明早再回吧。妇女主任韦玉行说。她和文秀关系要好，平时在生活上，总有意无意地额外关照这个外地来的年轻书记。从乐业县百坭村到田阳县田州镇，行程有 200 多公里，文秀一个女孩子家开夜车，哪叫人放得下心呢。

文秀笑笑，没说话。今晚，她是非回田阳不可的。她有很多天没回家了，父亲已经是第二次动手术，他吃不下任何东西，情绪非常低落。

周昌战应该是村子里最了解文秀的人吧，他太明白文秀牵挂父亲的心了，因此他摆摆手，说，那你赶紧出发吧，路上注意安全。

文秀拉开车门，笑着说，知道啦，放心吧，这条路跑了多少回，我都成老司机了，回到家我立马发信息给大家报平安。

谁都没料到，那会是他们最后的告别。如果时间能倒流，班智华希望，它能停留在上周五，或者停留在周日上午，就停留在文秀还在田阳县父母家的那一刻。

村里来了一个女娃娃书记

文秀来到百坭村，是2018年3月26日，周昌战清晰地记得这个时间。那时候是春天，桃花李花沿路盛开，满眼的粉粉白白。文秀的情绪似乎很好，一路不停地询问村里的情况。周昌战开着车，有一搭没一搭地回答。镇里通知他去接新来的第一书记时，他还满怀期待，可见到人后，却很失望，组织派来的第一书记长得文文弱弱的，戴着一副高度近视眼镜，她大概还不到30岁吧。百坭村是个深度贫困村，全村472户中，就有195户883名贫困群众，那么多人眼巴巴地等着要脱贫，这么一个手不能提肩不能挑的年轻女娃娃能做成什么事呢？

文秀的劲头却非常足，大概是她到来后的第二周吧，她从市里开回一辆新崭崭的白色越野车，说是为了方便下村屯，特地从银行贷款买来的。周昌战看她开车的样子，就知道是新手，一问，果然刚拿到驾照不久。为了扶贫，学开车，买新车，这女娃娃书记的血本下得也真够足的。

那段时间，文秀每天背着一个双肩包，走村串寨，每到一户人家，就掏出本子和笔，操着一口标准的普通话，问这问那。很快，所有的人都知道，村子里新来了一个会讲电视话的女娃娃书记。

周昌战知道，这个女娃娃一定会碰壁，果然不久，文秀就蔫巴巴地来找他，那股高涨的情绪全没了。支书，百坭村的乡亲们是不是都不太愿意和人交流？为什么有些人明明在家，我去敲门却不开呢？

周昌战当然知道为什么，可他不能直说，他怕这个女娃娃书记脸上挂不住。农民认的就是实惠，你一个女娃娃一进家门，动不动就掏纸掏笔地记呀记，人家一个面朝黄土背朝天的农民，与你这个一口北京音、光会做笔记的干部有什么好说的呢？

文秀一脸沮丧让周昌战心软，他想了想，委婉地说，书记，乡亲们不开门，那是他们还没信任你，等到他们觉得，你是和他们一样的，是真心实意为他们着想、帮他们做事的，他们就会和你亲近起来。

文秀低头沉思，没有说话。周昌战不知道她在想什么。他当然不会知道，自己这番话深深触动了这个女娃娃书记。那天晚上，文秀躺在床上，久久不能入眠。她有一种挫败感，内心里满是委屈，想着乡亲们的冷脸，想着敲不开的那一扇扇门，又是一阵辗转反侧，身下的木板床随着身子翻动，发出吱呀吱呀的声音。

窗外不知什么虫儿在叫，长一声短一声的。其实文秀挺喜欢村部这间小房间，虽然很窄，大概不到 10 平方米，只勉强摆得下一张木板床、一张桌子、一张椅子，可窗外是一片稻田，不管有风无风，沁人的稻香都会从窗口灌进来，充盈房间里的每一个角落。这样的环境是她喜欢的，每天早上从鸟儿的歌唱中醒来，每天晚上枕着虫儿的叫声入睡，这让她想起梭罗的《瓦尔登湖》，物质上简朴至极、精神上丰盈充实。还念大学时，她最喜欢这本书。

实在睡不着，就干脆起来写驻村日记吧。文秀按亮灯，雪白的光打在书桌上，那堆山一样的材料又一次撞进她眼底。那是村里的扶贫材料，各种台账、各种计划、各种总结。桌子的另一头是《习近平在正定》《百色历

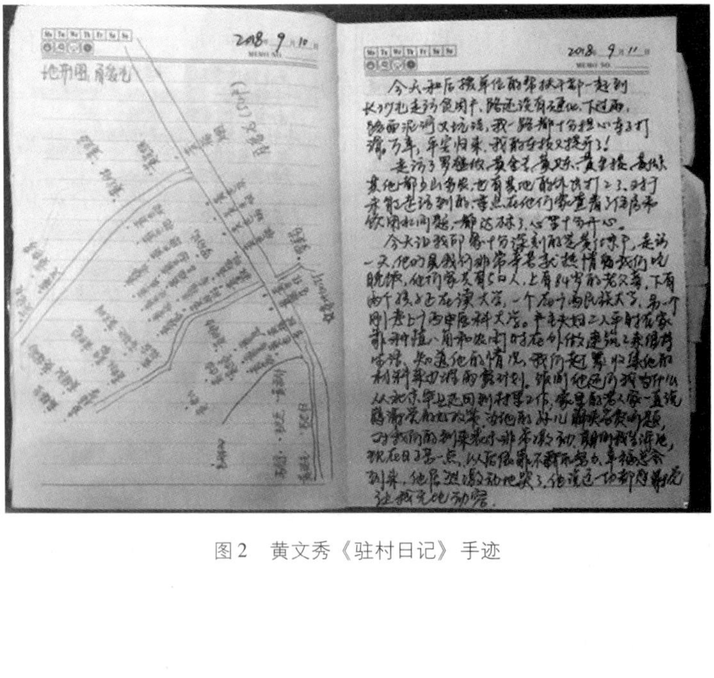

图 2　黄文秀《驻村日记》手迹

史通稿》《乐业县志》《乐业历史》《第一书记与精准扶贫》等书籍，她不但得熟悉百坭村的情况，还得熟悉整个百色市、乐业县的历史文化，知道它们的前世今生。她想从骨子里真正去认识这一群人，可很显然，她现在就连最浅层的认识都无法做到。

“我觉得心里憋屈，搞不懂为什么辛辛苦苦翻山越岭、走街串户，老百姓却对我这么排斥……”文秀写着，想起周昌战的话，又接着写，“要想让老百姓愿意接近我，就得让老百姓觉得我和他们是一样的。”

可是，到底要怎么做，乡亲们才会觉得她和他们是一样的呢？

再次走进农户家，文秀不再掏本子和笔了，她脱下外套，拿起扫帚就扫起地来。这户人家年轻人都外出务工了，平日里就只有一位老奶奶在家。现在的农村，年轻人都往外跑，剩下的多数是老人和孩子，百坭村也不例外。

呀，书记，使不得使不得。你是客，怎么能让你扫地呢。老人吃惊，想要阻止她。文秀笑笑，说，阿婆，没事呀，我年轻，帮您老人家扫地是应该的。

文秀说的是普通话，老人说的是壮话。文秀不敢确定老人能不能听懂她的话，而老人的壮话，她连蒙带猜，倒是听懂了一半。文秀也是壮族人，可她说的是田阳县巴别乡的壮话，十里不同音，百里不同俗，同样是壮话，可一个地方与另一个地方却差别很大。

老奶奶过意不去，临别时，硬塞了几串枇杷到文秀的手里。枇杷是自家种的老品种，刚摘下来，小小的个头，表皮上结着难看的痂，老人说，兰呀，不嫌弃你就拿去尝尝。

文秀突然有一种潸然的感觉。她听懂这声“兰”，壮话里是孙辈的意思。那么，老人是把她当自家人看待了吗？文秀觉得很快乐，她想，也许她已经打开了一扇门。

白天村人大多不在家，他们都到山上做活儿去了，文秀就到田边地头去找，也不多说话，只笑眯眯地走到他们身边，手脚麻利地帮着干活。文秀是农家的孩子，这些活儿她都在行。

村人先是怔怔地看着她，反应过来才说，呀，书记，这些活儿怎能让你一个干部帮做呢。文秀笑笑，仍然手脚不停。她和村人闲闲地聊天，说老人，说孩子，话题就是这样被打开的。聊到高兴处，文秀就和他们一起笑，聊到难过处，就一起叹气。文秀仍然能感觉到村人对她的提防，他们说话的时候半遮半掩，可总算笑脸比过去多了。总有一天，乡亲们会接纳我的，文秀想，如果我会说百坭村的壮话那就更好了，或者会说桂柳话也行。百坭村大多是壮族人，他们说壮话，也说桂柳话。

打开。打开。每天都在打开。文秀觉得自己正在打开一扇扇门，尽管更多的门还关着，可毕竟有门被打开了。那段时间她白天黑夜地跑，下雨天乡亲们做不了山上的活儿，他们会待在家里，而傍晚，山上的活儿做完了，也会待在家里，因此这两个时间段，直接到他们家就能找到人了。

看着女娃娃书记整天开车往屯里跑，周昌战的心便一直悬着。他理解这个女娃娃的焦虑，百坭村 11 个自然屯，分布得很散，最远的距离村部 13 公里，而好几个屯都在 10 公里以上，别说走访全村 472 户，就算只走访 195 户贫困户，时间也是不够用的。

百坭村的路大多是沙石路，许多道路没有硬化，一遇到下雨天，车辆很难通行。因此，每当遇到不好的天气，周昌战就让驻村工作队员或是村两委成员帮文秀开车。可村里的扶贫工作千头万绪，有时候会忙得找不到能腾出手来帮开车的人，好在，这个女娃娃书记胆大心细，上手特别快，周昌战见她开车越来越稳当，便也渐渐放手，让她一个人开车进屯了。

周昌战那时候还不知道，仅仅两个月时间，这个女娃娃书记就把 195 户贫困户都走访遍了，她还手绘了一个百坭村贫困户分布图，标注上每一户人家的名字和位置。当周昌战看到这幅地图时，文秀已经不在了，他是在清理遗物时，偶然在那本驻村工作日记里看到的，那一瞬间，他的眼泪再也抑制不住流了下来。

村支书和第一书记，应该是最亲密的战友，可是，这个女娃娃书记却经常和他争执。脱贫工作应该怎么开展，扶贫款应该怎么用，两个人总有不同的意见。文秀是名校高才生，又是从大城市来的，她有很多先进的工

图3　登上高山之巅的黄文秀

作理念，可在周昌战看来，她的很多理念，根本就不接地气。可这女娃娃别看她文文弱弱的样子，主意却非常多，她认准的理儿，10头牛也拉不回来。两个人争执的时候，文秀总是笑眯眯的，这让周昌战怎么也生气不起来。

文秀的工作节奏非常快，白天走访完贫困户，了解致贫原因，晚上就召集村两委和驻村工作队研究对策，制定工作方案，村部办公室的灯常常是通宵达旦地亮着，这让习惯半工半农的村干部们受不了。

周昌战也受不了，更让他受不了的是，这个女娃娃书记居然还批评村两委工作不主动，经常不在村部，害得群众走大老远的路来找，也找不到人帮办事。

百坭村开始实行轮班制度，不论工作日或节假日，每天必有一个村干部在村部值班，确保群众第一时间能找到人办事。白天值班，晚上又要进屯入户，整天忙得陀螺一样转。女娃娃书记常挂在嘴上的话是，工作要讲究效率，今天的事今天完成，绝不能拖到明天。村干部们叫苦连天。

在周昌战的记忆里，村干部对文秀的印象转变，是从那一晚开始的。

那天，他们结束入户走访的工作，已是下半夜了，回村部的途中，突然下起了暴雨，前面的路塌方，他们驾车往原路撤，可后面的路也塌方，车被困在中间，进退两难。没办法，几个人只能弃车，绕过旁边的小树林，步行回村部。黑暗里，看不清路，只能深一脚浅一脚在泥泞中摸索着前行，那时候已是凌晨三四点钟了，每个人都是一身泥，又饿又困又累。一行人中，只有文秀一个女孩子，她没叫一声苦，反而乐观地安慰大伙儿，说，比起红军长征的艰苦，这算什么呢，小意思啦。我们再努力加一把劲，就到村部了。

在《中国扶贫》2019 年第 7 期刊登的《扶贫，从“新手”到“熟路”》的文章中，黄文秀写道：“在我驻村满一年的那天，我的汽车仪表盘的里程数正好增加了两万五千公里。我简单地发了一个朋友圈：‘我心中的长征，驻村一周年愉快。’”

在黄文秀看来，扶贫攻坚就是新时代的一次长征。她经常以“长征的战士死都不怕，这点困难怎么能限制我继续前行”来勉励自己、激励队友，不向贫困低头、不向困难屈服，以“不获全胜，决不收兵”的坚定决心和顽强毅力，带领群众在脱贫路上攻坚克难。

最先被打动的，应该是村妇女主任韦玉行吧，她从开初的最抗拒变成最亲密，对文秀佩服得不行。一直到现在，韦玉行说起文秀时，仍不忘提这些事，说的时候，眼泪一把一把的。

这个女娃娃书记就这样，用自己的坚韧和乐观，一个两个地把村干们彻底征服了。大伙儿都服她，包括周昌战自己，只不过他从来不肯承认。也记不清是哪一天，文秀把百坭村扶贫工作群改为“百坭村乡村振兴地表超强战队”，周昌战念着“地表超强战队”几个字，觉得这个女娃娃书记真的很孩子气。

百坭村女子图鉴

乡亲们什么时候改口叫她文秀的，文秀已经没有记忆了，一切都很自然，自然得似乎这个称呼从来就属于百坭村。文秀也忆不起，她是什么时候会说一口顺溜的百坭村壮话和桂柳话的，最初那段舌头与习惯艰难打架的日子，在忙碌中，全都变淡变没了，似乎那些语言，从来就长在舌尖，她只需一开口，它们就流了出来。这些变化让文秀兴奋，她终于明白周昌战说的“一样”是什么感觉。她把自己的微信网名改为“百坭村女子图鉴”，她对自己说，嗨，文秀，从现在开始，你就是货真价实的百坭村女子了，你将用你的脚印一步一步画出另一个不一样的百坭村来。

文秀在百坭村画下的图鉴，第一个就是路。

百坭村在乐业县东南方向，一条名叫甲里河的水流浩浩荡荡地从百坭村旁绕过，百色至乐业二级公路就打这附近经过，交通并不算十分闭塞，可村里的基础设施却很滞后，就连进村的路，也还是沙石路。一到雨季，甲里河发大水，进村进屯的路被暴雨冲刷，变得坑坑洼洼、泥泞不堪，有些坡度较陡的路段就连摩托车也不能通行。泥石流、山体滑坡等自然灾害，让每一条路瞬间变得险象环生。

经过一个多月的走访，文秀发现，制约村里发展的最大难题其实是路。百坭村的气候和土壤很适合发展种植业，原先，村子里也种有上千亩杉木林、八角林、沙糖橘果林等，但客商进不来，货物运不出去，老百姓一年辛苦种出来的果子大多白白烂在地里。

图4　黄文秀在调研路上

文秀和村两委、驻村工作队探讨过无数次，村里的沙糖橘产业得有个人带头搞起来才行，最理想的人选就是那用屯的班统茂，他是种植大户，家里种有 40 多亩沙糖橘。

那段时间，班统茂一次次被文秀堵在家里，她想让他做村里的致富带头人。这个女娃娃书记，总在他还没来得及迈出家门的时候，就出现在他面前，她笑眯眯的，开口就叫他“班大哥”，可他一见到她就想躲。

班大哥，你就答应试试吧。文秀说。

班统茂不愿意挑这个头。他吃沙糖橘的苦吃够了，他觉得自己就是那个骑虎难下的人，想当初，头脑发热，兴冲冲一口气种了 40 多亩沙糖橘，结果呢，丰收年也苦，歉收年也苦，年年苦，根本挣不到钱。本来村里还有 1 000 多亩沙糖橘的，现在，家家户户的果园都丢荒得七七八八的了。他只是舍不得砍掉这些果树，那都是他的心血呀，就像养的一个孩子，就算他不听话，也舍不得把他丢下。

那用屯是百坭村最远的屯，距离村部约 40 分钟的车程，进屯的路，就算是晴天，行车也相当困难。最难的还是屯前那条河，它像一条恶龙，拦在屯口，屯里的人进进出出都得经过它。平日里，乡亲们就用绳子绑几根木头，架在两岸充当桥，一到暴雨天，木头被冲走，两岸的人无法通行，被困在屯里，两三天出不去是常事。

可老天爷就是这样的，给你一些最不好的，就会补偿你一些最好的。整个百坭村，最适合种沙糖橘的地方就是那用屯，这儿产的果，个头大，水分和糖分都特别足，因此，全屯 8 户人全种有沙糖橘。

可是，有什么用呢，每年沙糖橘成熟的季节也是那用屯人最头痛的季节，村屯路不好走，来收果的都是本地的小商小贩，一人拉着一辆三轮车，一天也拉不走几车。果是赶季的呀，大量的果没能及时拉走，烂在树上，烂在地里，让人看着心发痛。

文秀说，班大哥，你一定要带领乡亲们把沙糖橘产业拾起来。你只需要负责带领大家把果管好，你担心的问题由我来想办法解决。

班统茂当然不相信一个女娃娃的话，路是那么容易修的吗？之前那么多干部来来去去的，每个人都拍着胸脯说一定会把路修好，结果怎么样？

路还不是一样烂，果还不是一样卖不出去？

那段时间，文秀几乎天天来，班统茂干脆躲出去，避而不见。有一天晚上，他还是被文秀堵在家里了。那晚，下着大雨，豆大的雨啪啪地打得窗户山响，班统茂坐在沙发上，想，这种天，女娃娃书记应该不会来吧，没想到，她却来了。她和村支书周昌战一起，提着一壶酒，浑身湿漉漉地出现在他面前。

班大哥，今晚我和支书来讨你酒喝呢。文秀说，她笑眯眯的。这女娃娃书记似乎特别爱笑，在班统茂的记忆里，她的脸上总是笑眯眯的。

拿碗，倒酒，文秀倒是一点儿也不客气，像是这个家的主人。一口酒刚下肚，她的脸就烧红了一大片。酒是村里自家酿的玉米酒，又辛又辣，村里的男人都喜欢来几口。文秀蹙眉咋舌的样子，班统茂一看，就知道这女娃娃书记根本不会喝酒。不知怎的，那一瞬间，他感觉到自己的心软了。

酒来酒往，话来话往，心结不知不觉中就被打开了。班统茂叹了一口气，说，那就听书记和支书的，这个头，我挑。但那个路，一定得修，不修果卖不出去，乡亲们得骂我的娘哦。

现在回忆起来，班统茂已记不清都说了些什么，只记得，那晚文秀显然醉了，她变得话很多，滔滔不绝地谈论自己的规划，什么规范化管理，什么科学化种植，什么要把百坭村的沙糖橘打造成全国知名品牌，就像百色的芒果一样，全国有名，世界有名。那晚，三个人都很兴奋，大家谈着谈着，最后所有的话都糊成一团，分不清哪句话是哪个人说的。雨在窗外哗哗地下着，也不知道什么时候停的。班统茂觉得自己也醉了，他平时酒量大，很少有醉的时候，可是，那晚就这么轻易醉了。夜色是如此美好。

修路的申请材料，文秀早几天就报到镇里去了，那些天她一刻也不敢放松，一有时间就往镇里跑。最近传来好消息，项目批下来了，但那用屯这段路工程大、工期长，不可能赶在沙糖橘成熟之前完工，她打算先组织乡亲们平整被毁坏的路面，保证卡车能开得进来再说。

几天后，文秀就请来技术人员，班统茂领着他们，在果林里转。在这之前，班统茂还对自己种植沙糖橘的技术自信满满，听了专业人士指点后，才发现，自己种果的那套，还算是粗放型的，科学化管理可没那么简单，田间管理、修剪枝条、防治病虫害，等等，每一个环节都会影响到果实的品质和产量。

文秀每个月都要来那用屯好几趟，她很焦虑，生怕有什么地方出差错。有一次，她带着技术员来屯里，正好遇上河水大涨，他们过不来，班统茂也过不去，双方只能隔着河喊话。

这件事过去很久，班统茂仍然心绪难平。这女娃娃书记太实在了，她的心是真正放在农民这边的。她值得他信任，值得那用屯每一个人信任。那天，接到周昌战的电话，说文秀在回百坭村的路上不幸遇难后，班统茂说什么也不相信。一直到他开着车，带着那用屯的乡亲们去到市里，看到殡仪馆里，文秀戴着黑框眼镜，安静地挂在墙上微笑，乡亲们这才相信，那个三天两头就笑眯眯走进他们家的女娃娃书记真的走了。

那时候已经 6 月份了，沙糖橘果树都已长出拇指大小的青果子，今年的果势比去年好，肯定大丰收，乡亲们都盼着再过三四个月，等到满园子的果子都黄澄澄的时候，邀请文秀书记一起来感受丰收的喜悦。班统茂还打算，等果都收下来了，就请文秀书记吃一顿饭，她帮了他那么多，他还没请她吃过饭。

路这么难走，她一个小姑娘，可以不来的……从市里回来，班统茂一直在哽咽，许许多多往事，与文秀书记往来的点点滴滴，她的一颦一笑，像雨季里发大水的甲里河，猛然堵在胸口，反而一句话也说不出来。

文秀频频请来市里的技术员，把那用屯的果农培训了一遍又一遍。从沙糖橘开花到结果，文秀像呵护一个婴儿，小心翼翼地看守着它成长。10 月份来临的时候，那用屯满坡满岭一片金黄。科学化管理，让果的产量比往年翻了几番。班统茂却越来越焦躁不安，他很害怕这些果又像以前一样烂在地里。文秀倒像是一点儿也不着急，一副胸有成竹的样子。

该采摘了。文秀说，班大哥，你让乡亲们这几天集中摘果，这两天有外地老板进村收购。果然不久，大卡车就一辆接一辆地开进村子，从云南、贵州、海南等地来的外地果商驻扎在果农家里，坐等收购沙糖橘。后来，班统茂才知道，文秀动用了她大学的老师、同学的关系，还有城里同事的关系，才联系到外地果商，她还开始着手建立电商服务站，准备利用网络，销售百坭村的产品。

图5　黄文秀和群众一同劳动

那一个多月是百坭村最忙碌的时候，几乎全村的人都出动了，摘果、装筐、过磅、装车，百坭村像煮沸的水，整天笑声不断。9 米多长的大卡车，一次就能拉走上万斤果，村子里的沙糖橘很快销售一空。

班统茂很开心，那一年，他家的沙糖橘居然卖了 10 多万元，这是以前想都不敢想的。最让他开心的是，那用屯 8 户人家，就有 5 户卖了 10 万元以上。他一直悬着的心总算放了下来。从答应挑头的那天起，他的心便一直悬着，辛苦倒不是事儿，最怕的是辜负乡亲们的信任。

那么多年了，那用屯的果农从没有这么扬眉吐气过，大家心里美呀，不少人用卖果的钱，盖起了楼房。班统茂也把自家那幢住了 13 年的毛坯房里里外外彻底装修了一番。

2018 年对于百坭村来说，是一个好的开端。沙糖橘产业的成功，让文秀放开了脚步，她的心越来越大，把目光又投到村子里的杉木林、八角林上。

对周昌战来说，2018 年也是村两委最扬眉吐气的一年。那年年底，镇里公布，百坭村 2018 年脱贫人数全镇第一，获年度“乡风文明”红旗村荣誉称号。

村两委和驻村工作队员都高兴得跳了起来。文秀高兴地说，我们继续努力，过段时间，我们就可以实现整村脱贫了。她豪气地从包里掏出钱递给周昌战，说，支书，你去村里买两坛最好的酒留着，等到整村脱贫那天，我们大伙儿好好庆贺一番。

那天的气氛很好，大家都很放松，年轻的村干就开文秀的玩笑，说，书记，你别光整天考虑我们村的脱贫事，你自己的终身大事也要认真考虑才行呢。文秀哈哈大笑，说，好，我争取尽早把自己嫁出去，到时候，请你们来做我的证婚人。

文秀笑得没心没肺，周昌战却希望她能把此事当真。村里事情多，文秀又要求严，一忙起来就没日没夜。一个年轻姑娘，整天待在村里，连家都没能回几次，这样下去，什么时候才能成个家呢。

还有谁来牵我的手

文秀怎么不见来家吃饭呀？黄妈南又一次问。她已经问黄态度很多次了，可黄态度一次也没有回答，他装作忙碌的样子，千方百计绕开母亲，他怕母亲再问下去，他找不到话来答。

文秀的事，他还没想好怎么跟母亲说。她 77 岁了，双眼失明多年，文秀常来家里看她，因此两天不见文秀，她都要问问。可这次不一样，文秀永远不会再来看她了，黄态度总不能骗母亲说文秀出差去了。

没有人告诉她文秀去哪儿了，黄妈南就自己去找。文秀就住在村部，那儿离她家很近，出门走百来步就到了。黄妈南拄着拐杖，摸索着，慢慢往村部走。她感觉到，这些天，村里似乎有些不一样，每一个人都步履匆匆。

村部没人，文秀的房门紧锁。黄妈南拍着门喊，文秀，文秀。没有人回答。黄美线从小卖部伸出头，看见是黄妈南，就向她走去。她不知道黄妈南为什么来这儿找文秀，现在村子里，应该没有人不知道文秀的事了吧？听见黄妈南向她打听文秀的去向，黄美线双唇颤抖，还没开口，眼泪就滚了下来。这些天，她最不能提的就是文秀的名字，提一次，眼泪就流一次。

婶啊，你还不知道呀，文秀出事啦，文秀不在了呀。黄美线极力控制自己，但话一出口，仍然带着哭腔。

那天，黄美线一直讲一直讲。黄妈南什么也没听清，她只知道，文秀不在了，那个好心的女娃娃再也不会来家里看她了。黄妈南又拄着拐杖，摸索着往家走。她觉得心乱乱的，再也不想听黄美线说什么了。

在黄妈南的世界里，天黑和天亮没有多大区别。唯一的区别也许就是儿孙们起床了，上班的上班，上学的上学，最后只剩下她，像一截木头，从屋内移到屋外，或是从屋外移到屋内。大部分时间里，她就坐在大门口，一个人听山歌。她喜欢听山歌，黄态度就给她买回很多山歌碟子。

她有些想不起文秀是什么时候来到百坭村的，也许是村里修路那阵子，她听儿子说，城里来的第一书记要修路了，那是一个女娃娃书记，她可厉害了。她能清晰记起的，是那次县上有医生来村里，听儿子说是来免费给村里的妇女检查身体的，她就摸索着往村卫生所去。

走到半路，她的手被一个人牵住了，那人用普通话问她，阿婆，您是去检查身体的吧？我来扶您过去。她猜，这一定是儿子说的女娃娃书记，听那声音，年纪还很轻。

我叫黄文秀，是村里的第一书记。女娃娃说。黄妈南嘴里嗯嗯地乱应着，却用了很长时间才记住这个名字。

那天，医生对她说，你的身体没问题。要是早几年，你的眼睛去大医院医，还能看见东西。黄妈南只是笑笑，知道那根本不可能。早几年，家里连饭都吃不上，哪有钱去大城市医

图6　黄文秀照顾失明老人黄妈南

呢。她 35 岁就守寡了，那时候，最大的孩子 11 岁，最小的才 2 岁。五张嘴都等着她，一个女人支撑一个家，哪有那么容易的。

后来便经常在村部附近遇见文秀，每一次，文秀总牵着她的手，把她送到她要去的地方。牵的次数多了，以至于一碰手就知道是文秀，一听脚步声就知道是文秀。

文秀第一次到她家，是和黄态度一起来的，那时候她正坐在大门口听山歌。文秀一屁股坐到她身边，听了一阵，很感兴趣地东问西问。文秀的普通话她能听懂，她只是不会说。孙子一天到晚守着电视看，连饭都不愿意吃，她便也跟着听懂了电视里的话。那晚，她和文秀，一个普通话、一个壮话地说来说去。文秀听着听着，不时咯咯笑。她真喜欢听这女娃娃笑。

文秀说要和她学唱山歌，果然，没过两天，就和妇女主任韦玉行来了。黄妈南一字一句地唱，韦玉行就一字一句地解释。文秀听着，有时候还在本子上记几笔。黄妈南心里暖暖的，感觉又回到年轻的时候。年轻时，她是远近有名的山歌手，十里八乡没几人能唱得过她的。现在村子里唱山歌的人越来越少，年轻人不会唱，也不愿意学唱，原先会唱的那些人，也嫌弃山歌土气不愿意再唱了。没想到，这城里来的女娃娃倒喜欢起山歌来。

文秀来的次数越来越多，家里没人的时候，就帮她煮饭炒菜，两个人围着桌子吃饭，像祖孙俩。黄妈南越来越喜欢这女娃娃，两天不见她来家，就追着儿子问她的去向。

黄妈南已经有好几天没睡过一个踏实觉了，常常半夜醒来，就会想到文秀。那么年轻的娃娃，怎么说没就没了呢？虽然黄美线说得有鼻子有眼的，她仍然不愿意相信。天一亮，黄妈南就拄着拐杖到村部周围转，希望文秀突然出现，又像往常那样，牵起她的手，甜甜地问她，阿婆，您要去哪里？我扶您去。文秀已经会说壮话了，她说起百坭村壮话的时候，就像土生土长的百坭村人。

黄妈南每天都在村部周围转，她听见黄美线的小卖部前又聚了一些人，便拄着拐杖转身离开。现在村子里，几乎每个人都在谈论文秀，她不愿意听那些话，可那些声音仍追着她，强行灌进她耳朵里。

文秀出事后的这些天里，黄美线觉得自己心里堵着很多话，总想拉住一个人，滔滔不绝地吐出来。好在，心里有话的人很多，因此，她的小卖部前，常常坐着几个人。

小卖部就在村部旁，这还是文秀帮了她的忙，才开得起来的。大前年，她的男人得重病，花去了10多万元都没医好，人不在了，又欠下那么多债，一家人生活陷入困境。文秀知道后，就帮他们家贷了5万元，开起了这个小卖部。后来，了解到村里的油茶果都是请外村的人帮榨油，便又帮她出主意，办起了一个小型榨油坊，生活才又慢慢好起来。

黄邦旋又在讲他后悔的事了。他说，他是百坭村最对不起文秀的人。文秀刚刚来到百坭村时，去他家走访，他就跟她提意见。黄邦旋想要低保。这个事，他已经跟村两委提很多次了，可他们都说他条件不合。听到文秀也说他条件不合，黄邦旋就很生气，他气冲冲地把帮扶手册摔在地上，冲着文秀大声喊，不给我低保，那我要这个“贫困户”干什么？那以后，文秀再去他家，他便不给她开门。他想让这个城里来的第一书记难堪。

可文秀这个女娃娃心执着得很呢，一次不开，就去两次、去三次、去四次，一直到黄邦旋黑着脸给她开门。文秀笑眯眯的，说，哥，你看，我姓黄，你也姓黄，我们认个兄妹好吗？我叫你哥。我知道的，你很勤快，也很会打算，一定能把生活过得红红火火。只要你把果园经营好，收入肯定比低保多，而且政府还会给你产业奖补呢。文秀还说了很多致富计划，那些计划，有些是以前村干部说过的，有些是黄邦旋从来没有听说过的。这个女娃娃书记说得一套一套的，听得黄邦旋半信半疑。

事情隔得太久，黄邦旋已经想不起，当初是什么打动他的。也许是文秀一次又一次找上门来，也许是她纯净得像山泉水一样的笑容，也许是那声甜甜的哥，更也许是那诱人的产业奖补，总之，他答应文秀，把已经丢荒多年的果园重新打理起来。没过多久，文秀真的帮他申请到7 000元的产业奖补，又从市里请来技术员教他护理果树。现在，他家沙糖橘每年的收入比那低保金不知道高多少倍。

黄邦旋时常想，如果不是文秀，他肯定还是鼠目寸光，抱着芝麻丢西瓜，整天只会盯着那点低保金不放。是文秀让他找到了路，可这年轻书记，怎么不等他报答就走了呢？每每想起这些事，他就觉得对不起文秀。文秀从来不欠他的，她一个女孩子，大老远从市里来帮他，他还给她脸色看。

韦乃情也有一肚子的话。他是文秀帮扶联系的贫困户，文秀每个月都要去他家好几次。他 50 多岁了，又不识字，想去外面找点事做非常难。家里孩子多，两个女儿还在读书，生活过得很窘迫。文秀来到百坭村后，指引他儿子外出学开挖掘机，又帮他申请扶贫贴息贷款种了 20 多亩油茶树。她把他家的事，都当成了自己的事，就在出事前几天，还来他家，拿走他孙子的住院材料，帮去办理报销，现在钱到账了，文秀却不在了。韦乃情说到这里，停下来，双手捂着眼，再也说不下去。

6 月 18 日对百坭村来说，是一个噩梦般的日子。那天下午，韦乃情正在山上干活，村支书周昌战突然打来电话，他的声音非常低沉，韦乃情反复听了好几遍才听出来，文秀出事了。韦乃情的脑子立马一片空白，说真的，那时候他根本不相信这事是真的。那个下午，他丢下背篼，拔腿就往村部跑。看到村部已围了不少人，每个人都沉着脸，几个妇女蹲在地上压抑着声音哭。周昌战把大家叫到村部，是想商量去文秀家慰问的事。那个下午，大家都慌里慌张的，也不知道忙什么，一直到深夜 3 点才各自转回家去。韦乃情心里一直堵得慌，觉得老天爷真的很不公平，文秀书记那么年轻、那么好心，怎么忍心把她带走。

驻村工作队队员张德富背着身子站在墙角，拿出手机点开文秀的微信对话框，文秀书记好，忙吗？他期待奇迹发生，可回复音迟迟没有响起，微信对话框里，时间凝结，不再流动。就在昨天晚上，他还梦到文秀回来了，像以前一样有说有笑。因此今天下午周昌战告诉他，说文秀走了，他怎么也不肯相信。

聚到村部的人越来越多，抽泣声也越来越大，张德富很快被悲伤打倒了，他又一次点开文秀的微信对话框，快速写下一行字：文秀同志是我们村的第一书记，和我们朝夕相处一年多，为我们村脱贫致富奔小康呕心沥血，是我们心中的好书记，就这样不辞而别，也太狠心啦！

明知道文秀永远收不到，可张德富还是把信息发出去了。是告别，是不忍，是不舍。

我就是要回来的人

把几个贫困学生的资料发到风叔叔的微信里，文秀松了一口气，她抱起放在墙角的吉他，轻轻弹起来。这吉他还是大学时期的好友霖送的，她把它带到百坭村来，得闲的时候，就拿来弹一弹。文秀已经很久不弹了，吉他上布满灰尘，村里实在太忙了。

风叔叔很快回复，发来一个胜利的表情图。文秀笑了笑，她知道，这些孩子，将会得到风叔叔和他的团队资助，顺利完成学业，就像当年的她一样。

文秀叫他风叔叔，在她的记忆里，那是一个温暖的人。文秀知道贫穷的滋味，那种感觉就像头上悬着一块大石头，晃晃悠悠的，说不定什么时候就会砸下来。饿肚子让人难受，可比饿肚子更让人难受的是那无处不在的不安全感。像置身在一个没有底的黑洞里，脚下看不见路，眼前看不到头。一个人在黑暗中攀爬，沿途的每一丝光亮都无比珍贵。那是希望，是温暖。

对于老家，那个名叫多柳上屯的地方，文秀没有多少印象了，只记得那个只有十来户一百来人的小村庄，人们靠种玉米为生，每年的粮食不够填饱一家人的肚子。有一天，父母亲终于下定决心，把一家人的家当，全都放到牛马身上，三步一回头地离开了那个地方，来到田州镇定居下来。后来才听父亲说，是政府的易地安置政策，让他们得以离开多柳上屯那个贫瘠的山区。田州镇是田阳县政府所在地，文秀的新家就在城郊，这里环境比多柳上屯好多了，只是母亲身体一向不好，家里全靠父亲一人支撑，日子仍然过得紧紧巴巴的。

文秀是贫困生，是政府的各种助学金帮助她完成从小学到高中的学业，那是文秀在黑洞里感受到的第一丝光亮和温暖。

2008 年暑假刚刚开始不久，文秀就收到山西长治学院的录取通知书，全家人都非常高兴。文秀的目光迅速移到学费上，每年近万元的数字让她的心瞬间重新坠入黑洞，她又看到自己的挣扎，那块大石头又悬在她头上晃悠了。父亲看出她的忧虑，装出一脸轻松，骗她说，不用担心钱，他早已偷偷帮她攒够了读大学的钱，转身却跑去申请助学贷款。其实这些事文秀都知道，她只是不说破而已，她不想让父亲难过。

刚刚跨进大学的门，文秀就四处打听勤工俭学的门路。周末或节假日，她跑到街头去帮商家发传单，或是去做家教，做兼职，——凡是力所能及的事，文秀都做，她不怕吃苦，农村出来的孩子最不怕的就是吃苦。山西省离家很远，往返一趟，光在路上消耗的时间就是几天几夜。寒暑假文秀几乎不回家，她跑到店里打工，既省下路费又能挣一些钱。学校里的老师都心疼这个学习刻苦、吃饭舍不得吃肉的姑娘。大二那年，老师帮牵线搭桥，一位外地企业家开始资助文秀的学费。很长一段时间里，文秀都不知道这位好心的企业家是谁，因为他不肯透露姓名，更不愿意见面。后来，经不起文秀央求，老师才把那位企业家的电话号码给了她。做人要懂得感恩，这是父亲教给文秀的道理，她不能接受了别人的资助，却连对方是谁都不知道。

风是那位企业家的网名，他更愿意别人叫他网名。

文秀不时给风叔叔发去短信，向他汇报自己在校的情况。她觉得，一个资助者，是希望了解自己所资助的学生的情况的。风叔叔不忙的时候，也会回信，说一些鼓励的话。这些短信文秀都珍藏着，这些都是她的光亮，她的温暖。

大四那年，文秀跟风叔叔说，打算毕业后就回家乡当一名中学老师。风叔叔却鼓励她考研，他说，你还年轻，应该再努力一把，去考研究生。当你上了一个更高的台阶，你的格局就大了，你的视野会更宽，也能为社会做更多的贡献。

文秀也曾想过考研，她只是害怕头上那块大石头，况且，母亲的病又加重了，她想早点回去工作，以助家里一臂之力。风叔叔的话，让她看到了自己的狭隘，也看到了肩上的责任，她的心里只想着小家，而风叔叔的心里却怀着大家，这让她感到惭愧。她决定听风叔叔的话，咬咬牙，再努力一把。2013 年，文秀如愿考上北京师范大学哲学学院。本来风叔叔的资助到她本科毕业就结束了，他却继续资助她一直到硕士研究生毕业。

来到北京，果然一切都不一样了，接触的事物、思考的方式，都在不断打开她的视野。文秀仍然勤工俭学，周末或节假日和往常一样，走上街头发传单或做家教、做兼职。每年暑假来临，她和同学一起，坐火车到青海、宁夏等地区支教，那些和她小时候一样的贫困学生，睁着渴求的眼，叫她黄老师。她觉得心里暖暖的，也酸酸的。那种被人需要的感觉，让她心里很充实和愉快。在一次又一次远赴贫困地区支教的过程中，她明白了自己未来的方向，那就是回到家乡，用自己学到的知识，回馈家乡。

临毕业那年，别的同学为能留在北京或是出国，纷纷忙着投简历、找门路，文秀却默默报考广西百色的选调生。好友霖很不解，问她，你好不容易从农村考到北京来，为什么还要回去？文秀笑笑，说，很多人从农村走了出去，但总要有人回来的，我就是要回来的人。

2016 年 7 月 3 日，文秀要离开学校回广西了，她已成功考取选调生，准备回家乡百色工作。临别之前，她给风叔叔发了信息，她想见见这位恩人，从 2010 年到 2016 年，他整整资助了她 6 年，可他们却从来不曾见过面。她想见见他，当面对他说一声谢谢，谢谢他给予的光亮和温暖，谢谢他打开一扇窗，让她看到更广阔的世界。

从北京回广西的途中，文秀在南京下了车，风叔叔的儿子已等在车站了。那天，风叔叔的儿子把车一直开到无锡，风叔叔在无锡请文秀吃了一顿饭，然后又让儿子开车送她到南京，继续赶车回广西。那是他们第一次见面，也是最后一次见面。

那次，文秀带给风叔叔的礼物是一把折扇。扇面上是她用毛笔精心抄录的一首名为《别诗》的诗：

朝云浮四海，日暮归故山。
行役怀旧土，悲思不能言。
悠悠涉千里，未知何时旋。

这是东汉文学家应玚被委派守卫边疆前写给家人的诗。这是告别，也是坚守，是她给风叔叔的承诺。

文秀的情况，风有时候是从她的嘴里得知，有时候是从她发的朋友圈里得知。他知道文秀回家乡后，在百色市委宣传部工作，后来去田阳县一个叫那满的镇里挂职锻炼，一年后又转到乐业县一个村子驻村扶贫。这姑娘真是一心扑在扶贫上了，开口闭口谈的都是村子里的事。今年端午节，她还打来电话，和他聊起想用他企业的光伏项目支持村子里的能源建设。这姑娘很有想法，风就喜欢这样有干劲的年轻人。

6 月 17 日，几乎是一觉醒来，朋友圈里便满屏都是文秀失联的消息，风连忙打她手机，听到的却是已关机的提示。

6 月 18 日，传来文秀遇难的消息。

风看见文秀遇难前拍的视频，画面里，暴雨如注，车的雨刷急剧来回挥动，四周漆黑，闪电猛然撕开一道大口子，黑夜又迅速密封上，再猛然撕开一道大口子，再迅速密封上。那时候已是凌晨，文秀正被堵在路中间，前面是山洪，后面是山洪，还有更大的山洪正从不知处的地方源源向这边扑来。文秀把视频从微信里发给哥哥黄茂益，并留言说，有一辆车已经被水冲走了！

那个视频，风不敢多看几眼，那太叫人心痛了。这个他一向欣赏、交往了快 10 年的姑娘，就像他的女儿一样。她曾和他谈起很多计划，大多都是关于那个名叫百坭村的贫困乡村脱贫计划。那么多梦想，都还没来得及实施，她甚至连恋爱也没来得及开始，就匆匆忙忙走了，这是何等的不甘心呀。如今再回味她当年送的扇子，那句“未知何时旋”的诗句，真让他感慨万千。

文秀总是一脸阳光干劲十足的样子，风知道她经历过很多风雨，却不曾见过她脆弱的一面。只有好友霖知道文秀的脆弱，那来源于她的父亲，父亲是文秀的盔甲，也是她的软肋。

2019 年 4 月 18 日，是文秀 30 岁的生日，她们约在南宁见面，两个女孩子，开心地聊着聊着，文秀突然哭起来，她说她想找个人结婚了，生个孩子，好让父母放心。她一天不结婚，父母就一天放不下心来。在老一辈人的观念里，唯有成家，一个女孩子才算是真正安定下来。那个时候，霖才知道，文秀的父亲病了，吃不下任何东西。文秀说，父亲需要人照顾，但驻村工作实在太忙，没有办法照顾和陪伴父亲，她没有尽到孝，很愧疚。

那个周末，文秀带回她托北京同学买来的俄罗斯抗癌药，据说这种药抗癌很有效，她希望父亲服用后，像做一场噩梦，醒来又像以前一样健健康康的。从 4 月到 6 月，仅仅两个月时间，父亲就动了两次大手术。他虚弱得像纸片，人也消瘦得让人心疼。这个苦命的人，几乎没过过几天好日子，好不容易拉扯大三个孩子，送文秀读完大学，刚刚盼来好日子，他却病倒了。

那天，喂父亲吃了饭，服了药，文秀才跟父亲说，她要回村了。父亲眼里的光一下子就暗了下来，他舍不得让女儿走，而且他刚听天气预报说晚上有暴雨，村里那路，怎么放心让女儿回去呢。

图 7　黄文秀的父母接受作者采访

明早再回吧，天气预报说晚上有暴雨，现在开车回村里不安全。他躺在床上，努力让自己的声音更清晰些。

正因为有暴雨更得赶回去，怕村里受灾，我马上得走了。文秀一边收拾行李，一边说，她听见父亲轻轻地叹了一口气。他知道劝不住这个女儿，当初她要回百色工作，也是他赞同的，百色虽然不比北京，但总归是自己家乡，他不求女儿大富大贵，只求她做一个干干净净的人就行。自古忠孝难两全，文秀也真是太难了，家里的事，村里的事，哪一边都让她放不下。这孝顺的孩子，研究生毕业回来，把市里给的 5 万元人才引进安置费，3 万给家里盖房子，另外 2 万，再加上她勤工俭学节省下来的钱，付了车的首付，然后开着那辆车，去村里扶贫。

爸，您要努力吃饭，吃不下也要努力吃，还要按时吃药，我下周再回来看您。文秀叮嘱再三，才走出了家门。她不知道，这句话是最后的告别。她不知道，这句话，将永远成为父亲心中最深的痛。

当霖跟着文秀的同事，一起走进那栋建在山边的两层楼房时，就被门口贴着的帮扶联系卡刺疼了眼睛，原来文秀家也是建档立卡的贫困户，2016 年她研究生毕业参加工作后才脱的贫。

房子没有装修，远远看去就像一栋没有完工的建筑，地板铺的是水泥，二楼甚至连门窗都没安，最值钱的应该是那台十几英寸的旧电视机了。文秀买的白桦树茸和蜂王浆还放在柜子里，那是她送给父亲的父亲节礼物。

文秀的父亲黄忠杰躺在床上，文秀的同事一开口，他的眼泪就哗哗地往下流，双唇嚅动着，好半天说不出一句话。这位年过七旬的老人，单薄得像纸片，仿佛有人在旁边哈一口气，他就会被吹走。

如何把文秀不幸遇难的事告诉她的双亲，文秀的同事费了很多心思，本来他们打算只告诉文秀的哥哥和姐姐，瞒着文秀的父母，因为他们一个患有心脏病，一个患有癌症，谁都承受不起打击，可瞒终究是瞒不住的，文秀父亲平时喜欢关注新闻，他会在报纸上电视里看到女儿遇难的消息的。斟酌再三，决定还是告诉他们。

文秀父亲的眼泪，让所有的安慰话都显得苍白无力，大家便也沉默着，陪他一起掉泪。默默流了一阵泪，文秀的父亲开始说话了，他喃喃地说起文秀的好，对父母好，对兄嫂好，对姐姐好，对侄儿好，对每一个人都好……

霖在一旁听着，心里很难过，白发人送黑发人的悲痛，原来是没有语言能形容的。文秀的同事轻声问，老人家，您对政府还有什么要求？

老人便又沉默，良久，才说，是党培养了文秀，文秀是为扶贫工作牺牲的，我为她感到自豪。我对党和政府没有什么要求，是因为有共产党，我们才过上幸福的生活。如果没有共产党，我还在原来那个山窝窝里讨生活，就是出了这个事情，还惊动了习近平总书记，给党和政府添麻烦了。

带来的慰问金，文秀父亲一再推辞不要，坚称自己不困难。他说，我们不困难，我们能够解决。文秀的哥嫂也在一旁附和着说，我们不困难，原来欠的债，这两年干活也都还完了。文秀嫂子好像怕人不相信，还解释说，父亲的病，是花去十几万元，不过有医保，已经报销大部分了，实际花去的还不到 2 万元。

看着这个纸片一样瘦弱的老人，用枯干的手费力地推挡，听着这对质朴的年轻夫妇在极力证明自己不困难，霖的眼泪再一次流下来，她终于明白，文秀的善良和正直来源于哪里了。

升起一面旗帜

周昌战不会忘记那场升旗仪式，那是一场只有几个人的升旗仪式，却铭刻在他心里，成了他永远的记忆。

那时候距离农历新年还有一个月，百坭村在外打工的人就要陆陆续续归来了。春节是一家人团圆的日子，也是全村人相聚的日子，冷冷清清的村庄将会热闹起来。文秀兴冲冲跑来和他商量，要给回家的乡亲准备一份特殊的礼物。

文秀古灵精怪，脑袋里总会冒出许多让人意想不到的点子。周昌战实在想不出这特殊的礼物是什么。

我们换一面崭新的国旗吧，文秀说，大伙儿一回到村口就能看得见。

村部前的旗杆上一直升着一面国旗，但山里气候多变，布料褪色破损得非常快，周昌战正想换一面新的呢，只不过，他从没想过要举行一个升旗仪式。在山村，所有的事都是潦草的，只有文秀才会让这一切变得郑重其事起来。

升旗仪式那天，文秀将一面崭新的国旗交到周昌战手中，请他和村主任班智华升旗，她站到村两委和驻村工作队队列中行注目礼，几个人的升旗仪式就这么简单而庄重地举行了。

周昌战知道文秀的心思，她想留住百坭村的年轻人，想吸纳更多优秀年轻人到党组织中来。

在百坭村 11 个屯穿行，文秀看到的大多是老人和孩子，年轻人把他们留在村子里，过年的时候，才回来看一眼，就像被母亲收进箱底的被子，农历六月六那天才翻出来拿到阳光下晒晒。这是一群孤独的群体。

百坭村的孩子不少，文秀仔细统计过，光是学龄前儿童就有一百来人，村里没有幼儿园，乡里又太远，这些孩子跟着不识字的爷爷奶奶，每天百无聊赖地玩手机。一个孩子的童年是应该有书籍和玩伴的，可现在的孩子可怜到只剩下手机。

文秀常常对比自己的童年，那时候虽然穷，可父亲从来不让他们兄妹三人失望，他用一双巧手，把农村随处可见的木头、竹子、玉米棒等东西，打制出许多玩具，陀螺、弹弓、布娃娃，甚至还能用木板制造出儿童玩具车，他像一个大孩子，陪着兄妹三人玩。说到底，没有父母陪伴的童年是一种遗憾。一个村庄怎能没有年轻人呢？孩子们需要父母陪伴，各种产业需要年轻人参与。百坭村要想发展，一定得想方设法留住年轻人。

想法很多，计划也很多，可还得从最小的事做起。

村子里文化活动少，文秀让孩子们比赛背诵村规民约。她把竹筒锯成段，两边打孔，用红绳穿起来，做成像腰鼓一样的乐器，孩子们背诵的时候，她就在一旁击打节奏。孩子们咯咯笑，文秀也咯咯笑，欢快的笑声引来闲着没事的村人，大家围在一旁乐呵呵地看，这些村规民约便水流一般在村子里快速流淌，以至于到最后每个人都能随口念上几句。

孩子们的内心里有一片肥沃的土地，文秀希望能为他们种下快乐与希望，就像父亲曾经为她种下快乐与希望一样。周末有空的时候，文秀就把孩子们召集到一起，教他们唱歌、弹吉他，或是每个人拿着一个袋子，满村去捡垃圾，灌输环保知识。以后，再看到有人乱丢垃圾，孩子们就会跑去阻止，盯着他们把垃圾丢到垃圾桶才罢休。久而久之，百坭村人惊奇地发现，这些孩子的身上，竟隐约能看到文秀的影子，她的笑，她的话，她的动作，不经意间，就会从某一个孩子的身上流出来。

图 8　百坭村的锦旗

更让百坭村人惊奇的是 2018 年暑假，百坭村那台前所未有的非物质文化遗产展示晚会。文秀请来母校北京师范大学的老师同学，将京城的歌舞带到百坭村来，文秀还将黄妈南的山歌也搬上晚会。在这之前，百坭村人非但不觉得那些山歌好听还觉得就连开口唱一唱也难为情，可上了舞台的山歌似乎不一样了，它变得那么深情悠远，百坭村人的快乐与忧伤，被它从时光深处掏出来，人们仿佛回到了年轻的时候。文秀似乎有魔法，经过她的手，每一件事都会变得不一样。乡亲们的表情文秀看在眼里，她很难跟他们解释什么是非物质文化遗产，但她还是想让他们知道，壮族先祖是如此伟大，他们创造的语言和山歌里有很多秘密，只需破译出密码，就会找到一个民族的魅力和力量，而百坭村每一个人的身上都暗藏有这种魅力和力量。

这些天，文秀去得最多的是罗向诚家，他父亲刚病逝，欠下了不少债，一个家庭又因病致贫了。罗向诚原来在南宁打工，父亲病的这些天，他回来照顾，父亲病逝后，他打算继续回南宁打工。文秀想留住这个年轻人，他父亲种有几十亩油茶林，他一走，这片林子就算废了。

三番几次地上门，三番几次地谈，罗向诚被文秀的诚恳打动了，他决定留下来，打理父亲那片油茶林。文秀请来技术专家帮助他解决种植管护难题，还协助他申请贷款开办碾米厂、榨油坊。乱麻一样的日子终于梳理出样子，渐渐安定下来。

罗向诚留下来了，更多的年轻人也会留下来。文秀很开心，这些天，她累得够呛，除了忙村里的事，跑罗向诚家，还要趁去县城办事的缝隙，去找黄祖佑谈心。这个 26 岁的百坭村小伙子是个好苗子，他在县城打工，文秀打算好好培养他，将他吸纳到党组织中来。

驻村工作虽然辛苦，可看到村子一点一点在变样，文秀仍然感觉很满足，她在微信里和霖聊起村子里的事，有自豪也有委屈。驻村后，文秀最想聊的就是村子里的事，霖笑话她，说她恨不能逮到谁都要聊村事。霖还发来一个恨铁不成钢的表情图，责备她太认真。文秀回复说，我们坚决不能放弃任何一个群众，在这条路上你会遇到各种困难和各种怀疑，可是没有尽到最大努力地去做事情时，质疑是苍白的。这句话霖太熟悉了，那是文秀还在田阳县那满镇挂职扶贫时，有一次受母校邀请，回北京师范大学宣讲时说的。现在她又在重复这句话，霖便知道，这句话已烙进文秀的骨子里，化成了她的血和肉。

霖还记得在山西读大三那年，文秀兴冲冲地把写好的入党申请书拿给她看，其中有一句，霖记得特别清楚，“一个人要活得有意义，生存得有价值，就不能光为自己而活，要用自己的力量为他人、为国家、为民族、为社会做出贡献”。

文秀一直在践行自己的诺言。

文秀和霖聊起，有一次，她去到一个屯走访贫困户，那个屯离村部远，走访结束的时候天已很晚了，经不起贫困户再三挽留，文秀就在那家吃晚饭。饭间，贫困户问她："文秀书记，听大家说你是北京高校的研究生，怎么会想到来这么边远的农村工作呢？我家的老大老二正在读大学，以后也要找工作，我很好奇，你当初为什么这样选择呢？"

那户人家有两个孩子读大学，他们家是典型的因学致贫，好在有国家对教育的扶持政策，两个大学生都享受到了"雨露计划"等教育补助，极大减轻了家庭负担。

那天，文秀是这样回答的："百色很特别，从大了讲是革命老区、少数民族地区、边境地区、大石山区、贫困地区、水库移民区，是脱贫攻坚的主战场；从小了讲，百色是我的家乡，我有什么理由不来呢？我是一名中共党员，我们党是一个切实为群众谋发展谋幸福的党，这也是我的初心、我的使命。"

贫困户听了文秀的话，端起酒碗向她敬酒，说，文秀书记，我佩服你，我也要让我的两个孩子认真学习，争取早日入党。果然不久，他那在广西医科大学读书的女儿就向组织递交了入党申请书，表示毕业后回来建设家乡。

这件事让文秀激动不已，她对霖说："听到他的话，我心里非常感动，自己的工作能够让群众真切感受到共产党的好，对我是非常大的鼓舞。我告诉他，现在日子苦一点，以后依靠不断的努力，幸福总会到来，他居然激动地哭了，他还说这一切都感谢党，让我无比动容。"

霖也无比动容，她想起毛泽东主席的话，星星之火，可以燎原。文秀就是一颗火种，她在传播光与热。

文秀牺牲后，她的事迹在全国迅速蔓延，无数人为这个年轻姑娘掉泪，文秀的光与热，在她逝世后，仍然在无限传播。党和政府给了文秀很高的荣誉和评价：

中共中央追授文秀"全国优秀共产党员"称号。

中共中央宣传部追授文秀"时代楷模"荣誉称号。

国务院扶贫办追授文秀"全国脱贫攻坚模范"称号。

中华全国总工会追授文秀"全国五一劳动奖章"。

共青团中央、全国青联追授文秀“中国青年五四奖章”荣誉称号。

全国妇联追授文秀“全国三八红旗手”荣誉称号。

……

想起文秀书记一次次跑到县城去找他，黄祖佑就非常难过。文秀书记是那样地恳切，百坭村是他的百坭村呀，可这个外地来的女书记却显得比他更热爱这个村子。文秀书记说，年轻人要积极入党，说村里发展离不开年轻人，说成为一名党员可以更好地给村里做贡献。

文秀书记的话，黄祖佑相信。2018 年春节，年已经很近了，他从县城赶回来，一走到村口，就看到那面迎风招展的国旗。那一瞬间，他就感觉到，百坭村已经不是原来的百坭村了，现在的百坭村让人神清气爽。

现在，他就要入党了，可文秀书记却不在了。

接力棒：让我来牵你的手

6 月 22 日凌晨 4 点，周昌战就带着十几个村民从百坭村出发了，他们要赶到市里送文秀最后一程。暴雨不断，塌方的地段太多，车子得绕道很久才能到达百色。

在殡仪馆里，百坭村的乡亲们看到文秀了，她躺在一个小匣子里，身上覆盖着党旗，鲜花翠柏丛中，她显得那么安静。一位瘦弱的老人久久凝望着文秀的遗像，眼神里的悲痛让人心酸。那是文秀的父亲黄忠杰，经过两次大手术，他现在吞咽困难，可每天都强迫自己吃东西。文秀临出门时叮嘱过他，要他努力吃饭，他不能让文秀走了还牵牵挂挂。

周昌战走过去，双手紧紧握住那双枯干的手。百坭村十几双手，都握到那双枯干的手上。老人看着他们，这群女儿心心念念的乡亲们，眼泪又哗哗地往下流。流了那么多天泪，仍然还有那么多泪，像是百坭村甲里河的水都流到他们的眼睛里了。那么多双手握到一起，什么话也没说，可却什么话都说了。

周昌战一直在后悔，就在文秀一边往百坭村赶，一边给他打电话询问村里的灾情时，他为什么不劝她不要来？就算文秀再怎么坚持，那天他也应该把她骂回家去呀！

黄态度心里五味杂陈，老人的手让他想到自己母亲的手，文秀就曾无数次握住他母亲黄妈南的手，听他母亲说话、唱歌。文秀对他母亲所做的，比他这个亲生儿子还要多。可面对文秀的父亲，黄态度什么话也说不出来。此时此刻，所有的语言都是苍白的，无法表达内心里沉甸甸的东西。唯有眼泪，唯有无力地看着彼此默默地流眼泪。

图9　黄文秀和同事入户调查

从市里回到百坭村，黄态度仍然没对母亲提起文秀的事。原先是不敢提，现在是无从提起。有些事，越是最亲的人越是无法提起。

黄妈南拄着拐杖，摸索着又往村部走。儿子已经说过无数遍了，文秀不在村部，可一天不到那儿转转心里总觉得还欠了什么。刚刚走到村部前，就听见一阵脚步声向她走来。不是文秀。文秀的脚步轻快，这个脚步沉稳。

阿婆，您要去哪儿？我扶您去吧。

黄妈南怔住了。和文秀一模一样的问话，不同的是，那是一个男人的声音。一只大手伸过来，牵起她的手，说，我是新来的第一书记，我的名字叫杨杰兴。

黄妈南想问问文秀怎么样了，可却没问出口。其实她心里明白，文秀回不来了，黄美线所说的一切都是真的，那个好心的女娃娃被老天接走了。

黄妈南当然不知道，这个新来的第一书记与文秀有着千丝万缕的关系。他和文秀一样，同样是选调生，同样在百色市委宣传部工作，同样是 2018 年 3 月由市里派驻到乐业县的帮扶干部。不同的是，文秀在百坭村任驻村第一书记，杨杰兴在同乐镇任党委副书记、扶贫工作队分队长。

黄文秀生前在接受媒体采访时说过：我们所处的这个时代是一个非常美好的时代，也深刻地认识到我们百色作为脱贫攻坚的主战场如何将百色革命先烈们奋勇前进、不断拼搏的精神传承下去，作为青年一代我们责无旁贷。作为驻村第一书记我有信心在党中央的正确领导之下不获全胜，决不收兵！

在文秀走后的 7 月 3 日，杨杰兴来了，他接过文秀的棒，将百坭村的扶贫工作继续下去。现在村里建幼儿园的事提上日程了，产业路也立了项。文秀生前的愿望在杨杰兴的努力下，正一步步实现。百坭村还有很多很多事，等待杨杰兴去完成。

带领百坭村的乡亲们攻克贫困，走上小康，这是文秀的初心和愿望，也是杨杰兴的初心和愿望，是每一个中国共产党员的初心和愿望。

（选自《广西文学》2020 年“脱贫攻坚·广西故事”增刊，有改动）

追　　梦

在脱贫攻坚战过程中，无数的人付出了艰巨的劳动，做出了贡献和牺牲。扶贫干部、驻村干部、乡村第一书记是扶贫事业的积极推动者，贫困地区的各级党组织、支部书记、党员干部、有胆有识的创业者等以身作则，率先垂范，积极作为，是扶贫脱贫的带头人，带领和激励更多的人奋发开拓进取，共同摆脱贫困，走向富足小康。这个过程艰辛而漫长，充满了荆棘坎坷，但是，所有人心中都胸怀梦想，胸怀美好的憧憬，并自觉地为理想而奋斗不止。理想是缤纷的，奋斗是美丽的。这些奋斗、抗争、辛劳、付出、奉献与牺牲，都值得用文学的笔法给予铭记和书写。

艾　平

内蒙古呼伦贝尔人。内蒙古作协散文委员会副主任，呼伦贝尔市文联名誉主席。著有《草原生灵笔记》《雪夜如期》等8部散文集、《一个记者的长征》《春风染绿红山下》等3部长篇纪实文学。曾获得第六届鲁迅文学奖提名奖和百花文学奖、徐迟报告文学奖等。

脱贫路上追梦人

披上了第一书记的战袍

一

下雨了！雨点像一颗颗小石子，重重地砸在土地上。土地上出现密密麻麻的小水坑，转瞬之间，变成一片无边的水泊。

2017年，赤峰市敖汉旗古鲁板蒿镇孤山子村杨家杖子自然村遭遇了前所未有的一场大雨。

山洪倾泻而来，道路消失了，排水沟被注满了，水流到一家家院里或门槛跟前。村里的人们害怕了，男女老少相携着来到村口的河边，提心吊胆地关注着水势。他们默默地祈求老天，千万不要再下了，否则，一场洪灾将不可避免。

这时候，远处的公路上一辆汽车疾驰而来。

车上下来5个人，急匆匆地来到河边，看样子要过河到村里来。河水咆哮着流过，快要把浮桥两侧的凭栏没过了。浮桥在水中左右晃动着，人若是从浮桥上走到对岸，要蹚过腰上半尺的河水，还有可能摔倒，被大水卷走。

对岸的大爷大娘焦急地喊：“孩子们——可不敢过啊，太危险了！”

几个叼着烟卷的年轻村民却在说风凉话：“哥们儿别玩命了，你们不就是来镀个金嘛，开开会就得了呗……”

这 5 个人停了一下，只见带头的那个人，揩了一把脸上的雨水，大声呼喊：“病重的乡亲们盼着咱们呢，医生们等着咱们呢。同志们，不要怕，咱们互相把手拉紧，只要我们不松手，一直往前走，冲过去没问题！”

其余 4 个人的声音随之而起：“不怕！冲过去！”

在这气壮山河的呐喊声中，杨家杖子的数百位老乡见证了一次和平年代的英勇冲锋。

脱贫攻坚驻村第一书记冲在最前头，他的身边是村党支部书记、村干部。他们赤裸着胸膛，把随身带的文件资料，系在脖子上，手挽着手，在大水激荡的桥面上，稳如磐石，动如铁甲，坚毅前行。桥在水中晃着，水在桥上荡着，却没有让其中的任何一个人倒下去，因为他们紧握着彼此的手，仿佛一节节铁链不可断裂，那是同志的手、战友的手、兄弟的手！

这位驻村第一书记，就是黄旭坤。他们今天过河，是因为有一件关乎杨家杖子自然村民生的大事。

杨家杖子自然村有 5 名大病患者，由于多方面原因，一直得不到应有的救治，现在有的瘫痪在床，有的危在旦夕。黄旭坤为这件事忧心忡忡，寝食不安，虽然去过多家机构联系，却都因为种种缘由被婉拒了。最后是黄旭坤的老领导——新洲中医院的院长，承诺到杨家杖子义诊。由于医院每天都要开门接诊，他们多次调整时间，安排最好的医生，才确定下来在明天，由院长带领 3 位优秀医生，到杨家杖子给这 5 位重病患者义诊。他们临时通知黄旭坤，需要事先到村里，把 5 位患者以往的病历和检查报告用手机拍照传给医生，并连线接受医生的询问，以便他们准备好要携带的诊治器械，并为患者备置一些药品。

黄旭坤一行人终于走过 20 多米的浮桥，岸边的乡亲无不啧啧赞叹，说风凉话的小青年也肃然起敬。大家一拥而上，帮他们打伞、擦身子、拿东西，从家里取来热茶……几位患者的家人拉着黄旭坤的手，一把雨水一把热泪，说着真心的感谢话。老村干部任广握着黄旭坤的手，激动地说："我当村干部20多年，从来没服过人，今天我服气了。谁不知道生命可贵，你们也是上有老下有小啊，这回让我看到新时代共产党员的境界了！"

黄旭坤心头不由一暖，眼泪也流了出来。谢过众人，他们来到5位患者家，按照医生要求，为第二天的义诊做好了准备。

第二天，雨过天晴，新洲医院的医务人员有备而来，很快给出了最佳治疗方案，还带了价值12 000元的对症药物。他们决定长期关注这5位患者，今后入院治疗，予以免费，并且派车接送。

5位患者的病况都有明显好转，黄旭坤心里日夜悬着的石头，才算落下。

扶贫办的同志给我发来了一组黄旭坤的工作照——在贫困户家的火炕上，他盘腿挺背，稳坐如钟；在义务劳动后，他和几个扶贫干部一起吃快餐，大家都坐在台阶上，唯有他蹲着，那腿脚像凳子一样牢靠。

黄旭坤参过军，曾在辽宁武警部队当过轮训教员。他来到我面前，目光炯炯，仪表堂堂。立定，握手，落座，开口说话，举止行为尽显当初的训练有素，使人想到军歌嘹亮的演兵场。

这是一个有4年军龄、30年党龄、30年工作履历的干部。2015年，在敖汉旗综合执法大队副大队长的岗位上，被组织选派到古鲁板蒿镇康家营子村任脱贫攻坚驻村第一书记。

到了康家营子，看到当地村民的生存状况，他雷厉风行，以最快的速度解决了每个自然村之间通水泥公路的问题，同时想方设法为全村安装了有线电视，给各个自然村修建了文化活动场所。现在正因户施策，为贫困户谋求脱贫致富的项目。

黄旭坤在康家营子村干得热火朝天，突然接到一个原单位领导的电话，说要和他谈谈。

原来，为了落实党的十九大坚决打赢脱贫攻坚战的部署，聚焦深度贫困地区脱贫攻坚的“坚中之坚”，组织上想把黄旭坤调离康家营子，交给他一个更艰巨的任务，到古鲁板蒿镇孤山子村任脱贫攻坚驻村第一书记。

黄旭坤对孤山子村的情况略知一二，那是个由 3 个村合并成的大村，山地多，天气冷，风沙大，降雨不均，养殖业和种植业局限于养羊和种玉米，很难寻求新的致富项目。这 3 个村子的民风民俗各有千秋，互相极不认同，各村内宗族之间也存在旷日持久的矛盾，往往一有涉及利益的事情，就会闹出种种事端，当地村干部早已束手无策。

领导也了解这些情况，就给黄旭坤做工作：这是咱们单位结对帮扶对象，又是老大难村，不派一个强有力的干部，拿不下来。大家一致认为你在康家营子干得很好，一定能担起这副重担。当然，你有权利选择留在工作已经轻车熟路的康家营子……你还记得总书记说过这样一句话吗：“为其艰难，才更显勇毅；为其笃行，才弥足珍贵……”

黄旭坤为之一振，他把所有的为难和犹豫吞进肚子，二话没说，接受了组织的委派。

二

黄旭坤的语言表述，简洁利落，掷地有声。他说，沧海横流，方显英雄本色；谷壑纵横，才见赤子之心。在脱贫攻坚这场举国大战中，我是万马千军中的一个战士，既然披上了孤山子村脱贫攻坚驻村第一书记的战袍，不干则已，干就要干好。

2016 年，黄旭坤初来乍到，他从车上卸下简单的行李，走进了村委会办公室。村委会给人的感觉像一个弃屋。桌椅板凳歪歪斜斜，破旧不堪，桌子上没有办公用品，墙上地上都是灰尘，水壶里没有一滴水，只有黄色的水锈挂在壶嘴上。院子里没有卫生间，没有花圃菜畦。一面晒褪了色的国旗还在门厅上挂着，让黄旭坤看着想掉眼泪。

黄旭坤做的第一件事是在院子里种上了几畦蔬菜，绿油油的菜苗长出来，村民一路过，就知道这回可是动真格的，驻村干部要在咱们这里安营扎寨了。他又从自己的工资里拿出3 000块钱，买了米面油，还有很多方便面。上任伊始的那段时间，他平均每天吃两顿方便面，他没有时间照顾自己，村委会也没有食堂给扶贫干部做后勤保障。

孤山子村在古鲁板蒿镇南部，有近9万亩土地，包括耕地3.5万亩、林地3.5万亩、山地2万亩。一共有7个自然村，1 160户，2 940口人。党支部下设11个党小组，共有84名党员。然而，孤山子村并没有呈现出团结一致奔小康的局面，上上下下进取心涣散，宗旨意识淡薄，财务管理混乱，集体经济空壳化。这就是黄旭坤当时所面临的情况。

由于前任村支书已经退休，作为脱贫攻坚驻村第一书记，黄旭坤义无反顾地担起了村党支部的工作。

党员同志，你们在哪里？老村干部，你们在哪里？村里的妇女骨干、青年骨干，你们都在哪里？

黄旭坤开始了紧锣密鼓的串门行动。他坐在炕沿上，给大爷点着一袋烟；他走进大娘的场院，随手拿起一把扫帚，成了大娘的帮手；他走进田间地头，跟乡亲们一起掰玉米、起土豆；他的眼睛注视着村里的每一缕炊烟，他的双手触摸着这片土地的每一丝脉动。

乡亲们奔走相告，来了一个黄书记，要领着咱们甩掉穷帽子呢。很快，“两委”成员到位，党员到位。全村上上下下，等待着黄旭坤的第一步棋。

黄旭坤的第一步棋，就是向镇党委建议，对村党支部和村委会进行调整充实，让年富力强、心怀村民利益的同志进来。第二步棋就是强化制度建设，党务公开、政务公开、财务公开，启动村民代表和检委会的联合监督。他对全体党员说，沧海河流有砥柱，万山磅礴看主峰。谁是砥柱？就是我们这些在党旗下宣誓的共产党员！谁是主峰？就是村民们一票一票选出来的村干部！

我们要出来走两步！共产党员就是排头兵。

当村民们走进村委会的时候，眼前不由一亮，鲜艳的五星红旗升起来了，崭新的党旗挂起来了，办公室收拾得窗明几净，桌子上摆放着崭新的档案盒、文件夹、工作手册，并且安装上了网络，具备了基本的办公条件。黄旭坤没有说，这是他自掏腰包购买的。他懂得老百姓的心，面对热情洋溢的宣传鼓动，他们更愿意看到你所办的实事儿。

由于没有投资，全体党员干部义务劳动，整治脏乱差，改善全村人居环境。黄旭坤冲在最前头，党支部书记刘庆波，家里开着一家鞋店，当即关了店门，带着媳妇和两个店员来参加义务劳动。其他党员和村干部一看，也纷纷领来了自己的家属。这次义务劳动结束，把村里街道彻底清洁整理了一遍，节省了 7 000 余元的劳务费。更重要的是，让老百姓看到党员干部说干就干，不玩花架子，跟着他们脱贫致富大有希望。

后续的实事儿一件接着一件。村委会打了机井，村子里 20 多年拉水吃的历史结束了，连接全村的 18.7 公里水泥路修通了，危房旧房改造的 110 套住房在建，幸福大院养老工程在建，400 万元扶贫资金落地。渗金吐、北洼等 6 个自然村传来了日夜不停的机器轰鸣声，七眼饮水井、五眼灌溉井很快完工，一次性解决 2 500 口人吃水和 2 000 亩地浇水难题。在党支部村委会的引领下，孤山子种植合作社成立了，每年收入可达 140 万元；养殖合作社成立了，年收入 180 万元；旅游合作社也成立了，年收入 100 万元。仅此 3 项，就带动 20 户 42 口人实现了脱贫。

人心齐，泰山移。黄旭坤和村两委的同志们团结奋战，全体村民人人参与，孤山子村的脱贫攻坚之路越走越宽敞。

三

2017 年 8 月 18 日，凌晨 4 点，窗外下着大雨，黄旭坤接到包片干部任亚青的电话，说是邢家营子自然村村民之间发生了冲突，事态十分严重。黄旭坤一个骨碌下了床，启动汽车，瞬间穿入雨雾。

邢家营子离村委会 10 公里，当时水泥路还没有修好，大雨滂沱，山路起起伏伏，泥泞曲折，很难辨识路况。黄旭坤走到 3.4 公里处，车轮滑入一个泥坑，保险杠损坏，半个车厢进水，没有办法继续开车前行了。他打开车门，从车里走下来，看看表已经是清晨5点了，打个电话给邢家营子村干部，得知冲突还没有停止。

还有6公里的路程。黄旭坤把鞋里的泥水甩干净，迎着大雨翻过山岗，蹚过泥洼，顾不上衣服被灌木刮破，也没在意胳膊出现了流血的伤口。他跌倒了，爬起来，泥滚身，身滚泥，时而加速奔跑，时而小心翼翼地挪步，终于到达邢家营子村。

沉疴陋习，总是与贫穷的生活如影随形。争端是因为大雨，雨来了，流入了上一家的田地，上一家垫高田埂，自家的田保住了，下家的田就被淹了。全村的地都是相连的，结果大部分人家都卷入了这场冲突。

突然有个泥人出现在纠纷现场，大喊着："不要闹了！闹下去有完没完？"村民们一愣，这大雨天的，谁能来咱们这穷地方？莫非天上掉下个孙悟空？

有人认出来了："这不是驻村的黄书记吗？这大雨天的，您怎么来了？"

黄旭坤的确一肚子火。他一把夺过村民手中的铁锨和锄头把子，往地下重重一扔。怒吼一声："不是你们叫我来的吗？你们不打架我能来吗？"

一个孕妇被感动了，她无声地走到黄旭坤身边，给他撑起一把伞，毫不在意自己已经被雨水淋湿。现场安静下来。黄旭坤也无须再多说什么，他在前面走，大家都跟在他的身后，回到了村里。黄旭坤让村干部通知下去，一家出一个人，到村民组长家开会。

"老祖宗说过，远亲不如近邻，什么意思？就是说乡里乡亲地住着，比你那在北京在赤峰打工的儿子闺女近多了、有用多了。我就不相信谁家房顶开门、灶坑打井这辈子用不到邻居帮忙。所以近邻之间，可不能遇着点儿小事就闹生分！你们细想想，咱为啥要死守着这点儿庄稼，还不是因为全指着这点儿庄稼过日子？没有别的来钱道，为啥闹事，就是因为个人顾个人的小利益。要是大家联合起来，共同守着大盘子挣钱，还会有这事儿吗？"

村民们你一言我一语，说："可不是嘛，黄书记，您把我们心里说得透亮透亮的。往后听您的，谋略点儿大事，咱邢家营子也要脱贫致富奔小康。"

这家说要杀鸡，那家说要宰羊，一定要留黄书记在村里吃顿热乎乎的家常饭。黄旭坤说："饭就免了吧。我的汽车还在水坑里泡着呢，请你们帮个忙给拽出来。"

有人开着拖拉机，有人拿着钢丝绳，村民们争先恐后到了现场，把黄旭坤的车从泥坑里拽了出来。黄旭坤掏出 50 元钱，说给大家买点儿烟抽。村民组长说："黄书记，快拿回去，你帮我们解决这么大问题，我们要你的钱，那太丢脸了……"

黄旭坤就这样成了村民的贴心人、主心骨。有困难找黄书记，哪里有困难，哪里就有黄书记。在他们的眼里，黄书记钢筋铁骨，无所不能，是一个浑身智勇、无往而不胜的大能人。

村里有位独居老人，76 岁了，叫王明兰。在烧炕的时候，不小心引起了一场大火，把自己家的房子彻底烧毁。白发苍苍的老人面对一堆冒着黑烟的灰烬，失声大哭，冷冷的秋风一阵阵袭来，她浑身发抖。黄书记来了，给她带来一个实实在在的承诺："入冬前，一定让您老人家住上暖暖和和的新房。"他的话掷地有声，一座红砖瓦房，很快建成了，有上下水，还有取暖小锅炉，比老人原来的房子宽敞暖和了很多。老人喜极而泣，她拉着村干部的手说："有这样好的干部关心我，我再也不用为年老害怕了，我要好好活下去。"

为西洼村民组的独居老人李桂兰能够排解孤独，黄旭坤把自己家的新电视拉来，送给了老人。村里有 30 户人家的孩子就学困难，他通过各种渠道请求支援，获得爱心人士 1 万余元的物质支持，让他们高高兴兴地进入了新学期。

没有人知道，黄书记也有病痛伤心、软弱无助的时候，一个个夜晚，他是怎样躺在宿舍的床上辗转反侧，忍着疼痛坚持到天亮的。由于年轻时军训留下的损伤和长期的劳累，他患有腰椎间盘突出和结肠炎，自从来到孤山子村当驻村第一书记，他的双休日都是在工作中度过的，除夕夜、中秋节、国庆节都是在村里和孤寡老人、困难群众一起度过的。倒是经常有机会到旗里办事、开会，可是每次都忙得过家门而不入，一件事接一件事，都需要和时间赛跑，哪里舍得时间上医院？

肉体的磨难可以靠意志扛住，内心的愧疚和伤痛，却不是忍一忍就可以忘记的。说到这里，黄旭坤流泪了。

“去年1月20日，那是一个周六，我本该休息。由于正在进行全村贫困户施策大排查，上级要求不能落下一个符合政策的贫困户，也把以前审查不严时纳入的贫困户重新摸底研判，要求星期一早晨必须上报，此项任务直接关系下一步全旗的脱贫攻坚工作。我正带着干部紧张工作，下午4点多，我叔叔打来电话说：‘三啊，你弟弟快不行了，你婶子哭得要命，我也不知道怎么办，你快回来看看吧！’

“我应该立即回去，安慰叔叔和婶子，送别亲爱的堂弟。我的老家在农村，从小我是在叔叔家长大的，这么多年以来，叔叔和婶子待我比自己的亲生儿子还重，弟弟对我也特别亲。小时候，每逢年节，叔叔买点儿水果或其他好吃的，弟弟总是把最大的那个给我吃。还记得我入伍那年，弟弟14岁，穿着一双露脚趾的黄胶鞋，到旗武装部送我。在我临出发时，他用手绢包着100多元钱，塞进了我的衣兜，那是他利用寒暑假挖甘草积攒下来的钱，自己都没舍得花一分。

“我后来转业在城里安了家，每当家里园子下来第一茬菜，弟弟就会赶着毛驴车，步行30多公里，先给我送来。农村腊月要杀猪准备过年，叔叔全家每年都是等到我回家才杀猪，为的是让我吃上新鲜的杀猪菜。每到那几天，弟弟总是高兴地忙前忙后，走时还得给我带上一个肘子……手头的工作必须按时交卷，亲人远去将永不归来，我心如刀割，假装出去方便，面对老家的方向，让眼泪哗哗地流出来。工作任务没有耽误，可我愧对叔叔婶子的养育之恩，也愧对兄弟的手足之情。”

黄旭坤说，即使现在，他都不敢听别人叫哥哥，不敢看别人家兄弟在一起团聚的场面。终于，有了令人欣慰的成果：2017年，孤山子村摘掉戴了20多年的贫困帽子，贫困发生率从35.3%降至0.48%；贫困户从316户、699人，降至7户、14人，顺利通过了自治区验收。孤山子村2019年退出了贫困村行列，被评为脱贫攻坚先进单位。

黄旭坤也被评为“系统优秀共产党员”“全旗优秀驻村第一书记”“全市扶贫模范”“全市脱贫攻坚先进个人”。我在采访结束之前问他：“你的任务完成了，是不是该回机关恢复按部就班的状态了？”他这样回答：“听从组织安排，不干则已，干就干好。”

长大后，我就成了你

一

对于“90”前后的年轻人来说，追星和赶时髦是不可或缺的。若问他们崇拜什么人物，得到的答案往往都是成功者。这些成功者，必定拥有大量的财富，或者站在某一行业的绝对制高点。

刘叶阳和他的同龄人有所不同，他从童年至今一直保持着对父亲的崇拜。“长大后，我要成为你”，这是刘叶阳的人生梦想。

刘叶阳的父亲是赤峰市县级机关里的一个科级干部。他出生在赤峰市喀喇沁旗牛家营子镇团结村，后来读书和工作始终没有离开过这片区域。在最接地气的工作岗位上，他一干就是大半辈子，一步步从民办教师、村宣传委员、乡党办秘书、副乡长走到今天的岗位，总结起来，还真的没有什么轰轰烈烈的壮举，他就是一个踏踏实实、勤勤恳恳的老党员、老公务员。

童年的夕阳透出无限的暖意，哪怕脚下是一层厚厚的白雪，寒风把他圆鼓鼓的小脸吹得像个红萝卜，小叶阳也会站在家门口的路边固执地等待。父亲会在这个时刻回家，他总是骑着那辆老旧的自行车，从远处的橘红色光芒中出现，脸上满是汗珠和霜雪。他使劲蹬两下车，飞快地在儿子跟前停住，伸出一只手，把儿子从地上捞起来，放在自行车的大梁上，然后推着儿子一路有说有笑地往家走。

小小的叶阳对父亲口袋里的糖果更有兴趣，他不知道这是父亲从十分拮据的伙食费里节省出来的。

父亲当时在赤峰学院就读，这是他在有了两个孩子之后的选择。别人说，你大可不必吃这份苦，就凭你那脑袋瓜儿，在家养点儿牛羊什么的，或者做点儿小买卖，再不济把地侍弄好了，几年就能发起来，也不至于煎两个鸡蛋还要往里面兑一把面粉，吃得直吧嗒嘴。父亲不为所动，他毅然通过考试，成为一个大龄大学生。赤峰离牛家营子乡 40 公里，他一次都没有坐过汽车，就靠一辆自行车走完了两年的求学之路。

许多年之后，刘叶阳还记得父亲脚上那双带裂痕的旧皮鞋，还记得父亲肩头那只重重的旧书包。

父亲在外读书工作，母亲一个人忙着种地和家务，刘叶阳就成了一个自由自在的小牛犊，贪玩导致了他后来面对高考望而却步。父亲并没有发火，一遍遍鼓励儿子，实力是点灯熬油积攒下来的，拼一拼才知道自己到底怎么样。刘叶阳大学毕业之后，又在父亲的支持下，连考三年而不气馁，终于考上了公务员。也许是命运使然，他也像父亲一样，做了牛家营子乡的党办秘书，在这个父亲曾经的单位里，他的同事很多都是长辈，他们见到刘叶阳，第一句话都是：刘永军的儿子肯定错不了。他们告诉刘叶阳，你爸那人啊，大事小事，没有一件事不认真，个人事再大，也总是放在工作后面。在乡镇合并、人事调整的时候，他一没找领导要岗位，二没在原地等消息，而是到外地招商引资去了……刘叶阳在这里工作了三年，上班的时候，父亲是一面无形的镜子，时时刻刻审视着他、砥砺着他；回到家里，父亲就是他随时请教的老师，他永远不能忘记父亲的教诲——事事出于公心，不谋私利，什么时候你都能站住脚。

长大后，我就成了你。

刘叶阳在这个岗位上干了三年，只能干好，不能懈怠。

因此也慢慢领会了父亲当年的心思，明白了父亲为什么顶着生活的重压去求学，后来为什么坚持鼓励自己考学读书。他追求的绝不仅仅是一张文凭、一个稳定的工作岗位，而是通过受教育，获得人生的望远镜和显微镜，望远镜瞭望人类的大前景，显微镜体察自己周围的小世界。

二

2016 年 3 月，父亲刘永军被选派到王爷府村当驻村第一书记；在旗委宣传部当干事的儿子刘叶阳，被派到马鞍山村当驻村工作队队员、驻村第一书记。父子俩同时奔赴喀喇沁旗脱贫攻坚的主战场。

第一次作为一个下派干部来到村里，年轻的刘叶阳没有任何经验。尽管是带着一片真心、一腔热情，住在村里简陋的宿舍，吃着村里简朴的伙食，可是，一时还不能走进村民的心里。

他在入户时发现一个年轻人非常放任自流，每天懒懒散散，在村里晃来晃去，就是不肯上学。于是主动去做思想工作，劝说这个年轻人赶紧回学校读书，告诉他将来整个社会的文化水平提高了，没文化，挑个门户过日子都不成……没想到那个年轻人突然大发雷霆：再让我去上学，我就用砖头子拶死你。

简直是莫名其妙，刘叶阳在手足无措的同时，还有几分畏惧。

第一次主持村民代表会议，议题是评定困难家庭列入贫困户。通知 8 点半开会，村民代表们 10 点还没有完全到齐。刘叶阳和另一个工作队队员坐在会议室耐心地等着，村民们好像没看见他们似的，互相聊着张家长李家短，嘻嘻哈哈地开着玩笑。一些人来晚了，还不让问为什么，一问就有点儿恼火。他们说，我们家里一堆活儿等着呢，哪有时间在这儿听你们念文件念政策？啥事儿直说，说多了我们也听不懂。

其实这天开会，村民并不是真的不关心，而是带着一肚子不满意来的。

刘叶阳说，今天要听听你们的意见，看看咱们村哪些家庭合乎贫困户标准，咱们就列进去，按照政策给予扶贫帮助。

明明是要评定新年度的贫困户，有人却翻起了旧账：那谁谁家，有车还有房，为什么就当上了贫困户？那谁谁家，有儿女在外面开店做买卖，怎么能当贫困户？我们家老人病到炕上好几年了，怎么我们就评不上贫困户？

不知道谁开的头：你们工作队给我们这些村民代表带来啥好处了？是

有钱还是有物……你们不公平……

刘叶阳站起来，示意大家静下来，但根本没有人听他的。他大喊一声："你们听我说!"眼泪就没出息地流了出来。大家静了，不一会儿接着在底下嘀咕，看吧，嘴上没毛，干事儿不牢，一整就哭，算啥本事?

听到这句话，刘叶阳不由火冒三丈。他狠狠抹一把眼泪："你们能不能尊重点儿事实，我们怎么就不公平了? 2014 年和 2015 年的贫困户是我们工作队定的吗? 还不是你们村民代表自己选出来的! 你们当时拉帮结伙，投关系票，有话不说，装在肚子里发芽，现在来章程了。我们工作队是 2016 年进来的，那一年你们也看到了，我们工作做得有多细致，对贫困户条件审查得多严格，你们刚才说了半天，有一户是 2016 年评的吗? 你们说呀?"

这一回带头的人没底气了，刘叶阳绷着脸，主持履行了会议程序，票选认定了新年度的贫困户。

周末回到家，眼看妻子怀有身孕，一边照顾大女儿，一边还要上班，同时还承担了贫困户定点帮扶的工作任务，累得无精打采。他想着自己工作没干好不说，家里也没照顾上，非常沮丧。父亲看出了他情绪不好，刘叶阳含着眼泪把事情跟父亲说了一遍。

父亲笑了，他拍拍儿子的肩膀，给了三点建议。第一，对待老乡要耐心，让他们认识新事物需要一个过程。第二，过去我们下乡往往是走过场，给老百姓留下了不好的印象，所以老乡不爱听大道理，不爱听套话，就看你办不办实事儿。当你帮他们把困难解决了，他们就会信任你。第三，紧紧依靠村两委，因为他们了解情况，又有工作经验。

刘叶阳回到村里，心情不再波动。他走家入户，不论是不是贫困户，都嘘寒问暖，耐心了解他们的生产生活情况。进门见到活儿就动手帮着干，遇到老乡家的困难事儿，就拿出小本子记下来，尽快张罗解决。

在入户的过程中，他和一位 64 岁的老人熟悉了。这位老人生活困难，老伴还是聋哑人。有一天夜里刮大风，把他家的电视接收天线刮移位了，看不到电视，老两口只好坐在门口的石头上打瞌睡。当他把这事儿告诉了刘叶阳，刘叶阳马上说：“大爷别急，让我上去看看。”

虽然刘叶阳是农村长大的孩子，可是一直上学、考试，考试、上学，后来在机关写材料，登高上房、下地种田的活儿真没干过。

老人家的房子有 3 米多高，梯子只能够到瓦下面。刘叶阳本身有点儿恐高，登上梯子，两腿打战，上不了房。他不想让老人看出他在害怕，两手按住房檐，胳膊一撑，悠上了屋顶。他不敢往四周看，半蹲半爬，降低身体重心，拿着小锅形的天线，从几个方向寻找，找到了信号，又用砖头瓦块把天线固定好。当他听到大爷在底下喊“有了，这回有了”的时候，高兴得笑出了声。

贫困户郭瑞城 43 岁，家里 3 口人，只有 6 亩地，没有像别人家那样种山葡萄致富，还在种杂粮，每亩只能收入 700 元，生活十分困难。有一天刘叶阳到他家走访，看到沙发上坐着一个小姑娘，低着头，一句话也不说，便问：“小朋友，几年级了？你爸爸在家吗？”小姑娘还是不抬头，不说话。郭瑞城从厨房出来，告诉刘叶阳：“我们丫头眼睛不好了，看不见了。”

刘叶阳心里一酸。细问得知，郭瑞城的女儿 6 岁时左眼得了青光眼，右眼得了白内障，视力下降很快，只好辍学。孩子的妈妈一看这种情况，就扔下孩子走了，再无音讯。从此郭瑞城又当爹又当娘，每天给孩子洗脸喂饭，同时还要照顾他久病在床的老母亲。他对刘叶阳说：“我看着人家致富，能不着急吗？可是我只有两只手啊，顾上家里，就顾不上外面，真是愁死。”

刘叶阳问：“这孩子有残疾证吗？”

郭瑞城说：“残疾人还有证？”

刘叶阳联系了医院，给郭瑞城女儿做了检查，并把她的残疾证办了下来，又给郭瑞城的老母亲解决了低保问题。郭瑞城一家，每年有了 3 000 余元的补贴。

这时候一位北京的扶贫干部到马鞍山来调研，刘叶阳抓住这个机会，向他反映了郭瑞城女儿的情况。在多方支持下，郭瑞城带着女儿来到北京同仁医院，为孩子治疗眼疾。经过多次专家会诊，精心治疗，结果令人遗憾，由于时间拖得太久，孩子眼底的血管已经失去功能，视力无法恢复。

极度失望的郭瑞城，冲着刘叶阳发牢骚：“都是你，非让我们上北京治，结果也没治好，还耽误一个多月。”

刘叶阳默默地把委屈咽下。他想起了父亲的话：有耐心，办实事。

喀喇沁旗的特殊教育学校没有盲人教师。刘叶阳又到赤峰市的特殊教育学校打听，学校回复，只要孩子智力正常，我们愿意接收入学。

刘叶阳回来问郭瑞城，愿不愿意让孩子上学。郭瑞城说：“怎么不想啊，孩子就这么在家待着，慢慢就傻了。”

刘叶阳帮助郭瑞城给女儿准备了行李物品，开车带着他们来到学校。学校的生活条件很好，老师和校长都十分和蔼。可是孩子就是一句话问不出来。郭瑞城连哄带逼，孩子总算开口，讲了讲自己的病情。校长说：“好了，放假的时候，我保证让你见到一个活泼开朗的丫头。”

临别，郭瑞城和女儿抱着痛哭。这些年来，他把女儿放在心尖上养着，家里再困难，孩子没冷过、没饿过，总是穿得干干净净的。刘叶阳一边劝慰，一边跟着流泪。他暗暗握紧了拳头，一定要在脱贫攻坚的岗位上，干出成绩来。见识了苦难，他对脱贫的紧迫性有了更深入的理解。

郭瑞城的女儿放假回来，简直像换了个人似的，和大人有说有笑，自己洗脸、吃饭、洗衣服，还帮着父亲做一些力所能及的家务。老师从学校发来视频，女儿打扮得漂漂亮亮，正在台上朗诵呢。

在孩子上学期间，刘叶阳帮助郭瑞城申请了一个保洁公益岗，每月有700余元的收入。同时劝他放弃了杂粮，开始种植山葡萄，每亩可以收入3 000元左右。他们家里的生活大有改善。

工作越来越得心应手，刘叶阳的决心更加坚定。他的小本子上面记满了每天要做的事情，不论是贫困户的事，还是一般村民的事，他都耐心、细心询问，上心、精心地去做好。

村里的乡亲们开始对刘叶阳刮目相看，由原来的爱答不理，变为见面唠个没完，有什么心里话争着告诉这个胖乎乎的第一书记。

有一个贫困户，通过工作队帮助，选择了菜单式扶贫的养牛项目，达到了脱贫致富，一年卖牛的收入有 6 万多元，家里还存栏 8 头牛。年底，赤峰农村家家杀年猪，这个贫困户没有养猪，特意花钱买了一头猪，置办了宴席，专门请工作队吃杀猪菜。考虑到纪律，刘叶阳和工作队成员都没有参加。第二天，这位乡亲又专门来邀请，那实心实意的劲儿，让人不知道怎么拒绝。经过请示上级，他们接受了邀请。一看桌子上除了五花肉炖酸菜，猪心、猪肝、猪肚、猪血肠等全套头蹄下水一应俱全。在当地，这是最讲究的菜品，他们家自己没舍得吃，一直给最尊贵的客人留着。

扶贫先扶志。帮助村里出名的懒汉王玉柱从冷被窝里爬出来，真比让一棵躺倒的树起死回生还要难。

王玉柱 45 岁，正值壮年，以前也有一个幸福的家庭。由于染上了赌博，家渐渐地被他败光了，不仅在外面欠了几十万元，村里的乡亲们也都被他借遍了。妻子气得和他离了婚，带走了女儿，儿子小小年纪也出门独自谋生活去了，很少回来看懒惰的父亲。刘叶阳和村干部走进他家的时候大吃一惊，现实生活中还会有这样的情形。桌子歪着，凳子是断腿的，锅碗瓢盆布满灰尘，炉子里没有灰烬，看来是很久没有用过了。冰凉的炕上被褥脏得跟铁一个颜色，屋里没有一丝热气，连个暖壶也没有。王玉柱躺在被窝里，只露出一张惨白肮脏的脸。看有人进屋，眼珠子动了动，算是打招呼。

他身体没有病，可是他的每一天都是躺在床上度过的。只有他白发苍苍的老母亲惦记着他，每天在二儿子家做好饭，冷风热气地步行 2 公里多地送给他吃。他已经完全放弃了自己，母亲怎么劝也不听，就是躺在炕上等死，没想到还会有人来关心他。

按照“两不愁，三保障”的标准，工作队很快把王玉柱列入帮扶对象。刘叶阳苦口婆心，一步步跟他深谈，告诉他：“脱贫攻坚一个都不能落，这是你绝处逢生的大好机会，我们给你提供粮食，你先自己起来做点儿饭，慢慢地恢复身体，恢复和外面的联系。”

刘叶阳住在村里，每天起床很早，就在村里这家看看、那家走走，了解各家的情况。有一天抬头一看，发现王玉柱家的烟囱开始冒烟了。刘叶阳非常高兴。

他再次来到王玉柱家，动员他出来干活儿，说：“你看看别人家干得多红火，咱们先从公益岗开始，不累，还有固定收入。”王玉柱埋头不语，刘叶阳又说：“是不是有为难情绪？你放心，我们做好工作，村里人不会朝你要债。”

王玉柱半天吭哧出来一句话：“我有病你不知道啊？”

刘叶阳说：“你要有病，这么冷的房子，躺一冬天，你挺不到现在。”

“我就是有病，我头疼腿疼腰疼浑身都疼。”

刘叶阳知道他的病是心病，正面说服对他一时还起不了作用，于是说：“有病咱们抓紧治，治好了也和大伙儿一样脱贫致富。”

刘叶阳联系好旗中蒙医院，用车拉着王玉柱，去做了一个全身体检。报告单出来了，他给王玉柱看，和他开着玩笑：“你这头蹄下水血脂血压血糖都好好的，你再说有病就是糊弄人了。”

没过几天，王玉柱穿上了干净衣服，出现在自己家门前，溜溜达达地，就是不敢往远处走。可能是不好意思见乡亲。事先，刘叶阳做了些工作，乡亲们表现得十分厚道，谁也不跟他提欠钱的事儿，就是逗他：“哎呀，好久不见，起死回生了？快告诉我们阎王爷为啥把你给打发回来了？”

村民代表王广发，倡议村民帮助王玉柱，很快，这家5公斤米、那家1袋面，给王玉柱送来了；由于欠电费，王玉柱家的电源已经被断多时了，村委会又出面重新给他拉上电，给他买了电褥子，让他不再挨冻；刘叶阳进城把王玉柱的儿子找了回来，让他做做父亲的思想工作；村主任帮忙联系，在一个施工队里给他找了个活儿……

王玉柱说：“就是一块石头，也能让你们的热手给焐化了。”

现在的王玉柱好像换了个人儿一样，穿得整整齐齐，脸上带着红润的光泽。他靠打工脱贫，每年可以挣四五万块。他见到工作队和村委会的干部，就拉着手说：“走走，我买点儿熟食，到我家喝酒去。”他过年置办了新家具，把家收拾得挺像样。刘叶阳逗他：“告诉你呀柱大哥，就差个媳妇了……”

成功帮助王玉柱脱贫这件事，让刘叶阳心里有了成就感，有了自信。

三

自治区扶贫工作考核组到喀喇沁旗考核，在王爷府村看到满头白发的驻村第一书记刘永军，他们不由发出感叹——这把年纪的老同志，还在第一线冲锋陷阵，真是难能可贵。考核中刘永军上报的电子文件表格，内容翔实、清晰，格式非常专业、规范，这也让考核组眼前一亮。

自从入村当第一书记，刘永军就意识到补上电脑这一课刻不容缓，他的老师自然就是儿子刘叶阳了。儿子在家的时间很少，父子俩就在线上交流，老同志反应慢，却有股韧劲，虽然常常一个问题重复咨询好几遍，最终还是达到了适应工作的目的。电脑也自然成为不能常回家看看的刘叶阳和父亲的交流工具。

自信满满的刘叶阳在线上告诉了父亲两件事，第一件就是成功帮扶王玉柱的事，父亲给他送来一朵大大的鲜花。

第二件也是刘叶阳自认为非常值得父亲首肯的事。

入村以后，刘叶阳发现村委的工作人员一般年龄偏大，基本都不会使用电脑，很不适应上通下达的需要。他就顺便普及了一下电脑的使用方法。有一位村民大姐，和他父亲一样，学了忘，忘了又来学，刘叶阳不厌其烦，终于教会了这位大姐。

几场春雨之后，山上的林子里长出了一种叫地扣的野生蘑菇，白生生的，很肥硕，口感鲜美，是罕见的山珍。这位大姐起早蹚着露水，采回了一大筐，挑选最好的，把蘑菇根用薄木片切得干干净净，托了村委会主任，让他送给刘叶阳，表示感谢。刘叶阳说："我一个扶贫干部，帮助村民都是应该的，不能要人家的东西，坚决退了回去。后来村委主任说，那位大姐都哭了，但我还是没有收。"这件事，父亲没有给他送花，而是发来两个字——不妥。

刘叶阳说，有规定，为何不妥？父亲说，有时间和你聊。

中央电视总台十七频道有一个栏目叫《遍地英雄》，邀请刘永军、刘叶阳父子俩同时到现场，讲述他们担任驻村第一书记的工作经历。

刘永军讲了一个这样的故事。

王爷府村有900多户，刘永军走了个遍，哪家是贫困户、哪家是边缘户、谁家的仓里没有粮、谁家的冰箱是空的，都做到了心里有数。他发现一个单身汉还住在一座新中国成立前盖的旧平房里，房子很破旧，有潜在的危险。于是工作队按照“两不愁，三保障”要求，将他列入了贫困户。

在给这位老哥家进行危房改造时，他向工作队提出要求：要给我重盖房子，就盖60平方米的，盖40平方米的我就不盖了。

刘永军耐心做工作，告诉他，政策不是咱们随便可以更改的，如果你想要扩大一点儿，就自己添点儿钱，我们帮你打个地基，你方便时自己再加盖。这人还是不通情达理，说那我就不盖了。

不能因为一个人拖全村脱贫攻坚的后腿。刘永军找来几个和他关系好的乡亲劝说，这位老哥就是不答应。后来没办法，刘永军安排好了摄像和录音，在他家摆开阵势，然后和他谈，说你再想想，如果还是不同意拆房重建，那你就签字吧。要知道，你是因为没有安全住房，达不到“两不愁，三保障”标准才被定为贫困户的，你认为你的房子安全有保障，那就不能当贫困户了。这个单身汉一听，贫困户的种种优惠政策可不能丢，于是赶紧签上了拆迁合同。

刘永军讲到这里，大屏幕上出现了新旧两座房子的图片，旧房破旧得不堪入目，新房红砖白瓦，结实漂亮，场上响起一阵掌声。但是故事并没有结束，这位老哥心里敞亮了，劲头也上来了，拼命干活挣钱，现在生活富裕，无忧无虑。他养了几只鸡，慢慢攒了一筐鸡蛋，有一天端着这筐鸡蛋，把刘永军堵在了宿舍门口。他也不会说什么客气话，还是带着那股子犟劲：“刘书记，你要不收下这筐鸡蛋，我就站在这里不走了。”

刘永军被感动了，他知道这位村民是在表达内心的真情，虽然工作队有纪律，但是不能让老百姓觉得驻村干部跟他们外道，有距离。于是他双手接过这筐鸡蛋，表示了谢意。

刘永军的讲述，告诉所有的听众，也告诉儿子，今后自己会通过为村民多做好事的方式，回报这位老哥，也让更多的百姓受益。

不用再聊了，眼窝子浅的刘叶阳又流出了眼泪。

长大后，我就成了你……他知道自己还年轻。

自从开展脱贫攻坚以来，刘叶阳所在的马鞍山村已经发生了很大的变化，山葡萄种植和乡村旅游的发展，使这里摆脱了贫穷的阴影，在 2017 年摘掉了贫困村帽子。2019 年 7 月 15 日，习近平总书记来到马鞍山村考察调研，刘叶阳作为当地扶贫干部，负责向总书记汇报工作。

总书记来到驻村干部之家，亲切地问刘叶阳："你们什么时候撤呀？"刘叶阳的心里话脱口而出："不获全胜，决不收兵！"

党桂梅的幸福不是一朵花

她是党桂梅。

在和我交谈的全程中，她的脸上始终带着笑，有时微微蕴含，有时朗朗盛开。笑容透出她内心的阳光，让我想到一句话——幸福像花儿一样。

党桂梅 51 岁了。我坐在她对面听她讲述，随着她的故事，进入远去的岁月。我大脑里的蒙太奇不由拂去她脸上的沧桑，拂去她两鬓探出的银麦芒，于是我看到了一个身材苗条、面色白皙、不失俊秀的女子。我想，若是在优渥的环境里，她这个年龄的女人，依然可以婀娜娇嫩，可以时尚拉风，可以像花一样绽放芳华。而党桂梅，这个常年躬耕土地的农妇，这个半辈子呕心沥血的母亲，这个几十年如一日、咬定青山不放松的追梦人，在我们看到她终于甩掉了身后那个巨大的贫穷阴影，缔造了崭新生活之时，用一朵花来比喻她的幸福感，显然有些矫情。

党桂梅的幸福来得孜孜矻矻，来得扎扎实实，使我想到的不是一朵花，而是一棵树，一棵在原野上栉风沐雨的树。当然，她的旁边还有另一棵树，与她并肩而立。这两棵树一起在风雨中挣扎，同呼吸共命运，含辛茹苦，百折不挠，奋力汲取生命的营养。当枝头稀疏的绿叶终于变成了浓荫，彼此的根已经成为一体。

刘玉国比党桂梅大3岁，他们的婚姻和诸多中国农村式婚姻一样，是经人保媒开始的。媒人说，刘玉国老实厚道、心灵手巧。党桂梅一看，这人长得挺周正，听说话也本分，就同意了。许多年过去，有时候老两口拌嘴，刘玉国上来倔劲，三头老牛拉不回来。党桂梅便退一步地阔天宽，跟他说，我也会吵架，话赶话我比你来得快，我不过是大人有大量，我让着你行不行？说着她自己在一边就笑了。这是因为在党桂梅心里，嫁给刘玉国，不管日子是穷是富，是顺利还是困难，她都没有后悔过。这是她不会动真格生气的根本原因。

刘玉国家兄弟姊妹多，父母没有钱给他们办婚事，党桂梅一进老刘家的门，就背上了3 700元的饥荒。那是20世纪80年代的事情，一个鸡蛋卖一毛钱，一斤玉米卖几分钱，一亩地连200斤玉米都收不了，150亩地收入3 000元，交公粮1 000多元，平常日子还得吃喝用度呢。就是说，要还清这些饥荒，意味着小两口需要付出大半辈子的辛苦。

谁说爱情不能当饭吃？俺家就能。说完了这句话，党桂梅突然意识到什么，瞅瞅我，像个新过门的小媳妇似的，羞答答地捂上了微红的脸。

党桂梅和刘玉国，先结婚后恋爱。相处时间一长，刘玉国发现这个媳妇正是自己梦中的那个人儿，会过日子，凡事先算计，想妥了，就去做。你让她给自己放个假，歇下来，嗑点儿葵花籽，扯个闲话，她一分钟都受不了，一干上活儿便不愿意撒手。党桂梅觉得，自己想到的事儿，丈夫早想到前头去了，他虽然不说啥，行动起来却比谁都快。为了未来的幸福生活创业，刘玉国有股劲，雷厉风行；党桂梅呢，嘴一份，手一份，说干就干。真是不是一家人不进一家门。小两口你恩我爱，拧成一股绳拉车，相信铁杵一定能够磨成针，好日子虽然来得慢一点儿，但是肯定就在前面等着他们。那时候，他们俩好像上好了发条，力气足足的。

20 多年前，党桂梅家的脱贫战，已经在只有一座泥房的庄稼院里打响了。尽快把饥荒还清是他们夫妻的第一个目标，至于未来，他们不敢想也想不到楼上楼下、汽车电话之类的锦绣蓝图，只要有一院子牛羊驴鸡鸭猪，手里有个存折，存折上面有几百块钱，就是天大的幸福了。党桂梅说，一分钱难倒英雄汉，没钱的滋味我知道。手里有两个钱，遇到事儿不受憋屈。

内蒙古赤峰市北倚大兴安岭山脉，南仰燕山屏障，处于两山之间。党桂梅和刘玉国所在的北房身村，属于巴林左旗哈拉哈达镇，地处赤峰市东北部大兴安岭脚下的林缘地带。哈拉哈为屏障，哈达是山的意思，用蒙古文一翻译，你就知道这里的地形地貌了。这个镇子，包括其中的北房身村，就靠在大兴安岭山根底下，山地丛林，沟壑纵横，可耕种的田地大小不一，像一块块补丁似的散落在山间。这一带历史上是契丹的发祥地，无法考据当地的游牧生产是否与此有关。到了清代康熙年间实施戍边，农耕文化开始进入此地。北房身这个村名，明显来自汉语。这样的历史背景、半干旱草原的气候环境，让我们不难理解，为何直至当今这里的百姓依然以半农半牧为生。良田不足，山地贫瘠，气候偏冷，使这片土地从未离开过贫穷的笼罩。

党桂梅出生在北房身村附近的一个营子，营子就是自然村，往往只有十户八户、二三十户的人家。叫营子，也应当是游牧时代屯兵记忆的一种延续。党桂梅排行老三，有两个姐姐。读到小学三年级，父母不让她接着念了，当然是供不起了。家里所有的哥哥姐姐，不管是否成年，都要下地干活，而党桂梅这个还没有告别童年的小姑娘，需要在家看弟弟、做饭、打扫卫生，为下地劳动的人做后勤。她哭，一哭就是一整天，夜里躺在床上还在抹眼泪。要说学习成绩，党桂梅在班上始终是状元级的，全班 60 多个学生，第一批戴上红领巾的只有一个男生和一个女生，那个女生就是她。作为一个好学生，党桂梅每天都是兴高采烈的，唱着“太阳当空照，花儿对我笑”上学，捧着鲜红的 100 分回家。虽然到了家，放下书包就得出去放羊采野菜，但她是快乐的，从不知忧为何物。

姐姐说，三儿呀，别哭了，好歹你还上了三年级，一分钱大的字认识了两口袋。会写自己的名字，会写咱妈咱爹的名字，还能分清林东怎么写，林西怎么写。你看看你这两个姐姐，进了屋认识锅台，出门认识垄沟，不是也得活着？

党桂梅看看大姐和二姐，不哭了，一连好几天谁也不理。她把嘴唇咬出血来，把话咽在肚子里，告诉自己——上不了学，我也要好好活一把，绝不能听天由命。

昔日的同学放学回来，从自己家门口路过，党桂梅立刻扭过头去，不看人家怜悯的目光，也不看人家肩头那叫人眼红的书包。但是她没有忍住，到底还是把同学拦在家门口，问人家今天学校里都学啥了。同学讲给她听，她一只手抱着弟弟，另一只手拿根柳条在土地上写，把生字用拼音注上，用加减乘除小数点，把家里的玉米土豆和辣椒算了一遍又一遍。一天两天，一年两年，党桂梅有了几分自信，你们坐在教室里，五年级小学毕业，我坐在院子大门口，课本上的生字我也都念下来了，加减乘数小数点，我也会使用了。

这件事对于她今后的意义有多大，年少的党桂梅并没有意识到。时隔多年，面对我的采访，说起这件事，她灵光一现，拍了一下脑壳说，对劲儿啊——村里和乡里的领导们说我是脱贫路上敢做梦的女人，我这个敢做梦啊，八成就是从那个时候开始的。

她对丈夫说，人有两件宝，双手和大脑，咱们不能让它们闲下来。丈夫说，哈下腰杆往上走，多高的山也会给咱们留一条道。

巴林左旗的林缘草原和山地，出产黄芪、沙参、防风等多种中草药，由于天旱，日光照射强烈，质量是一等一的好，只是当时市场还没有形成，中草药的价格很低。中草药长在杂草和灌木丛中，不好认，好不容易找到了，根子很深，十分难挖，有时候，为了一棵完整的药材，要将死硬的土地深挖好几尺。挖药这活儿，吃苦不说，也有危险，要时时提防被毒蚊虫叮，要小心爬山踩空，还要躲着荆棘以免划伤手脚，即使在十分贫穷的巴林左旗，也很少有人靠挖药谋生活。从前挖过药的老人说，猫一天，狗一天，平均下来一天能挣到两三块钱就顶天了。小两口商量了好几次，把眼前能挣钱的事排了个队，发现只有挖药不用先投入成本。况且地里春种秋收，打理好庄稼，人还有空闲，可以做到两不耽误。中草药一般都不是一年生植物，所以，挖药这活儿春夏秋三季都可以干。

当他们在夕阳落山的时候，提着半篮子中草药，脸上带着被树枝划破的血印子，身上满是茅草沙尘地回到村里时，邻居说，傻呀，这活儿也干，这点儿钱就把你们支使成这样。

他们哭笑不得，但没有放弃。后来掌握了挖药的技术，驾轻就熟，每天可以收入大约 12 元。他们一个又一个 12 元地攒起来，加上平时省吃俭用从手指缝和嘴巴里挤出来的零钱，第三年就还上了 3 700 元。

无债一身轻，虽然作为年轻媳妇的党桂梅，过年都舍不得买一件流行的新衣服；虽然到了集上，面对小商铺里五红大绿地挂着的纱巾，也只能停下脚步看了又看，然后像没听见老板招呼似的，扭头就走。但是她觉得这日子已经很让人满足了。

党桂梅告诉我："住在我家里的婆婆，每天可以吃上一个鸡蛋了，有时下在面条里做个荷包蛋，有时还可以让老人换个口味，把鸡蛋用豆油煎一煎。往锅里放油的时候，也不必那么小心翼翼地一滴一滴地滴了，多倒一点儿也不用那么心疼了。我有了身孕的时候，想喝一口酸奶，老公说，咱们去打牛奶，回来自己发酵。拿上钱，拿上盆，就把牛奶打回来了。

"儿子出生了，长得虎头虎脑，结结实实的，一逗就咯咯地笑。院子里也养上了鸡，养上了一头大母驴。我们有了儿子，才理解老人们说的话，人心真的都是往下长的。看着自己身上掉下来的肉，看着儿子活泼可爱的样子，我们两口子心里那个爱呀，就像吃了甜菜疙瘩那么甜。我跟他爸说，我这辈子最委屈的就是没好好上学，我要是好好上学，现在没准儿也能当个东方之子，上个电视啥的呢。那时候中央电视台有个栏目叫《东方时空》，介绍过好几位女科学家、女教授，都是国家的顶梁柱。我特爱看那个节目，有时看着看着，就忍不住掉眼泪，心想她们虽然不容易，但人家毕竟成功了……我每回说起这话，我们家刘玉国就会接——供、供、供，咱儿子在乡里上了小学，到林东上中学，然后到北京上海念大学，等他有了儿子，就到联合国去念，做个决定世界大事的人。到那个时候，党桂梅就出名了，人人都知道党桂梅老奶奶不是一般人儿……玩笑虽然开得有点儿大，但是再苦再累，也要把孩子供出来，是我们像铁一样实实在在的想法。

“可能是由于我长年劳累，早早地就没了母乳，给儿子喝米汤，加点儿牛奶，孩子眼看着就瘦下去了，6 个月，连 2 斤肉都没有长出来。我们心里那个难受啊，缺钱，怎么办呢？挖药，种地，土里刨食的办法是解决不了问题的。这时候农村的集市活跃起来了，我们这一片的集市也很热闹。看着那些林西镇和林东镇的人，从大城市带来了洗发液、电熨斗、方便面到集上卖，是挺赚钱的。可是我们没本钱，家里有孩子、有地，也出不了远门，我们能卖点儿什么呢？

“山根、河套、庄稼地，长啥卖啥吧。玉国手巧，就到河套割了些柳条子，在自己家编土篮，每天干完地里的活儿，我给他剪柳条，打下手，我们俩一直干到半夜里。后来他也把我教会了，他编大筐，我编小篓。10 天一个集，赶集的地方离我们北房身村 80 华里，他骑着个加重的自行车，带着我，前面车把挂着 5 个土篮子，我的肩上挎着 5 个土篮子，再装上点儿葵花籽、山杏仁，偶尔带点儿冰糖红糖，过年过节带些对联去卖。我们挣钱虽然不太多，几年下来也把儿子养大了，还置上了一公一母两头驴、20 多只下蛋的鸡，后来又抓了一头小母猪，每年能卖出一窝小猪仔。家里的日子真是好多了，有盼头了，这时候丫头也出生了，我们也成了儿女双全，不愁吃穿的户了。”

儿子听话又聪明，女儿虽然小，但是伶俐，不到 3 岁，就能把电视里动画片的的故事照讲一遍。党桂梅两口子就盼着两头驴生小驴驹子，慢慢繁殖起来，到时候借上大力，供两个孩子上学的钱就不愁了。好日子的缰绳已经被他们抓在了手里，只要平平安安地过下去就好了。

万万想不到的事情，没有任何预兆地来了。儿子 16 岁那年，突然身体和精神出现了怪异现象，乱发脾气，乱砸东西，在很短的时间内愈演愈烈，最后到了无法控制的程度。刘玉国和党桂梅赶紧带着儿子到了巴林左旗和赤峰市的医院，确诊的结果为精神性疾病。这个消息简直不啻晴天霹雳，令这个刚刚过上安稳日子的家彻底地塌陷了。

刘玉国知道党桂梅患有高血压，经不住打击，就劝妻子说，孩子小，正是长身体的时候，咱们咬牙使劲干，有了钱肯定能治好。说是说，刘玉国的心里压着一块大石头，他一个人坐在地头上抽烟，一坐就是一下午。家里所有的存款都花光了，亲戚朋友给予的资助也用光了。他们开始借高利贷，想着即使倾家荡产也得借，万不能把儿子耽误了。里里外外，他们花了 28 万元。最后实在没有钱了，儿子无法住院，只能在家里服药治疗，效果显然就差多了。一天天劳心劳力地照顾着处于异常状态的儿子，党桂梅感觉自己越来越没劲，早上起来从炕上往地下一站，两条腿好像是别人的，泥一样地堆下去。降压药加了剂量，血压看着是降下来了，压差却拉大了。

她硬挺着，暗暗告诉自己，你可不能倒下去，儿子病了，女儿还小，你要是再倒下，让玉国一个人怎么扛得了？在丈夫面前，她说，我就是急火攻心，吃点儿牛黄上清片就好了。在刚刚上小学的女儿面前，她还是那个无所不能的妈妈，每天问孩子的功课，让她吃好穿暖，给她打扮得漂漂亮亮的，送她到大门口。

一天早晨，她起身时感觉身上很难受，眼前突然一黑，就晕了过去。等到醒来，她一睁开眼睛，天哪，谁给我脑袋上蒙了一块红布？从头上到脚底，都黑红黑红的，窗台上绿色的龙角菊是红的，饭桌上黄色的小米粥也是红的，看看天，天花板是旋转的，墙角转成了锅沿儿……

住进医院，党桂梅的病情一时也没见好转，医生说还需要做一些检查，请专家会诊，需要的治疗费也不少。刘玉国在门外和大夫的对话，党桂梅隐隐约约地听到几句，和她猜想的差不多。她闭上眼睛，不吱声，静静地躺了一天一宿，第二天起来，就喊丈夫。她想好了，换下医院的病号服，穿上自己的羽绒服，回家，不治了。

她说："我当时想了，回去养一阵，好了就好了，不好也不浪费钱。家里的鸡鸭猪，还有攒下来的几百斤小米和干黄芪，全都卖光了，就剩下两头驴，可不敢再卖了。女儿小，儿子病，往后不得把个闷葫芦似的男人愁死啊？留下驴，慢慢养，年年下两头小驴驹，还有个活钱，怎么难也要把女儿供出来，将来有个旱涝保收的工作。等到没有我那一天，她爸干不动的时候，也有人养老不是？她哥也得有人管啊。"

叫了几遍，也没有听到丈夫回答，到了下午，刘玉国才一头热汗地进了病房。他告诉党玉梅不用急了，大夫说，这点儿病不算啥，住一阵子院治治就没事儿了。

党桂梅说："你是不是把我的驴给卖了？"

刘玉国说："没有没有。"

党桂梅一连问了好几遍："那你哪来的钱？"

刘玉国脸一绷，呵斥她："你这个女人怎么回事儿？天塌下来有老爷们儿顶着，都病成这样了能不能省点儿心？"

后来，党桂梅出院回家。一进院子，眼泪就止不住了。院子里果然空空荡荡，安静极了，没有鸡鸣，也听不见驴叫，就连原来准备修房子的砖也不见了。儿子站在门口，一脚门里一脚门外，直愣愣看着母亲，就好像不认识一样。女儿小，但是很懂事儿，专挑高兴的事儿说。她说："妈妈妈妈，我们老师表扬你了，说如果不是你教育得好，我当不上班长。"

一家 4 口人搂在一起，默默流了半天眼泪。还是党桂梅擦干泪水，把灶火点燃，然后下了一把面条，到地里薅了点儿青菜，全家吃了灾难之后的第一顿团圆饭。她知道，一切都得重新开始。

刘玉国和党桂梅刚刚尝到的幸福生活，就这样不翼而飞了。他们家的日子已经变成了一条无助的小船，在看不到绿洲的汪洋里勉强地漂泊着。

党桂梅出院以后，身体还是弱弱的，还需要吃药和继续治疗，这 3 年时间，一个 40 多岁的女人，头发都白得差不多了。她挣扎着，跟在丈夫后面，下地干活，院里院外地张罗一家人的生活，每天累得直不起腰来。他们种了 15 亩地，舍不得雇工，全是夫妻俩没黑没白地春种秋收，为的是把从前的日子找回来。可是，毕竟负担过重，力不从心，生活依旧像不能开花结果的树，冷漠地面对着这苦苦追求的夫妻。

2017 年，他们家因病返贫，被识别为建档立卡贫困户。

按政策规定，接受扶贫项目资金，养上了 7 只基础母羊，开始发展家庭牧业。两年后，他们出售了 8 只羊羔，又买了 2 头小猪，日子开始有了转机。

镇里的领导、村里的干部、驻村第一书记，都在为他们家寻找挣钱的路子。刘玉国和党桂梅说，政策虽好，咱也不能等靠要。村干部说，十三敖包村和新井子村的村民绑笤帚挺挣钱，你先跟着村干部去，看能不能学会。刘玉国本来就心灵手巧，到了邻村的笤帚加工车间，一看人家那里干得很红火，一些参与的贫困户都有了收益。便煞下心来，开始学这项技术。

要过年了，驻村第一书记刘凤鸣来到党桂梅家，给她生病的儿子带来一套新衣服，是用从自己工资中挤出来的钱买的。自从刘凤鸣包户进入这个院子，他就给这个饱经创伤的家庭带来了无数温暖，也带来了很多好建议，帮他们解决了不少困难。他自身也被这对夫妻自强不息的精神深深打动了，他发现在这个家庭里做扶贫工作，不存在扶贫先扶志这个程序，只要给夫妻俩提供了切合实际的项目，他们总是做得超出预期。

刘凤鸣看看院子里的鸡圈，空的。他们家的鸡每天要出去溜达溜达，吃点儿小昆虫、小草籽，平日的饲料全是苞米子、瘪谷子，没有任何不天然的饲料。他们家小鸡下的蛋，蛋壳硬硬实实的，打开往碗里一倒，橘色的蛋黄外面有两层蛋清，里面的稠，外面的清亮，鸡蛋煮熟了，一敲裂壳，满桌子香气。

看看他们家的羊圈，地上总是干爽的，一点儿没有屎尿的膻臊气。党桂梅每天都要出去一趟，一并放着羊，赶着鸡，还要带个篮子捎些羊草和野菜回来。她家的羊，不会整天圈在圈里吃喝拉撒，无论基础母羊还是羔子，都白得跟雪团儿似的，招人喜欢。

党桂梅的儿子谢过刘哥，接过这套衣服。他自己没有穿，而是来到妈妈的面前。他说："妈妈，你整日辛苦，过年了，都没有新衣服穿，这衣服你穿吧！"

党桂梅一下愣在了那里。

自从儿子得病以后，她每天不知道盯着儿子的眼睛看多少遍。儿子的眼神，直接地反映他的精神状态。她每每看着儿子的眼神，都心痛得如刀割一般。那是混沌的眼神，冷冰冰的眼神，痴呆呆的眼神。此刻，她盯着儿子的眼神看了半天，一把抱住了儿子，把他的脸贴在自己眼前……的确，儿子的眼神变了，有了正常人的情感内涵，儿子说话的表情也是那样亲切、那样自然。

党桂梅激动得两手发抖，她竭力让自己平静下来，像什么也没有发现似的对儿子说："这衣服是男式的，我大儿子穿正好。"

儿子说："妈妈，那你过年还没有新衣服呢。要不我不要压岁钱了，你自己留着买件新衣服吧。"

党桂梅强抑制住自己的心跳说："大儿子，好儿子，妈妈听你的。"

女儿叫刘慧怡，从小受党桂梅的影响，要强、上进，善解人意。

这时候她也看出了哥哥的变化，聪明的女儿不露声色，附和哥哥说："妈妈，我也不要压岁钱了，你留着买件新衣服穿。你看你，身上的棉袄袖子都磨漏了……"

党桂梅一把搂住两个孩子，紧紧地贴在自己的胸口，眼泪再也止不住。难道从前的幸福要回来了？

这一天，党桂梅比什么时候都盼着刘玉国回家，她要把这个好消息告诉丈夫。

往常，党桂梅心疼劳累了一天的丈夫，总是先招呼丈夫坐下来，全家一起吃了饭，让他抽根烟，歇一歇。到了很晚，夫妻俩才有时间说点儿话，商量点儿事。此刻，她实在按捺不住激动的心情，刘玉国一进门，她就把丈夫拉进里屋，说："我有一个好消息要告诉你。"

刘玉国说："我也有个好消息要告诉你。你看看，外屋我给你带来啥好东西了。”

党桂梅说：“你让我先说。”说着，眼泪就流出来了……

刘玉国给党桂梅带回来的是两把笤帚。这两把笤帚是他自己学着绑的，是他在外村学习的毕业作品。

内蒙古东北部大兴安岭东南部的农村，有 50 多年种植笤帚糜子的历史，不过所产的糜子都廉价卖给了外地客商，当地农民自己制作笤帚，是在全国上下开始脱贫攻坚之后。刘玉国拿回来的成品笤帚，和当时外村乡亲们绑的成品有所不同，更精巧、更漂亮一些。

刘玉国说：“你看没看出点儿门道？”

党桂梅说：“我知道，你把塑料绳和丝绸带子都扎进去了，变出花样了。”

刘玉国说：“我的基本功还是不行，手劲不匀，分缕也不准，但是咱下力学，也不是啥难事。现在手工活儿受欢迎，消费者买啥东西都喜欢精致的。要是弄好了，一把小笤帚就能卖 50 元钱呢，大笤帚卖 100 元也不是问题呀。”

党桂梅飞快地算了一笔账，家里的 15 亩地，过去种笤帚苗子，能卖出四五千块，要是用自家的原料绑笤帚，收入可要翻上七八倍呢！

邻居大嫂在村里遇到党桂梅，很疑惑地问她，桂梅你家电灯开关是不是不好使了，怎么晚上老也不闭灯啊？大嫂不知道，这两口子又像当年上山挖药一般地干疯了，起早贪黑一个月，他俩拿下绑笤帚的技术，还开始了自己对自己的挑战，学着设计花样、设计造型。心情好，身体就好，党桂梅似乎把有病在身的事情都忘记了，每天忙得不亦乐乎。家里有了钱，儿子得到更好的治疗，身体和精神也一天天恢复向好，可以帮助父亲照看牲畜，帮助母亲干一些体力活了。党桂梅跟我说：“真的，是脱贫攻坚的好政策，让我们家登上了顺风的大船，跟上了时代的脚步。”

收获总是属于不辞辛苦的人。刘玉国和党桂梅成了远近闻名的绑扎能手。他们把自己绑的笤帚拿到市场上销售，有结实的扫地笤帚，有轻巧的扫炕笤帚，有很多种装饰用的观赏笤帚。根据市场的需求，他们不停地探索出新的花样笤帚，例如民俗中给婴儿放在枕边压惊的迷你小笤帚、放在汽车里除尘用的长把短头笤帚、老人喜欢的锤锤乐等。喜欢的人越来越多，第一桶金就这样来了。党桂梅算了又算，如果按照这个路子做下去，不出两年，他们一家就会过上富裕的好日子。

如果在绝地翻身伊始，埋头自扫门前雪，一心一意把自己家的致富工程经营好，也是无可厚非的。但是党桂梅和刘玉国心里正琢磨着的是，哈拉哈达镇北房身村，有100多户，一般一口人3亩地，基础很薄，卧床不起的、一家有两个残疾人的、因事致贫的，比自己贫困的还有不少人家。党的政策帮助了咱，咱好意思看着他们受穷吗？

为了能带动其他贫困户一起从事笤帚加工，夫妻俩把自家的两间屋子收拾出来当车间，但手头只有几十块钱，不够用。聪明手巧的刘玉国就自己制图，自己动手焊接，用废弃的自行车改装出一套笤帚苗绑扎架子。接着边用边改进，制作出了集绑扎工具和案台于一体、同时容纳6人操作的绑扎工作设备，大大提高了工作效率。刘玉国和党桂梅当师傅，把绑笤帚的技术传授给了20多位村民，让他们到车间学会技术，各自回家绑笤帚，然后借助扶贫创业车间的市场渠道出售。

我走进党桂梅家的场院和住房，远远就听到了妇女们快乐的说笑声。现在，乡里用扶贫资金给她家修建了专门置放笤帚苗子的大仓库，又更新了扶贫车间的生产设备。村里的妇女和老人乡亲们，也有了用武之地，不用风餐露宿、单独经营，只要学了技术，就可以来他们家的扶贫车间挣到钱，过舒心日子。

党桂梅和刘玉国被评为脱贫攻坚内生动力示范户。2018年妇女节，党桂梅在镇政府举办的“笤帚苗加工技能比赛”中荣获优秀奖，他们家彻底甩掉了贫困户的帽子。2019年他们种植30多亩笤帚糜子，带动10个贫困户一起脱贫。他们的精品笤帚，在市场上走红，已经卖到了北京、天津、石家庄，有一位著名的影视演员一次就购买了300多把。

底气足了，党桂梅侃侃而谈。在采访结束的时候，党桂梅说咱们俩加微信吧，我看到她给自己起了个网名，叫“红星向党”，很多人在微信上订购她的笤帚。

我起身告别，党桂梅拉着我的手不让我走，非让我去看看她女儿的奖状。

党桂梅告诉我，她去学校给女儿开家长会。老师告诉她，你家刘慧怡学习好，又谦让，对于有缺点有困难的同学很热心。党桂梅说我心里明白，我们平日里对女儿的教育，如今显了效果——能站起来走路，没人会愿意爬着走。咱们困难过、穷过，要是没有人帮，能站起来吗？所以咱们到啥时候也不要看不起穷人，看不起弱者。你手心里有硬币，就不要攥着握着，要用手托着，递给这个世界。

回来的路上，党桂梅去了书店，买了一套四大名著，作为对女儿的奖励。

西沟村的郝彦波

内蒙古赤峰市喀喇沁旗地处燕山山脉和大兴安岭山脉之间的丘陵草原，春季风大干燥，夏季多雨高温，适合种植沙参、黄芪、防风、桔梗等中草药。这里有个西沟村，出了个机械公司，已经成为国内中草药种植机械产业脱贫的领衔企业。

公司的老板叫郝彦波。三十六七岁，个子不高，身子略显单薄，两只不大的眼睛炯炯有神。

说起扶贫的事情，他说没别的，就靠机器。

眼前是一片药田。9 月，到了收获的时候，防风的秧子绿着，却蔫倒了；沙参的秧子枯黄，即将化为泥土的一部分。季节不等人，种植的药材不及时挖出来，根茎就会变黑腐烂。父母眼巴巴盼了两年的收益，就会鸡飞蛋打。药田是自己家的，也就 2 亩地大小。

郝彦波把肩头的五齿叉子放下来，在药秧根部附近插下去。

原来挖药这事儿，并不好玩。土地坚硬，沙参的根茎扎在地里60多厘米，他一只脚踩下去，叉子只入土20厘米，他两只脚踩上去，倾尽整个身子的重力，又使劲顿了顿，65厘米的叉子深入土层。土又沉又硬，他憋了个大红脸，才算把叉子撅出来。就这样，一叉子挖掘出几根药茎，他挖掘了一整天，直到最后一丝残阳消失，手上的水泡磨破出血，汗水和泥土把脸涂成了黑盔，仅挖完了不足一分地。他直起身来一看，暮色中，这药田怎么这么大呀，何年何月才能挖到头？

那一年郝彦波17岁，高中还没毕业。他是西沟村一个农民的独生子，从小生得单薄，个头也矮。虽然家里缺衣少食，但郝彦波不缺少爱，父母把他当作掌中之宝，但凡他提出一点儿要求，父母再难也要变着法地满足他。四五岁的时候，父亲就看出来一些端倪了，这孩子看电视上的变形金刚，两眼直直的，给他个黏豆包都不动。后来大一点儿，他就把家里好好的座钟给拆了。父亲进了屋，儿子连头都没抬，他坐在屋地上，裤子沾满尘土，旁边是按照顺序摆放的座钟零件，时针、秒针、发条、齿轮、钟摆。他全神贯注，抻着小脖子，要把拆散架子的钟，重新装好，可是怎么使劲也装不起来……父亲拍拍他的脑袋，一句责怪都没有。父亲认为儿子念书好，门门功课都不差，跟他从小喜欢动手动脑有关。

上了中学，郝彦波被推选参加全市的数学竞赛，到了赤峰考场，他早早答完了题，看到有些小错误，也不改，交了卷子，就忙三迭四地退场，去看城建工地的大塔吊了。不过他最后的成绩还不错。父亲在村委会门前很谦虚地告诉村干部：一般一般，赤峰第三。

考学，儿子一定行！和千千万万个农村孩子的爹娘一样，他们认准了考学是摆脱贫困的唯一途径。父亲收废品，母亲打零工，省吃俭用，把挣到的钱一点点往银行存。聪明的儿子给了他们盼头。

就在这时候的某一天，郝彦波的堂哥去世了。那是一个身强力壮的小伙子，每天在地里挖中药。喀喇沁的秋天寒风刺骨，他总是累得一身大汗，于是光着膀子干，不一会儿就渴得嗓子冒火了，捧起身边的凉水就喝，抓起个凉馒头就吃，结果伤了肺，送到医院，人已经没了气息。

郝彦波放学回家，把书包往炕上一推，说："我不想念了，我得回家帮你们干活。"

父亲说："你不是想当工程师吗？"

母亲说："儿啊，力气活儿你打小就没干过，不是逞能的事儿。"

郝彦波不吱声。

父母沉默一夜，第二天一早，把药叉子递到了儿子手中。他们觉得，让儿子体验体验也好，他知道了脸朝黄土背朝天的劳作是啥滋味，就会把手里的药叉子一丢，重新背上书包回学校。

没想到，儿子把手藏在手套里，不给父母看。他每天照常挖药，还抽空儿到舅舅的拖拉机跟前转来转去，晚上也不睡觉，点灯熬油地画一张图。地里的药材还没有挖完，郝彦波手里的自动挖药机草图已经改了好几遍。

其实郝彦波在挖药的第一天，就萌生了发明个机器的想法——可不能再出第二个堂兄了，为什么喀喇沁 40 年的种药史就不能改一改呢？他把手里的图纸在父母面前展开，说不采用机械化，咱们十里八乡种药材的农民永远熬不出头。我做一台挖药机，给你们看看中不中？

父亲领他到废品收购站，收寻回一堆旧机械零件、旧焊条。母亲翻箱倒柜，拿出家里仅有的 200 多元钱，接过了儿子手里的药叉子。年幼的郝彦波满心都是梦想中的机器，并没有发现母亲眼中隐隐的泪水。

郝家的院子里响起了金属的撞击声，村里的二婶三叔七姑四舅过来看热闹，他们一出了院，就开始七嘴八舌：这孩子，真是不知天多高地多厚，你个毛孩子能发明挖药机，赤峰城里的那些能人还活不活了？这两口子太惯孩子，非惯出个败家子不可……

闲言碎语一说就是 14 年。从最初设计出第一台样机，到建立工厂成批量生产，到工厂的系列产品在国内和俄罗斯被广泛使用，再到挖药机产业成为中药种植领域的龙头企业，郝彦波苦苦学习了 14 年，整整奋斗了 14 年。

要把这个图纸上的机器制造出来，并且付诸试验，需要钱，用以交电费、买材料、买工具，更重要的是要买专业书。从机械动力原理，到设计图纸绘制，郝彦波是先下海，后学游泳。他还需要一台拖拉机，用来牵引挖药机，在药田里走动作业。钱不好借，亲戚朋友认为拿出去的钱等于打水漂。母亲给人家赔着笑脸，二十三十地借一点儿，然后细细地花在刀刃上，她也是心里不落底，生怕落下饥荒。拖拉机，大舅的家里有一台，大舅喜欢机械，也喜欢这个爱鼓捣机械的外甥。可是姥爷不准许，郝彦波央求了几次，姥爷说，你给你大舅鼓捣坏了，谁花钱修？郝彦波至今未抱怨过姥爷，他懂那种家家缺钱的生活。好在不久姥爷外出，大舅立刻把拖拉机给郝彦波开来了，还带来一台电焊机。

年轻的郝彦波，洗干净头脸，换上T恤衫，高兴得像花儿遇到春风，那一刻真的没想什么天多高地多厚，他的眼睛里只有一幅画——家家户户的地里都有挖药机在工作，那些长着须毛的沙参和黄芪，从土里露出白生生的根茎，就像胖娃娃从梦中醒来，打个滚儿，跳进了柳条筐。一筐筐的药材上了汽车，摇身一变，就变成一件暖融融的羽绒服、一条大红色的羊毛围巾，变成一座瓦房铁栅的院落，门前有一辆簇新的摩托车，门旁有一大片猪舍鸡圈，猪探出肥肥的头，鸡脚下是一颗颗洁白的蛋。这是他的梦，梦中有给父母的礼物，有自己未来的家，有美丽的西沟村……二婶三叔七姑四舅你们闭嘴吧，我的美梦即将成真，新闻发布会就要开始了！

然而，没有哪匹马能一步跨过大草原。在自家的药田里，郝彦波的机器开始操作，挖药的叉子插入了泥土，第一次挖出了几棵断根的药材，第二下机器发出了异样的响声，接着，力臂失控，车身散架。这个完全没有参照物，全凭一个青年的想象力设计、使用废铜烂铁制造的器物，在众目睽睽之下倒了下去。

失败难道就不是财富吗？此后，郝彦波废寝忘食，在失败中寻找成功的因子。这台雏鸟般的机器，幼稚的地方太多，他一丝不苟，一一打磨，慢慢地找到了主要矛盾——液压油缸不过关，他换材料，换油封，经过上百次试验，改进了液压油缸的结构性能。就这样，跌倒了爬起来，爬起来再前行，到了 2005 年，郝彦波的挖药机终于研制成功，并获得国家知识产权局授予的知识产权专利。

故事到了这里，不是结尾而是开始。

在市场经济的背景下，手攥着宝贝，却不能进入市场，就像一只没有帆的船。一贫如洗的郝彦波，在院子里久久地坐着，天上的小雨什么时候下的，他不知道，母亲叫了几次，他也不想去吃饭。机器的性能可以了，下一步该如何批量生产、推广使用呢？郝彦波需要很多钱。

别无他路可走，郝彦波把研制成功的挖药机放在仓房里，向亲戚借了 300 块钱，出发了。他要到城市里去打工，然后把梦想进行到底。西沟村离赤峰 40 公里左右，他是骑着一辆旧自行车去的。一路上他默默祈祷，愿这是自己和父母的人生中最后一次借钱。

他需要找一个住的地方，需要填饱肚子，还需要尽快找到工作，找一个工资高又能学到技术的工作。他走遍了当时赤峰市内的 20 多个职业中介，兜里的 300 元钱，就像手掌上的一块冰，分分秒秒在缩小。

他小心翼翼地问中介经理，有没有工资高一点儿的工作。中介经理一伸手："有，中介费 50 元。"他的手在兜里把几张钞票攥出了汗，舍不得拿出来，中介经理便把他当作了空气，视而不见。他第二天又来到中介，和中介经理搭讪，结果又当了一天空气。第三天，他还来，往前凑了凑，经理不耐烦了，他依旧赔着笑脸。

他说："到底哪里招工？"经理说："中介费。"他说："我就问问干啥活儿还不行吗？"

经理说不行。他说我不问清楚干什么活儿，交了钱干不了怎么办？

经理说："你真磨叽。就是电焊工。"

郝彦波心里一喜，忙稳稳神，做失望状说："电焊，技术活儿，干不了。"抬脚走人。

他在又小又冷的出租屋里，把一本厚厚的赤峰黄页早已翻得烂熟。他知道，整个赤峰只有 3 家电焊厂。

他来到邮电局，花了不到 1 块钱，分别给这 3 家电焊厂打了电话。其中最大的一家正在招电焊工，工资 8 000 元到 3 000 元，真是太诱人了。

厂里的老总和副总一起面试。郝彦波不敢夸大自己的电焊技术，他说自己在家里焊过一般的小机器，没敢说也就焊过一台挖药机。老总绷着脸说，我们不收学徒。副总倒是和颜悦色，他说："小伙子找个小厂子练几年再来吧。"郝彦波说："我不要工资，也不吃厂里的伙食还不行吗?"两位老总摆摆手，把郝彦波扔在了接待室里。

临走，郝彦波拿了副总的一张名片。第二天他给那位副总打电话："我没别的优点，就是认学，我觉得到你们企业很正规，有前途。我不要工资，只要个机会，领导就给年轻人的上进心一点儿厚爱吧……"

副总说："那你就来试试吧。"是郝彦波的最后一句话让他动了恻隐之心。

这家电焊厂主要生产变压器，订单多得做不过来。电焊车间有 5 个技工，干了 18 年了，技术水平相当可以，他们抱团取利，平分项目工资。对郝彦波，他们一开始没当回事儿，用赤峰话说，这孩子你是不是有点儿潮?分文不取你图个啥呢?学徒?没师傅 18 年你也学不成。

时间过去两个月，他们发现这手脚勤快、闷声不语的小伙子不可小觑。因为他交出的零活儿小活儿，十分像样，结结实实、板板正正，不亚于成手的水平。

只有郝彦波自己知道，这两个月自己是怎么过来的。白天，师傅们干活不许他掺和，他在一边干零活儿，远远地偷艺。到了午休和下班之后，他就拿起焊钳，捡来些下脚料，分秒必争地苦练。至于吃饭，就是两个馒头、一杯白开水，盒饭是买不起的，包子是当节日大餐来享受的。

郝彦波想请教 5 个师傅，自己不抽烟，买了盒烟给师傅点着，被师傅们一横胳膊拨拉开了；他说师傅们赏个面子喝顿小酒吧，师傅们连头都没抬。

只要有恒心，铁杵磨成针，机会总是属于有准备的人，这话果然不假。

3 个月以后，郝彦波靠远观勤练，可以独立完成小型变压器的焊接组装了！他焊好的机器往那里一摆，美观、牢固、严丝合缝，5 个师傅也只能啧啧赞叹。这时候，工厂接到一个大订单，焊接一个 2 500 千瓦的大变压器，相当于一间小房子大，工艺水平要求高，但时间短。5 个师傅和老板谈工资，没谈拢，撂挑子不干了。

空空荡荡的车间只剩一个瘦瘦小小的郝彦波在干活儿。老总来了，没有认出来他是谁，盯着看他操作，又用挑剔的眼光检查了他做出的成品。好半天，老总说，给你找几个工人，你带着他们把大变压器拿下来中不?郝彦波一听有点儿不相信自己的耳朵，镇定一下，他老老实实地回答老板："小的中，大的没干过，但是我一定要干好，说什么也不能影响公司声誉。"

老总果然目光如炬，又想到这个年轻人做事能为公司考虑，便给了郝彦波每月 800 元的工资和几个帮手，把任务派给了他。郝彦波起五更爬半夜，把每天的生产流程设计到分秒精准，把人力调配到最合理。检查质量，一个焊接缝，牙签那么宽的误差也逃不过他的眼睛，最终如期优质完成任务。这时，郝彦波的焊接水平已经远远超过了那 5 位干了 18 年的师傅，并且在制图设计和技术管理上可以独当一面了。他的工资因此三级跳，达到每月 5 000 元。被聘为车间主任之后，老总交由他来统筹车间的薪酬分配。最高的时候，他手下的技工每月工资 8 500 元。

一转眼要过年了，他给母亲打电话："妈我要回家了，你想吃什么，需要点儿什么，我给你买回去。"母亲说："快别价孩子，咱们家用钱的地方多着呢。"郝彦波说："我一个月挣快 5 000 元了呢，不差这点儿钱。"他没敢说 8 000 多元，他怕母亲不相信。

母亲说："儿子，真的?"

他说："妈，真的。"

电话里传来了母亲掩抑着的啜泣，她勉强说出一句话，儿子啊，有个好工作不容易，可要好好把握这个机会啊。话里透露出一丝担心。

知儿莫如母。2007 年，在打工生活顺风顺水的时候，郝彦波以家里搬迁为理由，向老总请了长假，怀揣着积攒下来的不足8万块钱，回到了西沟村。他跟父母说，厂里的工作每天都一样，我要干点儿每天都有新意的事儿。父亲拿出钥匙，打开房门，他回到了梦中的挖药机跟前。

挖药机在库房里搁置了两年，但是在郝彦波的脑子里，一天都没有搁置，即使在打工最劳累的时刻，他只要一闲下来，就会不由自主地琢磨起挖药机的改进。现在，他有钱了，到了第二次冲刺的时候。他买了一台拖拉机，更新了挖药机的设计，制造出一台完整的新型挖药机，到工商局正式注册了机械制造厂。这时候的郝彦波已经打开视野，学会了研究市场、关注社会需求，他认为，随着人们保健意识的提高，中药的市场需求将会扩大，挖药机的使用势在必行。他鼓动父母，提前种下10亩药材。他经过测算，批量生产挖药机，尚需40万左右的资金。一个老同学不怕担风险，要求参与，于是两个人分别贷款，生产出20台挖药机，准备大干一场。

郝彦波开着拖拉机在药田里作业，引来了人们的围观。挖药机果然不错，虽说速度和精确度还处于初级阶段，但是一台机器顶五六个人工已经没有问题了。附近的药农看了之后跃跃欲试，媒体也来凑热闹——中国第一台挖药机诞生了，从此改变中药种植的劳动方式。

很快，第一个敢于吃螃蟹的人出现了。可是，当客户把花了3万多元钱买来的机器往地里一开，没等挖完半亩地药材，挖药机就出现了故障。郝彦波赶紧派人修，当时是修理好了，可还没等修机器的师傅回到家，电话又来了，机器又出毛病了。这到底是怎么回事呢？郝彦波整天在客户的药田里琢磨，他发现如果自己亲自操作挖药机，机器会很好用，一旦换个生手，就会故障频频。就这样，好歹挖完了客户地里的药材。这位客户是个厚道的老兄，没有让郝彦波退货，默默地把这台挖药机放在场院里，再也没动。

郝彦波把剩下的19台挖药机放在自己院子里，不敢再销售了。这时候到了年底，银行的贷款利息将近4万元。怎么办？郝彦波可以回电焊厂继续打工，挣得多一点儿，最终还上利息，可是这个项目就可能彻底夭折，自己的企业梦也就成了一枕黄粱。出路只有一个，就是继续改进机器，直至完全成功。

郝彦波开始疯狂地研究机器的改进。技术问题，国内没有同行，求教无门；投资问题，也走进了死胡同。现实瞬间回到了多年前，郝彦波整天在家里边学边干，父母出去给人家的耕地拔草，每天拿回来 10 块，郝彦波花 10 块，拿回来 20，郝彦波花 20。一家人除了吃饭，刮骨熬油一般节省出一点点钱，支撑着郝彦波最后的信念。

债务重，压力大，郝彦波的身体每况愈下，终于有一天，他昏倒在了机器旁边。到医院一检查，医生说这个年轻人可惜了，得的是绝症。全家人不肯相信，换了一家医院重新检查，结论一样。最可怕的是，家里已经没有给郝彦波治病的钱了。母亲出去借钱，亲戚朋友的回答让人心凉——得了这种病，弄不好要人财两空啊……母亲借了一圈，只借到几百元钱。

全家被阴云笼罩。母亲每天在地里干活的时候以泪洗面，回到家中看到儿子，又强颜欢笑。郝彦波想，我还这么年轻，难道就这样完了吗？他不甘心，真是不甘心哪！他想不开，暗暗地哭了不知多少回。费用太大，他决定放弃治疗，顺其自然。父母、妻子和孩子，哭成了一团。

父亲拆了几台挖药机，把零件当废铜烂铁卖，去给儿子买药。郝彦波隔着窗户，看着父亲伛偻的身躯，心如刀绞。

医生要求他避免重体力劳动，保持好心情。他一想，对呀，生命不就是一种心情吗？心情好了，每一天都好。他站在深秋的寒风里，面对冷冷的太阳，做起了扩胸运动，身体里勃发出一团热量。他告诉自己，你要坚强，你青春的肌体、你昂扬的精神、你每天锲而不舍思索的大脑，都没有衰竭的迹象，只要不气馁，就没有过不去的火焰山。

郝彦波每天在家里看孩子，洗衣服，为全家人做饭。他原本一点儿都不喜欢这些家务事，此时，却做得全心全意。他在最不应该思考生与死的年纪里，体验到了，活着的每一分钟都值得万分珍惜。他心中最重要的事情，仍然是继续改进挖药机。他每天强迫自己卧床休息几个钟头，待有了一点儿精神，再埋头于图纸上、机器上，一干几个小时，他就这样用一张一弛的方式和死神赛跑。许多年后，他对记者说：“我当时想，看不到我的挖药机在一家家药田开着，后面有一堆堆白生生的药材，让药农们在一旁竖起大拇指，我就是闭上了眼睛也得睁开啊。”

母亲说：“儿啊，你不要命了吗?”

他说：“娘啊，你放心吧，儿子不仅要命，还要成功，还要让家里过上富裕的日子。你养育了儿子，吃了多少苦，儿子还没回报呢，怎么能丢下你呢？你不是说想去乌兰木统看草原吗？还想去北戴河看看海吗？儿子还要陪着你去呢，咱们坐火车、坐飞机，把梦想变成真的。”

母亲说：“那些个我都不想了，只要我儿子好起来，咱们把饥荒还清，我每天心里不总是沉沉的，就知足了。”

心静自然少忧烦。郝彦波想开了，心火就退下去了，他不急不躁，每天敲敲打打、铣铣锯锯，把挖药机的每一个构件、零件重新研究一遍，还专门请了一个朋友开着挖药机，在各种不同的地里做破坏性试验，终于找到了机器故障的症结。原来是一些构件和零件用料质量较低，一些局部的配置不够精确，而机器的总体设计没有根本性问题。

从一个个坏消息里，病中的郝彦波汲取了正能量。

时间验证了郝彦波的眼光，当初让父母种下 10 亩中药材是对的，2010 年中药材行情大涨。郝彦波也彻底解决了挖药机设计制造方面的问题，便操作机器在自己家的药田里工作。连续两年，他们家种药收入达到 20 余万元，也让先前拒绝使用挖药机的乡亲们蜂拥而来，一时间买光了郝彦波的所有存货。从此小小西沟村洛阳纸贵，郝彦波的挖药机火了！一家忙得不亦乐乎，老人和妻子忙着打磨、喷漆、上螺丝，郝彦波全力以赴组织技术人才，扩大生产规模，引进先进设备，研制换代产品，陆续开发出深松（土）机、药材播种机、苗床起垄机、药材移栽机、挖药收获机、药材清洗机、药材烘干机等产品，为中药种植行业提供了一条龙机械。现在，郝彦波的中药种植机械，已经在内蒙古、吉林、辽宁、山东、山西、河北、四川、黑龙江、甘肃、新疆被广泛使用，在俄罗斯和哈萨克斯坦也有了长期用户。可以这样说，自从郝彦波的挖药机率先走上市场，人工种植中药的历史渐渐一去不复返了。

这回郝彦波真的富了。看着父母脸上的笑容，看着每年以 30% 的速度递增的产值，他的自豪感、成就感瞬间布满心头。

他先给家乡算了一笔账。目前喀喇沁旗还有 30 万亩山坡干旱土地没有很好利用，如果种上中药材，按每亩最低收益 1 000 元，就是 3 亿元，当地百姓足以富起来。第二笔账是目前国内有 6 000 万亩的中草药种植基地，需要至少 20 万台挖药机，他们可以提供其中的 10% 以上。那么，自己出售机器的收入可以投资家乡 30 万亩山坡干旱土地的流转开发。

他建立了一个中药产业示范园，流转贫困户的土地，引进国内先进经验，种植中草药。成立了中药机械作业团队，租用贫困户的挖药机，组织贫困户劳动力到示范区劳动。一举三得，让贫困户从土地租金、机器租金、人工劳动三方面获得收益，摘掉贫困户帽子。

郝彦波说，他下一步的梦想，一个在窗外辽阔的原野上，他已经公开了中药产业机械的专利，正在把产业园区的种植经验向全国的同行推广；另一个在企业的实验室里，他要一改目前模仿人工的机械模式，引入电子化、智能化，让机器人入场，成为中药机械产业的新龙头。

36 岁的郝彦波，那明亮的眼睛里充满愿景。

（选自《人民文学》2020 年第 5 期，有改动）

纪红建

湖南望城人。著有长篇小说《家住武陵源》，长篇报告文学《乡村国是》《大战“疫”》《哑巴红军》等20余部。在《人民文学》《中国作家》《当代》等发表长中短篇报告文学200余万字。获第七届鲁迅文学奖、中宣部第十五届“五个一工程”特别奖、第二届“茅盾文学新人奖”等，系中宣部“宣传思想文化青年英才”。

从“大关精神”到“麻怀干劲”

一

从广西凌云到贵州罗甸，我依然没有走出茫茫的滇桂黔石漠化区，没有走出贫困。

滇桂黔石漠化区真的很大，横跨广西、贵州、云南三省（区），涉及15个地（市、州）、91个县（区、市）。整个区域的国土总面积为22.8万平方公里，大部分地处云贵高原东南部及其与广西盆地过渡地带，南与越南接壤，属典型的高原山地构造地形，碳酸盐类岩石分布广，石漠化面积大，是世界上喀斯特地貌发育最典型的地区之一。这里不仅是我国石漠化分布最集中的地方，更是面积最大、贫困人口和少数民族人口最多的片区。千百年来，这里一直经受着石漠化的严重威胁。水土流失，极度干旱，生态系统遭到破坏！山坡溜光、石丛遍布，石漠化现状让人触目惊心！究其原因，有喀斯特脆弱生态环境的客观原因，但更多的还是人为因素。由于长期以来自然植被不断遭到破坏，大面积的陡坡开荒，造成地表裸露，加上喀斯特石山区土层薄，基岩出露浅，暴雨冲刷力强，大量的水土流失后岩石逐渐凸显裸露，呈现石漠化现象，并且随着时间的推移，石漠化的程度和面积也在不断加深和扩大。石漠化发展最直接的后果就是土地资源的丧失。又由于石漠化地区缺少植被，不能涵养水源，往往伴随着人畜饮水严重困难。于是，这里的人们，从出生开始，就注定要面对茫茫的大山和遍野的石头，以及“越穷越垦，越垦越穷”的困境。在这片饱经苦难的土地上，不断蔓延的石漠化一点一点吞噬着人们的希望。但这一切，随着人们的觉醒，在渐渐地成为过去时。这个区域的人民在饱受血和泪的教训后，纷纷把治理石漠化列为头号目标。于是，他们用智慧和汗水在这片被判定为“基本丧失人类生存条件的地方”创造出了无数的绿色生态奇迹，谱写了一曲曲战天斗地的壮丽诗篇。

当 2016 年这个秋高气爽的季节在这片土地上行走时，我看到，成群的牛羊悠闲地在草地上漫步，“天苍苍，野茫茫，风吹草低见牛羊”的美景在这里呈现。据国家林业局的资料显示：“十二五”期间，该片区农村贫困人口由 2011 年的 816 万人减少到 2015 年的 398 万人，农村贫困发生率由 31.5% 下降到 15.1%，治理石漠化面积近 4 000 万亩。这实在是一件了不起的事情。但这些成果的取得，离不开这片土地上顽强的人们。

罗甸，这个区域的 91 个县之一。这里风景优美。比如经过红水河时，我驻足凝望，四周群山环抱，山上树木郁郁葱葱，河上五彩的浮筒就像是一只蝴蝶，翩翩起舞，悠然自得。再比如董架白龙天坑，位于沫阳镇白龙村境内，距平塘大窝凼世界大射电望远镜基地只有 3 公里。这里四面群山雄奇险峻，青树翠蔓，浓荫蔽日，奇花异草，鸟语花香，坑底原始森林茂盛，树木品种繁多，生态保护完好，具有喀斯特原生态地质特征，形成气势磅礴、景观秀美的天坑群，确实令人叹为观止。

那么，罗甸就是滇桂黔石漠化区的一块富美的天堂吗？不是，罗甸还是一个贫困县。石漠化是当地人的天敌，即便是今天，他们还在与石漠化进行着顽强的斗争。

到罗甸，必须去龙坪镇的大关。说到大关，带我前去采访的罗甸县扶贫办干部韦政理，似乎有说不完的话题。土生土长的他在乡镇当过多年的中学老师，平时也热爱写作，对许多事情都有着自己独到的见解。他对我说：“人类有时候是个矛盾体。人类生存离不开对环境的索取和破坏，每一个人的生存都离不开对环境的破坏，人类改造自然的过程就是改变自然发展规律的过程，违背环境的自然规律，必然是一种破坏。这是无关理性的，却是人类发展的必需，也是我们评价过程中必须承认的。人类在生存的过程中造成对环境破坏的现象比比皆是。植被破坏、过度挖掘、水体污染、大气污染、气象灾害地质灾害频发等，无一不是人类为满足自身发展的私欲造成的。直到伤痕累累的大自然开始反击人类，人类为了自己能更好地生存和繁衍下去，才提出要保护环境。人类又成了环境的赎罪者，但这种救赎代价又是何其之大呀！大关也有这样的经历。为填饱肚子，曾经劈石抠土造出‘石头田’，吃尽生态恶化苦头后，又从‘砍山’变‘养山’。”

大关不大，只是个村，但很高，山高，但大关的人更“高”。

大关村 52 岁的村支部书记吴吉文首先把我带进了位于已故老支书何元亮家旁边的村展览室。可能由于经费等方面的原因，这个展览室非常简陋，甚至有些破旧。在展览室的二楼，我看到了一个顽强的大关，一个令人敬重的大关。这里是大关人留下的一个个瞬间，又是由一个个瞬间连接起来的大关历史。

大关，作为一个村的历史，可以用两个字来概括：一个字是“穷”，一个字是“拼”。

20 世纪初，大关村原始森林密布，几户逃兵役、躲债避祸的人家来到大关，以“穷”字写下了大关村历史的头一笔。大关村的先人们没想到，这个字竟然写了上百年。

20 世纪 70 年代，大关人“赶山吃饭”，山上的树木砍尽种上苞谷，然而往往是“种一坡，只收一箩”。第二年雨水一来，把土也冲走了。村民再翻一座山砍一片坡种上苞谷……那时，嫁到大关的媳妇，第一件事是学做苞谷饭，第二件事是带着自家的男人回娘家想方设法赖着不走。这第二件事不用教，大关的媳妇都会。等到实在赖不下去了，背着娘家送的一口袋米一步三回头地回到大关，眼睛哭肿了，心也哭冷了。“悔不该，嫁到大关来。”1958 年“大跃进”搞大炼钢铁，大关的原始森林全部被毁，生态环境遭到严重破坏。曾经有专家到大关考察，考察的结论是：大关缺乏人类生存的基本条件，最好搬迁。直到 20 世纪 80 年代初，大关村仅有 62 亩望天田，1 270 亩旱地全为零星破碎的石旮旯地，分布在 180 多个石山垭里，1 200 余村民靠在石缝缝里种苞谷为生，人均产粮仅 130 公斤，人均纯收入不足 50 元。

大关人确实想到过搬迁，政府也非常支持，并表态说，只要你们看好了地方，你们搬到哪里都行。大关人先后 6 次为此做过努力。

也就在此时，一个对大关日后产生深远影响的人物出场了。他叫何元亮，小时候由躲壮丁的哥哥抱到大关的。1980 年，刚过不惑之年的他担任村党支部书记。抱着为乡亲们找条活路的目的，他揭下自家屋上的瓦，卖了 60 元钱，承载着全村人的梦想和希望，走向山外，去过八总、去过董当、去过沫阳等地方。一次次带着希望而去，一次次带着疲惫和失望而回。何元亮将残酷的现实告诉乡亲：“山外到处都是人，别说热闹的地方无法插足，就连偏远的地方，只要具备生存条件，早有人捷足先登了。”

农村实行联产承包责任制后，虽说大关人也将山地分别承包给了个人，但在光秃秃的石旮旯里刨食，依然填不饱肚子。何元亮又带着村里的青壮劳力外出打工。他们走州府、上省城，甚至到了外省，住山洞、喝冷水、啃干馒头，拼死拼活赚到点钱，除去路费、开销，依然不能养家糊口。

将“穷”字收笔，换写“拼”字，大关人的转折出现在 1984 年。

这一年，何元亮领着大关人参加修筑从县城到猴场的公路。公路修通了，何元亮猛然蹦出一个念头：劈开大山能修路，难道就不能造田？靠在山旮旯种点苞谷，以原始耕作手段谋生的大关人，如果有了田，有了土，就没必要搬迁，就能靠自己填饱肚子，告别贫困。

也就在这年的春天，何元亮又去考察可搬迁的地方，回来经过云干乡，看到乡民在插秧，他随手捡了几把乡民扔在路边不要的秧苗，带了回来。随后他就在家门口点燃了劈石造田的第一炮，与他一起点燃第一炮的还有党员李必先等人。穷得叮当响的他们，卖了年猪，把生蛋换盐巴钱的母鸡也卖了，从黑市换来炸药、雷管、导火线，像蚂蚁啃骨头一样，在各自的责任山上一点点剔石平地。男人抡锤，女人掌钎，小孩搬石头，从清晨到夜晚，铁锤钢钎的碰撞声与土炸药的轰隆声，撼动着沉睡的大山。当年，他们共造田 0.4 亩，种上水稻，收粮食 20 多公斤，大关人第一次吃上自己种的白花花的米饭。

示范田成功后，何元亮欣喜若狂，告诉村民：我们这里也能种水稻，不搬了，我们不搬了。随后，他将全村人集中开会，让全村都来造田。这个会是 1984 年 9 月开的，在大关村历史上具有里程碑式的意义。然而，这次会议的进程却是极艰难的，封闭的思维和习惯将村民们束缚住，会议连开了 3 天 3 夜都没有结果。

“穷得裤裆无底，哪有钱开山放炮?”

“要能开的话，老祖宗早就开了，还轮得上我们?”

……

反对声一片。

何元亮不识字，讲不出大道理，但他认准一条：不造田，只有饿死、穷死；等死，不如拼一把。最后，何元亮拿出他当支书的“尚方宝剑”：老祖宗不认我们认，5 年里，每个人开半亩田，不接受任务不散会。谁不干，就收回他的责任地，拍卖给其他人。谁造出的新田归谁所有，新增一个人口，必须新造一亩田。在“土政策”的施压下，会散了，大规模的造田正式开始。

当时，不要说铲运机、装载机、推土机、挖掘机等现代化的机械，就连拖拉机都上不去，半饥半饱、穷到根上的大关人造田，绝不亚于一个新的天方夜谭。

要造田，先把岩山的土抠出来堆在一边，再用炸药把岩石炸开，大石头用来填坑洼、砌石坎，细石和碎石用来铺面；平整后再把原先取出的土和外面运来的土铺在上面，摊上肥泥。这么造 1 亩田，要搬开石头 800 立方米，填土 150 立方米，投工 500 个，投资 600 元。

为造田，大关人节衣缩食，卖年猪、卖鸡蛋，甚至连老人的棺木也卖了。实在没钱买炸药，乡亲们就自制土炸药，连土炸药也搞不起的人家，只得上山砍柴，堆在石头上烧，烧红了石头再用冷水浇，石头裂缝了，再用钢钎插进去撬。

为造田，大关人付出了生命、青春和血汗。

1988 年，村民王明光从部队复员，脱下军装就造田，大年三十、初一也不休息。初三那天，疲惫至极的王明光点燃导火索却挪不开步子，结果，右眼被炸瞎，左手被炸掉三个手指头。他后来造出的那块 0. 7 亩的稻田，被乡亲们称为“血田”。

村民王明华没钱买炸药，夫妻俩就用火烧石头，再浇冷水，然后用木棍撬……投工 150 多个，造出了 3 分“火烧田”。

在大关，还有“老少田”“连心田”……每造 1 亩就留下一个故事。

奋斗者不是孤独的，努力改变自我命运的大关人也得到了社会的回报。

1990 年以后，各级政府对大关人劈石造田的壮举给予充分支持，到 1997 年，大关得到国家以工代赈资金 52 万元。从此，大关每年造田以上百亩的速度递增，到 1997 年，共造田 1 038 亩，配套修建蓄水池 255 个，栽杜仲 87 万株，栽椿木、泡桐、桃树、黄柏等经济林木 119. 18 万株。

一组数据让我惊讶：从 1984 年到 1997 年，大关人为造田累计投工 251. 9 万个，投入资金 62. 2 万元，翻动石头 83 万立方米，回填泥土 156 万立方米。按以工代赈 1 个工 5 元来计算，1 亩田 500 多个工，折资就是 2 500 多元，雷管、炸药平均每亩 600 元，加起来每亩共 3 100 多元，1 000 多亩就是 310 多万元。修 6 公里公路就是 100 多万元，修 255 个水窖就是 20 多万元，栽种 200 多万株经济林价值 100 多万元。也就是说，大关人用国家资助的52万元干出了530多万元的工程，从人均不足半分田到人均实现基本农田0.9亩，翻了10多番，农民人均纯收入增长6.7倍。1997年，大关人均占有粮食580公斤，人均收入1 280元，基本解决了温饱。

我知道，大关人在劈石抠土之时，虽然也没忘栽树，但他们毕竟触犯了大自然，触犯了大自然就要受到应有的惩罚。造田时期，山上石旮旯中的泥土被抠出填田，原本生态脆弱的大关，许多地方变成如森森白骨般的连片石漠，没有植被，也涵不了水。吴吉文还清楚地记得，1998年，一块约1吨重的石头从山顶滚下，把位于山腰的村民汪明苏的泥瓦房砸个稀烂。干部群众都认识到，失去良好的生态环境，一切发展都无从谈起。

大关人醒悟了，老支书何元亮也曾深深反思。吃尽生态恶化苦头的大关人投入极大的决心和毅力，掀起了种树、种经果林的热潮，把石旮旯里全种上了各类苗木。为了保护生态，还制定了严格的爱树护林村规民约，砍树、烧山的村民要“罚四个一百二”：罚120斤米、120斤肉、120元钱，请120个人吃饭，还要上山补种树木。土办法发挥了大作用，十几年来大关从未发生过一次山火，没人上山砍树，灌木丛林也自然生长起来。2009年大关被评为全国生态文明村。吴吉文告诉我：“大关村目前共有林地3 246亩，灌木林地35 907亩。现在大关的森林覆盖率达到了72%，是罗甸最高的。”

大关人可能正如韦政理所说是个“矛盾体”，这也是我们无法回避的问题，但这种矛盾却让人同情，且有着极强的现实意义与深远的历史意义。当我看到展厅墙上那425名或男或女，或年老或年幼的造田者头像整齐排列成强大阵容时，那些朴实的面容深深地震撼了我的心灵。我想到的只有理想、信念、意志，顽强、不屈、坚韧。是啊，在那个艰苦的岁月，对粮食和生存的任何强调都不过分。

大关是个不具备人类基本生存条件的地方。这里水源奇缺，耕地破碎，自然条件极其恶劣，大关人长期生活在贫困线以下。为改变贫困面貌，大关人劈开千古石，抠出万年土，经过10多年的奋战，凭着一双勤劳的双手，造出平整的良田，不仅改变了生存条件，并逐渐脱贫。如此这般，大关人到底告诉了我们什么？又留给了我们什么？

我这样想，大关人在告诉人们，在困难面前，不低头，不屈服，脚踏实地，艰苦奋斗！这从来就是中华民族的优良传统。早在远古时期，中华民族就有女娲补天、大禹治水、夸父追日、愚公移山的神话传说，而这些传说无一不体现了中华民族艰苦卓绝的奋斗精神，这种精神每每在中国历史的困难时期，都曾迸发出最绚烂的时代火花。20 世纪 40 年代，在延安处于最困难时期时，毛泽东主席向全国发出的学习愚公移山精神的讲话是这样；新中国成立后，大庆、大寨人的创业精神是这样；今天大关精神也是这样。也许今天有人会说，在一个讲究实惠和物质的时代，光讲精神是不够的。但我要说，要全面脱贫奔小康，没有精神肯定是不行的！大关能够在这样一个不具备生存条件的地方生存下来，并脱贫，那么偌大的中国还有什么地方不能脱贫？大关人能够在恶劣的环境面前不退缩，靠自力更生改变自己的命运，那么中国当前面临的诸多困难，又有什么理由不可以战胜？

站在半山腰"大关俯瞰台"处，望着远处的山峦和山谷金灿灿的稻子，吴吉文书记感慨地说："老书记（何元亮）是 2014 年 6 月 20 日去世的，他在大关村党支部书记位置上干了整整 30 年，他是积劳成疾，累死的。他快走的时候，我去看了他老人家，当时他对我说，我看不到愿望实现的那一天，你要把担子接过去。说这话的时候，他是含着泪水的。我知道，老书记生前最大的愿望就是：治理大关村石漠化，实现小康。从老书记手中接过担子两年多了，我感受到了压力，也看到了希望。压力就是大关是个模范村，老书记树下了一面旗帜，我们必须把这面旗帜扛好，任何时候都不能倒，不仅不能倒，还要扛得更好。还有就是老书记说了，要治理大关村石漠化，实现小康。虽然我们村 2015 年年人均收入达到了 6 208 元，但贫困户还有 332 户，并且大部分都是伤残人员和病人，占全村总户数 881 户的近 38%，要实现全部脱贫和小康，任务还相当艰巨。目前村民的收入主要是两大块，一是外出打工，目前我们村有五分之一的人在外面打工。二是靠种植、养殖业。要全部脱贫，要实现小康，按部就班还不行，我们必须在山上做文章，依托种植经济林和套种中药材等，稳步提高收入。我们规划用3年时间种植山豆根1 000亩、天麻1 000亩、岩黄连1 000亩，还要建一座年生产能力60吨的杜仲茶加工厂，带动村民增收……”

令人敬重的大关步履还很艰难，但艰难的步履总是那么沉稳而矫健。

二

走出大关，我又来到了罗甸县沫阳镇董架社区的麻怀村。

从大关到麻怀，是历史的选择，是生存与发展的选择。

到麻怀村，必须经过麻怀隧道。远远望去，那只是石头山悬崖边上的一个小洞，但走到跟前一看，心里马上升起一种对超越大自然的鬼斧神工的敬畏。隧道的路面已经水泥硬化了，但它的两侧，它的顶部，仍是凹凸不平，像人类为了生存而挣扎着抓出的印痕。

这是一件作品，一件由麻怀人共同创作的心血之作！站在这件作品面前，我肃然起敬。

> 千百年来，麻怀村150多户600多人被封锁在山洞里。村民出行、物资进出、孩子上学、看病就医要翻越1个多小时的山路，山民饱受交通之困的煎熬。
>
> 1998年秋，村民们商定：把山崖壁的溶洞凿通。
>
> 在麻怀村支两委的号召下，由村委会副主任、党员李德龙带领全体村民全力投入到“啃洞”中。就近崖壁的翁井组27户100多人全都豁出去了。村民们租来了空压机、凿岩机，借来手推机，集资1 300多元购买铁锹、大锤、蜡烛、煤油，从乡政府和各部门“弄”来了炸材。

男人打炮眼、放炮，妇孺老人抬运石块，经过整整 7 年的艰苦鏖战，2005 年终于凿通了山洞。

李德龙放炮震聋了双耳，而修路的任务还没完成。为了让大车开进家门口，女党员邓迎香接过“拓宽山洞变隧道”的担子。她一边跑部门求助，一边组织村民继续拓洞，历尽千辛万苦，敢教山崖变隧道。通过全体村民锲而不舍的努力，2011 年 8 月 16 日，一条承载着村民致富梦想的 216 米长的隧道顺利通车，村民出行由原来的 1 个小时的翻山越岭缩短到现在的 10 分钟宽敞的水泥大道！

麻怀隧道共点去 2 300 支蜡烛、100 公斤煤油，打了 2 000 多个炮眼，投工 5 800 多个，从洞内运出砂石 1.5 万立方米，相当于填满 2 米深的标准足球场。

……

麻怀人这种“敢于挑战，锲而不舍，迸发干劲，建设家园”的干劲，鼓舞着全县 35 万各族人民。在省、州党委政府的领导下，罗甸县委、县政府有信心有决心带领全县人民奋起直追，实现后发赶超、跨越发展，同步小康！

这是麻怀隧道口右侧石碑上关于这个隧道的简介。简介不长不短，700 多字，文笔不优美，甚至还有语法错误，但朴实文字里的那一系列的数据却让人感到村民团结的无限力量。是啊，麻怀那些朴实的农民，他们扎实肯干，从不声张，他们把辛勤和血汗化作了这一个个数据。

穿过 216 米的麻怀隧道，缕缕阳光从山头间隙透射而出，田坝里覆盖地膜的早玉米正奋力生长。平整宽阔的水泥路，盏盏现代化的路灯，栋栋拔地而起的楼房，以及村民们洋溢在脸上的开心笑容，无不显示着麻怀的发展日新月异。

我要找的正是麻怀隧道简介上提到的两个人：李德龙和邓迎香。他们是夫妻，又都是党员，还都是村干部，更是麻怀故事里的主要人物。以前李德龙当村委会副主任的时候，邓迎香是村上的计生员，现在倒过来了，邓迎香当上了村党支部副书记、村委会主任，李德龙又干起了计生员。

两口子都不在家，男的到地里忙活去了，女的在村里的党员群众活动中心给人讲课。从邓迎香家往隧道方向走200多米，山坡处，便是党员群众活动中心。我迫不及待地去找她。当我到达那座两层楼的木质建筑前时，我听到了她的讲课声。她正在给罗甸县人社局的干部职工做“两学一做”的报告。邓迎香一口的贵州本地话，但声情并茂，声如洪钟。

“对不起，记者，让你久等了。”从课堂一出来，邓迎香就迎了上来，伸出粗糙的双手。

“邓主任好！邓主任好！”我伸出双手，打量着眼前这个名声在外且非同寻常的女人。

邓迎香的手虽然很粗糙，但温暖而有力。粗糙的双手那是大山赋予她的，温暖的力量肯定来自她的内心，来自她内心的善良与顽强。长得壮实的她穿着白色花边的民族服饰，她就像秋天大山里一朵土气而鲜艳的花儿。

“邓主任，纪老师不是记者，他是作家。”韦政理很认真为邓迎香纠正。

看着韦政理一本正经的样子，我忍不住笑了。

“不是只有记者采访吗，怎么作家也可以？”邓迎香先是有点不解，随后便是满脸的不在乎，“我只上过小学一年级，听说过作家，但不知道作家都具体做些什么。你也别见怪，我性格直爽，有什么说什么，憋在心里憋不住，也难受。”

我笑着说：“我是专程来向你学习的。”

“作家，你这样说就不对，我没什么可学的，要学你跟他们学。”邓迎香一边说一边领着我直往党员群众活动中心的村史馆走。

在这里我看到了罗甸全国劳模群像。原来地处红水河畔的罗甸既是一个有着革命传统的圣地，也是一个出经验出典型，更是盛产劳模的地方。从20世纪50年代的全国劳模王甫小荣，到70年代的全国劳模饶早明；从

80 年代的全国劳模胡天英，到 90 年代的全国劳模、十五大党代表何元亮；从 21 世纪的全国劳模汪财发，到连续获得中国青年“五四奖章”标兵、全国劳模的李兹喜；从红水河畔女财神、全国“三八红旗手”、全国星火科技先进工作者李桂莲，到全省“十大杰出青年”、全省优秀工作者李琼芬；从信邦员工、全国劳模罗谋，到去年获得全国“三八红旗手”标兵的邓迎香。自 20 世纪 60 年代以来，几乎每一个年代都会出现一个有影响力的劳模。我认真看了看这些劳模的简介，不难找到一个共同点：他们都是带领全县群众自力更生、艰苦奋斗、苦干实干、摆脱贫困、走上致富路的代表人物。在他们身上，体现了罗甸干部群众在改变贫穷面貌，推动经济发展中不甘落后、积极向上的精神风貌。劳模精神一代又一代地在罗甸大地传承，不停地鼓舞着罗甸人民：面对困难，坚忍不拔，以一种敢于战天斗地的英雄气概，改变罗甸贫困落后的面貌，塑造西部山区反贫困的一种典型。

在这里我还看到了麻怀群像。李德龙、邓迎香、袁端权、袁端辉、袁端红、袁端恩、杨正方、杨育贵、金玉祥……我数了数，总共 107 人，我想可能还不止这些人，虽然他们没有在这个群像上，但肯定为修麻怀隧道出过力。是他们共同书写了麻怀的传奇。

随后，邓迎香又领着我看了看麻怀隧道，看了看他们的合作社，看了看他们风格统一的两层的居民楼，看了看那弯弯曲曲的硬化水泥路……

麻怀隧道穿越了岁月和时空。沿着隧道，我又跟着邓迎香返回到那段令人心酸的贫困岁月。

对于贫困，邓迎香儿时就有感知，她的父辈和祖辈感知更深。

1972 年 10 月出生的邓迎香娘家在罗甸沫阳镇高峰村，与麻怀不同的是，那里盛产大米，在黔南州算有点名气。因为有大米，因为大米的味道好，那边比这边吃得饱，经济也比这边好。但她家里穷。虽然她父亲当兵出身，但没文化，从部队退伍后，分到了县水泥厂当电工，可惜由于生病，四妹出生不久父亲就英年早逝。从此全家的重担落在了母亲身上。母亲只是一个大字不识的农村妇女，一个弱女子，带着 4 个女儿，要与顽固的土地进行斗争，可以想象有多么艰辛。

“我们家几姐妹只有一套像样的衣服，晚上在被窝里睡觉，都没有衣服穿，顶多只能穿补丁衣服。要是碰上外出，比如到亲戚家喝喜酒啦，去赶集啦，就只能派一个跟妈妈一起去，并且衣服还要在前一天晚上烤干。我家种了水稻，还有一些玉米，但地离家都很远，加之是山路，我们从家里到地里，光一个单边，就要走两个多小时。但这些还不够吃。于是，我就跟着大姐在收稻谷的时候，到别人家的地里捡稻穗。还跟着大姐上山砍柴，一是做柴火，二是可以卖了补贴家用。但要整整半天才能弄到一担柴。我还看过牛，是给家里富裕点的邻居家看。一次要看十来头牛，从早上看到晚上，中午不吃中饭，那时候我们只吃两餐，没有中饭一说。看牛，邻居不给钱，也就是方便的时候吃顿饭，过年过节的时候做件衣服。因为都是山，坡也陡，有次帮别人看牛不小心摔死了一头，邻居叫我赔。那个时候死了头牛可了不得，是天大的事。当时我不知道怎么办，只知道哭，眼睛都哭肿了。后来村里人都看不下去了，都过来评理，对那个邻居说，你又不给工钱，人家是帮你看，再说人家又不是故意的，没有理由让人家赔钱。那个邻居可能觉得理亏，后来也就没要我家赔了。那个事后我妈不让我看牛了，我自己也不想看了。”邓迎香说。

由于家里穷，邓迎香姐妹们都没读多少书。她是老二，小学一年级文化。姐姐叫邓金苹，没进过学堂门，好在后来在扫盲班上过几天学，总算会写自己的名字。三妹叫邓荣妹，小学三年级文化。四妹叫邓乔娥，初中毕业。然而，令人庆幸的是，邓家姐妹虽然饱受饥饿和吃尽没有知识的苦头，但她们并没有落入贫困与愚昧的恶性循环。大姐就嫁在了本队，离娘家20米远的地方。她家同样贫穷，但为了让两个儿子多读书，她家没有添置一件像样的家具，她自己更没有买过什么新衣服。后来一个儿子读了大学，一个读了中专，现在不仅有了不错的工作，还都在城里买了房子，都成家了，她也当上了奶奶。而邓迎香也深知没有文化的苦恼，于是她担负起赞助四妹上学的责任。四妹上学时，她已经出嫁了，但母亲实在供不起四妹上学。听到这个消息后，邓迎香立即翻山越岭往娘家赶，那时都是山路，35 公里，光一个单边都要走四五个小时。母亲说："家里油盐都买不起，怎么能上学?"邓迎香说："妈，我借钱给四妹上学。"回到家，她就找亲戚借钱，借了 190 块钱，总共借了 7 家，其中两家 50 元，一家 30 元，两家 20 元，还有两家 10 块的。就这样，邓迎香一直负责四妹上到初中毕业。虽然文化程度还算不上高，但至少比几个姐姐强。后来四妹嫁到湖北，并与老公在广州那边做服装生意，一年收入几十万，还在广州买了房子，算是发了小财。"后来我女儿上学有困难，四妹听说后也是大力支持，还给我女儿买了电脑，3 800 元一台。我三妹的两个孩子也培养得不错，挺争气的。"说到这，邓迎香满脸幸福感。

邓迎香是 1991 年嫁到比她娘家更穷的麻怀村翁井组的，她当时嫁的不是李德龙，而是袁端林。但她嫁到这里还是经历了一番波折，不是嫁的老公袁端林不好，只因一个字：穷。这里山高坡陡、地形复杂，6 个自然寨被阻隔在大山之中，孩子上学需翻山越岭，生产生活物资拉不进来，农产品运不出去，被认为是"不具备生存条件的区域"，更是当年罗甸远近闻名的贫困村。邓迎香与袁端林是自由恋爱的，但遭到了母亲的极力反对。当时母亲流着泪对她说："迎香啊，麻怀在大山里边，那里没有路，也修不了路，是个鸟不拉屎的地方，在那里没好日子过，只有吃不尽的苦头啊。"邓迎香说："妈呀，袁端林是个好男人呢。"母亲说："迎香啊，人好有什么用，他不能给你吃的，不能给你穿的，连条出山的路都没有，你能幸福吗?娃啊，你嫁到其他哪个地方都行，就是麻怀不行。"

但爱情的魔力让邓迎香早已超越了对贫困的恐惧。她跟着袁端林跑到了麻怀这个大山里，这里除了大山还是大山，袁端林家六姊妹和父母就挤住在破旧的挂在悬崖上的木房子里，一到晚上全屋就黑乎乎的。在当时的麻怀，不是木房，就是石头房，都是就地取材，要木材，拿起斧头进山砍，要石头，点燃炸药上山炸，炸下来的石头，既可以当砖头，也可以烧石灰。在这里住了半个月后，她最初对贫困的无所畏惧还是有所动摇。当年的麻怀村并不像邓迎香的娘家那样已经通了电，当时村里人还用传统的煤油灯照明，进村出村要爬一山下一坡，一走便是两个多小时。她有点后悔，想回去。但一想到心中的白马王子，她又放弃了。

但邓迎香的母亲没有放弃。“那年五月二十几号，我妈妈带了三十几个人，有自家人，还有亲戚邻居，都是寨子上的人，走了五个多小时到了麻怀，到这里的时候天已经黑了，他们打着火把来的。那天晚上，袁端林家也是点上了火把，召集了几十个亲戚和邻居，拿着锄头和木棍，守在房子四周。如果我妈妈抢我，他们就会争。开始我没有现身，我妈妈就在袁端林家屋前大声说，如果你不回去，我们就把他家房子烧了。其实我妈也就吓唬一下，并没有动手。我婆婆家也挺客气，泡了茶，蒸了好多饭，还给我妈他们准备了许多竹铺，请他们住下。但我妈妈很犟，她带着我娘家的人就坐在屋前的石头上。最后我现身了，婆婆家一群人保护着我。我对我妈说，妈，我不回去了。我妈妈急得直哭，她说，你这个吃里爬外不知好歹的畜生，你以后不管吃多少苦受多大的委屈，都不要回来说，你打掉牙往肚子里吞吧！说完后，婆婆家就让我躲开了。那天晚上，我妈妈他们就在石头上坐了一晚，第二天一早才回去的。后来我妈妈慢慢地接受了这个现实。现在我一回去就跟她说，妈，麻怀现在变化很大呢。妈妈很高兴，现在她也经常来，原来要走四五个小时，现在坐车只要一个小时就可以了。妈妈也很信任我，家里，包括姐妹之间的大小事，她都要我拿意见。”说到这，邓迎香这个豪爽快直的“女汉子”悄悄地抹着眼角的泪花。

不过很快，邓迎香就受到了贫穷落后对她的伤害。1993 年 3 月 9 日，她人生的第一个孩子出生了。6 月 29 日晚上，孩子因为感冒发高烧，烧到了 40 ℃，不停地抽筋。她和袁端林急忙抱着孩子往村里的赤脚医生家里跑。吊了两瓶盐水，但烧还是没退下来。赤脚医生也急了，说，赶紧到乡卫生院去吧。她和袁端林抱着孩子又往外面的乡卫生院跑。袁端林抱着孩子爬啊爬啊，爬过公鹅，又爬广山坡……坡很陡，爬起来异常艰难。邓迎香跟在后面一边爬一边哭：“娃啊，你不能有事啊。”他们爬了个把小时，还没爬到杜家湾，孩子就没气了，到山那边的公路还要爬一个小时。“在当时，即使到了山那边的公路，其实也没有车了。隧道打通后，把山两边的路拉直，其实 2 公里都不到，开车也就 5 分钟。我大儿子叫袁洪球，如果活到现在也是 20 岁出头的小伙子了，也应该成家了。唉，这就是命啊……”邓迎香落寞的脸上满是泪水。在那个年代的麻怀村，这样的情况比较常见。那时候每家都是好几个孩子，夭折的很多。

岂止看病，路不通太让他们恼火了。因为坡太陡，又没有路，马走不了，他们交公粮都要抬着粮食翻山越岭两个多小时才能把一麻袋食粮抬到山外。土地里的农作物成熟时，村民一清早摘来新鲜的蔬菜，汗流浃背、马不停蹄地送到集市时，蔬菜早就变成了干瘪的“烟叶”，市价的五折也鲜有人问津。养有牲畜的人家，也只能将牲畜在村里宰割好，再担到集市上去卖。这样做并非可以卖更高价格，只是路途遥远不便。少有人到村里收生猪，就算有生意人来了，价格也比别处低了很多。邓迎香也曾几次外出打工。每次一起和几个罗甸老乡打工回家，对于她来说都是一件既快乐又辛苦的事。比如从福建打工回来，需要倒几班车，坐几十个小时才能到县城。这些辛苦都不算什么，最心酸的是她看着一起回来的同伴下车后，可以几个人包车，带着行李直接到家门口，而自己却只有待在人家屋檐下等待亲人牵来马匹，背来背篼，再走几个小时山路接她回到家中。邓迎香时常想，要是有公路直接通到家门口，那该多好啊。

邓迎香现在的老公李德龙出场了。

1998 年秋天，实施农村电网改造，大型改造设备被一座大山阻断，进不了村子。当时麻怀村党支部书记是金玉才，村委会主任是汪贵才，副主任是李德龙。这可把他们急坏了。特别是催公粮的时候，有村民不交，他们对村干部说：“要交可以，首先要把路修通了，修通路了我们就交。”还有村民说村干部没本事，只会催公粮，不会带头修路。于是他们绞尽脑汁地想办法。他们想过沿山修路，从北边修过来，但从山崖上修十来里的山路，需要巨大的投资。这钱谁出？他们找过乡政府，领导们只能无奈地摇头，他们也找过县里相关部门，同样是无能为力。他们更不敢把目光投向麻怀村，这里的百姓都是一贫如洗。

“以前我们到外面打工，坐大巴走高速，总是要经过隧道。我们也可以挖隧道，挖隧道只要炸药钱，其他的我们每家每户出工出力。”就在问题陷入僵局之时，当时年仅34岁的李德龙提议道。

李德龙一提议，各种意见就涌来了。

“这样的大山谁撼得动，还想‘愚公移山’，这个李德龙真是年轻气盛啊!”

“就等着看笑话吧!”

“他是翁井组的，离大山最近，隧道真要挖通了，最先受益的就是他们，他当然想干啦。”

“要挖他挖，我们不干。”

……

但李德龙是铁了心。他虽然个头不高，但性格豪爽，一颗公心，谁有错误就纠正谁，群众信服。更重要的是他有耐心和恒心，只要他认定的事，就会坚持做下去。只要听到有人说风凉话，他就会气愤地对那些人说：“如果不打通隧道，我们公粮都难以上交，电杆电线都进不了村，难道你们想一辈子就点着煤油灯吗？难道隧道打通了，其他组就不会受益了吗？再说啦，大山下面有个溶洞，在这里打隧道还是有科学依据的。”

虽然反对的人不少，但支持的人还是占多数。那天，李德龙请来了县交通局退休的副局长帅永昌。金玉才、李德龙，还有翁井组组长曹响国，以及党员宿文付，陪着帅永昌勘测隧道路线。而在此之前，李德龙他们则进行过多次实地踩点，他们已经完全摸清了广山坡半山腰上的那个溶洞。那个洞是天然的，约有40米深，但洞很小，不能直着走，只能趴着走。溶洞的正前方，正好连着翁井组。他们把绳子拴在腰上，一个一个地爬进了隧道，对地形、地质进行了认真的考察与勘测。之后，帅永昌认为以溶洞为突破口挖隧道，并直线往前挖，是最科学和最合理的一种方案。如果挖通了，不光是翁井组，就是整个麻怀村，还有附近的几个村子都会受益。

但他也提出了自己的担忧，这毕竟是山，还是石头山，要挖一条 200 多米的隧道，有可能遇到非常坚硬的石头，可能会打不通。即使能打通，也绝非两三个月的事，可能要三五年。还有就是在石头山里挖隧道，要用到炸药，而如果没有现代化的机械和设备，时刻都会有生命危险。

虽然帅永昌进行了利弊权衡，但李德龙还是非常坚定，他说："就是真打不通也要试一下，其他组不参与没关系，我们翁井组的人自己挖。"随后，经过与村民协商，大家一致同意以溶洞为突破口，挖一条通往麻怀村的隧道。村两委商讨决定兵分两路，一路由金玉才带队，麻怀、屯上等组修明路连通隧道，另一路暂由李德龙带队率翁井组 27 户村民小组挖通隧道。

伴随着 1999 年腊月初八的一声炮响，麻怀人拉开了长达 13 年之久的凿洞修路的序幕，开始向贫困发出了持久而最有力的反击。

对于麻怀村打隧道一事，乡政府也是大力支持，想办法筹集了 5 000 块钱，又想办法找来 20 箱炸药。于是李德龙和曹响国他们把打隧道放在第一位，将全组分成 3 班，每班 9 户，3 班不分昼夜从溶洞口轮流凿洞。由于隧道狭窄，施工的村民只能紧挨着匍匐进洞，用钢钎、铁锤一点点掘土刨石，再用双手如接力般将泥石一捧一捧传递出去。当时洞特别小，大个子还不能进，个子小点的才能缩进去，还必须有人推才能进去……挖了一段时间，他们又从另一端开始挖，一边挖，一边用爆竹，判断是否挖得准，打得通。后来发现，帅永昌定的方向有点弯了，他们又立即进行纠正。"有水了！有水了！"因为靠近翁井组这边有个水塘，当溶洞那边挖着挖着发现有水了，他们兴奋极了。看到希望的他们，挖起来更有劲了，那段日子几乎是没日没夜地干，一直挖到 2001 年腊月二十四晚上，两边的人能够手拉着手了。"隧道打通了！隧道打通了！"消息很快在这个沉寂千百年的山村传开了。那天晚上，翁井组就像过年一样，家家户户煮起了夜宵，甚至有些人家还放起了鞭炮来庆祝。虽然那时的隧道最窄处只能过人，无法通行交通工具，但已足够把电杆顺利抬进村。用邓迎香的话说就是：这是小通，人要过去，就像耗子过洞，只能爬着过。

麻怀人没有停止脚步，他们继续挖，想尽量挖宽挖高点，由原来的“耗子过洞”，变成“猴子弯腰”。有一次乡党委书记过来，看到他们挖洞艰难，就建议他们买台拖拉机。李德龙一想，就目前情况而言，买拖拉机还不如租个车子运砂。于是，他找了一台拖拉机来运，把砂运到洞口，一车2元。拉了几个月，拉了1 200车，总共2 400元。但后来那个书记也没找到钱，车主就跑到李德龙家要，李德龙哪有钱，车主就叫了一帮人把他家的牛牵走了。没办法，村支书金玉才想办法解决了1 500元，李德龙想办法贴了900元，把牛换了回来。从那时开始，李德龙就有了放弃继续打隧道的念头。

正聊着，邓迎香突然大声吼道：“李德龙，你过来!”我吓了一跳，随后看到一个满身泥泞的中年男子走了过来。邓迎香又朝我笑着说：“把你吓到了吧，他耳聋，不跟打雷一样跟他讲话，他根本就听不到。”

李德龙拿着手中的农具笑着对我说：“修这个隧道，我是炮工班的，我总共用烟头点了140多炮，每次都是从前面往后面点，一个一个地点，点完后再跑出来，没死在隧道里已经算命大了。但要死也不容易，我们分工比较细，有专门的安全员，安全员必须把不稳的石头敲下来，运土运石的才能进去。放炮的时候，炸出来的松土和石块，必须要让这个班弄完，下一个班才能接手放炮。”本来我想与他多聊聊，但说完这句，他又走向了他的田地。我没有叫住他，我知道，田地是农民的命根，是他们的希望与未来。

邓迎香接手牵头修隧道是2004年的事了。这时大家修道的积极性不如以前高了，一是时间长没耐心了，二是得出去打工挣钱谋生存了。其实邓迎香的想法很简单，进出隧道弯着腰走多别扭，直着走多好啊，如果还能开着摩托车走那又该多好啊！那年，她和前夫在一家煤矿打工，前夫在井下挖煤，她则负责上车。由于瓦斯爆炸，前夫遇难了。伤心的她回到了麻怀。而此时，李德龙在打隧道时放炮使耳朵受伤，听力下降。渐渐地，邓迎香走出了丧夫的阴影，主动承接起“拓宽山洞变隧道”的担子。2007年，她与在车祸中失去老婆的李德龙组合了新家庭。

邓迎香把自己当个男人，她也打锤——十八磅的锤，也掏石头——好几十斤重的石头。有人当着她的面说她是女汉子，背着她就说她是傻子。打隧道，危险无时不在。一次，田景华和曹响兴放炮炸石头，炸完后，他们又用钎敲击那些危险的石头。曹响兴走在前面，田景华走在后面，一块大石头正好掉在他们中间。如果曹响兴慢半步，而田景华快半步，就没命了。只要不是农忙，他们在炎热的夏天打，在严寒的冬天也打。

一次，邓迎香偶然看到乡上的一份报告，报告说要拓宽拓高麻怀隧道，这与她之前的期盼完全一样。看到这个报告，她就找到了乡领导，并“缠”着乡领导，叫他们带着她到县里相关部门，打报告，找领导，申请费用。县里的相关部门也是根据各自情况，尽其所能地给予帮助，有的给 1 000 元，有的给 2 000 元，有的给 3 000 元，也有给上万的，总共争取了 3 万块钱。回到家，邓迎香跟李德龙说：“找了 3 万块钱。”李德龙说：“3 万太少了，不能全部拓宽拓高。”邓迎香说：“有 3 万就先干 3 万的活。”李德龙说：“你是不是疯了？”邓迎香说：“以前那么苦你都要打隧道，现在怎么啦？”李德龙说：“正因为我知道太苦，所以才不同意的，当时为了 2 400 元的运砂钱，人家把家里的牛都牵走了，不要说几万块上十万了。”李德龙犟，但邓迎香比他更胜一筹。她对李德龙说：“没有路哪来什么发展，哪能过上好日子？你不搞我搞，我就是要修高一点，修宽一点，不仅要让运货的车都能出能进，还要用水泥硬化路面，要不下雨天全是泥……”

但这都是小打小闹。

真正“拓宽山洞变隧道”应该是 2010 年了。这年国庆，在浙江打工的女儿李琼回村办喜事，邓迎香忙里忙外，希望把李琼的婚礼操办得喜庆、热闹。李琼出嫁要通过隧洞，但由于隧道太小，车子只能停在隧道那边，进不来。当时正值雨季，隧洞里淌着齐膝深的水，穿着婚纱的李琼不得不和大家一样脱下皮鞋换上了塑料拖鞋。李琼挽着新郎在低矮的隧洞里踉跄前行，几次险些跌倒，洁白的婚纱上沾满了湿泥。女儿的狼狈相触动了邓迎香的神经。送走女儿和女婿，她对丈夫李德龙说：“一定要把隧洞再凿高、凿宽，像真正的隧道一样，能通汽车。”“你是痴人说梦吧？”李德龙被她的想法吓了一跳。她答道：“不只是说，我还要做呢！”并非所有村民都支持邓迎香的决定。在拓洞前，村里召开了5次讨论会，第一次是“50个人的吵架大会，足足吵了4个小时”。会上闹得最凶的是认为不用再享受扩修隧洞福利的人，他们造房、卖牲畜吃过很多苦，而今拓洞，让后来人“大树底下好乘凉”。邓迎香苦口婆心地劝说村民，只有隧道大到卡车能开进村，才能真正让全村致富。直到第5次讨论会开完，村民才全部同意。

虽然会上通过了，但还有不少人持观望态度。邓迎香觉得再这样下去，这个事情就会泡汤。2010年12月，她独自一人走进洞内，抡开了铁锤，风风火火地干了起来。没有风枪、空压钻孔等凿洞设备，钢钎、锤子也能凿，磨穿了手套，磨破了皮肤，磨出了血……原本并不赞同的李德龙被妻子感动，每天进洞帮忙，渐渐地，越来越多的村民也加入凿洞大军。

劳力不缺了，但凿洞仍面临不少困难，最大的困难是物资严重匮乏。为了解决挖隧道的资金问题，女儿女婿带头捐助1万元。邓迎香为筹资四处奔走，县乡有关领导和部门被她的精神所感动，支持了凿洞所需的资金和物资。县民政局拨款5万元，县城建局拨款5 000元，县财政局支持了40吨水泥，她把水泥变成钱买了炸药……有了上级领导的关心和帮助，邓迎香更积极了，她调动本村在外的驾驶员无偿拉砂，为家乡修建隧道出力，得到各方力量的帮助支持。

2011年8月16日，一条长216米、高5～8米、宽3.5～5米，能通过5吨重的小货车的麻怀隧道建成通车。通车后不久，县里又派出交通部门对隧道进行了加固处理，使得隧道成为麻怀联结外界的快捷通道。

从此，进出麻怀村翻山越岭被写进了历史，隧道的贯通拉近了村子和外界的距离。隧道贯通后，很多人家都买了摩托车和小汽车来代步。

“隧道通车后，麻怀原来的木房子90%以上的变成了砖瓦房，90%以上的家庭有了摩托车，还有不少家里买了小汽车、农用车和拖拉机；小孩上学由原来的10岁左右提前到了6岁，因为以前年龄小爬不了山；以前是半夜起床杀猪，然后砍成几大块，几个人背着走几个小时，送到山外的集市，现在天亮杀猪还不迟，一头猪可以增加 500 元左右的收入；年轻人常回家看看的多了……隧道通了后，不光改变了我们翁井组和麻怀村，还有田坝、联合、甲哨等 6 个村 1 万多人受益。”邓迎香给我算了起来。

邓迎香赢得了村民的尊敬，村民把她的事迹编成快板书，在乡间传唱："……共产党员邓迎香，巾帼英雄响当当。携手丈夫李德龙，誓叫大山把路让。发动全村齐动手，一锄一镐挖山忙。不等不靠不伸手，麻怀隧道连乡场。昔日愚公是传说，今日愚公在身旁……”

因为拓宽隧道的担当与奉献，2013 年 12 月，邓迎香被村民推选为村委会主任候选人。但当时组织上有自己的打算，认为邓迎香文化程度低，不是最理想的人选，想为麻怀村引进一个大学生村干部，但村民在进行无记名投票时，把绝大多数票都投给了邓迎香。很多人不会写她的名字，有的把“邓迎香”写成了“邓迎乡”，还有的把“邓迎香”写成了“邓银香”。当时就有人说，她不是这个“乡”，也不是那个“银”，名字写错了不能计票。但村民不同意，他们说，反正我们不管写哪个字，叫她她会答应。我们只认带头打隧道、给群众办实事的人，文凭再高、再年轻，办不成事，也是白搭。于是，邓迎香被村民选为村主任。

从麻怀隧道穿越回到现实，邓迎香依然面临着一大堆新矛盾、新问题。

隧道通了，如何发展，这是麻怀村人必须面对的，也是作为村委会主任的邓迎香必须思考的。她想得最多的就是如何发展产业。然而，产业还在艰难的发展中，关于精准扶贫的一系列问题又随之而来了。

2015 年 11 月 21 日，麻怀村召开了一个 50 人的村委会，会议关系到麻怀村精准扶贫对象的认定，牵涉许多家农户的切身利益，本来预计一两个小时的会竟然开了一整天。“事关国家精准扶贫政策的落实，精准扶贫工作要有效推进，又要协调好农户之间、农户与村委的矛盾，会开得长一点就长一点，重要的是得把道理和大家讲清楚。隧道那么难都能打通，老百姓的思想工作难道就做不通？”邓迎香想。

邓迎香很执拗，就是靠着这样的执拗，她硬生生地啃下了“精准扶贫名额分配”这块最难啃的硬骨头。啃下了，还得有个消化的过程。会后，差不多一个月的时间里，邓迎香每天都会接到村民打来表达高兴、感激、不满、抱怨等情绪的电话。特别是那些没有被认定为精准扶贫对象的农户，邓迎香要跟他们解释精准扶贫政策的有关规定，还要列举出认定精准扶贫对象的条件，更要安抚情绪。“道理大家都懂，只是一时间拐不过弯来。同样在县城上学，别人家的孩子是精准扶贫对象，就得到许多优惠，自家却不符合条件，所以他们想打电话发泄一下。那我们就得给他们一些时间，做群众的思想工作不能急，急了要出问题。”邓迎香说。

邓迎香讲话，大家都肯听，大家都肯信。上到七八十岁的老人，下到几岁的孩子，或是脾气暴躁的男人，或是性格温婉的女人……甚至是村子里聋哑人，邓迎香也能熟练地用手语与之交流。

村里一个姓黄的老人对我说：“邓主任不像有些干部，大白话张口就来，嘴上一套，实际做起来是另一套。邓主任说要去找鸡苗来给大家养，然后就真的找来了，少的100多只，多的几百只。邓主任说要建篮球场，篮球场就真的建起来了。如此一来，她讲话谁能不听？”

人事矛盾解决了，可村里最棘手的还是产业发展的问题。与其他乡村一样，近几年，麻怀村人走的也是外出打工的常规套路。村民曹响国曾在沈阳、山东等地从事土建类的工作，任鸿则选择往江浙一带去。有那么几年，为了挣钱，几乎所有的壮劳力都选择了背井离乡，麻怀村里只剩下空巢老人和留守儿童。每每得知麻怀村人在外面挣钱发财的消息，邓迎香都感到由衷的高兴。可置身于一个只剩下空巢老人和留守儿童的村庄，看着老人们佝偻着背做家务，看着孩子们渴望的眼神，邓迎香就感到一阵阵心痛。她甚至隐隐地觉得，这种外出务工模式虽然能挣到钱，但却不是长久之计。作为一个称职的村主任，她想的是如何让麻怀村走上“可持续发展”的道路。

想到什么就马上去实践什么，邓迎香就是这么一个风风火火的女人。她四处考察，寻找能够落户麻怀村的项目，然后又给在外地打工的年轻人去了电话，希望他们返乡创业。邓迎香是沟通高手，只是将利弊这么一说，就获得了大家的认同。大家都知道，城市生活虽然丰富精彩，自己的根却长在麻怀村的泥土里，不如听主任的建议，趁着手头还有些积蓄，大家合力创业。于是，麻怀村便有了第一个种植专业合作社——宏源合作社。

全村参与合作社的有 12 户，大家在邓迎香的带领下，有的拿出了所有打工积蓄，有的将喂养的家禽全部变卖，最后总算凑到 80 多万元，才算真正让合作社运作起来。很长一段时间，邓迎香与曹响国、曹响平、任鸿等几个合作社的合伙人一起，在江西、广西、云南等地到处跑，去学习交流。最后确定下来的项目有铁皮石斛和岩黄连两种中药材种植。

合伙人有了，启动资金有了，具体的项目也确定了，甚至还与外地商家达成了包销协议，一切进展得很顺利，邓迎香便又开始去走街串户了。"我总得为大家多做点什么，有好项目当然希望大家都参与进来，12 户还是太少了，力量还是显得单薄点，要真正做成事，还得全村人形成合力，还得我去和大家'摆事实，讲道理'。"邓迎香说。

邓迎香首先想到的是党员，在她心里，党员是要起带头作用的。40 岁出头的简有珍是她心目中最合适的动员对象。看到她这么诚恳，简有珍对她说出了自己的顾虑："我家小娃现在已经上高二了，得给娃留着一笔上大学的钱。投工投劳可以，可拿不出入股金。"

邓迎香说，在麻怀村，像简有珍这样的村民不少，总是有这样那样的实际困难，毕竟是全县最典型的贫困村。难道没有资金入股就不能参与了吗？邓迎香的脑子又活动起来了。"我们可以这样，没有参与的村民，可以将自己土地转租给合作社，每年合作社付给租金。过一段扩种秧苗还要请人，就请这些没有参与合作社的村民。这样一来，应该就能全村都调动起来了。"

邓迎香说："虽然村里的人均年收入从隧道打通前的 800 元到现在的 8 000 多元，整整长了 10 倍。但村里还有 38 户贫困户，一些已经脱贫的农户还需通过产业来巩固。所以我们想通过合作社，用能人带动全村，在村里搞养殖和种植业。比如特色养猪和鸡，不喂饲料，比如种植无公害的水果和蔬菜，还有像铁皮石斛这样的中草药。另外，我们这里离大射电望远镜只有7公里，来那里的游客很多，我们可以做个点，想办法把那里的游客引过来。”邓迎香问我：“这算不算个好思路?”我说：“是个好思路，但关键还在于如何把自己的特色做出来，真正把那里的游客引过来。”她说：“是的，是的，我们就为做这个特色都想疯了。”

这时，邓迎香说，她参加省里组织的“贵州省‘脱贫攻坚·党员先锋’先进事迹报告会”时，认识了盘水市盘县普古乡舍烹村娘娘山高原湿地生态农业旅游开发有限公司的老总陶正学。过段时间她准备带着合作社的几个人到那里去看看，看看他们是如何办合作社的，取点经回来。

细数麻怀村的发展规划时，我看到邓迎香的眼睛里充满了坚毅与期待，但也有些迷茫。在邓迎香家的堂屋我还看到，几张简易的木桌木凳拼接成一排，上面整整齐齐地摆放着各种奖状、奖杯、奖牌以及荣誉证书：第四届中国消除贫困感动奖、2013年度全国“三八红旗手”标兵、全国社会扶贫先进个人、全国优秀共产党员……这些荣誉，见证了一个大山女人，或者说一个山村女干部的艰辛与追求。

或许这就是多数基层村干部现状的真实写照。

再次穿过麻怀隧道，离开麻怀村，我回头凝望。

渐渐地，隧道洞口越来越小，变成了一个小点点，但它在我心中却变成了一条大道，那是麻怀村必须疏通的“扶贫攻坚大动脉”，是罗甸、是贵州打赢脱贫攻坚战的必经之路，也是中国贫困山区走向脱贫致富奔小康的康庄大道。

从“大关精神”，到“麻怀干劲”，难道这不是生活在滇桂黔石漠化区的顽强的人们对无情大自然的抗争宣言吗?

（节选自《乡村国是》，湖南人民出版社，2017年版，有改动）

厉彦林

沂蒙山人，山东省十三届人大常委、代表资格审查委员会主任。著有作品集《都市庄稼人》《灼热乡情》《享受春雨》《赤脚走在田野上》《地气》等，代表作长篇纪实文学《延安答卷》被评为“全国党员教育优秀教材”。先后获齐鲁文学奖、冰心散文奖、吴伯箫散文大赛一等奖和山东省散文30年创作（理论）成就奖等。

延安样本

历史从来都不是史实和数据简单冰冷的堆砌，是即时又鲜活的镌刻，是民族反复打磨的集体记忆和民心憋不住的自主书写。冒着热气、散着地气的诉说，探寻“我是谁，我从哪里来，我到哪里去”的真实答案与路径选择，启迪后人、烛照未来，铭记心窝不能忘却。

延安是中国脱贫事业的一个缩影，创造了我国中西部地区和革命老区绿色脱贫鲜活可信的“延安样本”，也为世界脱贫事业和全球生态治理提供了“延安样本”。

世界难题·中国奇迹·延安样本

蓝天白云，绿水青山，溪流清冽，歌声曼妙，景美人醉。这是人类梦寐以求的生存家园。

食不果腹，衣不遮体，饥寒交迫，生活贫苦——这是谁也不愿面对的生活状况。贫困是人类公认的魔咒和梦魇，千百年来，人类绞尽脑汁、费尽九牛二虎之力破解这道世界难题。

站在时代制高点，俯瞰人类居住的这个蓝色星球，跨入21世纪以来发生的最令人振奋的重大事件之一，就是全球减贫事业取得辉煌成就。

世界银行公布的数据表明，过去25年，全球减贫事业的成就67%归功于中国。联合国开发计划署指出："中国在全球千年发展目标中所做的贡献，给予再高的评价也不过分。如果没有中国的进步，整个世界在减贫方面总体上说是倒退了。"

中国的逆风飞扬和欧美的跌宕起伏，掀起当今世界变革潮流的"两股巨浪"。众所周知，中国仅靠世界9%的可耕地和6%的洁净水，却养活了占世界1/5的人口，这本身就是人类发展史上的一个奇迹，这是中国共产党执政史上浓墨重彩的一笔。2017年6月，联合国开发计划署前署长海伦·克拉克说："中国最贫困人口的脱贫规模举世瞩目，速度之快绝无仅有。"世界银行2018年发布的报告称："中国在快速经济增长和减少贫困方面取得了'史无前例的成就'。"世界银行前行长金墉认为，中国扶贫事业是"人类历史上最伟大的事件之一"。

2019年10月1日，庆祝中华人民共和国成立70周年大会在北京天安门广场隆重举行。群众游行特别设计了"脱贫攻坚"方阵，用中国脱贫攻坚的耀眼成绩单，向祖国母亲的生日献礼。彩车上的5个图标，分别代表着不愁吃、不愁穿、义务教育、基本医疗、住房安全有保障。彩车上的13个人，都是为脱贫攻坚做出突出贡献的代表人士。当彩车经过天安门时，深深打动了中国人特别是刚跨出贫困泥潭的群众。

2020年，中国将告别绝对贫困，提前10年实现联合国《2030年可持续发展议程》减贫目标。事实胜于雄辩。中国的脱贫成果令人服气，这是人类历史上规模最大、涉及面最广、速度最快、成效最持久的反贫困斗争，谱写下人类反贫困史上的辉煌篇章。

中国脱贫攻坚的故事和风景多彩耀眼，中国脱贫攻坚的探寻和历程坎坷艰难，中国脱贫攻坚的道路和方案世界称奇。水乳交融、生死与共，全国上下、干部群众携手突破关隘和险滩，自强不息、敢于向命运挑战的民族精神，体现着中国共产党人的初心使命和政治品格，彰显出中国特色社会主义制度的优势和威力。

“忆往昔，峥嵘岁月稠”，以延安为中心的陕甘宁边区，曾是中共中央所在地，是中国工农红军长征的落脚点，是夺取全国胜利的出发点，是中国革命的指导中心和中国人民解放斗争的总后方。延安、延安人民为中国革命做出了历史性的贡献，党中央和全国人民一直牵挂着延安的发展、延安人民的生活。由于生态环境脆弱、基础设施落后等原因，陕甘宁革命老区长期贴着贫穷落后这个标签。伴随改革开放大潮，一曲终结贫困、改变命运的时代凯歌，不断在延河岸畔激越奏响……

2019 年 5 月 8 日，《人民日报》在报眼位置，配发延安果农采摘红苹果的彩色照片，向全国人民、向全世界宣布：“延安告别绝对贫困，延安市延川、宜川两县退出贫困县序列”，这标志着中国革命圣地延安的贫困县全部“摘帽”。2018 年延安市 693 个贫困村全部退出，19.5 万贫困人口实现脱贫，贫困发生率下降到 0.66%；全市实现生产总值 1 558.9 亿元，人均超过 1 万美元，全市整体脱贫摘帽，历史性地告别了绝对贫困，实现了生态保护和脱贫攻坚一个战场、两场战役的双胜和双赢。曾经让中国共产党绝路逢生、成长壮大的延安，226 万为中国革命做出重大贡献的延安人民，从此告别绝对贫困，走上全面建成小康的幸福大道，这是感天动地的大事，全党、全国人民关心关注。

延安是中国脱贫事业的一个缩影，创造了我国中西部地区和革命老区绿色脱贫鲜活可信的“延安样本”，也为世界减贫事业和全球生态治理提供了“延安样本”。这是多么令人鼓舞的喜讯！这是多么豪迈的大地诗行！

2015 年 11 月，习近平总书记在中央扶贫开发工作会议上讲话时说：“今年春节前夕，我去了延安、去了梁家河，看看听听，真是旧貌换新颜了。我前不久访问美国时就用这个故事来解释中国梦，大家一听就懂，也很有说服力。”

70 年在人类历史长河中弹指一挥间，新中国的 70 年确是沧桑巨变、换了人间的 70 年。中国共产党领导人民立足本国国情、倾听时代声音，敢于向贫困宣战，战胜饥荒和贫困，在中华大地上描绘出波澜壮阔的历史画卷，彻底改变中国和中国人民的命运，在中华民族史册上写下浓墨重彩的一笔。新中国成立 70 年来，7 亿多农村贫困人口成功脱贫，贫困发生率下降到 1.7%。这是新中国当之无愧的天字一号“民心工程”。

2020 年，是脱贫攻坚决战决胜之年，中国将全面建成小康社会，实现第一个百年奋斗目标。中国将如期实现现行标准下农村贫困人口全部脱贫、贫困县全部摘帽，终结困扰中华民族和中国人民几千年的绝对贫困，这是中国奇迹，当然也是世界奇迹。

延安：寓意国泰民安、长治久安。

延安：中国革命的圣地，正发生天翻地覆巨变。

“神女应无恙，当惊世界殊”，延安昨天的光荣与辉煌已铭刻进历史，新时代脱贫攻坚的新奇迹，已在勤劳智慧的延安人民手中描绘成壮美真实的画卷，令人欣慰陶醉，让人留恋痴迷。

人们在探寻：“延安创造这一脱贫奇迹的秘密是什么？中国摆脱贫困、决战决胜贫穷的密码在哪里？”

精准妙棋一着，脱贫全盘皆活

党的十八大以来，以习近平同志为核心的党中央，把贫困人口脱贫作为全面建成小康社会的底线任务和标志性指标，把脱贫攻坚当成一项重大政治任务，摆到治国理政的突出位置，打响了一场史无前例的脱贫攻坚战，也是一场集中歼灭战。党中央响亮提出，“坚决打好防范化解重大风险、精准脱贫、污染防治的三大攻坚战”，确保到 2020 年现行标准下农村贫困人口精准脱贫！

精准妙棋一着，脱贫工作全盘皆活……

实现精准脱贫，首先必须建档立卡，建起巨大的“共和国脱贫攻坚的档案库”。台账做实做细了，精准识别，到户到人，“进”“出”有依据，才能经得起检验和评判。

“扶”，本意是用手支持人或物使其不倒。“扶贫”，是指扶助贫困户或贫困地区发展生产，改变穷困面貌。从“扶贫”到“脱贫”，只是改动了一个字，内涵却发生了重大变化。“扶”更多强调外力，而脱贫更关注内生动力与外力的协同。人类从愚昧走向文明，主要是通过劳动和知识，获得财富和尊严，同时控制和治疗懒惰症。群众致贫大多是因病、因残、因学、因灾或缺技术、缺劳力、缺资金，以及交通条件落后、自身发展动力不足等造成的，除客观自然条件和不可抗拒因素外，还在于群众自身，在于一些人的消极、懒惰、依赖，缺乏进取心，习惯于等、靠和向政府伸手。

人在爬坡迈坎、负重前行、压力叠加、两腿发软、即将放弃的关键时刻，是多么渴望有一双助力的手；人在漫漫旅途，前不靠村后不着店、饥肠辘辘、寒冷难耐的时刻，是多么渴望温暖；连续行走茫茫沙漠，又饿又渴，撑不住、熬不过的时刻，如果银河里有水流出来、前方有片绿洲该多好……幸福不会从天降，梦想不会自动成真。有的人穷惯了，也有的穷怕了，扶贫必须先扶心、扶智、扶志，才算扶到“根”。中央头脑清醒，号准了脉搏，明确提出扶贫不脱离国情，不超越社会主义初级阶段，不吊高胃口，不养“懒汉”，着重激发内生动力。让贫困群众明白一个理：要脱贫、要改变自己命运，没有什么“灵丹妙药”，必须靠自己的双手刨“穷根”，搬掉致富路上的“拦路虎”！思想转弯，观念变化，是最核心的因素，也是最难啃的骨头。总结以往的经验教训，扶贫方式开始从大水漫灌式，向注重“精准滴灌、靶向治疗”转变，还得重视一些无形的东西，如民风、伦理、道德等因素，下足“绣花”功夫。绣花是真正精细的活儿，一针一线也不能马虎，针灸必须针对“病灶”，找准“穴位”。“一把钥匙开一把锁”，因地、因村、因户、因人打造各种尺寸和型号的脱贫“金钥匙”。为真正巩固脱贫成果，避免出现反复，需要有个缓冲期和巩固期。从实际情况看，即使摘了贫困的帽子，责任和政策不能摘，帮扶和监管还要持续一段时间。打赢这场史无前例的脱贫攻坚战，必定绣出一幅幅惊艳世界的美丽“画卷”，书写出一张张鲜活管用、各具特色的优秀“答卷”。

延安奋力向贫困宣战

2018 年 3 月 26 日，延安市委会议室内，气氛庄重肃穆，全市脱贫攻坚誓师动员大会正在举行。这是和平建设时期少有的气氛，概括地讲：“向贫穷宣战!”这是誓师大会、宣誓大会，这也是延安人民分秒必争、加速疾驰向贫困发起总攻的庄严时刻。

从市委书记、市长，到各区县、各乡镇党政主要负责人，每个人的面前都摆着一份军令状。军令状末尾如此写道：“如若完不成任务，我将引咎辞职。”每人逐一签字确认。

当天晚上，签下军令状的领导干部，依然沉浸在群情激昂、摩拳擦掌的激动之中，又感到肩上的担子很重、很沉，有的同志甚至一夜未眠，陷入深深的思考与谋划。

延安建立起市、县、乡、村“四级书记”抓扶贫工作体制机制和市级领导包县区工作制度，市县党委、政府和重点责任部门层层立下军令状，市委主要领导以上率下，开展驻村蹲点调研，全市领导干部实现对县区、贫困村、贫困户走访调研“三个全覆盖”，保证了各项脱贫政策措施真正落到实处。同时，延安 190 多个市级部门包村扶贫，2.8 万名干部联户扶贫，村村派驻第一书记，1 546 个村有驻村工作队，实现贫困村村村有驻村工作队、贫困户户户有帮扶责任人。目的是严防死守，不留死角，不留空白，决战决胜。

孔子曰：“己所不欲，勿施于人。”只有换位思考才能产生同理心，才能找准对方的需求和着力点。“吃饭难、吃水难、行路难、浇地难、上学难”，不当农民不知农民难，不是贫困户更不懂贫困之难。传统的穷人与现代的穷人，也不能等同而语。传统的穷人有条件自食其力，现代穷人却必须支付必要的生活成本。譬如，过去交通不发达可能用两条腿量，或骑个自行车，多花点儿工夫就能行，如今交通发达，高速路又不让行人走，必须花钱买票乘车。过去穷人没水喝，可以到河沟、泉湖里盛，或者自己挖口井，如今喝自来水、买矿泉水，必须得花钱。过去穷人获取信息，主要靠亲戚邻居和乡里乡亲口口相传、捎口信，如今必须花钱买报纸、打电话。如果手中无钱，寸步难行。

我们走在贫困地区、贫困村的村头巷尾，时常看到“治穷先治愚”“既富口袋又富脑袋”的标语，虽然褪了颜色，但能看出当年的鲜艳与真实。谚语“穷不靠亲，冷不靠灯”。所谓靠山山倒，靠人人跑，唯有自强不息靠自己，才有可能过上好日子。贫困地区、贫困群众发展要靠“内生动力”，输血又造血，激活贫困地区、贫困群众自我“造血”功能，“输血一阵子，造血一辈子”。否则，即使上级扶持建出了一个新村，改变了村容村貌，如果内在活力不足，劳动力不能回流，没有经济上的持续来源，这个地方下一步发展还是有问题。这就像新栽的花卉，如果扎不下根，即使水分养料再充足，也难以存活。

黄河流域中上游贫困人口多、贫困程度深，空间相对集聚。致贫原因各异且复杂，自然贫困是其要害。改革开放 40 多年来，延安人民在党的领导下，为尽快改变贫穷落后的面貌，进行了艰苦卓绝的探索实践，特别是改革开放以来真正步入聚焦聚心聚力摸索脱贫路径阶段。前 20 年（1978—1997 年），探索实行阶梯递进式脱贫：第一步从救济扶贫入手，突出救急救穷，使贫困面、贫困户大面积缩小；第二步由过去单纯救济式的扶贫转向开发扶贫，由资金投入上的分散均等转向集中使用、倾斜投入，由解决贫困户的温饱问题转向主导产业的连片开发，一举解决了长期令人焦虑的吃饭问题；第三步实行集约经营，科技发展，广泛推广“四法”种田、地膜覆盖、粮菜间作、畜种改良、科学栽培、低产园林改造等适用技术，把全区四分之三的人民从封闭落后、贫穷的自然经济状态中解脱出来。后 20 年

(1998 年至今)，推行一杆到底、全面覆盖绿色脱贫、生态脱贫。在世界上水土流失最严重的黄土高原上横下一条心，持续实施退耕还林。生态建设成了延安脱贫攻坚的重要路径，改变了农民的生产方式和生存环境，增加了农民收入，提高了贫困群众生活质量，促进了经济社会的全面进步。特别是步入新时代，始终围绕总书记提出的“六个精准”要求，对标对表“两不愁三保障”目标，全面落实“八个一批”工程，真正实现“村村过硬、户户过硬、全面过硬”。绿色脱贫，成为延安脱贫攻坚的独特秘籍。

“桃实千年非易待，桑田一变已难寻。”这些年，延安市立足本地实际，先后出台了 30 多项具体的扶贫政策。政策的精准度、覆盖面是改革开放 40 多年来最密集的一个时期，其释放出的红利和叠加效应前所未有，困难群众得到实惠也是最大最多的。一位 60 多岁的村干部说：“我在村上负责了 30 年，是第一次拿起本本记政策，第一次拿着本本给群众讲政策，第一次照着本本给群众落实政策，我不拿个本本记不住、说不对、落实不准。”基层干部的感悟不仅印证了这个时期的政策利好，更印证了我们党消除千百年来贫困问题的决心和强大的减贫力度。

“延安整体告别绝对贫困”，是中国脱贫事业的一个缩影，是中国的脱贫减贫工作创造的奇迹。

我们行走在延安的宝塔山下，望见一群群叫不上名字的鸟在蓝天下翻飞、盘旋、鸣叫，它在兴奋地向我们诉说什么吗？我知道渴望蓝天的鸟是关不住的，因为它的每根羽毛都闪动着追逐自由的光辉。

这是一条拼出来的路

我以前虽然没机会去延安，却一直关注着延安。山东种苹果有传统，“烟台苹果、莱阳梨”，这些年沂源县的“沂蒙红”苹果口碑也挺好。前几年，我品尝过同事去延安培训捎回来的延安苹果，延安苹果的色泽和品质给我留下独特的难以忘却的印象。延安市吹响脱贫致富的冲锋号，北部率先打响退耕还林、封山禁牧（舍饲养羊）攻坚战，中部扬长避短大力发展苹果产业，不知不觉培育了绿水青山，换回了金山银山、花果山。

“延安苹果好，洛川是代表。”

“洛川苹果红又甜，点燃时代爱与馋。”

2019 年 10 月 17 日，是第六个国家扶贫日，也是国际消除贫困日。我们冒雨来到洛川县的菩堤塬。据记载，因菩堤村原先修建有菩堤师庙宇而得名，北宋名将杨业之女杨延琪（人称杨八姐）曾驻兵在此。外面的雨没完没了地下着，道路是柏油的，告别了泥泞，路面平坦干净，虽然坡陡、拐弯多，但没有不舒服的感觉。偶尔有车辆经过，溅起一阵雨雾，透过汽车摆动的雨刷，依然能看到数不清的梁塬沟壑、树木花草和绵延不断的苹果园。正值收获苹果的季节，很多苹果树已经落了树叶，只剩下红彤彤的苹果压弯枝头，一望无际的苹果把梁塬沟壑染成了红色，新鲜的苹果清香味在空气中弥漫，扑鼻而来，让人陶醉。有位果农在自家果园外挂出红布白字的横幅：“丰收啦！致富啦！”那红布被雨淋湿显得更加鲜艳，分明透出果农甜丝丝的喜悦和期待。我问，这满山遍野的红苹果与让人豁然开悟的菩堤果，有着什么联系吗？陪同人员笑着说：“应当说，都是让人超凡脱俗的智慧之果、觉悟之果。”

延安特殊的地理气候，适宜苹果生长，被联合国粮农组织认定为世界最佳苹果优生区和集中连片面积最大的优质苹果生产区。苹果相对适宜储藏和运输，20 世纪 80 年代中期，延安紧紧抓住区域资源禀赋，果断做出“建立百万亩苹果商品基地的决定”，拉开了大规模发展苹果经济的序幕。

苹果，属经济林，能算进退耕还林还草的大盘子，国家能算着生态账，当地政府能算着林草覆盖率的账，农民能算着增收致富的账。因此发展苹果产业各方赞赏、一业百果。苹果树使每一座突起的山塬与深长的沟壑焕发出生机，与生活在这里的人命运相系。

“东奔西跑打工忙，不如苹果树上建银行。”延安已获得世界最佳苹果优生区和国家现代农业示范区的桂冠。目前延安 13 个县区全部被认定为省级优质苹果基地，成为陕西省第一，全国仅有。苹果树为延安市树，是延安市最主要的经济树种之一。凭借独特的口感和上佳品质，“洛川苹果”品牌评估价值提升至 72.88 亿元，名列全国苹果品牌第二位。“延安苹果”品牌成功注册国家地理标志证明商标，品牌评估价值 69.6 亿元。2018 年农村居民人均可支配收入达到 10 786 元，较 1998 年净增 9 430 元，其中 60% 以上来自林果产业。苹果总产量 300 多万吨，实现产值 128.7 亿元，苹果对全市农民可支配收入的贡献率达到 50% 以上。建档立卡涉果贫困户户均收入 12 660 元，人均达到 4 079 元。宝塔区柳林镇依靠苹果产业年收入超过 10 万元以上的农户占到全镇总户数的 1/4，宜川县苹果产业发展最好的村、户均收入达 50 万元以上。

有人说，世界上有“四个苹果”：一是伊甸园的苹果，二是牛顿的苹果，三是乔布斯的苹果，四是洛川的苹果。确实，洛川苹果已成为全国产业扶贫领域中特色产业带动群众脱贫的典型范例。洛川苹果种植面积已覆盖全县 95% 以上的农户，全县农民收入的 95% 来源于苹果产业，更多的贫困户在苹果产业链上获得了稳定受益。洛川苹果品质优良，果形优美，个大均匀，果面洁净，色泽艳丽，肉质脆密，吃上洛川苹果是口福。为了尽快与家人分享这种甜美，我立刻付费快递 4 箱洛川苹果回山东。

我们收起雨伞，走进洛川民丰农民专业合作社。合作社办公室很干净，已洗好刚摘下树的苹果，准备好了茶水和有关文字材料，董事长外出跑业务了，经理郝延红在家，他就是咀头村人。他告诉我们帮助贫困户脱贫的办法：我们采用的是“农民专业合作社 + 农户 + 贫困户”的方式，贫困户可用果园、资金、劳动力等入股，苹果园按标准化基地的标准管理，合作社和乡亲们手挽手闯市场，因户因人，精准施策，这样就把贫困户嵌入了产业链，力所能及地帮助和带动贫困户。采取托管分红、保价收购、适当垫资、用工和储藏优先等办法，确保贫困户稳增收、早脱贫，共赢、多赢。

贫困户杨黑牛，是菩堤乡菩堤街村人，家有 4 口人、果园 5 亩，因父亲患病负债较重，果园投入跟不上，效益下降，恶性循环。2015 年加入合作社，接受了技术培训，享受了产业扶贫资金 1 万元，政府给其果园免费种草、拉枝、黑色地膜覆盖；合作社无偿提供了部分农药、肥料和果袋等，果园效益明显好转。2018 年的苹果、务工和低保等收入，超过了脱贫标准。2019 年列入巩固户。

郝延红介绍说：今年杨黑牛家 4 万个套袋的苹果，长势不错，我们计划按保护价 3 元 1 斤收购，这一项他就能收入 4 万元。杨黑牛在一旁嘿嘿地笑着说："今年的苹果长得好，苦点儿累点儿都值。我还住上了政府易地移民安置房。"我问："方便去您的安置房看看吗?"说完，他就撑起了雨伞，我们冒雨来到位于菩堤街村幸福苑一楼的安置房。他说："我农忙时，还住在原来地处村向阳组的窑洞里。这个新房我自己只缴了 6 000 元，面积 60. 3 平方米，门窗和粉刷政府全给搞好了。"他还打开卧室和厨房让我们参观，很高兴地说："等以后有条件了，我家还可沿街开个小门店来增加收入。实现了，俺就没愁事了。"

贫困群众普遍文化程度偏低、自主创业能力弱一些。延安为提高贫困群众的组织化程度和闯市场、抗风险能力，普遍探索采取"企业 +""合作社 +"的方式。各县还拿出资金作为小额扶贫贷款风险担保抵押金，破解贫困户发展产业资金难题。全市建立互助资金协会 929 个，资金总量 3. 38 亿元，覆盖 60 542 户贫困户。693 个贫困村村村有协会，其中志丹、黄龙两县实现行政村全覆盖。资金是产业项目的血液，血液良性循环，扶贫开发就有了保障、焕发出了生机。

安塞区高桥镇南沟村驻村干部张光红，领我们来到南沟村山地有机苹果生产标准化示范区他带头认养的几棵苹果树下。他兴奋地告诉我们："前些日子，我们在广州市天虹宾馆举办了延安苹果产销对接会。"南沟生态农业示范园的"果树认养"项目让人眼前一亮，也吸引了众多媒体记者的眼球。他们采取"公司 + 农户 + 贫困户"的模式，园区 1 060 亩苹果树，当地 39 户村民以土地入股占果园 49% 的股权，其中有 13 户是建档立卡贫困户，其他股权属于生态农业示范园，前期投资全部由园区负责，见到效益以后，只扣除当年成本按股分红。一位认养了苹果树的消费者说："不论你身在何方，只需花 300 元就能在宝塔山旁、延河岸边拥有一棵有机苹果树，好吃不贵实惠多多，更重要的是还能为扶贫事业做贡献。"目前，南沟村已被广东、广西、云南、海南、北京、上海、西宁、西安、江西等地的顾客认领苹果树 5 500 多棵。

我走上前，只见每棵苹果树上都有"安塞南沟山地有机苹果认养"的小木牌，上边有编号、认养人和认养期限等，认养人全国各地都有。张光红补充说："认养一棵树，除了保证每年提供 40 颗苹果，还送 10 张南沟国家 AAA 级景区门票和一张价值百元的沙地摩托车票。如果是外地游客认养，我们提供苹果包邮服务，也可免费冷库储存 6 个月，随时发货。如果当年树的收成不够数，我们负责补充够足数同质的苹果。"张光红一边动员我们认养苹果树，一边高兴地告诉我们，他们采用"山顶种苹果、川地种大棚、插空搞养殖"的产业模式带领村民走出了脱贫路。通过资源变资产、资金变股金、农民变股东"三变"模式退耕还林。南沟村将全村 22 500 亩荒滩、沟洼和山林地评估定价，折股量化流转到企业，建起了南沟生态农业示范园，农民以土地入股，再到示范园打工，既解决了短期收入问题，还激活了土地资源。随着格桑花谷、生态酒店、沙地摩托、魔幻迷宫、果业采摘等娱乐休闲设施的不断完善，南沟作为延安市美丽乡村休闲旅游首选地，吸引力越来越强，仅 2018 年就接待游客超过 55 万人次。苹果成为贫困群众的脱贫果、致富果、幸福果。

通过退耕还林，林果已成为延安各地的主导产业，同时又各展其长。譬如宝塔、安塞的山地苹果，洛川的塬川苹果，延长、宜川的花椒，吴起的香瓜，延川的红枣，黄龙的板栗、核桃，都成为退耕群众重要的收入来源。在主导产业支撑下，延安农民人均可支配收入已从退耕前的 1 356 元提高到 2018 年的 10 786 元。另外延安实施电商扶贫也初见成效，建成阿里巴巴农村淘宝县级运营中心和 50 个村级服务站、56 家农村邮政便民服务站、253 家农资直营店，实现创业就业 1 200 多人，其中贫困人口 300 多人。

这是一条闯出来的路

延安为新中国建立立下了汗马功劳。延安贫困是新中国之痛，是共产党人的心灵之痛。安塞县粮食局原副局长常建保回忆说："我 1955 年出生于陕北安塞的农村，是一名粮食工作者，更是地地道道的延安农民的儿子。我经历过小时候杂粮都吃不饱的困窘，改革开放后丰衣足食的满足，现在对均衡膳食、营养搭配的追求。我所经历的日新月异的变化，正是我们陕北人口粮变化的缩影。现如今曾经粗糙的玉米、高粱、荞麦等各色杂粮，已经成为备受青睐的高膳食纤维的养生佳品，勤劳智慧的陕北人把这些杂粮变成了美味的钱钱饭、黄米馍馍、荞麦饸饹、糜子稠酒，一道道美味满足了人们舌尖的需求。"

新中国成立后，国家在努力，延安人民在努力，贫困却仍像顽疾一直笼罩、缠绕着部分偏远山区，延安的脱贫攻坚形势严峻，令人头疼。穷则思变，如何改变生存环境？如何摆脱贫困？延安人一直在苦苦探索。

黄河穿越崇山峻岭，流经广袤的陕北高原，在延川县境内跌宕起伏，曲折迂回，形成了 5 个"S"形大湾，由北而南依次是漩涡湾、延水湾、伏寺湾、乾坤湾、清水湾，那是黄河水像万千雄狮一样咆哮着在黄土高原上碰撞、撕斗、疯狂、激昂，跌入沟壑纵横、艰难、危险、曲折的峡谷后留下的身影。最为精华和壮观的是打了个弧度 320 度的圆形弯，在黄河古道秦晋大峡谷上留下的那道神奇景观——乾坤湾。

那天乾坤湾景点，北京某旅游团的全体游客整齐地站在摄影最佳位置，挥动鲜艳的五星红旗，合唱《我和我的祖国》。其他游客在耐心等待游览最佳观景点，还不时拍照留下这精彩的瞬间，"黄河之滨聚集着一群中华民族的优秀子孙"。

我们在延川县乾坤湾镇观看完动感球幕影院的《穿越黄河》，又来到西邻的苏丰村千亩旅游观光采摘园，许多苹果树已经被采摘，树下的蔬菜还很茂盛。走进一个贫困户家里，虽然有些杂乱，但还保留着一盘窑洞炕。敦实的墙基，厚重的拱形窑顶设计，让窑洞冬暖夏凉。圆弓形的窗子，屋内风箱与灶台相通、灶台与土炕相连的格局，将生活打造得简朴而温馨。土炕因有了灶火的穿越而更加火热，灶台也因土炕的承接更显完美。男主人告诉我，他掏灰、续柴火、放炭、点火、拉风箱，小时候都干过，隔了这么多年有些生疏啦。说着话顺手把灶膛里的火点燃，立刻冒出了一股柴草味的浓烟。

同行的同志说："先熄了吧，这烟呛人。"

我说："不碍，锅灶冒烟好呀，这是地道的人间烟火味!"

大家笑了，表示赞许。

延川县乾坤湾镇以东 5 公里的刘家山村，是通往清水湾景区的必经之路。这个村巧用"旅游 + 民宿"的办法脱贫，以村民现有窑洞为资产入股文旅集团下设的酒店公司，酒店融资维修改造窑洞，经营 5 年收回成本，然后按照公司、群众、合作社按比例运营分红。黄昏时分，我们来到村里，民窑、民房大都挂出了农家乐的牌子，有一条细窄的小路直通沟底的黄河边。1936 年 5 月 2 日清晨，毛泽东率红军总部从于家咀渡口横渡至这个村山崖下的清水关渡口登岸，当晚就住在刘家山村的刘登山家。那次为了红军生存的东征，彰显了中华儿女的胆略和奇志。这个村现保留着红军东征纪念馆、毛泽东旧居和当年毛主席坐思国事的石碾。村口的碾盘上坐着位满脸黝黑的大爷，年逾八十，他说："那年我才十来岁，毛主席路过这里的事是听老人讲的。如今老百姓真是托了共产党的福，赶上好光景啦!"这个村的群众原来主要靠红枣生存，近几年靠保护开发红色资源和自然资源，发展乡村观光旅游，走出了一条"资源变资产、资金变股金、农民变股东"的长久致富路。开始时，一些村民还说风凉话："穷乡僻壤，鸟都不拉屎，谁会来？这不是白扔钱吗?"没想到几年工夫，这红色旅游竟然"火"了，"没想到空置的窑洞也能生出钱来。""以前在外面打工，受累不说，还挣不了多少钱。如今家门口挣钱能养家，有个完整的家。"全村 193 户人家，目前只有 1 户 4 人未脱贫。其实村庄脱没脱贫，不仅要看吃、住，更关键的是青年人是不是回来了。有老人、有年轻人、有孩子，这才是正常的村庄，是有后劲和发展前景的村庄。

黄河九十九道弯，风景最美乾坤湾。这里山峦起伏，沟壑纵横，东临黄河，与山西省永和县隔河相望，黄河犹如一条巨龙舒展开身体，在黄土高原丘陵沟壑间缠绕着、奔腾着。黄河拥抱了东岸山西省的河怀村，又掉过头拥抱西岸，便形成了一个“S”形的弯道。“S”形的第一个弯道就是著名的乾坤湾，第二个弯道里是陕西省的伏义河村。这两个弯道远远看去，像“阴阳八卦图”，真是天地造化的天然太极图。相传，中华民族始祖伏羲氏居住在这里，“仰则观象于天，俯则观法于地”，就是在此受这道湾的启示创立了太极八卦图及阴阳学理论。伴随着伏羲码头、红军东征纪念馆、碾畔村民俗博物馆等景点的开发开放，自然禀赋差的过去成为历史，带来了生态旅游业的发展和新业态的出现，乾坤湾景区人气和乾坤湾镇群众的日子一日比一日旺，乡亲们说：“汗水从来就没有白流的。用自己的汗水泡过的日子有滋味，格外甜！”

碾畔村位于延川县乾坤湾镇，地处陕北黄土高原、秦晋黄河大峡谷西，背山向阳，一排排窑洞背靠土崖，每个大院落门外安一盘大碾，故名为碾畔（盘）村。全村建档立卡贫困户 91 户 312 人，已脱贫 84 户 293 人。目前在册贫困户 7 户 19 人（其中兜底户 6 户 16 人）。2019 年计划脱贫 1 户 3 人。这户贫困户住在“女娲峰”下。户主叫马安荣，和老伴同岁，今年 74 岁。天有不测风云，人有旦夕祸福，真是家运不济，7 年前儿子因病去世，儿媳改嫁，留下的智障孙子马创创，磕磕绊绊地已 19 岁了。如此悲惨的遭遇，马安荣家如同塌了天，男子汉嗷嗷地哭，哭得嗓子都哑了，失去了生活的勇气和信心。在当地政府协调帮助下，目前夫妻俩都在文旅集团当保洁员，每人每月收入 1 260 元，孙子被收留在县兜底保障中心。那天黄昏我们来到他们家，马安荣在家。他家住的窑洞，洞口是用瓷砖砌的，他告诉我“是当年儿子结婚时改造的”，窑内的灶台上还算井然。我们正在阅读贴在墙上的精准脱贫明白卡时，马创创跑进窑里，做出几个动作，在我们疑惑时，他爷爷告诉我们意思是“家里来客人了，让拿烟给客人抽”。我知道这个家日子紧巴。这样的家庭，让客人抽烟就是最高礼遇吧。这孩子智障，但他的善良和客人进家时表现出的欣喜，让我心生感动。我伸手摸了摸孩子的头，头发粗黑干涩。也许是我们突如其来的到访，给这窑洞增加了人气和温度，让孩子感觉到了一缕真诚与善意。

“我们家多亏党和政府，孙子目前在兜底保障服务中心，极大减轻了我们老两口的负担，也不用时时担心惦记了。特别是假如我们哪一天离世了，最起码也能放心，因为孩子还有党照顾着。”马安荣动情地说，话语中既透出欣慰，也有一丝伤感与不舍。

为转移这个沉重的话题，我问马安荣：“我尝尝你家的花生，行吗?”

他笑着应允：“好，好！不过今年旱，花生长得不太好。”

陪同我的乾坤湾镇负责人告诉我：“事实证明，帮扶贫困群众，不光是经济发展上的，还有身体上的、情感上的甚至心理上的，要让隐匿在自卑下的尊严和自信复活过来，才是身体和心灵真正意义的站立。”我点头称赞他的感悟。

碾畔村的脱贫带头户叫郝世斌。他一家 8 口人，家中 4 个老人曾有 3 个瘫痪在床。多年来，一直靠他在外打零工供养两个孩子上学、赡养老人。虽然夫妻俩很卖力，但日子过得紧巴。2015 年，郝世斌家被评定为贫困户。村干部和帮扶干部看他有做凉粉的手艺，让他享受了每人 2 000 元的贫困户产业发展补贴。此后，又给他在景区门口协调了一个卖凉粉的摊位。生意红火了，经过一番盘算，2017 年他两个在外打工的儿子也回家，将村里搬迁移民建在景区的商铺用来开起烤肉店，随着景区的发展，生意非常火爆。全家一商量，“政府在咱困难时帮了咱，咱家的日子逐步好起来了，这贫困户咱不能再当了，该让政府帮帮别的人家了”，于是主动提出了脱贫申请。现在，郝世斌不仅忙自家生意，还给其他贫困户分享自己的“生意经”，并且聘用 11 个贫困户在自家的小店里务工。村里贫困户看病借钱、创业借钱，只要别人开口，他都满口答应。他笑着说："党和政府扶持咱。咱富了，也该帮帮乡亲们。做人心里得有尺有寸，就这么简单的一个理。"

这些年当地旅游业发展得越来越好，很多外出打工的年轻人返乡创业就业，开起了农家乐、民宿、茶馆、饭店……村子越来越有吸引力，越来越热闹，越来越美啦！

安塞，顾名思义即"安定边塞"，这是一个因腰鼓而出名的地方。"上到九十九，下到刚会走"，几乎人人都会打腰鼓。那天本来我们可以回延安城住，但我还是执意夜宿中国腰鼓之乡安塞县，吃一顿安塞饭，多了解一点儿安塞的历史，寻找刘成章"捶起来就发狠了，忘情了，没命了"的《安塞腰鼓》。独坐月光之下，任思绪在万籁俱寂之时，不经意地开启心灵之门，行走在延安大地上。

清晨起来，猛抬头，突然发现一个艳红的巨型腰鼓远远地立在腰鼓山的山顶上。爬上山顶，抬头仰望这被誉为"东方第一鼓"的巨大腰鼓，甚为壮观和震撼，仿佛感觉到陕北汉子腰间跳动的灵气和怒吼的豪放。只见山腰间，一层层一排排的土窑洞，排列整齐，设计一致，刚被统一整修过，窑洞门口固定着中国结，挂着的红灯笼在微风中轻轻地摆动。三排窑洞露着椭圆形的洞口，再加上三排整齐的红灯笼，把整个腰鼓山映红了，煞是好看。为方便顾客记忆，每个窑洞院门口还挂有张家院、李家院的标志牌。打造农家乐窑洞的主人，为我们打开窑洞，让我们欣赏了一番，窑洞内设施宾馆化，完备齐全，价位也适中。

安塞县王家湾乡王家湾村，在中国革命史上名气很大。1947 年 4 月 13 日至 6 月 8 日，中共中央机关和毛泽东、周恩来、任弼时转战陕北期间，在此居住。室内保留完整的办公桌、小凳子、躺椅、文件箱等，在向我们诉说：这个中国共产党最小的指挥所，也是世界上最小的司令部，是如何指挥了最大的人民解放战争。

来到安塞县王家湾村贫困户陈登亮家时，他和婆姨正在蔬菜大棚里为已经开始开出紫花的茄子架线。陈登亮手里握着绳子，并沾有沙土。他笑着告诉我们："我这个大棚有 2 亩大，今年已经卖了 6 万元的菜了，估计年底这季菜效益会更好一些。""大棚是用政府无息贷款建的，能用 8 年，前 3 年能把贷款还上，后几年挣的钱就都归自己了。"农民种出来的东西，最担心的就怕卖不掉、换不了好价钱，若卖不掉，菜农就同霜打的茄子般瞬间蔫了。陈登亮说："如今网络发达，路况也好了，卖菜挺方便的，大货车直接开到大棚地头上来收购，省心、省劲还有好价钱。扶贫的同志路子广、办法多，我有了难事就找他们。"说完，他放下绳子，带我们回家看看。只见他家的窑门口外边栽着苹果树，门口的树上还挂着几个黄黄的大南瓜，窑左侧是去年养羊的羊棚，已经顾不过来荒废了，羊圈里种着绿油油的白菜。家里已经用上了纯净的自来水，干净的陶瓷灶台上扣着一碗早已炖熟的红烧肉，他笑着说："党的政策好，过上好日子不用愁了。我每天晚上自己还喝 2 两二锅头。"我拧开盛着半塑料桶二锅头酒的桶盖，近距离一闻，一股浓烈的酒香扑鼻而来，还是高度的。我开了一句玩笑："登亮先生小气呀，让我们来家了，也不请我们喝一碗？"他只是嘿嘿地笑。

王家湾村面貌变化挺大，基础设施上了新台阶。大家最忧虑的，是村里学校建得很漂亮，设施也是一流的，可目前学生数量越来越少，在校初中生只有几名。老话说："穷不丢书，富不丢猪。"可惜多数孩子跟随父母进城读书了，留在王家湾的多是些老年人，大家担心村里发展的后劲和活力。在街口与一位老人聊起来，总体感到：如今的日子已经挺美了。担忧的是，年轻人外出打工收入是高，但夫妻分离，老人孩子无法照料，远离家乡、丢掉亲情，钱多也没啥意思。在家乡创业，收入少点儿，难处多点儿，可家是完整的。小两口唱着过日子，下有老人照顾，孩子能围在身边，这不就是天伦之乐吗？闲暇可以走亲访友，喝酒唱歌，这才是幸福生活！

延长县安沟镇高家川村刘延平，圆圆的脸，满面红光，快进 50 岁门槛了，家有 4 口人。2015 年年初，他家被识别认定为贫困户，他自己说："回想起当年的自己，很是愧疚。那阵子婆姨患病，常年吃药，两个儿子都在上学，加上自己懒，日子过得挺紧巴。"乡亲们说他是村里有名的"酒鬼"，酒后常要酒疯、惹事，不仅耽搁农活，还惹得家人生气。有一次喝醉了，给驻村的第一书记卢继霞打电话发了一通火。他婆姨都骂他不懂事。卢继霞不仅没有埋怨刘延平，还继续耐心地鼓励他、引导他，帮助他规划产业发展项目。渐渐刘延平开始有了转变，“包扶干部、第一书记与咱不沾亲不带故，凭什么这么用心费力地帮扶我？我可不能烂泥扶不上墙。”经过卢继霞协调，果树专家不定期到高家川村现场指导。刘延平大大小小的培训都没落下，学会了修剪、拉枝、防治病虫害的本事。他学到了技术，别人有了好脸色，自己心态也有了变化，说：“党的政策好，为我免费发放修剪工具、化肥、果袋，省了不少个人投资。”

汗水换来果实。经过精心管理，2016 年他家仅苹果收入就达到 3 万元，心里美滋滋的。心气有了，心劲也上来了。当年 11 月，高家川村建起 12 座蘑菇大棚，包括刘延平在内的 12 户贫困户各分到了 1 座蘑菇大棚。刘延平率先拿着发来的 600 个蘑菇菌棒做起了试验。经过摸索，很快所有菌棒上都长出了蘑菇。2017 年 3 月，高家川村整合村内所有蘑菇种植户，成立蘑菇种植合作社，刘延平当上了理事长，吸收 7 户贫困户为社员。为节约成本，刘延平带领合作社社员自制菌棒，同时，还购买了消毒蒸汽锅等设备。如今，合作社蘑菇种植的效益越来越好，2018 年，7 户贫困户每户分红 1 万多元。“虽然每天从早忙到晚，但是心情好，觉得这日子有奔头！”刘延平终于充满信心地说，“我们是长短‘双保险’（苹果生产周期长、蘑菇生产周期短）产业致富。”脸上有皱纹，但没有风霜。

集中火力摘掉贫困的“帽子”容易，更关键的是巩固好脱贫“果”，彻底拔掉致穷的“根”，让贫困群众永远告别贫困，日子真正好起来。行走在山峦叠翠、万壑葱绿的延安大地上，有好多景象刻进我的脑海。记得那天我在安塞南沟村旅游景区，走进一片很漂亮的紫色花海，紫色花田如波似浪，与蓝天交相辉映。我问：“这是薰衣草吗？”工作人员告诉我：“是很像，但它叫柳叶马鞭草。它是多年生的草本植物，耐旱能力强，花开在最顶端的花穗上。”只见山坡上还有许多极普通、叫不出名字的草，随意生长在光明或阴暗的角落里，随风摆动，随遇而安。虽然开不出鲜艳的花朵，也没有吸人眼球的优雅造型，身体弱小、生命短暂，但忠于大地，顽强地生长、结籽，奉献着自己的青春与色彩。在这洒满阳光、开满花朵的山冈上，我望见几个花枝招展的孩子手里挥舞着山花，在景区里的水泥板铺成的山路上呼喊、追逐和奔跑。我被这片土地上追求绿色和美好生活的人们所打动、所感动，生态环境的变迁为孩子们留下了五彩缤纷的花园、人生的乐园……

世界是多彩的，拥有平凡的丰富与浪漫。普通的阳光雨露，是温暖和拯救生命的灵丹。

彻底斩“穷根”的搬迁路

2015 年，中央经过反复论证、痛下决心，决定“十三五”期间对不具备生存条件地方的约 1 000 万建档立卡贫困人口，实施易地扶贫搬迁。易地扶贫搬迁 1 000 万贫困人口，这是破解脱贫攻坚难题的重大举措、治本之策，是有组织、有资金、保结果的浩大世纪工程，世界罕见。从延安看，因地处黄土高原丘陵沟壑区，受自然地理环境限制，许多农民群众居住在窄沟、陡坡、塬畔的危旧土石窑洞中。特别是生活在黄河沿岸土石山区、白于山区和洛河峡谷地带的群众，生存环境很恶劣，基础设施脆弱，产业没发展起来，生产生活条件极差，耕种无地，吃不饱饭，喝不上水，做饭无柴，孩子上学难、老人看病难、经商致富难，群众祖祖辈辈处于贫困状态，无法做到“两不愁三保障”，确实是“一方水土养不起一方人”。

剩下的这些贫困户是贫中之贫、困中之困、难中之难，怎么办？如何帮着彻底拔掉“穷根”？最后决定花大气力动员群众“挪穷窝”，易地扶贫搬迁。即使这样的生存条件，一些贫困群众祖祖辈辈都生活在大山里，既有迫于偏远、贫瘠、自然环境闭塞的无奈，也存在“住惯山坡不嫌陡”的惯性，住惯了穷窝，穷家难舍，故土难离。易地扶贫搬迁，不是简单“挪个窝”，而是要围绕搬谁、搬到哪里、怎么搬、怎么甩穷等问题通盘考虑。国家下血本，投入这么大，是对这些生存条件极端恶劣贫困群众的最大关心，如何精准实施、公正操作？是顶天的责任！延安坚持把深入细致的群众工作贯穿于搬迁全过程，数万名干部深入这些村户做工作。2012 年延安市启动了“居民下山工程”，以黄河沿岸土石山区、白于山区和洛河峡谷地带为重点，对生存环境恶劣、基础设施薄弱、产业发展滞后、生产生活条件极差易地搬迁。截至 2019 年底，已累计易地扶贫搬迁 1.73 万户、5.63 万人，实际入住率达到 92.85%。建成生态村 944 个、美丽宜居示范村 466 个，30 个村庄被命名为省级“美丽宜居示范村”，实现了“搬一户人、退一块地、绿一座山”。

2019 年 11 月 13 日清晨，我给搬迁户贾建社的妻子侯玉芳打电话，询问了解相关情况。侯玉芳说：“我们家今天早饭是稀饭、白面饼、咸菜，我刚送小儿子到学校，已经上班了。就在俺家门口。”贾建社是甘泉县桥镇乡闫家湾村仙神庙坪村民小组的村民，39 岁，生病，家中四口人，两个儿子上学，2017 年因病致贫。2017 年的一天，贾建社在家干活时突然胃痛难忍，经医院检查确诊为严重胃病。高额医疗费掏空了他们多年的积蓄，让这个家变得一贫如洗。丈夫入院，妻子侯玉芳成了全家的顶梁柱和主心骨，面对突如其来的灾难一筹莫展。在全家人被贫困和巨额费用压弯腰的关键时刻，党的扶贫政策如一缕春风，带来了希望。通过健康扶贫惠民政策，贾建社本人只承担了少部分医疗费用，减轻了一家的医疗负担。前些年，一家人挤在一座老式的石头窑里，他家被村民评为易地扶贫移民搬迁户。政府担心石头窑倒塌，动员他们家先在镇上租了一孔 20 平方米的窑住着。不久，县移民办在县城阳光花邸商品房小区给他家安置了一套 95.6 平方米住房，自家总共花了 2 万元。因他带头腾退旧宅基，又拿到政府奖补资金 4 万元。2019 年国庆节刚过，10 月 13 日就搬进了新房子，从此他家的生活有了翻天覆地的变化。原来孩子没地方写作业，只能趴在床上，侯玉芳看到这种情景心里就难过。如今有了两间亮堂的卧室，还有餐桌，孩子可以舒展开身体坐在茶几前做作业了。她家一年的低保收入1.1万元，她在镇居地医保局有一份公益性专岗的工作，每月工资1 700元，还耽误不了照顾家。原来的4亩地已经托管，每年能收入400元。她说："我也不会说。共产党的政策真是好，让俺一辈子想都不敢想的事，一下变成了现实，本来连农村的危窑俺都翻新不起，如今俺有了工作和存款，有了和公家人一样的楼房，乡亲们还眼馋来。"现在，贾建社的病已治愈，凭良好的砖瓦工手艺，一年至少收入3万元。谈及脱贫后的生活，贾建社感激地说："感谢村干部和帮扶人的帮助。吃不愁、穿不愁、住得好，孩子有学上，看病有保障，党的脱贫政策全在俺家落地了。往后的生活还得靠自己，我相信日子会越过越好。"

"大哥，放心。俺家今年的冬天一定很暖和!"听到侯玉芳这话，我也感到很暖心。

"弟妹，这个家有今天，应当感谢你!"

延安市扶贫开发局副局长申均明告诉我："易地扶贫搬迁，绝不是把房子盖上了，贫困户住进去了，就算脱贫了，就万事大吉了。后续的事情更多、更艰巨。一方面要解决贫困群众的长远生计，住得下、稳得住、入社区、能致富，'住上新房子，过上好日子'。另一方面，要注重绿化改造或进行乡土民俗保护开发，重现满目青山，长留记忆味道的山村新景象，真正实现多赢。"不能这边是"留不下的城市"，那边是"回不了的乡村"，真正让搬迁的贫困群众"此心安处是吾乡"，彻底告别贫困的纠缠。为什么我们走进贫困山区感觉确实贫穷，而农民的想法并不完全和我们相同呢？一些上了年纪的人说，"如今不愁吃不愁穿，就是手头紧巴点儿，习惯了"，"金窝银窝不如自己的狗窝呀"。贫困是相对概念，我们不能用我们的生活标准作为衡量贫困的标准，确实有些贫困群众物质条件是差的，但精神确是富有的。现实中有许多人生活富足甚至成了富翁，却心态失衡，精神贫穷了。如果按这种标准比较，我们身边精神贫困的人还真不少。

世界上有两种东西永远不会被人夺走，一是藏在心里的梦想，二是读进脑子里的书。扶贫必扶智，让贫困地区的孩子们接受良好教育，彻底摆脱代代贫、代代穷的怪圈。为斩断贫困的代际传递，延安十分重视加强对贫困户子女的就业转移培训，让他们同其他孩子站在同一条起跑线上，用自己的力量向着美好生活奋力奔跑。家有良田万顷，不如薄技在身。通过定点职业技术培训学校，举办 3 个月以上的专业培训班 535 期，培训贫困劳动力 2.65 万人，其中 1.4 万人在江苏、广州、深圳等发达地区大型企业中就业，1.25 万人在本地酒店、家政、公司等服务行业中就业，人均月收入稳定在千元以上。按照“实际、实用、实效”的原则，依托贫困户特色产业项目，开展农民实用技术培训、农村能工巧匠工艺培训等，10 年培训贫困户劳动力累计 15 万人（次），贫困群众科技文化素质和自我发展能力有效提升，让贫困家庭在蓝天下凭自己的双手梦想成真，改变命运。

国家明确表示：“扶贫不养‘懒汉’。”我曾经追问过脱贫攻坚一线的同志：“现实中有没有‘扶不起来’的‘懒汉’?”“有。个别的，是极少数。谁都希望脱贫致富过上好日子。”客观上确实还有一部分人“无业可扶、无力脱贫”，像一些孤寡老人、残疾人、长期患病者等受到年龄、健康状况限制的特定贫困人口，还有因灾、因病、因意外事件致贫返贫的，他们和少数“等着扶、躺着要”的贫困人口不一样，是扶贫工作的难中之难。有的不仅身体有伤残，往往还伴有认知缺陷、情感障碍、独立意识差；有的有心理创伤、心上了“锁”……解决这类贫困人员的问题难度可想而知。政府不放弃、不退缩、张开怀抱，探索保障性扶贫，靠社保政策兜底、社会救助关爱暖心。这如同黑夜里航行的灯塔，犹如撕破阴霾的阳光，大爱无疆，救急难、托底线、暖民心，体现着人间真情温度和蓬勃的国家力量！

越走越宽的生态路

如果说，20 世纪 30 年代创建了西北革命根据地，为保存和发展红军主力，再次汇聚浩浩荡荡的革命洪流，提供了一片“绿水青山”，那么新中国成立后如何把武装斗争的“绿水青山”演化成改变延安贫困面貌、富裕老区人民的“绿水青山”，这是中国共产党人的战略考量。延安脱贫的生态之路，对自然生态和政治生态的“绿水青山”做出了生动鲜活的注释和佐证。

我国退耕还林工程是世界生态建设史上的奇迹，这项世界上投资最大、政策性最强、涉及面最广、群众参与程度最高的生态工程，在当代中国演奏了一曲从梦想到现实的华美乐章。它从根本上改变了我国农民“开荒种地、男耕女织”传统耕作习惯，还成为我国生态建设史和我国文明发展史的一个重要里程碑。

恩格斯在《自然辩证法》中写道：美索不达米亚、希腊、小亚细亚以及其他各地的居民，为了得到耕地，毁灭了森林。但是他们做梦也想不到，这些地方今天竟因此而成为不毛之地，因为他们使这些地方失去了森林，也就失去了水分的积聚中心和贮藏库。《论语》中说：“子钓而不纲，弋不射宿。”意思是不用大网打鱼，不射夜宿之鸟。荀子说：“草木荣华滋硕之时则斧斤不入山林，不夭其生，不绝其长也；鼋鼍、鱼鳖、鳅鳝孕别之时，罔罟、毒药不入泽，不夭其生，不绝其长也。”《吕氏春秋》也说：“竭泽而渔，岂不获得？而明年无鱼；焚薮而田，岂不获得？而明年无兽。”这些先人关于对自然要“取之以时，取之有度”的思想，警告我们要正确处理人与资源、环境的关系，防止掠夺式开发，走可持续发展之路。据史料记载，现在植被稀少的黄土高原、渭河流域、太行山脉，也曾是森林遍布、山清水秀，地宜耕植、水草便畜的好地方。由于毁林开荒、乱砍滥伐，这些地方生态环境遭到严重破坏。这些深刻教训，给我们敲响了警钟。

痛定思痛之后，吃过破坏环境的苦头之后，用血泪和生命的代价得出结论：环境就是民生，青山就是美丽，蓝天也是幸福，绿水青山就是金山银山。保护环境就是保护生产力，改善环境就是发展生产力。生态环境保护，必须看长远、想整体，不能因小失大、顾此失彼、寅吃卯粮、急功近利。必须坚持节约资源和保护环境的基本国策，像保护眼睛一样保护生态环境，像对待生命一样对待生态环境。

“坚决不要以破坏生态环境为代价的 GDP，努力让延安的老百姓生活在蓝天白云下、绿水青山边和田园风光里。”这是延安历届市委、市政府始终不渝的信念。“小康全面不全面，生态环境质量是关键”，延安已把绿色生态作为延安最大的财富、最强的优势、最靓的品牌。牢固树立“绿水青山就是金山银山”的理念，正确处理好经济发展和生态环境保护的关系，城乡生态要素、生态资源颜值不断提升，坚持人与自然和谐共生，构建生产和生态的良性循环的绿色之美。真正让人民群众在绿水青山中共享自然之美、生命之美、生活之美，走出一条生产发展、生活富裕、生态良好的文明发展道路，创造着世界生态建设史上的奇迹。

延安到处都是绿油油的花草、林木和森林，延安人念念不忘的还是植树的艰难。我连着问了几位延安的同志：“延安植树，谁最有代表性？”大家都说：“安塞有位种树‘上瘾’的农村妇女，真的不一般！”没想到安塞区雷坪塔村张莲莲的知名度如此之高。张莲莲用近 40 年岁月，实践和验证“植树造林就一定能过上好光景”的家训，为 1 750 亩荒山披上了绿装。20 世纪 80 年代初，雷坪塔村如同黄土高原上千千万万的村子一样，山大沟深，植被稀少，水土流失严重，广种薄收。张莲莲的父亲看到女儿家日子不富裕，就劝说：“娃呀，上山造林吧，坚持下去，就一定能有个好光景！”张莲莲尽管当时还不明白父亲的深层用意，但却认真落实着长辈的叮嘱。心想：“祖祖辈辈都在这荒山上种地却吃不饱肚子。地总不能荒着。种啥？那就种树吧！起码树木绿油油的还图个好看，心里舒服。”她自作主张，仅留下少量口粮田，把自家 30 亩耕地置换成数百亩荒坡地，自己扛起锄头就上了山。每天背着干粮和水，从早干到晚，风雨无阻，栽着栽着就停不下来了，真想把山山峁峁、沟沟岔岔全栽满。年幼的孩子哭闹，她一根草绳往炕上一拴就出门种树，一干就是一整天。“她疯了吧？人家都忙着种地，她放着好地不种却到山地上种树？”在那个温饱尚成问题的年代，张莲莲的举动大家并不理解。有好事者故意将羊群赶进她新开的林地，很快刚萌绿的小树被啃食殆尽。不服输的她，没有被困难和流言吓倒，反而更执着地种树。有的村民说："这婆姨家的，身子比锄把高不了多少，哪来这么大的心劲和力气哩？"张莲莲却执拗地说："人不怕九十九次跌倒，第一百次站起来就是成功。"她不负青山，青山也不负她。从父亲到自己的孙子辈，张莲莲一家四代接续造林 20 万棵，也从绿水青山中获得了生态红利。1995 年，她承包了村里上百亩果园，种上苹果树、桃树和杏树。

亲不亲，故乡人，致富不忘乡亲们。自 2015 年起，她的大儿子王军子承母业，在千亩林地里创办生态农场，发展林下养鸡。农场年出栏土鸡 3 万余只，向西安等地 40 多家超市供货，以张莲莲名字命名的"莲花鸡"品牌也逐渐闯出名声。自创办以来，累计用工 350 人以上，其中 90% 为本村和周边农民，优先使用贫困户或残疾人。逢年过节，她都会把鸡蛋和土鸡送到乡亲们家中。王军还盘算着将土鸡分给贫困户喂养，由农场统一收购，预计能带动 45 户贫困户脱贫。每年春节全家团圆时，张莲莲总要带领一家几代人，扛着锄头、铁锨爬上山林，回顾坎坎坷坷的过往，许下新年的愿望。她说："没有改革开放，我们家就过不上好光景。没有国家的退耕还林政策，陕北这个穷地方也不可能换上绿装。"

习近平总书记曾深刻指出：坚持绿色发展是发展观的一场深刻革命。绿色成为普遍形态是高质量发展的题中之意，是生态文明建设的必然要求。要把生态环境保护放到重要位置，坚持走生态优先、绿色发展的新路子。杀鸡取卵、竭泽而渔，是目光短浅，是自我毁灭。顺应自然、保护生态的绿色发展，才有美好的未来。

望得见山、看得见水、记得住乡愁，建设生态宜居的美丽乡村。打赢蓝天、碧水、净土保卫战，着力打造一批乡村旅游型、生态自然型特色田园乡村，努力留住乡土韵味、彰显乡村本色。

那天我离开女娲峰时，太阳还挂在天边。我望了望沟底绿树掩盖下的土窑洞，迈上了一条清爽幽静的山路。阳光洒在山峦、树木和窑口上，一草一木皆有灵性，或近或远，或深或浅，景致各异，碾畔村路面干净，山石土路跳动着金色。这是深秋时节，路两边有些小草开始枯黄却又叫不上名字，依然还有稀疏的野花在绽放。我陡然想起孟子“老吾老以及人之老，幼吾幼以及人之幼”的名句，既为这贫困户赶上好时代、能见到外边的天地而庆幸，也为扶贫干部默默无闻的付出和努力而感动。这块土地虽然历史底蕴深厚，风景如画，却因偏僻贫穷，人烟罕至。是党的扶贫政策的阳光雨露普照到这里，这些普普通通、如漫山野草一般的贫困群众的生命也能灿烂如歌。我抬起头遥望，看到远处茫茫苍苍不一样的风景，风从耳畔飘过，仿佛岁月深处有隐约的呼喊声传来……

延安主要负责同志说：“延安牢牢把握习近平总书记‘精准脱贫’这个方针，重整行装再出发，沿着符合延安实际的绿色脱贫之路走下去，一定再创新业绩！”

脱贫攻坚的每个数字、每项成绩的背后都是活生生的人，需要有人围绕人来做工作。一方面，对干部来说，脱贫攻坚的过程虽然艰辛，但只要大胆解放思想、敢于求变求新、勇于顶住压力、善于抓住机遇，带着真心、真情投入到脱贫工作中，用好的理念、好的作风、好的方法为群众服务，旧貌终会变新颜。另一方面，对群众来说，暂时的贫穷并不可怕，可怕的是智力不足、头脑空空，怕的是知识匮乏、精神委顿。通过接受新事物、学习新知识、接纳新观念，坚定脱贫的决心、树立致富的信心，个人才能用自己的力量搬走贫穷的大山；真正筑牢精神堤坝，才能抵御命运一波又一波的巨浪。我看到的一串串数字、一张张照片，听到的一句句话语、一个个事例，经常让我感动和震撼，经常有一股股暖流传遍全身，我找不出多么贴切的言语形容我高兴的心情，我相信贫困群众脸上的微笑和舒展开的皱纹，还有悄然流出的泪水，是无声却最有说服力和穿透力的语言。怪不得杜甫听到平定战乱喜讯的那一刹，“剑外忽传收蓟北，初闻涕泪满衣裳”。

延川县延水关伏寺村黄河岸边的老农刘满祥对退耕还林有着切肤感受，他兴奋地说：“退耕还林，对农民来说是好得不能再好的事情。我地退了，种了 18 亩枣树，每年兑现钱粮吃不完。我经常看电视，心里老想着给咱当家的领导说一声：‘您对农民这么好，不让俺缴公粮了，也不会战了，农民给自个儿栽树，国家还给粮给钱，什么社会也没有这种好事。’”

戴布诺·莱恩·丽爱特《你好，中国》一书的结语“谢谢你，中国”中说：“在我需要帮助的时候，中国从来没有让我失望。中国曾经让我茫然不解，让我灰心丧气，甚至不止一次让我觉得如坠云里雾中。但是，借助于那只手的力量——那只手紧紧拉住我不松开，中国总能把我拉回来。中国为我掸去身上的尘土，把我拉回大道上，因为这就是中国人做事为人的秉性。”

中国人是这样，中国这个国家更是这样。在经济社会快速发展的历史进程中，政府及时伸出温暖的手拉住那些远离社会主流甚至有些茫然失望的人的手，让他们一同上车，自由平等地享受沿途的阳光和风景……

世间新添颜色：延安绿

绿色，是自然界最常见的颜色，是春天独有的颜色，是大自然和山川、林木的底色，代表着清新、希望、生命、宁静、自然、环保、成长、生机、青春、放松……

绿色是在光谱中介于青与黄之间的颜色，分为春绿、纯绿、嫩绿、黛绿、碧绿、水绿、豆绿、葱绿、墨绿、苹果绿、橄榄绿、森林绿……绿色是生命的颜色，孕育着新生命，生生不息；绿色是希望的颜色，摇曳新希望，柳暗花明；绿色是自由的颜色，舒展开生命的翅膀，美轮美奂，美妙绝伦。

红色，激情热烈。

黄色，高贵庄严。

绿色，宁静友善。

延安绿，壮美凝重。

绿色由红色、黄色、蓝色三种原色配比调合而成，是生命本真的颜色，代表着原生态的、活泼的生命之美。

“延安绿”是红色的基因、金色的汗水在黄土高原上凝聚裂变形成的颜色，是延安革命老区穷山恶水变奏成青山绿水的颜色，是光泽映照延安人民笑脸、令全国人民欣慰的颜色，也是照亮世界生态文明之路的颜色。既奉献了赤橙黄绿青蓝紫，又贡献了五彩缤纷的美妙与神奇。

延安大地上，生长着苹果、梨、核桃、柿子、花椒、杏等经济树种和侧柏、刺槐、油松、杨树、沙棘等生态防护树种，以及乔木、灌木、草本及藤本植物等。它们各呈丰姿，各展其长，或直或曲，或粗或细，或侧或卧，或仰或俯，或盼或思，或醉或舞，或互抱成丛，或交织成廊，或搭掩幽深小径，各领风骚，和谐相处，播撒下引人入胜的景观和绿色旋律。各种树木、灌木集结、混生在一起，无论什么品种和名字，都是同一血脉，攀根相簇，握枝相望，蓬勃兴旺。

延安已穿上绿色盛装，延安人民养成了爱绿、植绿、护绿、兴绿的意识和习惯，念着山字经，做好林文章，步入山绿民富、山绿县强的良好发展轨道。走进延安，随处可见树木和草地，深吸一口气，好痛快！好清爽！到处充满大自然的味道，充满绿色的气息。微风吹来，树叶哗哗作响，山影、树影也模糊、摇晃起来，颇似“采菊东篱下，悠然见南山”的高远意境和生命形态。

延安大地到处树木葱郁，随处可见红色革命旧址，讲述着延安光辉的历史，可谓黄色底版上“绿里透红”。我走进延安退耕还林展览馆，被一幅幅照片所震撼。翠绿的林木称为“延安绿”，碧蓝的天称为“圣地蓝”。

森林是陆地生态系统的主体，对保持水土、涵养水源、调节气候、净化空气、防风固沙、养护物种具有不可替代的作用。森林还与人类生活密切相关，提供木材、食品、药品和燃料及工业原料等原材料。人类离不开森林，历史上由于森林消失而导致国家衰亡、文明转移的例证屡见不鲜。“背靠黄河面对着天，陕北的山来套着山，翻了架圪梁拐了道弯，满眼眼还是那黄土山……”20 世纪 80 年代，这首在当地山间沟壑中吟唱的信天游，唱出了陕北黄土高原水土流失和生态环境的恶劣，也表达出生活在这片黄土地上的人们心中的那份荒凉，更有紧随其后、挥之不去的贫穷。

回首历史，我们确实犯过滥用资源、过度开发资源的低级错误。是国家的退耕还林政策，解救了树木万物的生命，挽救了一些地方濒临毁灭的自然生态。让我们忧思的是，有的村庄和村民还在坐拥绿水青山“望山犯愁”，或者“望山兴叹”。

从地理位置上看，陕西地处中国心脏地带，陕北是黄土高原的心脏，延安更是黄土高原的绿芯。绿树是延安大地窜高的芽尖尖。因为人类的贪婪与欲望，牺牲了多少树木生命，导致植被稀少、生态脆弱、生活艰难。草木终于听着春雷的呐喊、春雨的呼唤，在暖风的抚慰中醒悟和复活。每一株小草，每一朵小花，每一棵树苗，都充满好奇地悄悄钻出地面，舒张开稚嫩的嘴巴和耳朵，直面寒风与霜冻，迎着阳光的温暖，展露绿色的生命风采。

任何人活在世上，都必须感激、感念、感恩人生的三位母亲。生身母亲给予我们生命，养育之恩必须真心孝顺报答；宽厚的大地是养身母亲，必须精心保护，刻不容缓；祖国是立身母亲，必须暖在心窝、终生报效。大地母亲给我们源源不断地提供了阳光、空气、水和粮食、蔬菜、水果等涵养生命的空间和食物，包括我们穿的、住的、用的都是大自然的赐予。

摆脱贫困的“奥秘”

思想是行动的先导。新中国成立以来，中国共产党人将反贫困作为巩固和发展社会主义制度的重要基础和前提，不断丰富和发展中国特色的扶贫开发理论。

为什么扶？习近平总书记在陕甘宁革命老区脱贫致富座谈会强调：“革命老区是党和人民军队的根，我们不能忘记自己是从哪里来的，永远都要从革命历史中汲取智慧和力量。”他深入贫困户调研时，多次指出：“要思考我们这个地方穷在哪里？为什么穷？有哪些优势？哪些自力更生可以完成？哪些需要依靠上面帮助和支持才能完成？要搞好规划，扬长避短，不要眉毛胡子一把抓。”2013 年 11 月，他来到地处沂蒙老区的临沭县曹庄镇朱村 83 岁的“老支前”王克昌的家，亲切地拉着王克昌的手嘘寒问暖，告诫大家“紧紧拉住老区人民的手，绝不能让老区人民在全面建成小康社会进程中掉队”。消除贫困、改善民生、逐步实现共同富裕，是社会主义的本质要求，是“为中国人民谋幸福，为中华民族谋复兴”的初心使命。打好脱贫攻坚战，是党的十九大确定的“三大攻坚战”其中的一仗。国家以脱贫攻坚统揽经济社会发展全局，把脱贫攻坚作为“十三五”期间头等大事和一号民生工程来抓，非同寻常。从另一个角度讲，赋权赋能脱贫攻坚，也能保障贫困人口的生存权、发展权和人格尊严，是贫困群众最真实、最贴心的渴盼。

扶持谁？这一点当然很明确，那就是需要帮助的贫困群众。习近平总书记多次强调“把提高脱贫质量放在首位”，解决好“扶持谁”的问题，目的是真脱贫、脱真贫。这和射击打靶一个理，靶心清楚，还不一定打准；靶心不清楚，肯定打不准，还会出偏差。这就需要把真正的贫困人口弄清楚，把贫困人口、贫困程度、致贫原因等搞清楚，因户施策、因人施策，“一把钥匙开一把锁”。一位长期从事扶贫工作的老朋友告诉我：“是不是贫困，跨进贫困户的家门，通过‘四看’就了如指掌。一看房，二看粮，三看孩子是否在学堂，四看有无病人躺在床。”通过逐村、逐户、逐人建档立卡，对症下药，拔掉“穷根”。群众也一目了然，心里亮堂。

延安市组织驻村工作队员、包村干部、村干部，严格按照识别标准和程序，严把人均纯收入关，多次对全市逐村逐户逐人拉网式排查，鼓励基层实事求是，“应进则进、应出尽出、应纠则纠”，精准识别，不落一人。统筹考虑、综合研判，“两公示一公告”，确保信息真实准确，群众普遍认可。还建立了脱贫攻坚大数据平台，集中采集、系统录入，统一标准、分级审核，将识别结果及时录入建档立卡信息系统，提高档卡信息精准度。建立和规范乡村户三级档案体系，为精准施策提供了第一手鲜活真实的资料。

谁来扶？打赢脱贫攻坚战，关键在人，关键在干部。各级党委、政府是主导力量，主力军是各级扶贫干部、第一书记，主体是不甘心受穷的贫困村党员干部群众，还有社会责任感强的企业、社会组织、经济组织等社会力量，包括“传递一份爱心”的国际友人和境外朋友等。我们这个“举国之力”管理体制，在物资匮乏，经济、信息不发达时期很管用，也很高效，但在互联网时代就显得效率低了。从贫困群众自身因素来看，一是调动和激发贫困地区和贫困人口内生动力，唤醒脱贫的愿望；二是需要广大基层干部带领贫困群众树立“宁愿苦干、不愿苦熬”的观念，靠勤劳双手和辛勤汗水改变贫困落后面貌。延安把脱贫攻坚作为新时代压倒一切的政治任务，建立了市县乡村“四级书记”抓扶贫工作机制。市县两级党委政府和重点责任部门主要负责同志公开立下“军令状”，接受全市人民监督，承诺完不成任务引咎辞职。市级领导带头包抓脱贫任务重、难度大的村户，住村蹲点、调查研究，亲力亲为、以上率下。组织精兵强将，精锐出战，因村需要选派了 153 名县级后备干部、1 807 名优秀干部担任第一书记，2. 69 万名市县乡三级干部联户扶贫。组建了 1 499 个驻村工作队，强化驻村工作队政策、资金和生活保障，创造工作条件，解除后顾之忧，确保驻村扶贫干部坚守工作岗位、扑得下身子、安得下心来，与贫困群众同呼吸共命运，真正成为攻坚拔寨的前沿坚强战斗堡垒。傅雷说：“不经劫难磨炼的超脱是轻佻的。”真金不怕火炼，人才靠困苦磨砺。延安坚持把脱贫攻坚作为锤炼、考察干部的主战场，重政治、重实绩、重群众满意度，先后在扶贫一线发现、考察和提拔使用干部 592 名。对驻村干部明察暗访，不定期督导督查，开展多轮次的业务培训，确保扶贫干部、扶贫政策、扶贫措施落实三到位。

怎么扶？国家这么多含金量高的政策措施，关键是如何落实、落地。中央要求，既要防止拖延病，又要防止急躁症，适时提出了“六个精准”：扶贫对象精准、项目安排精准、资金使用精准、措施到户精准、因村派人精准、脱贫成效精准。资金使用由“大水漫灌”开始向“精准滴灌”转变。在总结基层实践的基础上，提出了“五个一批”，即产业就业脱贫一批、易地扶贫搬迁脱贫一批、生态补偿脱贫一批、发展教育脱贫一批、社会保障兜底一批，概括出统筹扶贫、精确扶贫、开放扶贫、“造血”扶贫、生态扶贫等多种路子。针对过去行业部门之间协同配合不够，扶贫政策推进慢、落地难等问题，延安市脱贫攻坚领导小组统筹谋划、组织协调，编制出项目、资金、工期、质量标准等任务清单，台账化管理，既保障项目精准实施和工程进度质量，又避免了重复建设和资金浪费。这些举措成为保证脱贫质量的“金刚钻”，直抵“穴位”“病灶”，让每一个贫困户都能尽快享受政策的阳光雨露。

贫困村、贫困户的贫困都不是孤立的，综合施治方能见效。延安市还把脱贫攻坚与提升整个农村基础设施建设水平融为一体，提高综合效益。累计整合投入资金 47.42 亿元，大力实施水、电、路“三提升”行动，改建通村公路 2 104 公里，整治通村公路“油返砂”1 975.5 公里。全市县县通二级公路，乡镇全部通三级水泥路，所有贫困村通水泥路，各县区基本形成以县城、重点镇和新型农村社区为中心的一小时交通圈。2018 年宝塔区荣获全国“四好”农村路示范县称号。建设农村饮水工程 3 082 处，693 个贫困村安全饮水问题全面解决。电力入户和动力电通村、标准化卫生室和通信网络实现贫困村全覆盖。

如何退？针对一些贫困户脱贫后不稳定，容易返贫的问题，国家规定“脱贫不脱政策”，目的是有个巩固期，确保贫困户能稳稳当当地走在小康路上。衡量是否脱贫最直观的标准，就是稳定实现贫困人口“两不愁三保障”。贫困户达到这个标准，到了特定时间节点就要退出。这有严格的标准和程序，实行逐户销号，做到精准脱贫到人，防止人为地退出。实际上，严格的考核指标压力下，容易存在形式主义和作风不实的问题。贫困户到底脱没脱贫？得和群众一起算账，得让贫困群众认账、让周围群众服气。富县针对群众反映脱贫退出存在帮扶成效不直观、退出程序不规范、群众知晓率低等问题后，县委、县政府及时研究、果断决策，创新推出“贫困村帮扶成效清单、贫困户帮扶措施清单、驻村包扶成效清单、贫困村退出认定公示清单”四单对标，全面客观展示贫困户脱贫退出情况，增加工作透明度，接受社会监督，还脱贫群众明白、扶贫干部清白。

我国持续推进脱贫工作，成果斐然，剩下的都是些难啃的硬骨头。贫有千种，困有万样，致贫的原因非常复杂，叠加着各种缘由。需要保持足够的信心、耐心和定力，把可能出现的各种问题想在前面，积小胜为大成，防止走弯路、翻烧饼。扶贫真的是一场没有硝烟却生死攸关的革命。有时领队已走远，队伍还落后边，也有的群众过了河，上级还在设计桥梁，体制机制和政策如何接地气、不脱节？贫困问题解决了，如何把人留住、让人气旺起来？如何保持阳光、空气、土壤、家园和食物干净，生态美起来？如何完善乡村社会治理结构和城乡互动的经济社会关系，启动人的内生动力和素质的提升？都期望书写出答案。

神奇密码

众所周知，北京中南海新华门的影壁墙上，毛泽东手书的“为人民服务”，红底金字，苍劲有力，同门前飘扬的国旗、高悬的国徽相互辉映，向世人庄严昭示中国共产党及其领导的党政机关、公职人员的根本宗旨和庄严承诺。

大道至简，伟大的真理往往质朴而平凡。中国波澜壮阔、气势恢宏的脱贫事业，延安脱贫攻坚的经典样本，成功的密码到底是什么？当然可以从不同角度和侧面概括出无数条。国外有关机构和人士也在寻找中国历史性成就蕴含的“中国基因”，寻找“中国成功之谜”，破解中国历史性变革背后的“中国密码”。说一千道一万，最重要的是坚持了中国特色社会主义道路，最关键的是发挥了中国共产党的领导这一政治优势，包含中国特色政党制度的优势和社会治理体系的独特优势。众所周知，中国特色社会主义制度，有集中力量办大事的独特优势，能保持大政方针的稳定性、连续性和长期性，想干的事情一旦下定决心，就万众一心，心无旁骛，一张蓝图绘到底，没有相互掣肘和“为反对而反对”的内耗，执政效率和管理效能高。习近平总书记早在 1992 年出版的《摆脱贫困》一书中就这样阐述：“贫困地区发展靠什么？千条万条，最根本的只有两条：一是党的领导；二是人民群众的力量。”这两条，就是神奇的密码。他在 2018 年的新年贺词中深刻解读："千千万万普通人最伟大。"人民是党执政和领导现代化建设的最大靠山和底气，党领导人民创造了奇迹，人民是创造奇迹的力量源泉。人民既是奇迹的最终评判者，又是成果的共享者。千言万语一句话：无论什么大事、急事、难事，只要党群同心、同向、同力，必定剑锋所指，所向披靡，无人能敌。

延安脱贫攻坚的巨大成就，延安大地由黄土高原变成绿色家园的历史性巨变，生动鲜明地诠释了这个神奇密码。一方面，延安人民为中国共产党的生存发展做了重大贡献，党和人民一直关心着延安人民。一方面，中国共产党转战陕北时能在力量对比极为悬殊的情况下一次次化险为夷，并以 2 万余兵力粉碎了 20 多万敌人的"重点进攻"，因为得到了延安老百姓舍生忘死的拥护和支持。当时，老百姓舍了身家性命，紧跟共产党，就是因为共产党始终"站在最大多数劳动人民的一面"，从而扎下坚固的根基。延安时期是中国革命从低潮走向高潮、实现历史性转折的时期，毛泽东在延安为中央党校题下"实事求是"四个大字，延安精神和延安作风成为我们党的传家宝。新中国成立以来特别是改革开放以来，在党的坚强领导下，延安市始终保持党同人民的骨肉鱼水深情，遵循延安人民的意愿，从实际出发，发挥"跟我上，跟我冲"优良传统，带领全市人民不等不靠，"自己动手，丰衣足食"，探索出了一条适合延安实际的绿色脱贫之路，率先打赢了脱贫这场攻坚战。打赢这场攻坚战的主角，是延安普普通通的老百姓，是延安坦荡善良的人民群众。"手抓黄土我不放，紧紧儿贴在心窝上"。

这个密码，成为中国共产党在不同历史时期凝聚社会不同群体、各个阶层和各方力量共克时艰、克敌制胜的秘密武器。

"民心"：这个开启中国共产党成功执政和打赢脱贫攻坚战的密码钥匙！

政之所兴，在顺民心；政之所废，在逆民心。民心是执政党的执政基础。《共产党宣言》就旗帜鲜明地指出："无产阶级的运动是绝大多数人的、为绝大多数人谋利益的独立的运动。"自古"德惟善政，政在养民"。

马克思主义政党的试金石，就是能否把实现好、维护好、发展好最广大人民群众的根本利益作为一切工作的出发点和落脚点。国内外社会主义执政党盛衰兴亡的经验教训表明，共产党在取得政权、执政之后，不仅脱离群众的危险比之前大大增加了，而且脱离群众对于党和人民可能产生的危害也比执政前大大增加了。因而，保持与人民群众的密切联系，成为一个政党尤其执政党永恒的课题。这不是单纯的理论问题，更是关系政党存亡的实践问题、现实问题。

社会主义制度和资本主义制度的根本区别：一个是为“人民”服务，一个是为“资本”服务。如果这样想问题，我们的好多困惑也就迎刃而解了。

民心是什么？是天，是地，是秤星，是天下。民心，顾名思义，包括人民群众的心愿、意向和主张等。从个体的角度讲，民心所表现的是人民群众对自己在经济、政治、社会、文化等方面的利益和权利的一种追求和向往；从群体的角度讲，民心指的是人民群众对社会各类组织包括阶级、集团、政党、政府等满足其经济、政治、文化等权益程度的要求、企盼和愿望；本质上体现着执政团队与人民群众的关系，其实也就是执政者如何看待处理人民群众的关系问题，核心是权力为谁服务的问题。

民心在哪里？不在口号里，民心不在会议里，民心不在高官权贵手里。民心在老百姓兴奋的泪水里，民心在老百姓开心的微笑里，民心在老百姓自发的掌声里，在老百姓的心坎儿上，在切切实实为人民服务的实际行动中。

一个政党功成名就时居安思危、保持创业初期那种励精图治的精神状态不容易，执掌政权后做到节俭内敛、敬终如始不容易，承平时期严以治吏、防腐戒奢不容易，重大变革关头顺乎潮流、顺应民心更不容易。中国共产党经历了一次次大考。

中国正在发生、已经发生巨变，恩泽着每个中国人的生计、生活和生命。我们都是幸运者，我们都是国家的主人。把自己成长和奋斗的足迹，镌刻在共和国史册上，亲身感受和体验做一个堂堂正正中国人的幸福、骄傲与自豪！

延安窑洞，凝聚大地的精华和气运，冬暖夏凉，四季温润。

延安窑洞，分明是大地的眼睛、民心的眼睛，洞穿世事，炯炯有神。

2019 年 10 月 17 日，是我国第 6 个扶贫日，也是第 27 个国际消除贫困日。当晚，我又一次夜宿延安城。我凝望着凤凰山下璀璨迷人的灯光，望见灯光下舒缓漫步的行人，心生一股暖意。我又抬头仰望着蓝天上闪烁的星星，像亮晶晶的宝石镶嵌在蓝天上，像闪闪发亮的眼睛，有的若明若暗，有的露着微笑，有的像战友重逢兴奋地打量对方，有的仿佛友善地向我们打个招呼……我眼前浮现出穿着草鞋的中国共产党人浩浩荡荡地走遍富庶的大半个中国，在贫瘠的延安大地落脚。显现出我们的前辈爬雪山过草地、枪林弹雨、壮烈牺牲的场景和情节，那条信仰如炬、苍凉悲壮、鲜血染红的长征路，那壮怀激烈、可歌可泣的史诗长卷，蜿蜒曲折在中国版图上，延伸进每个人的心灵。他们是我们这个多灾多难民族的先驱，是我们有血有肉的亲人，不知不觉，我柔软的心好像被什么刺痛，顷刻泪水濡湿眼角，一股暖流涌上我的心窝，我为我们的先辈骄傲和自豪，也为自己感到庆幸和惭愧。

我仿佛看见毛主席和一代代共产党人依然以虔诚的姿势站在延安窑洞前，眼角噙着泪花，微笑着凝望苍茫的中华大地和以奔跑姿态处于“赶考”路上的中国、中国人民，无数前辈、先烈为之拼搏奋斗、奉献全部青春年华和毕生心血的土地和人民……

黄土高原的延安，红色基因的延安，由黄变绿的延安，翻天覆地的伟大奇迹，生活由苦变甜的历史变迁，国人肃然起敬，世界刮目相看！

延安，亲爱的延安！到建党 100 周年、中华人民共和国成立 100 周年的庄严时刻，您必定彻底抖掉满身黄土，身着一身清新飘逸的绿衣衫，光彩耀眼，盛装出席！

神圣美丽、告别绝对贫困的延安，令人更加痴迷。

手握神奇密码、开放自信的中国，更加坚定从容……

（选自《人民文学》2020 年第 7 期，有改动）

铁　流

1967年生，山东省作家协会副主席、山东省报告文学学会会长、青岛市文联副主席。享受国务院特殊津贴专家、山东省“齐鲁文化名家”。曾获鲁迅文学奖、中宣部“五个一工程”奖、中国作家鄂尔多斯文学奖优秀作品奖等多种奖项。著有《中国民办教育调查》《国家记忆——一本共产党宣言的中国传奇》《支书与他的村庄》《一个村庄的抗战血书》，中篇小说《槐香》等。根据作品改编的电影《大火种》《渊子崖保卫战》等已经上映。多篇作品被《新华文摘》《小说月报》和各种年度选本转载。

莱西经验诞生记

一

老周这些日子在忙着做报告呢，风风火火的。刚从北京回来那几天，老周很兴奋，走路也带着一股子风。周围的人都知道，老周退休好几年了，这年龄，本是带孩子、遛弯、逛街、养鸟的，可一下子又被中央授予了“改革先锋”称号，还在北京参加了隆重的颁奖典礼，这巨大的荣誉，他老周能不高兴？梦里都得笑醒好几回呢。

老周倒是梦里没有笑醒过，可他着实也有点懵。他反复端详着那枚改革先锋奖章就是放不下，老伴笑吟吟地道，看你这样子，就像捡了个大元宝似的，攥在手里说什么也放不下了。老周眼一瞪，啥？再大的金元宝都跟它无法相比，随后又半真半假地道，我这真是老树长新枝发新芽了呀，就像做梦一般。老伴扑哧笑了，上前就揪了一把老周的耳朵，疼不疼？不是在梦中吧？老周故意咧咧嘴，是醒着的，是醒着的。

这老周，就是现今大名鼎鼎的周明金。在全国 100 名改革先锋中，周明金是基层组织战线的唯一代表。2013 年 11 月，习近平总书记到了山东时说，发端于莱西的村级组织配套建设，在全国起到了很好的示范引领作用。希望山东增强进取意识，勇探新路。

莱西的村组织配套建设成果，也就是“莱西经验”，与周明金紧密相关。作为农村基层党建“莱西经验”的实践者和创新者，周明金的故事很多，也有很多话要说。那天，老周来了，呷了口水，笑笑道，那我就说说呗。

二

20 世纪 80 年代初，农村开始了联产承包责任制，坐落在胶东半岛中部的青岛莱西的农民兄弟也不例外，几乎是在一夜间土地都到了他们各自的手里。这次农村变革，让组织部新来的年轻人周明金，成了改革大潮的弄潮儿。周明金被调到莱西组织部那天起，从科员干到副部长，一直都没离开农村基层组织这一摊子。刚开始包产那会儿，周明金还是个小科员，几乎天天在田间地头和农民兄弟泡在一起。他身材壮实，脸膛黝黑，有时裤腿还一高一低地卷着，再加上他对耕种也是内行，农民都愿意和他打交道，说说心里话。时间久了，熟了，村民就不把这位县上干部当外人了。周明金鼻子很大，有的农民和村干部干脆就叫他“周大鼻子”。老周听了嘿嘿笑，一点都不生气。

土地到了户，农民的干劲大涨，第一年就迎来了大丰收。农民兄弟眉毛都笑开了，可周明金心里不踏实，上一次开农村干部会，有位村支书在底下发牢骚，还不咸不淡地说了句顺口溜：地分了，单干了，党支部也就靠边站了。当时周明金听了心里不禁一紧，说，谁还有这样的话都说出来听听，大家都笑笑不再吭声，可周明金把这事记在了小本本上，也牢牢记在了自己心里。

第二天一大早，周明金就骑车下乡了，在田间拐了几个弯，他看到一个老农在放羊，嘴里正哼着欢快的小调，周明金把自行车放在田埂上，深一脚浅一脚地走了过去，大爷，放羊呢？你这羊个个都一身好膘。大爷见有人夸他的羊，嘴角都笑咧了，他打量几眼周明金，说，看你这模样，也是个庄稼地里的好把式。两人说着就蹲在地头的树下拉开了呱，你一言，我一语，越说越热乎。周明金说，地分了，好像村干部没事干了。老大爷一拍膝盖说，你这话说到点子上去了。过去是村看村、户看户、社会看干部，现如今，咱自己的地咱自己做主，还看他们一个个的脸色干啥？咱又不指望他这块云彩给咱下雨。过去干活得让队长撵，上工得用喇叭催，现在是老老少少天不亮就在地里忙，天黑透了才往家转，再也没有一个偷懒耍滑的，种的庄稼能不高产？就说我吧，几亩地全家人一鼓作气就干了，空闲工夫再养群羊，小日子就芝麻开花节节高！再这样下去，我看村干部都成了摆设了。大爷说到这里，扭头看了一眼周明金，笑了笑又道，为这，我们村还有人编出了顺口溜呢。周明金竖起耳朵，大爷，你说说我听听。老大爷扳起手指头一一道来：有房有车不靠你，有吃有喝不求你，不批不斗不怕你，有了问题就找你，处理不好就骂你。周明金听了虽一时没言语，可心底里一阵沉重。辞别老大爷，周明金骑上车子又连着跑了几个村，正是酷夏，身上的衣服都湿透了。他一路下来，两只耳朵里都灌满了村干部的牢骚话，有的说，周大鼻子，现在党支部说话不灵了，拍个巴掌都没人听，你说咋办吧？有人道，周干部，大包干前咱啥都管，现在咱不知再管啥，照这样下去村干部还能干啥？周明金走街串巷，往家赶时已是深夜，村支书让他住下，他说老母亲有病，再晚也得赶回去看看。车到大堤，右脚打了下滑，车头一偏，一下子扎进了堤下的河沟里，周明金挣扎了几下，咬咬牙，扛着自行车爬到堤上。他定定神，看车还能骑，就一路歪歪扭扭继续前行，刚上了前疃大桥，迎面有一辆大货车呼啸而来，被刺眼的灯光一晃，周明金扭了几下车头，连人带车栽进了一处工地的深沟里。这一下可不比刚才，竟摔晕了过去，懵懂中被工地上一位巡夜大爷叫醒，他摇晃着身子站稳了，再看看车子，车轱辘已经扭曲变形，周明金自言自语道，伙计，看来你得骑我了，说完，把车扛在了肩上。一路上，肿胀的右脸痛得他直咧嘴。

这天上午一上班，周明金就跑到了县委书记张成堂办公室，张书记看看他的脸，小周，你这腮咋肿得这么高？老婆打的？周明金摇摇头想笑，因为腮痛得厉害，最后也没笑出来。周明金拿出小本本，把农村当前存在的问题一一道来。张书记听得很仔细，你这腮肿了，说话嘴直漏气，慢点说。末了，张书记问周明金，你管这一摊子，又天天往下边跑，说说你的看法。周明金道，大包干前，农民依靠集体，是向集体要实惠，现在不同了，资源在他们手里了，村组织是伸手向农民要了，比如要公粮，收提留款。有的村干部现在是出口成章，闲话怪话一箩筐，什么“包产到了户，还要不要党支部”“分田到了户，再也不用村干部”，说什么话的都有。张书记点点头，说，这话里有话呀！这样下去农村基层组织建设非垮不可！周明金道，我建议在全县农村搞一次大摸底、大调研。张书记说声好，县委马上统一部署下去。

正式调研一开始，周明金到了后庄扶村，老书记王顺寿 50 多岁的年纪，一脸的乐呵呵，他拍了一下周明金的肩，知道你当科长了，可我还是觉得叫你周大鼻子顺嘴。周明金嘿嘿一笑，粗声粗气地道，你怎么顺嘴就怎么叫，我这鼻子又不是纸扎的，叫不坏。周明金说着，故意摸摸自己鼻头。二人彼此插科打诨几句，就奔入了主题。王书记咳嗽了几声，收起笑容，一脸严肃地说，这回我得叫你周科长了，你是代表县委来的，我得吐真言，村集体不能一分百了，村集体经济是纲，纲举目张，没了村集体经济，就像灶膛里没了柴火，这一大锅水还能烧得开？俗话说得好，心里没谱，拉不了二胡。今天你给我句准话，上面支持不支持我这说法？周明金满口说，支持支持！村集体经济肥了，党支部才有号召力。

后庄扶村大包干后，党支部没有袖手旁观，带着村民筑水坝、打机井、修田渠，数亩农田是旱能灌、涝能排，王顺寿还不满足，把科技人才请到田间地头引导农民科学种田，家家户户的地一举成了高产稳产田。周明金在村里东走走、西瞧瞧，不远处一个村民正拍着巴掌唱道：说庄扶，道庄扶，别看庄扶分田到了户，一步也离不开党支部。周明金访后庄扶村数日，体会很深，他对王顺寿说，大包干前都是以小队为单位，村抓队、队抓户，步步紧扣，现今是家家户户为单位，少了中间环节，一旦村组织跟不上形势发展，就成了一盘散沙。村集体经济是农民的靠山，你们村一是抓住村集体不松手，二是党支部不等、不靠，把工作做到了各家各户的热炕头上。王顺寿点点头道，这发展那发展，啥发展党支部都不能撇下农民兄弟不管。

王顺寿当村干部数年，每次到乡里开会，都自带干粮，有的村干部见了就觉得好笑，老王，你们庄扶村拔根毫毛，就比俺们村的腰粗，中午下个馆子多好？王顺寿笑笑，我今天吃得香，明天父老兄弟就戳我后脊梁。王顺寿干得欢，也干得好。别看他其貌不扬，可他心里有个小九九，能走一步看十步，村里人常说，王书记算盘一扒拉，老少爷们的日子就比蜜甜。早些年后庄扶村就建起了罐头厂、冷藏厂、养鸡场，后来又办了面粉厂，至今面粉厂的机器声还天天响起。由此王顺寿当上了全国劳动模范，退休后还被莱西市委聘为莱西党风廉政建设监督员。老支书虽然已经作古多年，可村集体经济到现在还惠及家家户户。

三

同后庄扶村一样，李家疃村离县城也不是很远，周明金骑着自行车往那赶的时候，村书记李高芝正满村里转悠。这段日子，李高芝几乎天天都往女人堆里扎，三言两语就逗得女人咯咯笑。李高芝的老婆发着狠对他说，地里的草都赶上庄稼了，你一点都不急，晃悠着两条大长胳膊，整天和女人磨嘴皮子，像什么话？人家说了，你再往女人堆里蹭，就把你这头发情的公驴骟了。李高芝听了，也不生气，还笑得哈哈的，这是谁说的？真能胡诌！

周明金一路进了村委，见李高芝正端着大茶缸子往嘴里灌水，就笑他，喝个水声音也这么大，饮驴呀?！李高芝一下子笑出了声，你这个周大鼻子，别人说我也是驴呢，还发狠要把我劁了！李高芝就说起了那事，二人笑得不行。李高芝说，村里有个光棍子，弟兄四个，他是老小，快 40 岁了，还是单挑，这个媒婆我得来当，这不，跑了些日子，成了。周明金道，党支部书记当媒婆，当得好！李高芝说，大包干了，党支部更要和父老兄弟脸贴脸、心贴心。你为他们考虑得越周到，他们才能听号召！周科长，无论农村啥改革，这党支部的火什么时候都要烧得旺旺的，不能自个降温，凉了群众的心。地分了，群众一时觉得用不着咱们了，那咱就得主动上门去为他们打算。一来二去，党支部还是他们的主心骨。周明金点点头，党支部就得是一个经得起摔打的堡垒！

李高芝当过兵，1969 年冬天复员回来不久就干上了村支书，上任之初他在全村大会上表决心，声音大得像门小钢炮，他挥着手喊道，老少爷们，我力争 3 年时间让全村人均达到 150 元。20 世纪 70 年代，很多农村人均收入也不过几十元。李高芝话音刚落，下面的人就笑成了团。一个老翁山羊胡子都笑歪了，你这年轻人，嘴上就缺个把门的，说话刮大风，癞蛤蟆大哈欠，口气可不小。真有这么一天，咱李家疃算是烧高香了！没承想，改革开放那一年，李家疃人均就超过 300 元。李家疃当年是莱西最后一个大包干的，开始有些党员不赞成分，有人说，要是地分了，还要咱们党支部干什么？李高芝道，只要你心里有了父老兄弟，党支部什么时候都有力量！

李家疃包干的第二天，村委就一下子冷清了，会计李新连百般无聊，正站在窗前数院子里的麻雀，李高芝道，你数鸟能数出个什么名堂来？干点正经事去！李新连说，如今咱还能干点啥？村里人都说，党员不党员，无非两毛钱（当时每个月党费是两毛钱）。李高芝火了，农村干部的工作说一千道一万，都是为了庄稼汉，大家伙不找咱们，咱们去找他们，时间长了，照样能把社员的心拢起来。李高芝把全村捋了捋，捋出了 9 家最困难家庭。党员大会上，党支部号召党员把承包多年的果园让出来给困难户，果树园就是摇钱树，如今树上的果子都鸡蛋大了，一年的丰景就在眼前，可几位党员没有二话，都举手同意。李高芝的二嫂听说后，急急找来。二嫂是个豪爽人，快言快语，张口就道，高芝，咱们村的厂子红红火火的，当初俺想让孩子进，你说你是村干部，一句话就把俺3个孩子关在了厂门外，如今承包果树园，你总该应允了吧？李高芝还是一口回绝，二嫂指着他的鼻子吼，李高芝，你真是一个分不清里外人，以后俺全家穷得要饭也不攀你这高枝！

大包干后，社员的空闲一下子多了，李高芝见村里的闲人越来越多，有的蹲在墙根摆开了“龙门阵”，有的吆五喝六地打开了牌。这些闲人大都是困难户，得让他们走上致富路。李高芝又动起了脑筋，不久，李家疃就新植了几百亩的葡萄园，党支部成员分头动员群众承包，东家劝，西家说，一个个都吃了闭门羹。天刚傍晚，李高芝到了李老三家，说来说去没说动，后来烦得李老三直翻白眼，李书记，过去是看你们脸色行事，现时俺们自己做主，你们就别枕着扁担睡觉想得宽了，穷日子俺过惯了！李高芝也是火爆脾气，气得直想蹦几个高，瞪瞪眼又忍住了。出了门边走边拍着脑瓜子想，是啊！刚栽下的葡萄一两年内肯定不仅没收成，还得搭上钱加工夫，没有人接茬也不能怪大家，咱刚凭着一股热乎劲不行，群众心里都有自己的小算盘呀。李高芝拍了几下脑袋，就拍出了主意，他信步到了党员李河修家，老书记，咱常说火车跑得快，全靠车头带。咱们先得给群众打下个光景来，有了基础，不愁他们不接手。咱们带头包，我先算一个。李河修摘下嘴里的烟袋锅子，说，我跑的那些户也是这个态度，群众是不见兔子不撒鹰，得先让他们看到实实在在的好处才行，高芝，承包的事也算上我一个！在会计李新连家，李高芝刚说完承包的事，李新连的老婆就对着丈夫又是咳嗽又是挤眉弄眼，意思是不参加。李新连道，你把眉毛挤掉了咱也不能拖后腿，大小我也是个干部，算我一份！气得他老婆扭头就走了。这一夜，加上妇女主任陈美英，一共有15个党员报了名。李高芝走在街上，心里一阵轻松，抬眼看看，月光洒满了一路。

是年，李高芝他们承包的葡萄园没见任何收益。李老三捻着胡子说，幸亏没上他们的当。翌年，李高芝他们有了盈利。两年后，葡萄园更是硕果累累。算盘一扒拉，每亩纯收入逾 800 多元。

李家疃的葡萄园一下子成了香饽饽，逗得全村人心里痒痒的，李老三几乎每天都到葡萄园转上几圈，越转越红眼，后悔得直揪耳朵，嘴里还发着硬，这算啥？我不稀罕！有人和他打哈哈，你这老狐狸，是吃不到葡萄说葡萄酸吧？一日，李高芝刚走进小巷，李老三就嘿嘿着凑上来搭讪，也终于说心里话了，说那葡萄园真馋人，像我们这些困难户，哪怕有个 10 棵 8 棵也好，怪就怪我们这些基本群众呀，没你们干部有战略眼光。

李高芝笑笑，故而不语。李老三见状伸伸脖子，叹口气道，这年头，又分了地，家家户户都关上门过自己的日子，谁肯把怀里的"摇钱树"送别人？他看看李高芝，故意大声说，干部，干部，先富一步嘛！没几日，15 名党员根据承包前的约定全部退出了承包，把葡萄园都拱手让给困难户。这是咋了？哪有这等好事？李家疃的很多人一时没回过神来，高芝的老婆心疼得直跺脚，咱起早贪黑把葡萄养得刚赚钱了又让出来，这算哪门子的理？党员咋了？党员就得吃亏？有人看到，妇女主任陈美英在葡萄园一声不响地坐了一上午，出来的时候眼睛红红的。走在街上，恰遇上高芝，高芝看看她，美英，你家也是困难户，要不再包它两年再退！美英笑笑，按约定的来。很快，那茂盛的葡萄园就易主了，承包的是李老三等一干人。李老三见了美英有些尴尬，你辛辛苦苦养肥的鸡活生生地让我抱走了，到了嘴肥肉又吐了出来，这让俺咋说嘛，李老三窘得脸通红，嗫嚅几句就急急走了。党员虽都退出了承包，可还常到葡萄园，手把手地教李老三他们护理葡萄。秋天来了，李家疃的葡萄熟了，一串又一串，甜了家家户户。李老三高兴地对李高芝说，脱贫致富，一步也离不开你们党支部。

四

牛溪埠村大包干之初也曾有阵痛，村民好像一夜之间与村干部形同陌路，党支部一时孤掌难鸣。书记唐成功五短身材，当过兵，走起来大步流星，因个子不高，村里有人送他外号“小陀螺”。在党员大会上，唐成功说，农民觉得咱用处不大了，那咱就靠上去，设身处地为他们想，为他们干。有党员问？那咱该干点啥？唐成功道，过去咱们是统一种、统一收，大家伙拿着工具上工就行。现在家家户户得自己买种子、购化肥，自己灌溉，到了农忙，都急得火烧火燎，火烧了屁股一样。一点跟不上，就误了农时。咱们就成立个农业综合服务站，让父老兄弟种上“省心田”。这会开了不久，牛溪埠村陆续有了农机服务组、农技服务组、水里灌溉服务组等，还有了化肥库、农药库、种子库，真是样样都俱全。村民李学春把服务站说成是针线簸箩、百宝箱，自己需要啥，都尽管来拿。

像后庄扶村、李家疃、牛溪埠等村，皆是风景这边独好，让来调研的周明金他们很振奋。可有的村，村干部成了三催干部，这一天，周明金他们一路调研到了大河头村，刚进村几个老汉老妪就围上来了，其中一个老汉很敢说，周科长，政府得好好整治一下这个村了，分了地，村干部整天瞅着蚂蚁上树。一年三百六十天，他们就干这三样？周明金摸摸大鼻子，啥三样？催公粮，还有个三提五统，成天紧着催计划生育费呢！俺们都叫他们催命干部。一个老妪撇撇嘴，村干部就知道要粮、收款，整天还盯着女人的小肚子。周明金眼一瞪，啥？那老妪笑了，看看谁肚子大了好结扎流产，收计划生育费呗！周围的人都笑了，周明金心里很沉重。类似的村子可不少，从“国家莱西村级组织建设经验考察组”的考察报告中看到：从 1985 年始，莱西农业生产就开始下滑，粮食一下子减了 5 000 万公斤，社会治安案件比上年上升到 34%，干群党群关系紧张，不少村级党组织陷入瘫痪半瘫痪状态。

周明金离开牛溪埠村不久，唐成功就有了一个新点子。牛溪埠村小学校舍年久失修成了危房，重建得搬迁，没米揭不开锅，唐成功屈指算算，资金缺口不小，动员村干部每家每户去集资，一个个铩羽而归。过去的招不灵了，唐成功很着急，也有些茫然。同样的村民，咋就变得这样陌生？

最初几日，他就漫无目的地在村里转，转来转去也没转出个名堂来，以他在部队上的脾气，早就把大家集合起来开训了，可对父老兄弟不能这样。村里保管李学春远远就喊，都说你小陀螺一转就灵，今天你都转了半天还没计谋？唐成功眼一瞪，狗嘴里吐不出象牙来！李学春呵呵一笑，今天我就吐根象牙给你看。干部集资村民抵触，咱换汤不换药，派几个有威信的人去行不？我自告奋勇算一个。唐成功两眼一亮，迂回一下，打人情牌？这办法妙！李学春在村里厚道踏实，谁都能搭上话，颇有号召力，有人说他嘴一张，就能吐出一朵莲花来。唐成功一拍脑门，你再叫上王忠言。王忠言平日里乐于助人，他的媳妇王桂美是接生员，村里人称接生婆，家家户户的孩子基本上都是王桂美接生的，谁家都对王家高看一眼。那李学春和王忠言一唱一和，不到半天就完成了 2 万多元钱的筹资任务，校舍赶在了冬天前顺利完工。唐成功高兴之余，脑海一亮，村里像李学海、王忠言这样的人物可不少，用好了，就是村干部和群众之间的桥梁。周明金闻讯带着县民政局的人来到了牛溪埠村，唐成功问周明金，我们请农民参政好不好？正在喝水的周明金吧嗒了几下嘴说，村里有了“农户代表”，能大大调动群众的积极性，工作也好开展了。这话说了不长时间，牛溪埠村就率先实施了村民自治，还出台了莱西县第一个《村民自治章程》，一路执行下来，村民纷纷叫好，都说这个《章程》就是“小宪法”。有的党员疑惑，有了村委会，村民自治，咱们党支部还说了算不？唐成功道，自治、自治，必须是在党支部领导下自治。牛溪埠村的村民自治花开有果，被山东省民政厅也列为了试点和典范。

在开展的大调研中，周明金前前后后，跑了 800 个村庄，谈话近万人次。那时候周明金的女儿还幼小，周明金天不亮出家门，晚上归来迟，女儿竟几次喊他大鼻子叔叔。等到周明金再见到县委张书记时，浑身上下瘦了一圈。张书记说几个月不见，你周大鼻子可掉了不少肉。周明金笑笑说，别看小伙瘦，浑身净是腱子肉。俩人互相说笑了几句，周明金就奔入主题。像后庄扶村、李家疃、牛溪埠村党支部作用都发挥得好，支部强不强，全靠领头羊，每一个班子里，都有一个响当当的带头人。李高芝当书记几十年，自己没报一顿的饭钱。我们一路跑下来，深有感触，好的村庄，党支部发挥作用都很强，落后村庄，党支部的声音就很弱。在这些先进村，妇联、青年团、民兵也都发挥了很好的作用，都是党支部的有力助手。言毕，周明金翻开小本本，接着又说，我们总结了一个“三配套”经验：一是以党支部为核心，抓好村级组织配套建设；二是村民以自治为基础，做好民主政治建设配套；三是把集体经济当依托，做好社会化服务配套。张书记听了，频频点头，我们马上开会研究完善这“三配套”经验，尽快在全县所有村庄推广。

“三配套”建设犹如一股春风，仅几年工夫，莱西农村局面大为改观。姜山公社（现为姜山镇）大河头村的变迁是“莱西经验”结出的硕果。贫瘠地薄的大河头村，离莱西城40余公里，坐落在莱西、即墨、莱阳三地交界，号称是一脚踩三县。村民这样自嘲，一脚踩三县，真能！个个都是穷光蛋，真穷！穷则生乱，村里三天两日骂声不断，今天东邻被放了火，后天西邻家的狗被炖进了锅。全村的路都是羊肠小道，曲里拐弯。小雨天，村子里一片泥泞，鞋子都能被拔掉。大雨天，水能及腰。有一天，耿式资外村的姨奶奶来走亲戚，走的时候眼前一片汪洋，老太太惊得直喊娘。是耿式资弯腰把她背出了村，后面有人瞧见了就说笑，耿式资，人家猪八戒是背了个俊媳妇，你咋就背了个老妖精？姨奶奶听了把耿式资的肩捶得嗵嗵响，来了一趟大河头村，俺咋就成了老妖精了？羞死俺了，俺这辈子再也不进大河头村了。耿式资听了，也羞红了脸。耿式资心想，大河头村再也不能这样下去了。周明金来了，把“三配套”一一说给党员听，最后在大河头村一住就是半个月。不久，耿式资出任党支部书记，他拍着胸脯对周明金表态，周部长你放心，要么不干，干就干好，我要让莱西经验在这个老大难村老后进村开出花结出果来！

帮钱帮物，不如有个好支部。没几年工夫，大河头村就成了富裕村。耿式资一直还记得背着姨奶奶出村的情景，在全体村民会上，耿式资说，咱们不能再让大河头村邋里邋遢下去了，大干一百天，让大河头村旧貌变新颜。全村上下，一呼百应，都是义务劳动。男女老少齐上阵，肩挑人抬，挑灯夜战，几个月下来，大河头村就有了“五纵六横”的大街。又一年后，大河头村成了花园村。耿式资特地把姨奶奶请来，老人喜得把眉毛都笑弯了。

1989 年 11 月，山东省委、省政府把“莱西经验”向全省做了推广。莱西农村遇到的问题和困惑，在全国很有普遍性，“莱西经验”自然引起了高层的注意。为了把“莱西经验”推向全国，中组部两次派人到莱西进行调研，其间民政部还专门成立了“国家莱西村级组织建设经验考察组”，对莱西进行了全面考察。时隔不久，也就是 1990 年 8 月，中共中央组织部、中央政策研究室、民政部、共青团中央、全国妇联在莱西召开了全国村级组织建设工作座谈会，史称“莱西会议”。

“莱西经验”由此走出了这个小县，走向了全国。

屈指一算，“莱西会议”已过 28 年。从那时始，“莱西经验”一路走来，在发展中日益成熟完善，一直推动着莱西的农村基层组织建设。在加强党的建设的新时代，“莱西经验”的意义尤为重要和深刻。

五

莱西市没有把当年的“莱西经验”画上一个句号，他们还在勇于探索的路上。

那些天，我到莱西走乡村访农户了解莱西经验时，恰逢盛春，到处绿树葱葱，繁花灼灼，好一派茁壮生机。步入新时代的后庄扶村、李家疃、牛溪埠、大河头村、七岌村等村，也犹如阳春当头，充满勃勃活力。

一问才得知，现任后庄扶村党支部书记王希科的老父亲，竟就是当年的老支书王顺寿。王希科个子不高，说话有些吭哧，可操持起后庄扶村的大小事来，这个面色黝黑的汉子一点都不含糊。王希科道，当年俺爹常说，只要你啥时候把父老兄弟当亲人了，父老兄弟才和你心贴心。从当干部那天起，我就把这话刻在心里了。

青岛九联集团前身是村办企业，党支部书记王顺寿功不可没，后改制。在党员会上，有的党员说起了风凉话，企业改了制，与咱没有半毛关系。王希科可不这么想，他说，企业换了新模式，党支部更要服好务，何况咱们村还有很多人在九联集团打工上班。九联集团成立党委后，下有5个党支部，后庄扶村党支部和九联集团党委一番摸索，最后推出了“村企合一”的党建工作新模式，王希科任党委副书记。九联集团有什么困难，牵扯到村里的，比如排污、拉电、修路等，王希科带着支部成员都铆着劲干。有人也说三道四，说他是咸吃萝卜淡操心，钻了牛角尖。王希科自然也振振有词，行不下春风哪来的春雨?！村与企业唇齿相依，九联集团董事长王振江也报之以李，这些年反哺后庄扶村各类建设就达1亿多元。

后庄扶村党支部20世纪80年代创办的面粉厂至今还是蒸蒸日上，从建厂到现在，都是由党支部负责。2018年创收就达130万元。2 000多人的村庄，人均纯收入逾2. 2万元。一些商家见后庄扶村的面粉厂成了气候，都想挖“宝”，出的都是大价钱，还有的建议“改制”。王希科就是不动心，他说，咱后庄扶村不能没有村集体经济！更不能把村集体经济引到邪路上！村民王恒杰住院刨去新农合报销这块，自己还花去了1万多元，回到家中，村里很快又给他报销了余下部分。王恒杰道，说千道万，党支部就是咱的好靠山。

“莱西经验”的核心是为人民服务。

至今后庄扶村、李家疃、牛溪埠等村党支部为民服务的意识丝毫都没减，为了便于群众上门办事，村干部每天早上都准时坐在办公室里，数年如一日。牛溪埠村书记唐成勇，是个70后，很有些“闯劲”和创新，有当年老书记唐成功的精神。他大名中那个“勇”字，就道出了他的性格。一日，一对在外打工的中年夫妻跑进了村委会，男的名字是林连峰，女的叫王福红。王福红一进门就开了腔，说买了邻居的房子要过户，打听了一下，一是得有左邻右舍的身份证，还得再跑国土所。说到这福红急得抹开了泪，又说俺两口子在工地上请了假，包工头急着让回去，这个证那个戳这还不得让俺跑折了腿?!值班的村干部说，这个事不归我管，你得去找会计梁华风。梁会计不在，电话一时没打通，两口子急得团团转。这让刚进门的唐成勇知道了，心想一些农民兄弟出来办事本来就打怵，跑哪些部门更是两眼一抹黑。要是有村干部带着他们办就好了。唐成勇接着开了一个会，他道，现在很多村民在外打工，回来一趟不容易，咱们给他们解决后顾之忧，让他们腾出时间来就能多赚些钱，对其他在家的村民也是一样。当天，牛溪埠村就有了“首问责任制”，以后有村民来办事，如果这事不归接待的村干部负责，接待者要第一时间找到责任人，由责任人全程帮着办理。唐成勇说，咱们就先从林连峰买房的事办起。这事归老会计梁华风管，老会计一马当先，当天晚上就把证件送到了这对夫妻手中。

如今，青岛正在深化拓展“莱西经验”，为了搞活一座城，陆续发起了海洋、“双招双引”、军民融合发展、乡村振兴等 15 个攻势。

周明金也应邀正四处讲“莱西经验”呢。

那天，我们刚见面不久，周明金就急着去做报告。

他边走边笑道，我这宝刀还不算老吧?!

说着，他很快就走远了。

（选自《人民出版》2019 年 9 月 11 日，有改动）

侯健飞

满族，军旅作家，大校军衔，现任国防大学军事文化学院军事文学创作教研室主任、教授、硕士研究导师。作品曾获中国人民解放军文艺奖、中宣部“五个一工程”奖等；长篇散文《回鹿山》获第六届鲁迅文学奖。

生死攸关

一

冯顺变推门走进来，这是个女孩子，中等身材，不胖不瘦，她有一双明亮的眼睛，穿上浆洗得十分妥帖的白大褂，脚下一双软底白布鞋，戴上口罩，只露出一双黑白分明的眼睛。我请她摘下口罩，原来她不仅眼睛漂亮，五官端正，整个人就更加耐看。

冯顺变是闽宁镇卫生院的护士长，他被苟院长电话叫到会议室时，戴着口罩，因为毫无思想准备，见到我和段晶这两个陌生人，她的眼眸里透露出一丝明亮的意外。

50 多岁的苟院长是个实干型领导，对接受采访经验不足，关于医疗扶贫、救死扶伤这方面的故事，苟院长讲得并不动人。这不动人其实是动人的，因为，作为救死扶伤的医院，他认为这都是医院的本分。

苟院长说，闽宁镇卫生院最初就是两间土房，连个院墙也没有。在闽、宁两省区政府和医疗卫生部门的扶持下，从两间土房一个医生开始，一砖一瓦建起来。20 多年真是弹指之间，要说一个与“吊庄”移民一同诞生的卫生院，必会有无数生离死别和可以传颂的故事，但荀院长一时说不到点子上。

荀院长最后说："没啥，应该的。要说有啥，那啥都是一部书，比如闽宁镇，这个移民点，从无到有，说起来，哪一项都让人千言万语说不尽。有人居的地方，就有人生病，这得有医生治，有医院管。"

我并不情愿立即结束这次采访。这时我突发奇想：这样一个小小的镇医院，医护人员都从哪里来？是否会有当地出生、外乡学医又自愿回来工作的学子呢？因为，从走进卫生院大门，我分明看到这是一个生机勃勃的卫生院，如果没有青年就不会有这种活力，没有活力的单位便不会有未来。

"院长，本院的医生护士，一定会有立志为家乡服务的青年人吧？"荀院长被我问得一愣，随即回答：

"还真有这样的一个青年，你不问，我都没想起来，这是一个值得大家学习的姑娘！"

就这样，护士长冯顺变被荀院长打电话叫到会议室。她从病房直接上来，荀院长简单介绍一下，乘机解脱去查房了。

二

摘下口罩的冯顺变，一直站着不肯坐，她说老师我不习惯坐，站惯了。我说我想录个音行吧？她说，录吧老师，没关系。冯顺变一口一个老师叫着，足以说明她受到过良好的教育，而且是见过世面的。

"听说，你是闽宁镇本地人，护校毕业是自愿回到这里的？"

"不是的老师。我出生在西吉，是跟着父母从西海固移民过来的。过来时我很小，是在这里长大的。"

"这个医院很小啊，条件也很艰苦。我知道很多像你一样的学生，大学毕业坚决不回农村，但你却回来工作，一定有什么原因吧，因为什么呢？"

"因为我弟弟。"护士长不假思索地回答。这脱口而出的回答没有我潜意识里“回报”和“贡献”的意味，这让我内心一动。

冯顺变出生在西吉县，姊妹三人，她排行老二，妹妹出生后，她感到父亲突然变得严厉而绝望。她父亲是初中毕业，这在贫穷得令人绝望的西海固地区，算得上有文化有知识的人了，可不知为什么，为了要一个男孩，父亲比没有知识的人更为执着和顽固。其实，从大姐一出生，父母的求子之心已成司马昭之心。父亲为大姐取名冯利变，当然有顺利改变生儿的趋势的意思。老二出生了，还是个女儿，有知识的父亲，宏愿是以利变成顺变，他根本没有考虑，一个本来长得很好看的女儿，是否该有一个花儿般的名字。乖巧懂事的冯顺变，心甘情愿地认下这个颇为费解的名字。妹妹出生了，父亲干脆扔掉那件遮掩的外衣，初衷不改，竟直接取名冯改弟，旨意更加明确，从此改生弟弟。或许，真是改弟之名起了作用，冯顺变6岁的时候，正逢香港回归祖国，这一年，为计划生育东躲西藏的母亲，终于为冯家生下一个男婴。欣喜若狂的父亲，这回把文化用在刀刃上了，给儿子取了个非常具有家国情怀的名字，叫冯归港。

2000年，本来一穷二白的冯家6口，从原生地西吉县移民到闽宁村。

这一年，冯顺变9岁。

因贫困而自愿移民，常具悲剧意味。像更早移民闽宁镇的乡亲一样，冯家虽然依靠政府和福建企业帮扶安了家，但过平常日子，主要还是靠自己的勤劳和双手。可喜的是，一穷二白的冯家，因为有了儿子冯归港，再苦的日子也充满欢乐和甜蜜。自立要强的父母，从此在福建不同的扶贫企业中打工挣钱养家。

“爸爸脾气变好了，全家人都把弟弟宠着。不知为什么，我觉得，我比爸妈还更宠爱这个弟弟，时时怕他磕着碰着，一刻也不愿意离开他，弟弟成了我的心肝，我的快乐。可是我弟……”说到这儿，冯顺变明亮的眼里忽然滚下泪来。我从没有见过这么汹涌的泪水，像两条河，怎么也堵截不住。

其实我这大半生，最怕的是泪水，因为泪水最干净最宝贵；人人都说泪水是咸的，但我认为，泪水有时是咸的，有时是苦的，有时也是甜的。

此时，我和段晶都有一种隐隐的不安。

果然，冯顺变说，2002 年 4 月，她 4 岁多的弟弟误食了老鼠药。

“那年春天，风特别大，村里的老鼠特别多，到处蹿，床上地下，灶台房梁，没有老鼠不到的地方，饿急的老鼠还敢往热锅里跳。为了灭老鼠，我妈把一个馍切成五片，每片都洒上灭鼠药。那时，只要是周末，我和姐姐在家带弟弟，妈妈也出去打零工。中午，妈妈放在房梁上的馍片不知怎么掉到锅里了，弟弟踩着小凳子拿起来吃了，我和姐姐都没有看见。等弟弟突然翻白眼，口吐白沫，我和姐姐才慌起来。一个邻居阿姨过来一看，说可能是中毒了。姐姐给弟弟灌了什么汤，弟弟吐了一些，我和姐姐背起弟弟往卫生院跑。一个在镇上上班的叔叔碰上了，用摩托车把我弟送到卫生院……”

三

冯顺变那年不满 12 岁。她说，她家离卫生院并不远，平时几分钟就到了，可是那天，她却觉得这条土路怎么那么长啊，她和姐姐扶着摩托车后座上的弟弟，怎么奔跑也到不了头。终于到了，弟弟早已经软了，全身都软了，像一个死去多时的羊羔。

当时，所有老医生都参加了抢救。一两个小时后，一个医生翻翻弟弟的眼皮，摇摇头说：不行了，咱这个条件差，怕是救不下了。

“我的脑袋像被一声雷劈炸了，不由自主地，一下子就跪下来，只要是穿白大褂的，就死死抓住人家大腿……大喊着，医生，求求你，求求你们，救下我弟弟吧！”

说到这儿的冯顺变，完全不能自已，像回到了 17 年前，她多次克制，还是泣不成声，双手颤抖。

“从那之后，我妈对我和姐姐说，要好好念书，长大了就去学医。”冯顺变说，她不知道姐姐是怎样想的，但她却暗暗发誓，一定好好学习，能考上大学，学了医就回到闽宁镇来。可惜，高考成绩不够好，本科医学院未被录取。

“那我就当一名护士。”冯顺变对我说这句话时，目光坚定地看着会议室墙上的一面锦旗，像一个出征前向军旗宣誓的战士。她的思绪完全回到了当年。

片刻沉默，我只能硬着心说：“真是，真是太不幸了！你爸爸妈妈怎么承受这个打击呀！”听了这话，冯顺变愣了一下，突然破涕为笑：

“不是了老师，我弟弟救下了！那天，多亏当时有上面援建的一台洗胃机，老院长赶过来，他没让拉直，和医生们齐心协力，经过七八个小时的抢救，我弟竟然活过来，人家都说，我弟创造了奇迹……”

我和段晶终于透了一口气。随后我问她，难道没有人阻拦你回这个小医院吗？“当然有啊老师，从郑州护校毕业到区县医院实习，我是最早拿到护师证的。当时，银川区县医院我都可以留下来，亲友也劝过我，但我一次也没有动摇过。我就是要回到家乡来……一方面，我要争口气，为我爸我妈。一方面……因为，没有这个医院和那几个老医生，就没有了我弟弟，没有了弟弟，说真的老师，我可能也不会活到今天……”

冯顺变的泪水再次流下来。这个姐姐对弟弟的爱，竟到了生死相依的程度，这令我略感吃惊。

“现在，全家脱贫了吗？弟弟现在好吗？”我转移了话题。

“全家前年就脱贫了老师，是真正脱贫了。弟弟当兵了，在新疆，当了班长，改转了士官。全家不再宠他，他成了一个真正的男子汉，他像我爱他一样爱我。”

“你这样爱着你弟弟，能告诉我一件证明他也同样爱你的事情吗？”我真想听听这个姐姐心中的男子汉，是怎样一个人。

冯顺变略一停顿说：“真的老师，我弟真懂事了。首先他自愿当兵，这在我们现在的闽宁镇，像他这样的男孩子，应该说从小娇生惯养，主动要求当兵的不多了。在新疆那么艰苦的地方，他没有叫过一声苦，没向家里要过一分钱。新兵连结束时，他主动要求到最苦的连队。平时训练特别刻苦，流汗也流血，但他从来不让父母担心他，他第二年就当了班长。这就是我心中的男子汉。还有，我去年做了一个大手术，我弟给我 1 万块钱。他对我说，姐，你要买最好的营养品，千万别心疼钱……”说到这儿，这个姐姐再次流下热泪。

“方便告诉我你健康出了什么问题?”我问冯顺变。

“可以的老师。我第二个小孩没保住。做了手术。”在我眼里还是女孩的冯顺变，不仅是一个成熟能干的护士长，也是一个 5 岁男孩的母亲了。

“是意外吗?”段晶也是一位母亲，她第一次插嘴提问。

“不是，是我主动做掉的。因为，小孩有残疾……”刚刚擦干泪水的冯顺变，再次泪眼模糊。

原来，冯顺变在怀胎几个月的时候，B 超发现是个男孩，但孩子一只手发育不全。迟疑了一个月，再做 B 超，确定渐渐长成的孩子，右手明显少长了三根手指，是十指、中指和无指。

冯顺变和丈夫决心放弃这个孩子的生命。这是一个令我和段晶都很震惊的决定！事实上，也有不少亲友劝过冯顺变，冯顺变也动摇过，但这位年轻的母亲，还是冒着一同失去自己生命的风险，毅然躺到手术台上……

令人稍感欣慰的是，冯顺变告诉我们，她的大儿子非常健康，今年 5 岁了。

一个来小时的讲述，护士长冯顺变的泪几乎没有干过。不论说到抢救弟弟，还是舍掉自己骨肉。特别是，在谈到孩子时，我从冯顺变的泪眼里分明看到某种不易察觉的决绝和冰冷。这决绝和冰冷与冯顺变的年龄极不相配。我以为，这是真正经历过生死的人才会有的眼神。有那么一瞬，我觉得眼前这个年轻的母亲并不真实，那个有血有肉有爱有恨的母亲，已经随着快足月的胎儿一起亡故了。

分手时，冯顺变特地告诉我，她的大儿子长得很像在新疆当兵的舅舅冯归港。

当天晚上我整理录音，还久久不能释怀。我想，冯顺变今天一定没有对我真正敞开心扉，这一点，我当然应该充分理解。在没有任何思想准备的情况下，突然被院长叫到会议室，面对两个“上面来”的陌生人的访问，理智告诉她应该说什么不应该说什么。说不定，此时的护士长已经后悔向我们说了她弟弟的中毒和孩子的舍弃。

四

在闽宁镇采访的第二天中午，我拨通了冯顺变手机。我说，如果可以，我想晚上到你家与你父母聊聊。冯顺变说：“可以啊老师。那我先问下我父母，下班后我来旅馆接您。”

下午，冯顺变打来电话问我：“老师，请问您是汉族还是……”我告诉她我是满族人。如果不方便就算了。冯顺变说，没有不便，她想让我到她家吃晚饭。我立即答应了。放下电话我想，少数民族都有本民族的风俗习惯，回族群众的民族礼制更为讲究，一定要注意尊重他们的文化传统。

下午 6 点多，天空完全暗下来。世间一切都像笼罩在巨大的帷幕下，小镇毕竟不比大城市，灰暗之中显出狭小来，居民和营业门店外的霓虹灯显得格外微弱。10 月末的季节，西北的寒凉已经穿透户外绒衣。一下班，冯顺变就骑自行车来旅馆接我。

冯顺变推着自行车与我步行回家。不到一刻钟，我们就到冯家。这个村叫福宁村，一排排整齐的平房，家家都有高高的砖墙，大门大多数是铁制的对开门，门楼有砖砌出脊的，讲究一点儿的也会有简单斗拱的，但大多数都是用混凝土板平铺的门楣的——这是早期移民房屋的标志。其实，整个闽宁镇周边的早期移民村，房子形制按北方民居传统，基本一致，用庭院深深来形容这样的院落并不勉强。因为，这里原来是一片荒滩，早来定居的人划地为家，一旦盖房建屋，院落都很大。而近些年陆续搬迁到这里的移民，都在城乡规划管理之中，这部分新移民的房子，是政府出资建设，或者补贴大部分房款，房子质量都不错，院门模式和宅基地面积却严格统一标准，带门楼和斗拱的深宅大院已成前朝事。另外，新宅与旧屋最不同的是，新宅家门口两侧都有几簇或高或矮的鲜花。这些花是乡镇统一栽种的，还是主家个人喜好，我没有问过，但从家家门口都有花草看，应该是有美好生活的寓意。说到这些花，我看多属于北方半野生花种，有五六个品种，最常见的一种是格桑花。这是一种高原花种，生命力旺盛，花期极长，北方很多地方叫扫帚梅。其他叫什么名字，外乡人记不住，反正都是一些叶子肥大、花朵艳丽的观赏花。鲜花开在门里门外是闽宁镇移民村最令人印象深刻的景致；另一个景致是家家都养狗，不论是旧宅还是新屋，院里院外都有一条或两条狗在追逐嬉戏，狗的品种也五花八门，看家护院的柴狗并不多，宠物狗是吃闲饭的，如今却在乡村一统天下。这在 70 多年前的中国乡村是绝无一见的。

冯家坐落在村口路边，我和冯顺变刚到大门口，门里就传出大型狗的吠叫。冯顺变不知道我并不怕狗，或者她了解自家的狗比较生性，所以推门的时候就高喊父母看住狗。

果然，进门后我看到一条中型猎狗的敌意。挡在狗前面的是冯顺变的父亲和姐姐。

五

我在宽敞明亮的客厅坐下，发现晚饭已经上桌。冯顺变的父亲年龄与我相仿，中等身材，不胖不瘦，肤色较深，头发黑而硬，一双眼睛还很明亮——女儿冯顺变完美继承了这双眼睛。冯顺变的母亲显得比丈夫还要高一点，微胖，面色经润，声音洪亮，但乡音太重，很多话我一时难以听懂。在后来交谈中，才得知这位母亲因操劳过度，有严重的腰椎病。冯顺变的姐姐只打了一个照面，就带着自己的孩子离开了；冯顺变 5 岁的儿子机灵可爱。没有见到冯顺变爱人，据说他在西吉县煤矿挖煤，每个月才有可能回家一次。

吃饭了，5 岁男童因为有了外人显得兴奋。相比冯母，冯父是一个比较沉默的人。饭间论年龄，男主人与我同庚，我还虚长几个月。

这是一顿令我终生难忘的晚餐。平生第一次在回民兄弟家吃饭——烙饼、稀饭，两盘凉拌蔬菜。其实，一进屋，我还闻到烙饼散发出的植物油的味道，我猜想，这样香的油，一定不是普通的豆油或花生油，也许是特殊的植物油吧。

在冯顺变与母亲收拾碗筷时，冯顺变的大姐带着孩子回来了，冯顺变的儿子立即跑过来抱住表妹嬉闹起来。原来，大姐回来娘家住，晚上亲戚请吃饭。这个名叫冯改变的长女一看就是一个不苟言笑的安静人，见屋里有客人，怕孩子吵闹影响说话，就让二妹顺变一起带两人孩子出去遛遛。

屋子安静下来，冯父给我续上一杯水，顺口说道："闽宁镇的水很好喝。这要是在西吉老家，连口水也招待不了您。"冯父上过中学，谈话起点自然就高，借着水话题，我和冯父开始闲聊。

冯父告诉我，1990 年 10 月，西吉、海原两县的 1 000 多户贫穷群众，集体搬迁到这里，冯家就是这千户当中的一户，因为上有老下有小，冯家刚来时的日子穷困得不堪回首。冯父说，刚来时，在老家更穷，但因为世代穷惯了，因为只要大山在，只要几亩薄田在，总不会那么害怕。但搬到"川地"不同了，一望无际的天地，除了一年四季飞沙走石和一间安身的房子，什么也没有，所以整日像生活在异国他乡，心里一点儿也不敞亮。

我能理解这种心情。之前虽然有不少西海固农民自愿来到永宁县境内开荒生活，但贫穷并没有因为离开西海固而放开他们，有几年，缺吃少穿的困难程度，甚至远远超过在原籍老家。

更难承受的是背井离乡的精神苦闷。离此不远的玉泉营是闽宁镇的前身，应该算宁夏较早的移民开发区。即使到了世纪之交，这里还是茫茫戈壁、连绵沙丘。像冯父这个年龄以上的人，直到今天都缺少归属感。事实上，地处宁夏贺兰山东麓这个地方，准确的名称是"西吉玉泉营经济开发区”，这就像当年的深圳对于广东一样，玉泉营虽然地处永宁县境内，但行政管理权却是西吉县。之后又有西海固其他县穷困人自愿来到这里，20 多年真像眨眼之间，回顾这段开荒奋斗史，冯父多次停顿，有时竟不知从何说起。

“又过了几年，福建省政府伸出手来，经过 20 多年建设，这里有改天换地的变化了。这像一场梦一样，有时我就想，过去真不该那样绝望。”冯父像自责什么，还用了改天换地这个词。

毫无疑问，中国发展史必将记录这跨越 2 000 多公里、历时几十年的闽宁协作佳话。我没有多余时间与冯父深谈，于是把话题转移到当年儿子中毒这件事上。

此时，冯顺变的母亲收拾完碗筷，也坐下来插话。很可惜，冯母的西吉口音非常重，有很多表述我听不懂。经过冯父当场翻译，终于明白冯母的话，当年她唯一的儿子也就像外孙这样，三四岁吧。当时儿子误食了鼠药，两个大人都不在家，大闺女就急了，和二闺女一起，在邻居帮助下把孩子送到卫生院。

冯母说，她和丈夫被人从打工的地方叫回来，赶紧跑到卫生院。看到儿子躺在简易手术床像是死了，她想过去抱起来，一个护士不让她碰。“我的孩子成了这个样子，为啥护士不让我抱一下？她还冷着脸把我和他爸撵到门外，就让我们在门外等着。”这句话我听明白了。失去理智的母亲到今天，还在为当年那个护士的“冷”耿耿于怀。

“那天医院没有医生值班，护士看看，就不想给治了，觉得没救了，他们就放弃抢救了。”冯父接过话说。

“后来牛院长来了，牛院长就说，最后再洗一次胃，也只能这样，如果再洗一次胃，还缓不过来，也就这样了。”

在洗胃时，发现孩子还有点呼吸，牛院长决定就继续抢救。两个小时后，孩子开始正常呼吸。但在挂液体时，发现这个孩子的血管特别脆，手和脚都不好扎。好不容易扎了手，不一会儿就鼓包了，然后再扎脚，刚滴一会儿，脚也起包，再扎头和两个脚头，都不顺利，只一会儿就鼓大包。一鼓包，冯父就去找护士，可能护士那天遇到了别的烦恼事，反正护士态度不好。

“她说，扎不了，管不了，让我们找院长去。”冯父说。

这时冯母说：“唉，她就是瞧不起老百姓，她是一个正式护士，从县城过来，就是瞧不起咱老百姓。当时她正接电话呢，掌柜的去叫，来来回回叫了三回，护士也没过来。”

冯父说：“我叫了三回，护士继续打电话，我听电话不像是关于治病救人的，就有点急了。我说，我娃输不进液了，起包了，我让你给看一下，你不理，我想问你下，这叫救人要紧，还是你打电话要紧？她说她打电话要紧。后来一个医生来帮助，总算给娃重新输上液了。第二天天亮了，我要到上面去找书记，但牛院长把我挡了。我对牛院长说，我们移民来到这里，啥也不懂，但知道是人命重要还是打电话重要。咱们医院墙上写着为人民服务，你医院就是为人民服务的地方，娃中毒先是不想抢救，院长来了，娃抢救过来了，输液起包你不管，打电话去了，这叫什么为人民服务？”

冯母又抢过话说：“唉，咱们这个二丫头，把这件事前前后后都看下了，因为她弟弟这件事她就坚决要去学护士。娃决心大，我们也支持她去学。结果真考上了护校，学校远了点儿，在郑州。娃去学了。这个娃真是很懂事。那时家里穷，借了学费。为了省钱，她每天只吃一两个馍，喝白开水，一个菜也舍不得吃。第一年放假回家，人黑瘦黑瘦的。我说你不能再这样，身体全跨了。她说好着呢，没事。我和掌柜的都知道，她把吃饭钱攒下来，偷偷给了弟弟。她以为这样疼弟弟，弟弟就会像她一样好好念书，可她弟弟还小，不懂事，也不知道心疼姐姐，也不好好念书，更不知道二姐为啥要去念护士……”

冯父说：“这个二闺女有志气。毕业前一年，学校介绍到浙江勤工俭学。自己补交了3 000块钱学费，还给家里置办了一台电脑。这台电脑是为了让妹妹弟弟学习用的，也3 000多块呢。”

说到这里，我直接提出问题：“前天我在医院，苟院长介绍说，顺变是怀着报恩的心情回闽宁镇卫生院工作的。您作为父亲，也这样理解吗？”

冯父略一思忖说：“咱明人不能说假话。要我看，一开始要学护士，娃没有那么高的理想和境界。这个娃心思有点儿重。娃当时应该有争气较真的成分。弟弟到医院抢救时，一开始卫生院就那个护士在值班，护士不当回事儿，她就给跪下了，跪下了护士也不当回事儿。她姐姐拉不起来她，她一直跪着哭着求人家。我到医院时，这娃浑身抖得不行，都有点站不住了。她弟弟活了过来，她一会儿哭一会笑。过了些天，她说，将来一定要考上护士，考不上就给卫生院打扫卫生，用一辈子报答卫生院。她也愿意给牛院长跪一辈子，就是不再求这个冷了人心的护士。我认为娃是为那个护士赌气，也没当真，以为一个十来岁的娃，说说算了。可这娃有心思，就立志考上了护士。她在郑州上的学，毕业前打电话告诉我，想要回到家乡来当护士。我初中毕业，在西海固贫困山区，也算有点文化的人了，我知道，凭闺女的好学上进和在护校表现，留在大城市医院对她的未来生活会更有帮助。但我考虑一下，没有反对孩子的想法。孩子学有所成，想报效家乡应该支持。当时闽宁村改叫闽宁镇了，卫生院虽然条件比以前好了许多，但与移民数量相比，缺医少药严重，特别是正规学校的护士更缺。我给闺女说，人的生命是最重要的，学护士，就是救死扶伤，是吧？按说在哪工作都是一样的，都是为人民服务。你要牢牢记住这句话，你回家乡不是为父母亲戚看病方便，不是和哪一个人争强好胜，不是和谁斗气，你是为全体人民服务。咱们这里是移民新区，基础差，条件差，发展受限。你要回来就要想好，不能三心二意，更不能回了又走。娃听了我这样说，在电话里哭了——我知道她想起了当年她弟弟的事儿。最后闺女说，放心吧爸爸，学校老师推荐的医院都在县城以上城市，但我不去，我想好了，也不是和谁斗气，我就是要回到最需要我的地方，我就是要回到家乡为移民乡亲做事情，一辈子不做 ××× 那样的护士。”

冯父说，××× 就是当年那个冷人心的护士。

冯母说：“娃说了，就要争这口气，回来好好当个护士，让 ××× 看看……”

“也不是那样的，这娃聪明呢，从那时就懂了一个道理，治病救人嘛，就是为人民服务。人民是啥？人民就是老百姓。”

冯父打断老伴的话接着说：“说真话，娃完全可以在县里医院留下，刚毕业那年她也可以去银川，但是没有去。她和别的女娃不一样，就喜欢离父母近一点，离父老乡亲近一点儿。我同意她回来，我觉娃的想法对，咱们生在西海固的大山里，要不是搬迁出来，娃也念不成书，也考不上护校。银川、永宁县大医院，护士多，不缺你冯顺变一个，可咱闽宁镇小医院，科班出身的护士缺，有个把个，常常连乡亲的话也听不懂。要知道，西海固地区的话，这银川附近的人真听不懂，你回来给父老乡亲服务，比在大城市多挣几块钱有意义……”

六

之后的事情我在之前的走访中已经知道。

冯顺变毕业后毅然回到家乡闽宁镇，但一开始并没有到卫生院，而是被安排在原隆村卫生室。

2014 年，为了提高闽宁镇医疗服务水平，永宁县推行了医疗卫生县乡一体化管理模式，在 4 月份把闽宁镇卫生院重组为永宁县人民医院闽宁分院。几年来，通过全面落实对口支援制度，通过传、帮、带和送到总院进修的方式，为原闽宁镇卫生院培养了一批用得上、留得住、扎下根的基层卫生业务骨干，极大地提高了医院的综合业务能力，年就诊量达到 4 万以上人次，比上一年同期增长了 4 倍以上，住院达到近 500 人次。新建的住院部投入使用后，就诊人数连年翻番，目前年住院达 1 200 人次，从根本上解决了闽宁镇群众看病难、看病贵等问题。

冯顺变分配到原隆村，正是积极响应永宁县着力提升集镇医院医疗服务能力水平，加强公共卫生服务能力建设，闽宁镇在 6 个行政村建设了 7 个村卫生室，有乡村医生、保健员近 20 名。

原隆村是整体搬迁过来的新移民村，几千人口。为了更好地提高全村居民的健康水平，村卫生室要来了冯顺变这个一心想着乡亲的科班护士。其实，此时的冯顺变虽然是保健员，有时候也干医生的活儿。两年不到，全村老少都认识了这个一口家乡话的好姑娘。一个瘫痪在床的郭姓大娘，打针输液不说，室内卫生冯顺变都包了。原隆村的村民告诉我，如果不是亲眼所见，没有人会信。郭大娘由于常年没有人照顾，屋子里的味道，大门外都能闻到。但自从冯顺变来了，大娘的院子、屋子都干净了，人也干净了。"整个原隆村老人，都把冯娃子当女儿看待。"村民马回生这样说。"这也要感谢政府，把这么好的护士派到原隆村来。"村民李喜花老婆婆这样说。

2015 年某天，冯顺变被卫生院的苟院长叫到办公室。苟院长告诉冯顺变，基层锻炼时间不短了，想请她回来当正式临床护士。让苟院长想不到的是，冯顺变居然迟疑着没有同意。理由呢？理由就是"我已经熟悉了保健员这个工作，我离不开这个村，这个村也离不开我"。听了这话，苟院长被感动了，他不敢相信，一个 90 后女娃，竟有如此高的人生境界。苟院长说："这样的话，在成千上万份模范事迹材料上看过一百回，但我从来没有相信过，这回，活生生的例子给我这个老党员上了一课。因为，顺变两年的苦干实干就摆在眼前，也摆在群众的心里。"这更加坚定了苟院长调冯顺变回来的决心。这样的好苗子，不仅要放在更适合的岗位上，而且要好好培养，这是基层医疗系统难得的一粒纯金。

2020 年 6 月 3 日，我在闽宁镇医院再次见到冯顺变，她比去年略胖一点儿，由于还在疫情期间，她一直没有摘下口罩。这样，她的双眼更显得明亮有神。此时她已经是分院的护理部主任了。

（节选自《石竹花开——闽宁镇的春天》，花城出版社，2020 年版，有改动）

潘小平

1955年生，安徽蚌埠人。著有《北方驿站》《城市呓语》《前朝旧事》《读书的女人不会老》《无用之用》等散文随笔，报告文学《一条大河波浪宽》(合作)、历史小说《翁同龢》、纪实文学《季风来临》《长湖一望水如天》等。担任《皖赋》《潮起江淮》等多部纪录片、专题片撰稿。作品曾获中宣部“五个一工程”奖、安徽省“五个一工程”奖、中国电视专题奖、中国优秀纪录片奖、安徽文学奖等。

晴朗的夜空为什么滴下露珠

大别山扶贫散记

一

现在，我就坐在他的对面。

2019年11月20日，上午9点来钟。风静的一刻，大别山冬日的阳光甚至有些耀眼。

这里是金寨县双河镇河西行政村，小河口村民组。76岁的冯纪耐沉默地坐着，右目深陷。

这只右眼，在他很小的时候就已经失明了。“是因为生病吗?”我问。

他摇了摇头，没有回答，似乎是不想触及这个话题。他用手指了指对面的山坡，说：“喏，就在那面坡上，就在那边哩。”

他指给我看的，是他养父的坟墓，年年清明，他都带着儿孙到养父的坟上添土。一年一年添下来，坟头已经很高了，在林木茂盛的夏季，没膝的蒿草完全把碑上的字迹掩盖。

“我看得见哩，”老人擦了擦深陷的眼窝，有些赌气地说，“我看得见！”我眯起眼睛，看了一眼对面的山坡，冬季的大别山草木凋零，一片衰白。大别山群峰巍峨，雄踞淮甸，绵延数百里，虽坐落于鄂豫皖三省交界处，但大部分是在安徽境内。大别山主峰白马尖海拔 1 777 米，东视南京，西隔武汉，具有重要的军事价值，是红四方面军、红二十五军、红二十八军的诞生地，我国著名的革命老区之一，也是一个集老区、山区、库区于一体的国家级贫困区。

冯纪耐是有“红色背景”的贫困户，2016 年脱贫。在金寨，我收集并记录在册的有“红色背景”的贫困户一共是 158 户，而实际数字要远远大于这个。

所谓“红色背景”，是指他们的父兄在革命战争年代付出了生命。第二次国内革命战争时期，金寨境内先后爆发了著名的立夏节起义和六霍起义，组建了 12 支主力红军队伍，曾有 10 万子弟参加红军。他们有的活到了革命胜利的那一天，有的成为共和国的将军，而更多的人牺牲在革命的路上，他们没有留下后代，甚至没有留下姓名。

采访期间，几乎在每一个贫困户的门前，我都看见了这样的光伏板。

金寨县的光伏扶贫电站建设，走在全国的前列。光伏发电技术成熟，投资回报率较高，一次性投资可长期受益，特别适合因残、因病致贫的家庭。采访中，差不多的贫困户家庭，都把光伏发电算作一笔重要的经济收入。

“只要是晴天，你就坐在屋里头，等着收钱好了！”陪同我采访的小储说，小储是镇扶贫办干部，90 后。

光伏发电共需要投资 2.4 万元，其中政府投资 8 000 元、企业捐赠 8 000 元，贫困户自己投资 8 000 元。如果贫困户拿不出钱，可以由保险公司提供信用保险进行贷款，贷款还款从每月光伏发电收入中自动扣除。光伏发电全部上网，每发 1 度电收益 1 元钱。

这个扶贫项目的准确表述，叫作“分散式光伏发电”。虽说操作简单，可到底也是高科技，这一块块发电板，就这么无遮无挡地安装在屋外头，一年 365 天，天天日晒雨淋，要是坏了，钱不是白投了？

小储解释：“2017 年，金寨油坊店乡面冲村贫困户詹史成家的发电板，一下子坏了 4 块。后来保险公司通过核实后，每块赔付给他 1 070 元，合计赔付了 4 280 元。”这件理赔案经媒体报道后，算是给全县的光伏发电户吃了一颗定心丸。

保险公司作为主承保单位，仅在 2016 年一年，就承保光伏发电 6 874 户，其中贫困户 7 794 户、一般户 880 户、村集体 218 个，总保额 2. 846 亿元。全县共建成光伏扶贫电站 197. 1 兆瓦，总投资 14. 78 亿元，实现综合收益 4. 5 亿元，助力 10. 58 万贫困人口脱贫、67 个贫困村出列，将全县的贫困发生率降至 2. 73%。

有一点我很是困惑，这些分散在一户户人家院里屋外的光伏板，发的电怎么并入大网？最后又是怎么结算？贫困户留守在家里的，多是一些病残老人，接连问了几户，也没谁说得清楚。回到镇里，专门询问了负责该项目的同志，才知道原来是根据山区电网的特点，户用光伏电站采取 220 伏就近并网，村集体光伏电站采取 380 伏就近并网，联村光伏电站通过升压接入 10 千伏和 35 千伏线路。一开始，上网收益是按照自发自用、余电上网的模式，现在已经转变为发用分离、全额上网。“不用你自己操心，每天发多少度电，该有多少钱的收益，有专门的人给你计算！”

金寨县地处大别山主脉北坡，三省七县二区接合部，境内多崇山峻岭，地形地势多变。因此建站模式也多样化，因户因村制宜。概括起来说，金寨的光伏扶贫电站建设大致有三种模式：一是单户用光伏扶贫电站。对具备光照、承压、方位等条件的，在贫困户屋顶或房前屋后空闲地，建设户用光伏扶贫电站，产权归贫困户所有。全县共建成 7 803 户、每户 3 000 瓦独立户用光伏扶贫电站，每个电站投资 2. 4 万元，对自筹资金确有困难的贫困户，采取互助资金借款或扶贫小额信贷等方式解决。二是村级光伏扶贫电站。从 2015 年开始，每村投入 74 万元，分村建成装机规模 100 千瓦的村级光伏扶贫电站。动员社会力量捐建，省、市、县等 32 个驻村帮扶单位，为全县 30 个贫困村，建成了 3 141 瓦村级光伏扶贫电站，产权归村集体所有。三是联村光伏扶贫电站。2016 年，对没有安装条件的贫困户，采取乡镇、村协调选址安装联村光伏扶贫电站方式，总装机规模 14.5 万千瓦，产权归县级所有。资金投入采取各级财政资金注入、光伏企业让利和贫困户资金入股等方式筹集。发电收入除去相关费用，净收入用于贫困户入股分红，覆盖了全县 18 000 多个贫困户。

作为精准扶贫的一项重要举措，为使光伏扶贫项目的实施规范化，金寨县首先在选择扶持对象环节上，就进行了严格把控。按照优先照顾有重大疾病、残疾、丧失劳动能力家庭的原则，通过贫困户申请、村级评议公示、乡镇核查、县组织抽查等程序，以确保贫困户优先享受光伏扶贫政策。冯纪耐不仅身有残疾，而且是烈士后代，所以提出申请后，在各个环节上都顺利通过。

光伏扶贫由县“3115”脱贫计划指挥部统一组织实施，项目建立了光伏扶贫项目收益分配机制，集中式光伏扶贫电站和分布式（联户型）光伏扶贫电站净收益，全部用于扶持贫困人口。“3115”脱贫计划，是 2016 年金寨县县委、县政府出台的脱贫攻坚实施意见。“3”是指实现“人脱贫、村出列、县摘帽”这三个脱贫攻坚目标；“11”是指实施精准脱贫十大举措、推进脱贫攻坚十大工程；“5”是指强化五项保障措施。到 2019 年底，完成83 400 人的脱贫销号任务，实现“两不愁、三保障、一高于、一接近”目标。在光伏扶贫电站建设工程中，投融资主体的明确最重要。20 万千瓦光伏扶贫电站建设，金寨汇金投资有限公司作为投融资主体；分布式（联户型）光伏扶贫电站建设，金寨县扶贫开发投融资有限公司作为投融资主体；村级光伏电站扩容工程，村集体经济实体“创福公司”作为投融资主体。为了确保运营维护长效化，全县投入资金 522 万元，搭建了 4 个服务云平台，保障光伏扶贫电站持续平稳运行。同时开通运维热线，建立短信服务平台，第一时间发现并及时解决电站运行中出现的各类问题。留守在家的老人们虽然操作不了这些高科技，但他们在外打工的孩子们，手机可以随时接收到平台发布的相关信息。

远超我的经验，也远超我的想象，中国乡村的变化，翻天覆地。中国乡村从未像今天这样，激发出如此巨大的智慧，爆发出如此巨大的创造力。为了综合利用，延伸光伏产业链条，金寨县还探索出好几种互补模式，大力发展“板下经济”：养光互补是把部分高支架光伏电站免费提供给贫困户，在光伏板下养殖皖西白鹅、生态土鸡、小龙虾等，户均年增收 3 000 ~ 5 000 元；药光互补是把光伏电站的朝阳与灵芝的喜阴特性结合起来，在光伏电站板下种植灵芝，既增加了灵芝的产量，又提高了土地利用率，实现了土地的集约、节约、高效利用；林光互补是在光伏板下空地套种红叶石楠苗木，既可以通过光伏发电帮助贫困户增收，又能够通过苗木种植增加贫困村集体经济收入，实现光伏发电和苗木种植两不误。

2018 年 7 月 30 日，全国村级光伏扶贫电站建设管理工作会议在金寨召开。2018 年 10 月，金寨县因光伏扶贫工程，被国务院扶贫开发领导小组授予“脱贫攻坚奖组织创新奖”。

二

叶秉友家的老宅子在黄皮尖，刚搬下来不久。

现在搬下来的地方，是大畈行政村的村部所在地，全行政村的中心位置，也很高。大畈村在双河镇的东北角，是全镇海拔最高的行政村，从双河镇出来，能感到越走越高，山势渐渐陡峭。

和“降”字一样，在大别山区，“尖”字一般是指很险峻的地方，比如大别山主峰白马尖，集高、雄、峻、特为一体，山势磅礴，形似白马，常年白云缭绕。白马尖海拔 1 777 米，为大别山第一高峰，所以在大别山，凡是叫作“尖”的地方，都很高。

叶秉友家原先的老宅子，是五间土坯房、两间小锅屋，住了很多年，前后墙都开裂了。从父亲那辈起，他们就住在黄皮尖，具体住了多少年，他也说不清楚。叶家是旧社会从河南逃荒过来的，反正从老一辈起，就一直这么住着。

大畈村是一个高寒山区贫困村，村民多是新中国成立前逃荒躲难过来的外乡人，住的都是茅草屋。20 世纪八九十年代，改革开放以后，条件好的山民都盖了新房，但基于当时的经济条件，几十年风雨，也差不多都成了危房。所以住房安全保障是大畈村扶贫工作的重点和难点。2016 年，金寨县开始花大力气推进农村宅基地试点改革和易地扶贫搬迁，大畈村的机会来了。但中国人一向安土重迁，原以为易地扶贫搬迁是个惠民扶贫的好政策，会得到村民的积极响应，可没想到的是，第一批搬迁计划出来之后，竟没有一户人家响应。有个名叫袁文章的村民，住在大山凹里，是远近有名的困难户，家里的土坯房年久失修，狭窄昏暗，临近高考的儿子只能趴在门前的小椅子上借着日光看书。但村干部多次上门做工作，他就是不同意搬迁：搬家的钱从哪里来？政策能不能兑现？搬出去后我能干什么？每当干部上门，他都是这一套。他说我在山上，到底有几亩山场，喂几头猪，养几只羊，房前屋后种几畦子菜，我下了山吃什么？喝什么？拿什么养活一家老小？

袁文章的顾虑，也是其他搬迁户的顾虑，叶秉友当时也是犹豫了好久。后来，是村两委一次次上门，一边宣传政策，一边根据补偿政策测量，制定出“搬迁补偿明白表”，他们叫作“明白账”，交到他手里，他这才相信了。2016 年 3 月，第一批 8 户村民，终于把易地扶贫搬迁安置协议签了。

再接下来，工作就好做多了。几年来，大畈村已经从山上搬迁下来 143 户，搬迁比例超过 50%，贫困户搬迁超过 60%。叶秉友不是第一批，他是看人家都搬了，这才赶紧搬下来。搬下来一年多了，他仍然和我念叨说，还是黄皮尖的水好。

因为高，黄皮尖的水好。是从山上直接流淌下来的，特别特别甘甜、清澈。

“今年旱，几十年没见过的大旱，山上很多泉眼都没水了。多亏有黄皮尖，全村都吃黄皮尖的水。不过从 9 月起，村里就限时供水，晚上 5 点开始供，今年的天，实在是太旱了！”

话语间，他似乎对黄皮尖的老宅子还很有些不舍。我问他，现在呢？现在怎么样？他开心地笑了：“现在？现在当然好了！宽敞、亮堂，我和老伴赶个集上个店，抬腿就走了。”

69 岁的叶秉友，在我采访的贫困户里算是比较年轻的。按照农村的算法，他也已经是 70 岁的人了，但腿脚仍然利索，说话也很利索。他现在一家 5 口人，住着 100 多平方米的大房子，地上都铺着瓷砖，窗户是明晃晃的大玻璃，快赶上城里人了。

“快赶上城里人了！”这是我采访中，经常听到的一句话，村民们用这句话表达脱贫后的喜悦。叶秉友的孙子在无锡打工，儿子上山窖天麻去了，儿媳妇正忙着做豆腐。大畈村的自然条件，种植天麻得天独厚，所以种植天麻的人家很多。叶家的老锅豆腐，十里八乡有名，我进去的时候，岭北新河村的一个妇女跑了 10 多里地，专程到他家来买豆腐。我有些吃惊，说这么老远地跑来啊？叶家儿媳妇说，这哪叫远啊？更远的还有叶集过来的，骑电动车，走山路，50 里地，专为来买俺家的豆腐！

不由分说，她从滚开的锅里给我盛了一碗热腾腾的豆浆，我吹着喝一口：浓、香、厚，味道好极了！

叶家的儿媳妇很能干，夏天是夜里 2 点钟起床，上午 9 点来钟开始卖，冬天是下午开始卖，夏天天气热，豆腐容易馊。婆婆身体不好，她就基本上不让婆婆搭手。岭北过来买豆腐的妇女，买了豆腐也不急着回去，一边帮女主人烧锅，一边和我猛夸叶家的豆腐。据她说镇政府的食堂天天都过来买豆制品：豆腐、香干、千张、油炸豆腐果。她自己基本上是隔天就要过来一趟，有时骑电动车，有时坐班车，2 块钱坐到家门口。

“现在不晓得有多方便，村村都通班车，老头老太太拿上几个钢镚儿，抬脚就到双河街上去了。”

双河街在双河镇上，是历史悠久的老街，有大别山远近闻名的双河大庙。大庙供奉东岳大帝黄飞虎，香火旺盛，声名远播。这是封神榜里的人物，他农历三月二十八出生，农历十月十五得道升天，所以一年有两期庙会，会期一般是 15 天左右，鼎盛时期，前后要持续一个月。河南的光山、固始、商城，湖北的罗田、胜利，安徽的金寨、霍山、霍邱、六安等 13 县香客，各地的戏班子、杂耍艺人以及商贾小贩络绎不绝，车水马龙，最高峰时有十余万香客。

说话间不断有村民进来买豆腐，一天 100 多斤，不到半天就卖完了。看样子叶家的日子过得不错，老老少少，都是把抓钱的好手。猪瘟发生之前，叶秉友养了 43 头猪，是村里的养猪大户。一排 15 间猪圈，是政府出钱盖的。2018 年春节，肥东县的屠宰大户听说叶秉友家的猪好，专门跑了过来，一次拉走 15 头猪。毛猪价格是 8 元 1 斤，一头猪一般都有 400 多斤，是一笔不小的收入。所以 2019 年，他就又扩大了规模，养了 43 头。猪瘟开始的时候，他还没想到是猪瘟，他家一头 200 多斤重的大黑猪病了，他去请兽医，兽医一见他就说："别治了，赶紧杀了！我现在是治一头死一头，猪瘟来了！"

叶秉友回到家，赶紧洗澡、消毒，接着就把没病的猪全都杀了。

"还好，没什么损失。"说着他老伴回来了，接回了上幼儿园的小外孙。村幼儿园就几步路，天天都是他和老伴先把孩子接过来，过一会儿他妈妈才能下班。村幼儿园一学期学费 900 元，村里补贴，比城里便宜多了。孩子们身上穿的、手里拿的，也都和城里的孩子没差别，上幼儿园背的，也都是价格很贵的小书包。

"啥牌子？谁知道啥牌子，反正是名牌。现在条件好了，谁家的孩子，吃的用的不是最好？"

大畈村的幼儿园就在村部边上，我来的时候正好路过。和城市幼儿园没什么两样，花花绿绿的儿童组合滑梯、跷跷板、木质秋千架，墙面上是鲜艳的儿童画，画着庞大而夸张的动物。幼儿园每天管一顿中午饭，下午加一顿点心和水果。

这让我很是感慨，想起多年以前，我在怀远县古城公社华西大队搞“路教”，一没留神，房东家3岁的小男孩把我的一支护手油给吃了。“路教”这个词，现在的年轻人已经不知道了，而在40多年前，它使用的频率很高，全称是“党的基本路线教育”。1973年冬，我从工厂抽出来，到怀远县古城公社搞了半年“路教”，有些人和事至今还记得。房东家3岁的小男孩之所以吃了我的护手油，是因为那支管状的护手油上，有一股甜甜的味道。他把它当成糖，一口吞了下去，几个人上来掰他的嘴，他都死活不张口。我不让他吃，是怕对身体有伤害；而他妈妈担心的是，这东西这么贵，怎么赔得起噢！

一支护手油，当时的价格是一毛二，相比较五分钱一盒的“歪歪油”，算是奢侈品了。“歪歪油”是装在贝壳里的护手油，不甜，有一点儿腻腻的香气。房东女人一边追着孩子打，一边扭头对我道歉：“潘路教潘路教，对不起噢对不起噢！我眼下手里没钱，等年底分了红，我不管想啥法子，也把钱给你赔上！”

当地社员管工作队的同志一律称“路教”。她这话让我很难过，眼泪差点儿掉下来。看我这样，房东女人就误会了，说：“你可千万别难过啊，乡下孩子没吃过东西，让你笑话了。”

我们进驻华西村时，午季才刚刚结束，队里讨论一口人分多少麦子，我也以工作队员的身份参加了。实际上我什么也不懂，只是坐在一边听着。队长说：“一口人3斤，你说下大天来，也只能一口人分3斤，再多不可能了！”

“分3斤”是指分3斤小麦，底下的社员一听，顿时就炸了锅。妇女们更是炸着嗓子问：“为啥3斤？为啥3斤！人家华东，就隔着一条沟，人家是5斤，咱为啥比人家少？”

我后来说起这件事，听到的人都不相信，都说我胡说八道：“一个午季，一人就分3斤麦子？你骗谁呢？”也有人说得比较委婉：“是你记错了吧小潘，你很可能是把30斤记成3斤了。”

我很气愤：“我没有记错，我当年还不到19岁，记性很好！而且，而且这是我的亲身经历，你们不相信拉倒！”

人民公社时期，细粮都用来交公粮，午季的小麦、秋季的黄豆，是不会分给社员的。我所在的淮北平原，口粮主要是红芋片子，民谚所谓“红芋饭，红芋馍，离了红芋没法活”，包括青黄不接的冬季，政府给的返销粮，也都是红芋片子居多。午季一口人分 3 斤或是 5 斤小麦，这不是传说，更不是笑话，它实实在在发生过。知道在我的老家流传着一句什么样的话吗？“女人喜欢坐月子，男人喜欢收麦子。”因为收麦天起早贪黑，抢收抢种，那几天生产队里管饭，顿顿吃的都是麦面馍。女人则只有坐月子的时候，才能喝上一碗红糖鸡蛋茶，顶不济的，也能喝上一碗红糖茶泡馓子。

现在我和女儿说起这些来，她根本不相信。改革开放 40 多年，中国社会发生了翻天覆地的变化，回过头去看看，连我自己都不敢相信了。那时候的农村孩子多苦啊，红芋稀饭都吃不饱，哪见过什么糖果？穿也没得穿，都是破衣烂衫，有的孩子从小长到大，就没穿过一双袜子。书包也都是母亲七拼八凑用碎布头缝的，富裕一点儿的人家，才会缝一只新书包。可现在我到农村去，谁家的孩子背的不是名牌书包？有迪士尼的、凯蒂猫的、卡拉羊的，有的洋品牌，我连听都没听说过。

我们说话的时候，叶秉友的小外孙一直文文静静地偎在他身边，一边摆弄手里的玩具，一边跟着电视里的儿童节目唱歌。有一点我不大想得明白，看叶秉友家的日子，过得很是滋润，他怎么会是贫困户呢？

“我是因病返贫，我老伴得了一场大病，要不是政府，人早就没了！”

叶秉友的老伴患有肾病、冠心病、胃功能紊乱等多种疾病，就是平常日子，一年也要进好几回医院。前年的正月里，老伴的病情突然恶化。因为还在年里头，家里也不想大动干戈，就在双河镇上住了 9 天院。不行，又转到县医院住了 14 天，到后来病情就十分凶险了。县医院让他们赶紧转到市医院，再不转院怕是命都不保。就慌里慌张去六安，结果到了六安市医院，市医院却表示治不了。老伴一直在发烧，40 ℃的高烧，没办法开刀，没办法插管，人眼看就不行了。叶秉友已经完全没了主张，头脑是木的，手脚是木的，只知道医生在说话，却不知道他们在说什么。医生说："赶紧赶紧！赶紧上合肥，再晚就来不及了！"

在市医院的急诊室里，他们仅仅待了3个半小时，老伴就又被抬上了救护车。六安到合肥102公里，救护车一路呼啸着，穿过无边的暗夜，老伴直接进了安医大附院急诊室，值班医生却说什么也不愿意收。

整个喉咙都在化脓，已经快把喉管堵死了！

一家人都很绝望，叶秉友尤其绝望，他不知道接下来的日子自己该怎么过。刚结婚的时候家里穷，吃没得吃，喝没得喝。好不容易把儿女都拉扯大了，日子也一天天好起来了，人说少年夫妻老来伴，老伴却要丢下自己，一个人先走了。在急诊大楼空空荡荡的走廊里，叶秉友深感恐惧和无助。

天一点一点亮起来了，叶秉友的身子已经完全麻木。但当得知对面走过来的是口腔科主任时，他仍然硬着膝盖，跪下去给医生磕了一个头。主任深受触动，扶起他来说："你们去二附院吧，我给二附院的方金云主任打电话。"

至今叶秉友都记着方主任的名字，但他不知道，当时二附院口腔外科接诊的方主任，也是死马当活马医，实际他心里清楚，抢救过来的可能性不大。当天夜里手术，切开几乎堵实的喉管，主刀的方医生才知道问题还要严重得多。病人从手术室出来后，推进了重症监护室，方医生找到叶秉友，直截了当地问："你家是不是贫困户？如果不是，还是放弃算了。"

叶秉友不是贫困户，但他不愿放弃治疗。按照方医生的说法，这个病不是花一二十万就能看得好的，就是治好了也活不了几天，到那时人财两空，不值得。可叶秉友就是不愿放弃，他说治！只要还有一口气，就要治，她跟我苦了大半辈子，我不能就让她这么走了！

那时候叶秉友不知道，他虽然不是贫困户，但像他这种情况，可以走特殊通道。

那天从金寨到六安，光是包出租车，加上医院3个半小时的费用，就是1.1万元，他知道老伴这一场病下来，就把他的家底掏空了。但他不后悔，人这一辈子活的是什么？老伴在重症监护室里住了整整9天，身上插满了管子。方主任没有再劝他放弃，但每天的费用都是好几千，别说是病人家属，就是医护人员拿到单子，也是心惊肉跳。

好在老伴的病一天天好起来了。出了重症监护室，又在医院里住了 10 天，他至今都记得床位号。除去杂七杂八的费用，光是医疗费就花了 98 720 元，差 1 000 多就满 10 万了。但通过特殊通道，他自己只负担了 7 200 多元，“如果不是党的政策好，我老伴早就没命了，我这个家，也早就散了！”叶秉友反复说。

老伴出院后，村里给叶秉友建档立卡，归入扶贫的范畴，不过我去采访的时候，也已经脱贫了。临走时，我想和他老伴说句话，可屋里屋外看看，也没见着。叶秉友说：“咦？刚才还和我一块儿喂鸡呢，这一眨眼工夫，又到哪儿去了？”我走出屋，阳光有些晃眼。展眼看去，大别山午后的太阳，真好。

三

像叶秉友这样的情况，大畈村不止一户。2017 年 8 月，正是一年里最热的天气，朱永喜的父亲突发脑溢血。从县医院转到六安市人民医院，住了两个多月的院，光是在 ICU 病房，一住就是一个多月。一天好几千块，总共花了 14 万多元，但他个人最终只负担了 5 000 元，其他的都由政府承担了。

朱永喜一家 4 口，女儿大学毕业后没有回金寨，在合肥的一家培训机构做财务。儿子在镇上读初三，一星期回来一趟，享受“两免一补”。“两免一补”是指 2001 年以来，国家对农村义务教育阶段贫困家庭的学生，实施“免杂费、免书本费、补助寄宿生生活费”的资助政策。2019 年，双河镇共有 213 名贫困生享受寄宿补助，69 名贫困生享受教育资助，258 名中高职贫困生享受“雨露计划”，117 名贫困大学生办理了助学贷款。

朱永喜的女儿读大学期间，村扶贫工作队还出面联系了就读学校的资助中心，学校按照相关政策提供了每年 4 000 元的助学金，同时协助办理了助学贷款。村里另外一个贫困户贡元财，女儿也在外地上大学，也是由村扶贫工作队出面，帮助解决了助学金和助学贷款。

朱永喜是2016年10月从长岭的山沟里搬下来的，原先的房子不能住了，漏得厉害，一到雨天，屋里湿淋淋一片。还是20世纪80年代在老父亲手里起的屋，兄弟几个也都是在老屋里成的家，一直想翻翻新，加盖几间，一直没条件。现在他们住的这个二层小楼，约100平方米，一溜排9家，是由村里统一设计、统一施工的移民搬迁房，看上去特别整齐、漂亮。

搬下来后，朱永喜办了个家庭农场，租了其他村民的地，种了20多亩生姜。正常情况下，1亩地能产鲜姜1 800～2 000斤，如果3元1斤，去掉人工，也有上万元的收入。他还种了几亩茭白，茭苗由安徽农业大学提供，茭白由叶乃军的合作社统一收购外销。

叶乃军也是大畈村人，几年前家庭生活还极为贫困，一大家子人，就靠几亩水稻，全年收入不足5 000元。大别山试验站产业联盟，为大畈村引进高山茭白和改良有机香稻产业种植技术后，他带头种起了高山茭白，在扶贫工作队的帮助下，又成立了高山茭白种植专业合作社，如今成了大畈村的致富带头人。

朱永喜楼下的客厅里，有一张大圆桌特别显眼，不光是大，还带有一个大转盘，能坐20多人。大靠背椅的椅背上，雕有大大的“福”字，是岳父祝贺他的乔迁之喜，特地选了金红雕花的龙凤图案。朱永喜的父亲还在生病住院期间，他母亲又查出了胃癌，家里一下子有两位老人得病，而且得的都是大病，“这要是放在过去，肯定是治不起的，只能等死，你就是卖房子，一时也没人要啊!”朱永喜说。

他母亲的病花了7万多元，而他个人只掏了3 000元，其他的，政府兜底了。2016年，安徽省实行健康扶贫，建立了“三保障一兜底一补充”综合医疗保障体系，为贫困群众提供超常规的全面兜底保障，贫困人口的看病就医负担，大幅度减轻。这一医疗保障体系的简单表述，就是“351”和“180”。

所谓“351”，就是按照基本医保、大病保险、医疗救助政策补偿后，贫困人口在省内县级、市级、省级医疗机构就诊的，个人年度自付封顶额分别为 3 000 元、5 000 元和 1 万元，年度内个人自付合规费用累计超过个人自付封顶额时，超过部分的合规费用由政府兜底保障。而所谓“180”，就是建档立卡贫困人口慢性病患者一年内门诊医药费用，经“三保障一兜底”补偿后，剩余合规费用由补充医保再报销 80%。

为什么要实行“351”和“180”呢？金寨县人民医院院长吴杰说：“医院 90% 的血液透析患者都是贫困人口，而对于尿毒症患者来说，每年数万元的透析费用难以为继，很多人最多坚持个两三年，就坚持不下去了。”肿瘤、终末期肾病（尿毒症）等重大疾病，不要说对于农村贫困家庭，就是对于一般的城市工薪阶层来说，也是一个巨大的负担。而全面兜底保障政策，针对的正是这样一部分患者。吴院长的一位患者程女士，慢性肾功能不全，2015 年被识别为建档立卡贫困户，2017 年在县人民医院透析住院 11 次，总费用 111 360. 28 元，经结算只需要自付 3 000 元。而在过去，医保报销后，保守估计也要自付 2 万多元。吴院长的另外一位患者蒲女士，2013 年被诊断出乳腺癌，经手术治疗后康复出院，但到 2016 年 2 月，又被查出了卵巢癌，并且已经到了腹水阶段。2017 年一年，她在县医院肿瘤科住院 9 次，共花费 9 065 795 元，她自付了 3 000 元，对于一个贫困家庭的癌症患者来说，3 000 元的费用完全可以负担。

安徽省是中部地区人口大省，现有扶贫重点县 31 个。2015 年底，全省因病致贫、因病返贫的家庭多达 871 000 户，涉及 197 万人，占建档立卡贫困人口的 57. 2%。实施健康脱贫工程后，安徽省完成 9 种大病救治 14 000 例，占救治任务的 58%；2016 年全省有 18 900 因病致贫户脱贫，占建档立卡因病致贫户的 26. 5%。通过建立贫困人口“三保障一兜底一补充”综合医疗保障体系，基本医保、大病保险、医疗救助、“351”政府兜底和“180”补充医保之间，实现了无缝衔接、协同保障，切实减轻了贫困人口就医负担，解决了因病致贫、因病返贫的大问题。

采访中我得知，在“三保障”方面，还有一个叫作“两免两降四提高”

的特惠政策，即免缴个人参保费用由财政全额代缴，免交住院预付金实行先诊疗后付费；降低新农合补偿起付线，降低大病保险起付线；提高新农合补偿比例，提高重大疾病及慢性病保障水平，提高大病保险分段补偿比例，提高医疗救助标准。正是通过“三保障”，贫困人口医疗保障水平显著提高；通过“一兜底”，贫困人口年度自付医药费用有了封顶线和明确预期，大病有了兜底保障、住院报销90%以上；通过“一补充”，贫困人口慢性病门诊报销可达95%左右。这两项政策自2017年实施，到2019年底，“351”共补偿29 043人次2 895万元，“180”共补偿151 252人次1 567万元。

金寨县花石乡大湾村的陶大妈有心脏病，2014年被识别为建档立卡贫困户。2016年10月，她在金寨县人民医院做了心脏介入手术，共花费医疗费35 924.4元。按照“351”标准，她可以报销合规费用33 224.4元，个人只要自付5 116.74元。这笔钱中，还包含了需要个人承担的特殊材料费2 700元，这样算下来，实际补偿比例达到了92.73%。“这些钱，当时在医院里就已经结算清了。”陶大妈轻松地说。

健康扶贫以来，安徽省实行一站式及时结报，贫困患者出院时只需交付自己支付的部分，剩下的合规医药费用，全部由基本医保经办机构通过信息系统进行结算。我拿到的2017年的数字显示，1—5月，全省贫困人口住院30.77万人次，共发生医药费用14.9亿元，综合医保补偿13.4亿元，平均补偿90%，比普通参保人群高出28个百分点。

据陶大妈的儿媳妇说，结算时他们家的家庭医生也在场，办住院手续、出院手续，家庭医生都一直跟着。

他们家还有家庭医生？这大大出乎我的意料。

“这有什么好大惊小怪的？”大畈村扶贫工作队队长吴辰华说，“我们村的贫困户，也都有家庭医生。不光是我们，全金寨县的贫困户，都享受家庭医生签约服务。”

2006年，我国在北京、上海、深圳等地，相继进行了家庭医生制医疗服务探索。北京倡导居民把健康托付给家庭医生，自愿签约、随时咨询、自由选择，通过双向转诊绿色通道，患者可进行预约转诊。在进行家庭服务协议签订后，如有健康问题，居民可随时拨打社区医生的电话，对病情进行反映、咨询并得到及时指导。根据居民个人健康信息，每年进行一次健康状况评估，根据结果制定健康规划。当社区医生认为居民的疾病需要转诊到大医院时，会帮助进行预约转诊。而在上海，“一户一签”的契约服务，以“全科医师联家庭、全科团队入社区”为路径，建立了“1 +1 +1 全科服务团队”；以“户主为代表，家庭为单位”建立契约式服务，同时选择下沉社区集中签约为主、门诊签约为辅、上门签约为补充的签约方式。

世界卫生组织认为，居民中 80% 的健康问题可以在基层社区解决，世卫因此在医疗发展问题上，提出了一种简便、经济、综合、连续和充满人情味的服务，即社区医疗服务。纵观国内外，解决我国目前的医疗难题，家庭医生签约不失为最佳的选择之一，但没有想到的是，我居住在省城合肥，尚茫然不知的家庭医生制度，在金寨县的贫困家庭中都已经实现了。

四

吴辰华是安徽农业大学驻金寨县双河镇大畈村党支部第一书记、扶贫工作队队长，从 2014 年开始驻村扶贫，到我去采访时，已经是第六个年头。谈到健康扶贫，吴辰华说：“这样吧潘老师，我带你到我们村卫生室，采访一下徐医生，就都知道了。”

说是村卫生室，规模还真不小。是新起不久的现代建筑，门廊很宽，门头很大，看上去像是一座二层小楼。也不像一般的村级卫生室，简单挂个木牌或是铜牌，而是一个横跨大门头的广告式灯牌，“大畈村卫生室”几个字中，有醒目的红十字。47 岁的村医徐启国快步迎出来，向我感叹：“现在村里的条件好得真是没法说啊，放在早些年，做梦也想不到！”

据他说，早先的村卫生室在老村部的边上，一间小趴趴屋，黑咕隆咚，一张桌子两张条凳，多来一个人就得在门口候着。2005 年，条件稍好一点儿了，村里给单独盖了3间小平房。现在的这栋房子是2018年和新村部一起建起来的，村部、新时代文明实践站、村卫生室、村农民文化乐园都集中建在一个地方，在大畈村最中心的位置。

1993年，徐启国毕业于六安卫校，毕业后就回来当了村医，在这个岗位上已经工作26年。“岁月催人老啊!”他继续感慨，“早先的村卫生室，有啥啊？啥啥没有，就一个听诊器，时刻在胸口前挂着。”徐启国一边说，一边领我参观他们的设备，“现在你看看，这、这，还有这！在过去，敢想吗？你想不到!”

我跟在他的身后，一个一个房间看，听他解说那些仪器的用途和用法。而他要向我重点推出的，是一台一体机：“这个家伙，别看不大，可厉害了!”

原来这种名为“一体机”的医疗设备，有着非常强大的检测功能，身高/体重/BMI、脂肪/水分/基础代谢、血压、脉率、12导联心电图，血氧、体温血糖、尿酸、血脂四项，尿常规十一项、呼吸训练、心理疏导、中医九型体质筛查等，它全都能做，你说它的本事大不大?

而且，它还能通过身份识别，实现自动建立个人电子健康档案，综合多个健康检测项目，自动生成评估分析报告并永久性地储存，根据检测评估报告，对常见病进行筛查。为了操作这个新设备，徐启国专门去进修了心电图、血脂、血糖、尿酸标本分析等专业知识和技能。一体机测出的全部数据，上传到县公共卫生管理平台。为了加强农村卫生的网底建设，提高村卫生室基本医疗和公共卫生服务能力，实现支持新农合资金即时结算管理、基本药物配备及使用和村卫生室绩效考核，金寨县还构建了区域卫生信息平台，实现了新农合农户在全县范围内持证跨机构、跨区域转诊就医和即时结算，所以叶秉友他们才能在省城的大医院里，跨区域直接把费用结算掉。

大畈村的贫困户，全部签约了家庭医生服务，有100个村民签在了徐启国的名下。他个人就是按照全年100人、600次随访所完成的实际工作量，发放工资和补助。定期到签约村民家里测血压、做心电图，进行一般性的健康询问，工作术语叫作“随访”。一个签约村民全年 6 次、两个月一次随访，每个村民手上都有一张随访表，完成一次随访，村民和村医同时在表上签字。金寨县 129 万贫困户，目前已经实现了家庭医生签约服务全覆盖，签约户如有重大疾病，需要到上一级医院治疗，或是办理住院和转院手续时，一般情况下签约的家庭医生都跟随前往。在村民王一超的家里，我看到他的健康随访表上签有徐启国的名字。

80 岁的王一超也是烈士子弟，父亲在他 8 岁那年牺牲了。说话间王一超的老伴走过来，虽说已经 84 岁了，但腿脚很健旺。是后组的家庭，王一超的妻子很早就去世了，他一个人拉扯着闺女，吃吃不上，穿穿不上，屋里屋外乱得没法下脚。“咋不想再续上一个啊？做梦都想！可日子过成这样，谁又愿意嫁给你呢？”现在这个老伴，是他 40 岁那年改嫁过来的，前头的男人得病去世了，她一个人拉扯 6 个孩子。都是苦命人，就凑合到一块儿过了。现在好了，总算把孩子们都熬大了，该娶的娶，该嫁的也都嫁了，就是老伴带来的 6 个孩子中老二和老小都是智障，老二今年 57 岁，老小也过了 50 岁，生活不能自理，全靠父母照顾他们的生活。

“不是政府，要饭也摸不着门啊，别说看病了！”

王一超的老伴别看岁数比他大，头脑却比他清楚，也比他会说。问到收入情况，她掰着手指头给我算了一笔细账：移民补贴，一人一年 600 元；三个人的“五保”，一人一年 4 300 元；她自己有低保，一年 6 000 元。再加上光伏的 3 000 元、养鸡补助的 3 000 元，杂七杂八加起来，“够花了！”她很满足，“吃药也不花钱，都是徐大夫亲自送过来。再说我还养着鸡呢，都是小学校的校长给我往外卖，都是卖高价。”

王家养了一群鸡，大别山本地的小土鸡，最多时有 100 多只，现在也还有七八十只，在对面的山坡上散养。因为有两个智障儿子，王家在大畈村属于贫困户中的贫困户，村小学校长就自告奋勇，认了他家的“帮扶”。校长一个月总要来上三五回，每回都捉走几只鸡，卖到县城或省城，一只能卖 100 多块。据老太太说，他们家没从山上搬下来的时候，还养了十几头牛，搬下来就不能养了，牛跑了没法找。

他们是第二批搬下来的，原先在海拔670米的高山上，房子是老房子，四面漏风，已经摇摇欲坠了。“眼下这屋，该多好啊。就在村部边上，有啥事，喊一声村干部就来了。”

老太太准备带她的两个儿子到山下的皮坊街去理发，在全县公交没有联网之前，她都是带着他们俩走着去，一来一回，要六七个钟头。又都不听话，也是听不懂话，老太太一个人，顾上了这个顾不上那个。现在好了，带他俩上了公交，一眨眼工夫就到了。“我也一天天老了，腿脚不行了，要是没有车，他俩哪能一月剃一回头啊！”老太太感慨道。

为了打通脱贫动脉，金寨县实施城乡客运公交一体化工程，先后开通了城镇、镇镇、镇村公交线路93条，建成22个乡镇交通综合服务站，其中二级站5个、三级站17个，一个城区公交停车场、一个城乡公交首末站。投放公交车295台，其中新能源车辆205台、燃油车辆90台，实现了211个社区、街道和建制村全覆盖。

最高兴的是女人们，她们赶个集上个店，上车就走了。

见我从王家出来，村医徐启国不放心，反复问我见没见到有他签名的随访表。家庭医生签约是金寨县扶贫重点推行的分级诊疗政策，而给出的成绩单是：贫困人口全部纳入签约服务对象。根据“1+1+1”精准帮扶机制，金寨县组织乡县村三级机构1 021名医务人员，与全县贫困人口开展结对帮扶，一人一策，一病一方，精准管理，全程服务。他们还根据高血压、肿瘤、糖尿病等慢性病划定重点人群，做出全县贫困手册。2017年，金寨县为所有贫困人口签订了有偿初级服务包，价值81元，全部由医保基金和县财政承担。据徐启国说，这81元中，医保负担35元，减免11元，自付35元，而自付部分是由政府代缴。

所以一名合格的村医，首先要有一副好体格，因为每天都要骑电动车，或是徒步前往村民家中随访，这是一项日常工作。徐启国的工作很勤勉，全年600个随访工作量，能够全部完成。按照这个标准，他现在一个月有

700 元生活补助，加上工龄工资 260 元，室长补助 100 元，共是 1 060 元，也够吃够用了。去年政府又给买了养老保险，个人出 298 元，政府补贴 7 000 多元，彻底没了后顾之忧。

“孩子？孩子去年也大学毕业了，对对，是个男孩，就他一个。”

说到儿子，徐启国很是骄傲：“安徽工业大学毕业，比我有出息，我只上了个卫校。”我说：“你也很厉害，1993 年的中专，比现在的大学难考。”徐启国的儿子正在准备来年 4 月的国家公务员考试，他和妻子都很支持，不急着让他找工作。父母都还健在，虽说 80 多岁了，但能吃能做，自己这个村医也让二位老人“得济”不少。平常日子，去给老人量量血压，做做检查。父亲是村里的老书记，几十年的老党员了，在村里威信很高。吴辰华下队当了扶贫队长之后，经常过去看望，有些工作上的事情也爱和他絮叨。

“国家的政策好，才有如今的好日子。”徐启国特别感慨，“别说是改革开放之前了，就是往前推几年，你能想到，一个农村人，能过上今天这样的日子吗？你想不到！”

徐启国说，他每天从卫生室下班回家，或是随访回来的路上，看到路两边整齐的绿化树，看到小广场上盛开的蔷薇，特别是看到一家一户门前亮起来的灯盏时，心里都有说不出的感动。天一点点黑下来了，家家门前都亮起了温黄的灯火。去年村里出钱，给每户村民的门头上统一安装了路灯，在给他家安装的时候，他一直站在边上看，看着看着，眼泪就流下来了。

（选自《人民文学》2020 年第 7 期，有改动）

毛 眉

中国作家协会会员，出版散文、报告文学作品20余部，代表作有《远方的风景》《走啊走，走到云之南》《家住天山北坡》《忧愁的哲学寻找》等。曾获《人民日报》《光明日报》征文优秀奖、第二届西部文学奖、第五届天山文艺奖、第三届《中国作家》“灯都古镇杯”报告文学奖等。

和田纪行

2019年秋。

舷窗外，平铺的城市，星罗棋布的交通。俯瞰的视野，让这个世界变得梦幻、魔幻。

从飞机上看一眼布局，占干旱总面积4%的南疆绿洲，集中了90%以上的人口，这提心吊胆的比例，注定了它是一首稀缺的“土地之歌”。

穿过泛黄的云层，和田，新疆地图上那个最边缘的城市，到了。

降落，切换成人间视野。穿行在芬芳而发酵的绿洲，和田不断改换着土地的言说主体，一会儿是小麦，一会儿是葡萄，一会儿是沙丘与草原，一会儿是河边与牧场，一会儿是果园与养蜂……

一路上感知绿洲的曼妙，感知大自然正确的排列：果子的单词组成了果树，果树的单词组成了果园，果园的单词组成了绿洲，绿洲的单词组成了南疆。这些大自然的字母，有待我怀着对新疆美学的热忱，去连贯地表达，去赤诚地歌吟，因为，这景色是我们存身的世界。

这片深广的土地，创造过、辉煌过、悲怆过的民众，在苦乐之间，延续着生生不已的生活。门前永远有树林、河流、木栅栏，每样事物都使你想到它的永恒与短暂。我就这样深入到绿洲 9 月的丰盈中，与众多的果实滚在一起，被甜蜜地安慰，像那个钻进葡萄园偷吃的狐狸，卧在栅栏的绿荫下，等待着消化。

一个民族的素质提高，一要摆脱贫困，二要发展教育，三要普及善良。我打算按照这三点启示，贯通此行。

一

对于塔克拉玛干沙漠南缘、人多地少的和田来说，最适合它的是发展劳动密集型产业，以解决农村富余劳动力的就业。

思路清晰，说起来也容易，但落点在哪里呢?

“墨玉这么多年没有产业啊，在墨玉县沙漠绿果园农产品专业合作社，1 200 个农民一下子成了产业工人，拿计件工资了，进入了现代化的生活方式了，每人每月一两千元的工资，打到银行卡里，员工越来越多地使用微信支付了，生活发生了翻天覆地的变化，在心态上有了很大的转变。”

当地干部这样感叹。据说 2012 年还是个注册资金 150 万，员工 80 人的干果加工销售合作社，到了 2018 年，得到政府划拨的 60 亩土地，扶持资金 1 360 万元，自筹 900 万元，新建了 9 座厂房，筛选、清洗、烘干、加工、冷藏、分级，将“枣夹核桃”特色产品定点销往全国。

一个叫如克耶木的女孩，带着我们参观。

“厂房谁盖的?”

“政府。这个新厂才搬过来 3 个月多，一下子就把员工扩展到 1 000 多人，厂子所有的流程到最后就是枣夹核桃，最大的市场在上海，每公斤批发价 50 多到 60 块钱，因为是订单生产，基本上没有存货。”

“原材料能跟上吗?”

她笑了，“和田有的是枣。从现在开始就是销售核桃的季节，每天都有货。”

原来，南疆农民的主要收入来源是核桃，有的村庄 1 200 多亩土地中，

900 亩种的是核桃，厂子每年以保底价收购村民的红枣、核桃，像这种林果合作社，串起的是林果业的上下游，将本地资源优势朝产业链条化发展。

女工们成行成列，在用一种手持机器砸核桃。砸核桃的声音，带着欢腾的意味，所有的果实都不是静谧的，而是欢腾的，生命的期待、季节的节律，都在这里回响。

如克耶木说："我们都是手工砸，机器会砸碎。"她的手受伤了，揣在怀里。我问："是砸核桃砸到手了吗?"

她噗嗤一笑说："不是的不是的，我们这里没人犯那样的错误。给我老公做饭的时候，被油溅的。"

我停下来问一个女工："你叫什么名字?"

"古丽胡玛·买买提彩丽。我丈夫以前开货车，车祸受伤，我才来到厂子里上班，一天能砸 500 公斤，每月能拿到 3 000 块钱。"

我问："自己挣钱和老公挣钱有什么区别吗?"

她一听，眼睛里有了神采，"自己挣钱养家比老公挣钱养家还高兴。"

"挣了钱有啥心愿?"

"只有一个女儿在读高中，她读到哪，我就把她供到哪。"

随着流程来到下一个车间，女工们把刚才砸开的核桃仁捡出来，放在面前的彩色塑料盆里，按公斤算，"手快的老员工一天能捡 20 ~ 30 公斤左右，能赚 100 多块钱呢。"如克耶木一指，"这个 78 岁的奶奶，是我们最老的员工，别人都坐小圆凳，给她带靠背的椅子，她背不好，但精神好，每月能有 1 100 ~ 1 200 的工资。"

老奶奶见大家对她表示出了好奇，就豪气地回答："我有儿子、媳妇，还有 3 个孙子，但我自己挣钱自己花。"

"如果现在不让你干了，愿意不?"

"政府提供了这种坐着挣钱的机会，除非倒下了，我绝不会停下来。"如克耶木把她的话翻译出来，大家一阵会意的笑。

另一个车间，女工们在做分级工作，把发黑的核桃仁当残次品捡出来，整的做枣夹核桃，碎的做麻糖，做核桃馕，做切糕，一点都不浪费。

“最简单的，核桃中间的那个皮，一公斤 60 块钱，比核桃还贵，因为从医药角度上来说，对心脏、三高病人有好处，用它泡茶。”

核桃分捡区，红枣清洗区，整个车间像坚果一样健全、不混乱，没有残渣余片，仿佛所有的人都与这个世界严密的真理联系着。

“这里是包装。我们从第一道程序开始到最后，都是手工，所以用工就特别的多，解决了大量的就业。”

我问：“你是本地人吗？”

“我家在乌鲁木齐，城市女孩，独生女，嫁过来的。”

“怎么把你娶过来的？”

“自己开车，就像旅游一样来了。”她停了一下，“嫁到这么远的沙漠边，如果不幸福，会觉得是牺牲。但现在，我是收获最大的那个。”

“为什么这么说？”

“我现在有一个 2 岁的漂亮儿子，老公在当村警，对我特别好，下面还有 3 个小叔子，公公婆婆拿我当唯一的女儿，离家只有半个小时路程……”

“你大学在哪上的？”

“新疆财经大学，在大学一次活动中认识了我老公。他在我眼里是最帅的，你看，这张照片，帅吧？他是家里的老大，有责任感，性格直爽，缘分就这么奇妙。”

“你会经常回乌鲁木齐看父母吗？”

“我妈妈说，我们不太想你，你两年回来一次就行了，哈哈，他们想让我勤俭一点。”

“你在这里是不是特别能发挥自己，有能力，会双语，大家都需要你？”

她一笑，“希望是。觉得我今天所做的事，比我往日的所作所为更好。”

“可以写你的故事吗？”

“可以呀，把我的幸福告诉全世界吧。”

进到成品展示大厅，扑鼻而来的，是红枣的清香。

“这个是枣夹核桃，枣还能夹葡萄，夹巴达木。”她顺手拿起展示厅里的一个枣夹核桃递给我，嚼出的，是和田味道。

“门口就是幼儿园，免费的，女工们在这里的午餐也是免费的。”

“ 能不能找个带孩子来上班的女工，问问她的家庭情况？”

“问吧，她叫艾迪巴买卖提，25 岁，家里 3 口人，老公是司机，女儿上幼儿园，有时干到 25 公斤，有时干到 30 公斤。”

“她来多久了？”

“3 个多月，就是扩建新厂的时候来的。”

临行与如克耶木互加微信，一眼看到她的手机里 600 多人升旗的场面，有刚才那位老婆婆，“她呀，比其他人还到的早呢。”

出了沙漠绿果园，对面的幼儿园门口，停着大片摩托车，原来女工们都是骑摩托车、带孩子来上班。

9 月正是开学季，我用一句罗曼 · 罗兰的诗，问一个黑眼珠的孩子，你究竟是谁？孩子回答，我是即将到来的日子。

二

穿过和田县巴格其镇的葡萄长廊，来到北京高级中学。布阿丽带着我们参观校园，她告诉我：“我在内地上学的时候，享受了 6 000 元的补助。我上了内初班，上了内高班，上了南京师范大学，专业是汉语言文学。”

看着这个显然已经完成了高等教育的女孩，我问：“你命运的拐点是在哪里？”

她想了想说：“应该是上内初班。在那个车站，好多家长在那送孩子，父母就哭啊，不舍得啊，我爸就鼓励我去超越他们。等我学成回来，发现跟我差不多年龄的，有的在干农活，有的在上一些普通中学，有的结婚了，我像当年爸爸鼓励我一样，鼓励弟弟去上海上学，告诉他，去远方求学，是为了更好地回家。”

她介绍着校园："2014 年之后建成使用，学费是免的，一年的住宿费是 600 元，也是免的，还有 2 000 元的助学金，每人都有，自己就花个伙食费。"她带我们去看学生宿舍，八人间的宿舍，铁床上下铺，干净整洁，1 200人就座的餐厅，洗衣服的地方有 32 台洗衣机，24 小时热水，全是北京援建。学校还开设了美术啊、音乐啊、舞蹈啊、篮球足球啊，学校在这些方面都有不错的成绩。

教室的墙上，有爱因斯坦的名言，想象力与创造力远比知识更重要；海伦凯勒的名言，世界上最可怜的人莫过于拥有一双眼睛，却没有愿景；还有各类名人名言，今天放弃了，明天不一定能得到；美好的生命应该充满期待、激情和感激；漫无目标的生活就像出海航行而没有指南针；道路，引申为，事物运动变化的规律或人们必须遵循的，社会规则的准则；"德者，得也"……

走廊被布置成名画鉴赏廊，有毕加索《哭泣的女人》、列兵《伏尔加河上的纤夫》、凡高《向日葵》、达·芬奇《蒙娜丽莎》、徐悲鸿的马、齐白石的虾……还有学生的素描，以及社会主义核心价值观，学习园地。

布阿丽说："我在外学习了 8 年，看事情的角度，对待事情的态度就跟他们不一样，内地老师非常好，真的，不是夸，实实在在的好，就觉得教育改变了命运。当我会质疑一件事情的时候，其实就是学会了反思，获得了成长。"

"举个例子？"

"就说学习习惯吧，我周围一些学生好像是死学习，不会融会贯通，觉得只要看书，就一定能学会。其实这是浪费时间，不掌握方法。再比如，我的工资，除了生活费、交通费等我每月要存 2 000 块钱，不会没有计划。我见过一个女孩，她会化掉今天身上所有的钱，明天再说明天的话。这是一种逃避的态度，但最后唯一能逃避的，只是逃避本身，并不会创造明天。"

她给了我一个倒果为因的问题：受教育的目的是，你曾为哪件重要的事情改变过自己的想法吗？

教育家们说：教育的本质是一棵树摇动另一棵树，一朵云推动另一朵云，一个灵魂召唤另一个灵魂。2018 年 9 月 1 日，和田市北京海淀小学在国歌声中，举行了开学典礼。这个北京市援疆项目之一、只有 9 个月建校史的新校园里，和田的小学生们体验到很多新的事物。

校长刘全华开学第一天和他在北京时一样，在校门口迎接孩子们。孩子们鱼贯而入，没一个理他。第二天，他又站到校门口，对 1 000 多个孩子挨个地教，“见到老师要主动问好”，坚持了一周，这是他从培养“十个好习惯”入手的实践。

他说起办学目标：“培养快乐自信的阳光少年，我们学校全民健身，身体健康可以说是第一位的。特别在基础教育阶段小学阶段，我们奉行身体健康。生命安全第一，第二是做人，第三再说做事、再说学习。在这个基础上我们提出养成教育，从点滴小事、良好的习惯做起，如生活习惯、学习习惯、为人处事等方面的习惯。我们尽可能给孩子们创造走出去的机会，今年的 5 月 11 号到 18 号，选派了 20 名孩子到首都师范大学实验小学游学一周，其中 12 个维吾尔族、8 个汉族，进北京小伙伴的课堂，北京小伙伴的家长负责接待，吃住在人家，真正学习生活了一周。”

谁都知道，这种做法，对孩子一生影响深远。

刘校长也是从小家庭贫苦，父母省吃俭用地供他读书，让成绩优异的他选择了师范，选择了早一点分担。

他介绍说：“北京援疆小学，是按照北京的格局设置的，就是想要边疆的孩子也体会到首都的教育资源。”

三

在沙漠里，冷不丁站起一个团结新村，近乎浪漫，却有着一个很现实的由头。和田市农民的人均耕地半亩，加之城市发展，失地农民越来越多。2014 年和田市委、市政府探索在沙漠建设新型城镇化的民生工程，当年建设，当年迁入，当年收获。千年沙漠，一朝成为新农村建设样本。

站在村委会崭新的楼顶，东边，十几台推土机正推着高大的沙丘。54 岁的团结新村党支部书记朱德荣，豪迈溢于言表：“一年前，我们脚下全是那样的沙丘，我们在地上睡了一年，方便面吃了一年，把沙包推平，现在 212 户居民入住了。你坐飞机会看到沙丘中间的一排绿，就是我们团结新村，上了中央 7 套，他们说，老朱，你厉害啊，外国人都在看你呢……”

他顿一顿，继续说道：“在这个地方工作，付出的太多太多了。”

沙漠，是一面最沉闷的鼓，他们击打着这面最沉闷的鼓。这片沙漠，早已存在了千年，对所有人都曾是禁区，但他们在沙漠中站定，用双脚插入流沙，直到触及坚硬的底层，对此，我们称之为现实。任何人对于现实的进攻无不是强攻。

柏油路两边，每户“新家”88 平方米，院落 436 平方米，平整的地砖，平整的菜地，侧边的牛圈羊圈牲畜棚圈是 77 平方米，水、电、天然气配套齐全，再旁边是政府分的蔬菜大棚，一排排的日光大棚，在阳光下反射着光。一户一户新邻居，像一株一株被分开的青草，带着自己的露珠。

“讲个笑话，和田人多地少，没地方种蔬菜，有钱人吃菜，没钱人吃肉。团结新村在沙漠上做大棚，既解决了人口安置，也力争成为和田乃至南疆蔬菜主要生产基地。一开始就想发展嵌入式的新型民族关系，从全市 7 个乡镇搬来的居民，民族比例各占 50%，相邻而居，寓意就是一帮一，住宅和大棚都是这样嵌入式的。前院后院互相帮个忙，你教我种植，我教你养殖。以前维吾尔农民对蔬菜大棚一窍不通，就比画着，向汉族邻居学习插秧、吊秧、疏果、采摘，蔬菜大棚搞得红火起来。等到黄瓜辣椒收了，你炒个大盘鸡，我做一锅手抓饭。”

他喜欢钻大棚，说每次进到大棚，蔬菜都是不一样的成色，西红柿一天天泛红。

有爱，有期待，这，本来就是最好的生活模式。

然后晚上去入户。一个 9 岁的娃娃，一见他去了就到鸡窝里看下蛋了没，捡出来煮上。孩子问：“书记爸爸，你有几个老婆呀？”院子里就响起一阵惬意的笑声。

朱德荣的父母从江苏支边而来，记忆中的妈妈晚上总是有做不完的鞋子，用苦菜包包子，吃窝窝头，麸皮面条，那种面条没劲，放学的路上捡沙枣，背一包回来。5 块钱的一个网套，因为兄弟姐妹们多拉来拉去，中间就拉个洞。他感叹道：“现在去入户，人家没睡过的新被子，拿出来给我睡。”

艰难中父母早早没了，他带着弟弟妹妹，更为艰难地度日。“从小跟维吾尔族孩子一块玩大，他们的生活方式与思维方式都了解，都理解。对我工作帮助最大的是民汉两语互通，不沟通基层工作就推不开，民族团结就做不了，你让他们看红头文件也看不懂，我说的好话还以为是骂你。我在升旗后宣讲，村民说，这个书记厉害啊，还会说汉语，哈哈。”

他常常一脚油门，把一个生病的维吾尔老人送到医院去，儿子问，谁把你送来的？老爹说，一个会说维吾尔语的汉族人，“一麻袋钱也不会把你送到医院去，这就是民族团结呀。”

牛群在牛棚里，羊群在羊圈里，每颗褐皮蛋上面都有一只母鸡，生活在它后面简单地继续着。

“刚种下的白杨树是 1.2 米，5 年之后，已经 10 米高了，我们种的是黑杨和柳树，柳树 100 年不浇水也死不了。”

朱德荣像熟悉村民一样熟悉村庄周围的树种。

和田被很多永恒的事物围绕着，沙漠，沧海桑田，滋生出它独特的生存，但发生的变化又这么崭新。大自然以它伟大的安宁，无穷尽的生命，使大地成为敞开的作品，使作品成为敞开的大地。我能不能以文化阐述的方式去写和田呢？那里，有着真实的例子、真实的人物、真实的名字、真实的村庄。

我想象着，另一座新居在沙漠的肋骨间，被妆扮起来，我和诸多亮起的窗户说话，他们说什么，我就说什么。

四

在和田县拉依喀乡巴什拉依喀村，只用了 50 余天，一片空地变戏法一样变成村民们啧啧称奇的火车头餐饮广场。今年 57 岁的中国铁路乌鲁木齐局集团有限公司的访惠聚队长、第一书记玉素朴卡德尔说：“火车头广场，是我们把报废的火车车厢运过来，把车厢开发为餐饮夜市。”

我看到车身上“北京到和田”的字样。

“乡里的 3 个村，有 3 个这样的火车头广场。村里 60 岁以上的人都没出去过，火车是他们难以想象的远方，让他们来感受一下。各村的文艺小分队每天来表演，乡村夜市也有了城市一样的惬意时光，效果出乎意料的好。”

我被一个铁路元素的雕塑吸引了，近看，是 3 个齿轮卡在一起，意在 3 个离不开，“是我们的职工，用铁路上的配件，手工做了 6 万多只零件，铆啊钉啊，拼接起来，捐赠给我们的，那边还有把淘汰的机车组装起来的雕塑”。

一转眼，还有转马、淘气堡、蹦蹦床，孩子们天天日落时分在这里度过一个愉快的童年。

广场上，姑娘们有穿艾德莱斯，有穿时尚 T 恤、牛仔裤，戴着发卡，扎着马扎，跳现代舞，也跳麦西来普。

一位老太太说，我今年 74 岁了，以前常在家感到无聊，现在每天到这来看年轻人跳舞，跟大家说说笑笑，感觉生活越来越有趣了。

我经过翻译才懂她的语言，但不用翻译就懂她的状态，忽然明白了广场为什么这么受欢迎。之前听说和田人有 3 个离不开：一是馕，每日必须，至今不变；二是毛驴车，已被电瓶车、摩托车、三轮车、小轿车替代了；三是苏帕，让一家人济济一堂的苏帕，因年轻人多出门务工，渐渐冷清下来，老人家们就把家门口的广场，当成自家扩大的苏帕，每日来这里见一见街坊，听一听乐舞，广场变得人气十足。

我问漂亮的祖力皮亚副乡长：“那个领舞的维吾尔女孩，跳得很奔放、很有感染力，她叫什么？”

“麦尔哈巴，21 岁，是村妇女主任。”

麦尔哈巴羞涩地回应我的一连串好奇，“平时的工作？就是解决妇女的一些困难诉求呀，妇女素质提升呀这些事情，像这种广场舞，就是素质提升的一个活动，白天挣钱，晚上跳舞，漂亮的脸蛋露出来，长长的头发飘起来。”

我悄悄牵着一个维吾尔族姑娘，来到树下，说一些絮语。

“我今年 20 岁，有一个孩子，”她不算流利地表达着，“这两三年的变化给了我舒服的感觉，大男子主义不舒服。我在附近一个核桃厂打零工，一天 80 块钱，等孩子满 3 岁送到免费幼儿园，就可以出去打工，等挣钱了，开个美容店。”

她的脸上有一种光，那是对于前途的期颐。

祖副乡长说：“我们乡的妇女外出就业工作开展得很好，这项工作最好的一个事情就是，让妇女的地位提升了。以前维吾尔女人在家里，男人怎么说她就怎么干，要是男人不要她了的话，就没着落了，但现在，男人不敢随便欺负她了，每个村都有妇女工作部，会做一些心理疏导工作。”

“以前你们也知道，受极端思想感染，女人消失了自己的地位，变成了家庭固定资产，什么权利都没有。其实，妇女受宗教思想压迫，受丈夫压迫，是最底层的，如果说男人感染了这个极端思想，他首先回去第一个是压迫他的老婆，老婆又影响到孩子，一个家庭就完蛋了。现在她们遇到什么困难，感觉老公在外面有点事呢，都会到妇女工作部来，我们把最底层的妇女解放出来了，是不是一件很有成就感的事情？”

祖副乡长一身白裙，带着维吾尔美女特有的惊艳，上了火车头广场的舞台，“下面，是我们民间艺人带来的精彩节目。”

一位中年民间艺人，献上一首《遇到你是我的缘》。她台风正，情感饱满，不注意听不出稍稍别扭的发音，我赞叹：“唱得真好。”她讲起了与这位民间艺人相遇结缘的故事。

“我跟她结亲一年多了，经常去她家住亲戚，听见她老是一声声地叹气，问也不说，就觉得心里有事，我们一边做饭我就一边唱歌。”说着，她哼唱起来，灵动的音符一下子就抓住了我，“真好听，这歌叫什么名字？”

“就是《西游记》里的《天竺少女》。结果发现，呀，她比我唱的还好呢，不但能唱，而且能弹，但她根本不敢在别人跟前亮开嗓子，那些受极端思想感染的人会讥讽她，整个周围环境都不允许她放飞自己。我就对她老公说，为啥不让唱？为啥不让跳？就与他们两口子坐在一起自娱自乐。我选了几首汉语歌曲，写上维吾尔语歌词给她，她说，你不要折腾我了，我不会唱汉语歌曲，我都 52 岁了。我说，用唱歌的方式学汉语，学得快。”

其实那时，她的喉咙里憋着一句泰戈尔的诗：我要唱的歌还没有唱出，每日里我都在调理着弦索，时间还没有到来，歌词也未曾填好，只有愿望的痛苦在我心中。花蕊还未开放，只有风从旁叹息走过。

“她自己选了汉语歌曲《遇到你是我的缘》，在妇女之家第一次唱的时候，唱得很奔放，把那种压抑完全给释放掉了，所有的人都站起来鼓掌，我却哭了。”

“她叫什么名字？”

“买热木尼沙汗。”

我在台下，仿佛低矮地站在花丛，看那漫山遍野的玫红、蓝紫、橙黄，如此芳香烂漫地盛开。

带着被鼓舞的心帆，我们去往拉依卡乡的库木艾日克村委会。街头的平常景象，越是平常越是深刻，是地域文化的深刻投影，小镇十字路口的街市上，西瓜、甜瓜、水果、烤包子，成行成列，身穿着艾德莱斯的婚纱照里，新娘宛若国际明星般耀眼。

库木艾日克村村委会，这个由中国铁路乌鲁木齐局集团有限公司资助的村委会大楼，刚刚投入使用一个月，其中的妇女工作部，设置成一站式服务，桌子、椅子、设施配备都很好。围绕妇女还组织了托儿、医疗，以及心理咨询。

祖副乡长说："我是自治区优秀草根宣讲员，就是做群众思想教育，做思想工作不易。以前女人就在家里待着啊，一待就是几千年。去年开始，我们帮助她们去内地就业，我对她们说，我的世界是在北京4年上大学时打开的，你也去看一看，见一见世面。她们担心孩子，但我们的幼儿园是免费的，让她们出去挣钱，这么好的事情，第2天又不去了。"

最难的事情就是让一个人改变自己的想法，让她承认或许自己错了？或许其他人的观点是正确的？最终，那些改变了自己想法的妇女，得到了最多，一扇大门对她打开了。

"一个叫阿依古丽的，出去后给我来电话，不停地哭鼻子，说当时太折腾你了，不理解你，我32岁了，没权利在家里花100块钱，现在，第一个月就拿到了3 500块钱，在山东一个玩具企业，已经半年了，再叫她回来，她说，我这个能力回去的话，哪里有能挣3 500块钱的地方啊。因为挣钱多，丈夫也不想让她回来了。"

"还有一个妇女来找我说，男人在外面有女人了，要离婚。我跟她说，你第一时间考虑自己挣钱，经济独立了，家庭地位肯定会有变化。她出去摘了三四个月的棉花，挣了2万块钱回来，我问，你男人呢，她说，当天就把我从娘家带走了，哈哈。"

我想起著名的三问："还在穴居时期，女人们会问男人三个问题：要去哪儿？什么时候回来？还爱我吗？"

今天，这些身穿艾德莱斯的姑娘，采红枣、砸核桃，还是会发出这样的三问。但她们渐渐有力的手，攥住了自己的生活。

我们在墨玉县时，见到宣传部长阿布迪里拜尔，他最先谈到的也是妇女工作，"以前妇女被边缘化，她自己就认为该为老公服务，养孩子、种地、干家务，被视为财产，压制在最底层，一个三四个孩子的母亲，花5块钱的权利都没有。现在呢，一旦周围的社会变得开放，她们就能走出家庭，走进工厂，开始挣钱了，更多地参与经济，参与新的生活了。以前受到极端思想影响，妇女出个门，不化妆不打扮。现在，她送孩子上学后，收拾完房子收拾自己，家里有了化妆台，有了衣柜，她的精神气就不一样了，成为脱贫攻坚的主力了。你看，”他打开手机里的照片，“这个村，你都想象不到，有妇女工程队，抹墙的、砌墙的、电焊工、喷漆、用扳手的、用电锯的，那场面，不得了，焕然一新，一个月有 2 000、3 000 元的收入。”

我指着其中一张照片，“像这个女工，她的老公在干什么？”“在其他工厂。”

“不会老公反而在家里不干活了吧？”

“以前待在家里没事干的人，现在没有了。不能靠着墙根晒太阳，等着小康送上门。你看，这家的女主人是我的亲戚，我第 1 次见她是这个样子，很木讷，低眉顺眼，她是文盲，文盲的话很容易受到极端思想的侵害，现在，她是这个样子，改变就是这样发生的。”

我们继续去看一个美丽庭院。这个老太太，因为宅基地让给了村民广场，政府给他们 6 户人家新建了占地 1 亩的房子。墙上贴着以前的老照片，阳光从屋顶的苇子漏下来的破败情形。

老婆婆拉着祖副乡长的手，我听到来自她的一句句翻译：“我年轻的时候不挣钱，没地方挣钱，过一天算一天，不考虑晚年的生活，现在我老了，政府给了那么好的房子 。”

我感谢她的接待，她说，房子不用来待客，就是坟墓。

路边，一片红枣树的品种被矮化了，另一边的核桃树品种也被矮化，因为土地珍贵，密集的树木会导致下面的土地无法套种……

我希望多写下一个男人的名字，多写下一个女人改变的故事。这是一个个新的故事，是一个人逐渐再生的故事，逐渐从一个世界进入另一个世界的故事，一个我刚刚知道的现实故事。

（选自《西部》2020 年第 4 期，有改动）

周　习

原名周翠华，山东寿光人，1970年生。潍坊市作协副主席，寿光市作协主席，寿光市拔尖人才。著有长篇小说《婚姻危机》《少男少女》《土窑》，散文集《心绿》等。《婚姻危机》获得潍坊市精品工程奖，《少男少女》获冰心儿童图书奖、山东泰山文艺奖。

行走乌蒙

寻找滇藏木兰

30年前的一个春天，新华社贵州分社记者刘子富，突发奇想，要到乌蒙山去寻找一种叫滇藏木兰的花。那时候的乌蒙山毕节地区赫章县的路全是盘山公路，像面盆那么大的鹅卵石到处都是。北京吉普不时得从河槽当中涉水而过。海雀村与古夜郎国遗址仅一山之隔，早上8点钟开车从贵阳出发，中午才能到达海雀村。刘子富和同来的人在村外的大路旁找到了一棵看上去有20多米高的滇藏木兰，树皮光溜溜的泛着墨绿色的光泽，树上开满了花，远看像一朵朵的白莲，近看每朵花有10多个花瓣，像一只只翩翩起舞的蝴蝶。刘子富拿着相机从不同角度拍了很多满意的照片……他正要返程，但凭着一个记者的职业敏感，对这个掩映在密林深处寂静的村子产生了兴趣，想走进去看个究竟。

刘子富走访的第一家是罗启朝的家，罗启朝是彝族。他们家住的是杈杈房，杈杈房是竹木结构的草顶房，其实就是一种原生态的茅草房。这个村里大多数人家住的房子都是这样。刘子富看后心里五味杂陈，他迫切想知道村民们家里到底是什么样子的，看看他们还有多少粮食。走进罗启朝的家里，楼下堂屋里关着牛、马，臭气熏天。在小阁楼上，他看到几只竹片编的灯笼，被烟熏得乌黑。由于没有灯，光线昏暗，刘子富把手电打开，才勉强看清那个灯笼底下只剩 27 个像鸽子蛋那么大小的土豆。刘子富问，为什么不吃？罗启朝的妻子说舍不得吃，是留着做种子的。刘子富就奇怪，就剩这么点了，苞谷、大米都没有，他们一家到底吃什么？堂屋的中间烧了一堆柴火，柴火上面架有一个土陶的砂锅，他掀开锅盖一看，锅里煮的是一锅野菜，里面掺杂有很少一点玉米面，贵州叫苞谷面，这就是他家吃的东西。刘子富眼睛一下子湿润了，他知道这叫窝饭。罗启朝没在家，他的妻子告诉刘子富，罗启朝去亲戚家借粮了，去了 3 天，不知道借到没有，还没回来。

刘子富从罗启朝家出来径直走到了第二家，女主人叫王朝珍，苗族。她留给刘子富的印象太深了，当柴门拉开的一瞬间，她就站在堂屋中间一动不动，双手抱在胸前。原来王朝珍长这么大从来没有穿过鞋，身上的衣服也破烂成条，现在客人来了，她一步也不敢挪动，怕一走动，衣物不能遮羞。她长叹一声，说，一条裙子穿 3 年，春夏秋冬都是它，赤条条的，不好意思见人。

第三户是安美珍老大娘家，她家里有 4 口人，只有 3 个碗，粮食都没有了，终年不见油腥，一年累计 3 个月缺盐，并且已经断粮 5 天了。再看她家的那个床，就是木头架子搭起来的，上面有一个铺盖，像现在汽修厂的抹布。棉被像渔网，又黑又烂又破。但她对刘子富说，党和政府对我们很好，很关心我们，都怪我们自己没出息。

当时海雀村的村党支部书记文朝荣和小伙子王学方，陪着刘子富走了一家又一家，一共转了 11 户人家，3 个自然寨，几乎家家户户的状况都在一个水平线上。

看到刘子富为村民的境遇而忧心，文朝荣说，刘记者，你放心，共产党领导绝不会饿死一个人！

刘子富被这句话震撼了，觉得村里已经困难到这个程度了，党支部书记还这么自信共产党领导不会饿死一个人，共产党的基层干部不简单。刘子富了解到：春节过后村里就发放救济粮，但发的数量有限，那个时候国库粮也不多，到他去为止，当地政府已经4次发放救济粮。文朝荣一次都没要，把指标全让给了王朝珍、安美珍这些困难的人家。刘子富盯着文朝荣问，你也是这个地方的农民，也没有工资拿的，你也有妻子儿女，怎么养家糊口？原来文朝荣把自家的牛拉到自由市场上卖了。对于农民而言，牛是命根子，但为了救命活命，他不舍得也得舍得。他把卖牛的钱用来买苞谷，然后磨成粉，自家留一小部分，更多的送给了那些困难户……刘子富很感慨，这充分体现了共产党员是人民的主心骨，先人后己，困难留给自己，把利益让给别人的高风亮节。于是后来他写了一篇公开的报道，叫《彝族共产党员文朝荣四让救济粮指标》，《人民日报》加了一个短评“困难出孝子、国难显忠诚”发表了。

走完贫困户以后，刘子富习惯地想去看看村里学校的情况。那个时候，上山的路很难走，尤其是下雨天，得扶着路边的树才能走上去，摔跤那是常有的事。上山难，下山更难。山脚下的学校校舍是土垒起来的房子，破破烂烂，属于危房。屋顶一个窟窿连着一个窟窿，到了下雨天根本没办法上课。教室的地面是“千脚泥”，课桌椅子都是由石头和木板组合的。刘子富看了十分心酸。这里只有5个孩子在上课，一至三年级的都有，复式班。只有一个女教师，30多岁年纪。

刘子富从海雀来到了区工所。区工所有手摇电话，刘子富拨通赫章县委办公室，说有重要情况跟县委书记报告。然后他便马不停蹄地赶往那里。

早上天刚蒙蒙亮离开，晚上快9点了才到县委。刘子富采访很讲究真实的材料和证据，临走的时候就用新华社的稿纸，包了一包农民吃的野菜，装在帆布挎包里。县委书记是个北方干部，叫王国南，那天他正主持会议，乡镇干部全部在县委会议上，刘子富把看见的情况如实地汇报给县委书记听。县委书记也是农村工作出来的，他听后心情很沉重。县委书记要求各乡镇的书记如实地汇报，存在这种状况的一共有多少户多少人，一个乡镇一个乡镇地报。最后会计核算出全县共有 12 000 多户，63 000 多人缺粮或者即将断粮。刘子富回到招待所，翻来覆去睡不着，他想如果把这种情况报道出去，就是和当时改革成果唱反调，可能会惹来麻烦，搞不好还会连累家人。但他从小就生长在农村，母亲就曾经挨过饿，那时的刘子富已经读中学了，对往事记忆犹新。经过激烈的思想斗争，刘子富最后还是说服了自己，他想，作为一名有良知的记者，要敢于讲真话。

刘子富当晚趴在桌子上写文稿，全部是介绍，没有一点夸张和虚构，1 920 字，一口气写完。刘子富的内心斗争很激烈，这么重要的消息，如果层层把关，到不了中央，说不定分社就压下来，因为太尖锐了。他考虑如果走很多程序，一个是慢，另外说不定发不出来，应该直接发到新华总社。于是第二天早上 6 点钟，他就跑到邮电局敲门，说有电报要发。当时刘子富一个月的工资是 42. 5 元，发那封电报的费用刚刚是他一个月的工资。最后新华社以最快的速度把他的稿子直接发给了中央。

当时中央政治局委员、中央书记处书记习仲勋，立即做了批示：有这样好的人民，又过着这样贫困的生活，不埋怨党和国家，反而责怪自己不争气。这是对我们这些官僚主义者一个严重的警告！请省委对这个地区，有计划有步骤地扎扎实实地改变这种面貌。

1985 年 6 月 2 日，明传电报很快传到省委办公厅，时任贵州省委书记朱厚泽连夜召开会议，传达习仲勋的批示。刘子富正在威宁县与县委书记国厚方座谈，突然间接到电话，对方说，刘记者，省委办公厅叫你马上过去，有重要会议参加。县里把刘子富从威宁送到水城，坐昆明的特快列车赶到贵阳。

贵州分社的老社长和刘子富一起参加省里的紧急会议，路上老社长表情凝重，一言不发。刘子富安慰社长说，社长，你不要担心，这个稿子没有经过分社，有事我来担，如果坐监狱顶多 3 年我就会出来……

刘子富说，平时的省委书记胡锦涛没那么严肃，可是那天一进省委常委会议室就感觉气氛压抑而紧张，省委书记严肃地说，小刘，你先汇报，给你半个多小时时间，然后你们退席，我们工作。刘子富什么也没准备，就完全凭他的所见所闻，向参会人员做了说明。讲完了，他就跟社长准备退席，恰好这时省政府办公厅的秘书长刘怀德说了一句话，他像是有意说给刘子富听的。他说，省委、省政府派了省政府副秘书长，带了一个工作队，星夜兼程赶到刘子富走过的地方，前方的情况反馈回来了，情况属实。说完他意味深长地看了刘子富一眼。

会后省委立即组织了 8 个工作组，贵阳除外，省委书记、省长带队分赴各地，调查生活贫困问题，组织生产救灾，然后发放救济粮。时任贵州省委书记胡锦涛到赫章县视察调研之后，亲自倡导并报经国务院批准建立了毕节试验区。1988 年 6 月，毕节市试验区正式设立。习仲勋这篇批示是中国拉开大规模有组织、有计划扶贫的序幕，吹响了扶贫的号角。

这些是时隔 30 年后的 2017 年 10 月的一天，在贵阳一家离新华社很近的酒店里，我采访刘社长时得知的。

西部大开发也是贯彻邓小平关于中国现代化建设“两个大局”战略思想的重大战略部署。一个大局是沿海地区加快对外开放，较快地先发展起来；另一个大局是，当沿海地区发展到一定时期，要拿出更多的力量帮助中西部地区加快发展，东部沿海地区也要服从这个大局。

而且早在 20 世纪 50 年代，毛泽东同志就在《论十大关系》中强调，要处理好沿海工业和内地工业的关系。他说中国全部轻工业和重工业，约 70% 在沿海，只有 30% 在内地。这是历史上形成的一种不合理的状况。沿海的工业基地必须充分利用，但是为了平衡工业发展的布局，内地工业必须大力发展……

刘子富说，2014 年北京“两会”期间，习近平到贵州代表团来讨论的时候，就带着当年父亲的批示向贵州代表团的同志讲了这件事，可以看出我们党一贯关注贫困问题，中国的减贫措施在世界减贫史上是独一无二的，做出了巨大贡献。开发扶贫生态建设试验区，从走过来的路看，它对解决中国的生态、人口、经济发展问题具有前瞻性、科学性。走出一条可行的道路，不仅对中国西部地区，我觉得对第三世界、不发达的国家都有借鉴意义。今天的毕节试验区和当年我去的时候比，发生了天翻地覆的变化，回过头看，共产党了不起，人民了不起，社会主义制度的优越性了不起……

到乌蒙山去

我之所以踏上贵州这片神奇的土地，是中国国土资源作协派我到乌蒙山片区采访国土资源部精准扶贫一事。

乌蒙山由三支东北—西南走向的山脉组成，地势东北低西南高，平均海拔 2 400 米左右，群山起伏，峡谷深陷，山中有山，峰外有峰，逶迤连绵。扶贫所谓的乌蒙山集中连片特殊困难地区，行政区划包括云南、贵州、四川三省毗邻的 38 个县市区，乌蒙山腹地毕节地区是贵州国家级贫困县集中的地方，是典型的“喀斯特王国”，是精准扶贫、消灭贫困的主战场。毕节的大方县、织金县、赫章县、纳雍县、威宁县，六盘水的盘县、水城县、六枝江特区，还有遵义市的正安县、习水县、道真县、务川县等都是国家级贫困县。云南的昭通市、曲靖市都属于乌蒙山，四川大凉山地区个别县市也属于乌蒙山余脉，总面积有 400 多平方公里，聚集了汉、苗、彝、回、布依、仡佬、蒙古等 37 个民族。“红军不怕远征难，万水千山只等闲。五岭逶迤腾细浪，乌蒙磅礴走泥丸。”毛泽东的诗句让乌蒙山气势不凡，享誉世界。

夜郎国是我国古代文明的一个体现，是一个神秘之国，夜郎文化具有唯一性。贵州赫章可乐遗址，从 20 世纪 50 年代开始到现在，先后 3 次被发掘，尤其是 2000 年秋，贵州省文物考古所在可乐发掘夜郎 100 座墓葬，出土文物 500 多件，当年被评为全国考古十大发现。可乐是夜郎国鼎盛时期的政治中心，是夜郎国的重镇，也是汉朝控制西南夷的重要据点，是少数民族和汉族融合的见证。可乐地处滇、黔边界，交通发达，也可能是西南丝绸之路的必经之地。

可乐乡彝族人口最多，据说彝族最先进入这里，后来成为彝族、苗族、布依族等少数民族杂居地。赫章县通过古遗址的发掘，中华文明会提前很多年，这是夜郎国对我们中华文明的贡献。

对于夜郎国，史料记载众说纷纭。有的说夜郎国不是一个弹丸之地，是在汉朝才发现的，是我国西南地区最大的一个国家。这种说法到现在还存在争议。但因为“夜郎自大”的成语，它存活在现代人的心中。彝族传说中，夜郎兴起于夏朝，历经武米夜郎、洛举夜郎、撒骂夜郎、金竹夜郎四个朝代。金竹夜郎是夜郎国有史以来最强盛的时期，也可能是由奴隶社会向封建社会过渡的时期。就是这样一个富有传奇色彩的地方，依旧是全国最贫穷的地方。

这次贵州省国土资源厅派到毕节市赫章县的精准扶贫干部都是单位上的骨干，在这个特殊的时段，他们被挑选出来，离开原来熟悉的环境、熟悉的业务，服从祖国的需要，来到最偏僻最穷困的地方扶贫，这是对他们智力毅力能力的检验，他们将接受组织的考验，大自然的考验。

七支队是我对贵州省国土资源厅派到毕节市赫章县同步小康驻村工作队的称呼，是贵州省国土资源厅扶贫攻坚的主力部队。

从 2016 年开始，贵州省国土资源厅派出 7 位综合素质好、事业心强、敢于担当、作风扎实、能干事会干事的优秀干部，驻村帮扶。临来前，在省政府 5 号楼 535 会议室举办培训。贵州省国土资源厅办公室副主任陈宗利、厅行业处主任科员陈伟亮、省规划院高级工程师冉文瑞、省土地矿产储备局技术部副部长马熊、省第一测绘院分院长蔡湛、省第二测绘院工程师袁方芳、省第三测绘院工程师罗大山。他们分别在双坪乡福来厂村、红卫村、兴发村、岔河村和可乐彝族苗族乡的春乐村、矿山村和营脚村 7 个村子帮扶。

在赫章县国土资源局五楼的大会议室里，我见到了 7 位第一书记。这 7 个人里，陈宗利是队长，他以厅里的身份挂职县委常委、副县长，任福来厂村驻村干部，福来厂村第一书记由赫章县国土资源局的徐侃承担，他是唯一的赫章本地人。我说明了来意，他们见我说话真诚，话匣子也打开了。他们说起了驻村的酸甜苦辣。刚到这里时，他们发现这 7 个村子没有互联网，移动信号达不到办公条件，部分村委属于移动信号“无服务”地区，就和贵州移动赫章分公司联系，用一天时间解决了这个问题，还给兴发小学和红卫小学安装了“和校园”系统。这里 80% 的村子没有公路，出行困难，一上午时间才走访 4 ~5 户。他们说国土资源厅执法监察局党支部全体党员干部职工和贵州交建集团等 3 家企业筹集扶贫资金 14 万元捐给福来厂村搞建设。厅里嘱咐他们要珍惜机会、精准帮扶、忠孝廉三全。和陈宗利聊起来，才知道他这一段日子生病了，却没时间住院。妻子也生病了，他们说好去重庆看病，见我们来了，便又将日期往后延了延。他拿出手机给我看他女儿的照片，他说女儿 4 岁了，只要他一回去，女儿就嚷着要爸爸带着到公园玩。是呀，在别的家庭星期天父亲领着孩子逛公园是多么正常的事情，可是对于工作队员来说那就是奢侈。

双坪乡的福来厂村就是一个普通的山村，民居散落在各个山包的脚下或者半山腰。福来厂村是国土资源厅在赫章县帮扶的重点村，是脱贫攻坚的示范基地。脱贫攻坚，国土资源政策能做什么？

陈宗利说，贵州国土资源厅大扶贫方案里面，其中有两条含金量很高的政策，一条是城乡建设用地增减挂钩政策；另一条是就地脱贫人口一人整治一亩优质耕地政策。

2017 年正月初九，陈宗利就带着工作队部分成员到黔西南的岑巩县考察华农菌草种植和能繁母猪养殖项目。第二天带领有关部门到财神镇调研高海拔地区华农菌草种植情况。

赫章种草都这么难！我们老家的田地一不留神，就荒草连天，在我的印象里草是最好成活的，可是毕节颠覆了我的这个印象。

这 7 个村子最大的困难就是缺水喝，村民靠天吃水，家里的甜水就是平日里存下来的雨水。七支队没有进村之前，这里没有一条公路，很多苗族乡亲住在山顶上，他们去得最远的地方就是镇上，过着几乎与外界隔绝的日子，个别户缺吃少穿是常有的事。陈宗利深知，村支两委是党在基层的战斗堡垒，了解村支两委和村民委员会的顺利换届情况，把一批年轻人推到第一线。

在福来厂村的村头，有一组宣传栏，第一书记们把扶贫计划和工作职责都展示在宣传栏上。陈宗利说，他们计划通过综合示范性土地整治项目完善解决村基础设施建设，通过呈现建设用地增减挂钩政策解决产业发展资金问题和美丽乡村改造问题。通过不动产确权工作，解决资源变资产的问题，积极探索矿产资源助力脱贫等国土资源改革创新发展模式。他说得那么专业，那么有信心。

我们脚下就是福来厂村的土地整理项目，土地很平整，也很松软，但上面什么也没种植。陈宗利说，去年，国土资源厅领导来到毛菇坪组实地勘察土地整治计划项目区，指出，村里几乎没有 25 度以上坡耕地，可以通过大型土地整治项目，对福来厂村及邻村约 8 000 亩土地上的山、路、林、村进行配套综合整治。

陈宗利他们通过考察发现，最首要的问题就是解决吃水问题和灌溉问题。旁边就有一组民房，楼顶上用红砖垒了水池，下雨的时候雨水积累下来，两个角上各有一根小管子将雨水引下来，流到地面砌好的水窖里。经过蓄水池沉淀过滤，然后储存起来作为长期的人和牲畜的饮用水。而整个山区农作物都是靠下雨才能够播种和生长的。

陈宗利说，2016 年 11 月，他们已经去岑巩县考察过华农菌草种植产业。已经和中华神农菌草企业联合，要把他分管的村变成种草基地。他一边走一边说，下一场大雨多好，我的草就能种上了，这种草能长到 2 米多高，草做饲料，搞养殖猪牛羊，刚冒出的芽还可以做菜，还可以涵养水源。草能多年生长，割了还继续冒，大约 10 年不需要再重新种植，经过考察是个比较好的项目。华农菌草又名金银草、狼尾草，是一种耐旱、耐涝、耐贫瘠多年生的禾本植物，是养殖的优质饲料，可以用来造纸、种植蘑菇、加工成建材等，还可以治理沙漠化、固土防沙，固坡截水。他决定在这 7 个村当中找适合种草的村子推广开。他们在村里学习“塘约道路”，实行企业加农户的大合作方式，把全村人团结在里面，共同致富。

陈宗利指向远处的一栋楼房，楼房全是木质的红格子门窗，他问，这种格式你们看行不行？我说，还很好看。在民房改造上，他想重新设计一下，把上边补助的房款一部分用在外部，剩余部分改造一下室内的厕所、厨房，甚至给村民买上一套沙发，改变毕节村民房子“外面金光闪闪，里面阴风惨惨”的局面。原来，这几年扶贫统一标准，分到每户里的钱，把村里的房子穿衣戴帽，整修一新，统一的白墙黑瓦，徽派风格，非常漂亮，但里面却空荡荡的，没有卫生间，没有家庭用具。我想陈宗利的务实作风，领导和村民都会赞同的。

大山深处的村庄

第一书记们不建议我 7 个村都去，原因是山路太长，村子大同小异，到矿山村看看就行。于是我们就坐上汽车，沿着盘山公路跑。不一会儿就感觉到山越来越陡，遇上的人越来越少，山上的植物也越来越少，甚至有些光秃的感觉。最后，一条正在修建的路把我们引向大山深处。除了偶尔看到有几个人在修路，再也见不着人影。我们下车沿着一条土路往里走，发现一栋二层楼，再往里走，在一处略微低平的洼处，有一栋楼房，外表贴着白瓷砖，这是租赁的村委办公室。

矿山村也是这 7 个村子中地理位置最偏僻、最穷困的一个村子，说是村子，就是山腰中不时出现的几栋楼房，它们分布在不同的山上，矿山村第一书记叫袁方芳，他说在村里转一下得用半天的时间。

袁方芳的办公室，本来是一处村民的房子，村民一家都出去打工了，村委就把房子整体租过来，整修了一下，让他住。办公室空间很大，中间有一个闲置的大火炉，火炉上盖着紫色小花朵的桌布，十分好看。房间里有两张办公桌，还有几个书架，书架上放了很多档案盒。袁方芳说这都是别人赞助的，他就在这里把矿山村的贫困户都建立了档案，盛在盒子里。我随手打开盒子，看到每个贫困户的档案材料都整整齐齐地摆在里面。袁方芳拿出他的日记本，密密麻麻的小字记录了他对每户人家的访问，写出了存在的问题和特点。每次到一个地方他都记得非常详细，找了哪些人，这个人什么情况，多大年龄，家里为什么贫困，打算如何帮其改变贫困状态，写得非常详细。

我们随着他去村子里看看，这里没有华北平原村子农户密集居住的影子，农户在山上东一户、西一户地挂着，有的在山脚，有的在山腰，有的在山顶，看起来非常随意，方向也不一定坐北朝南，哪个方位方便出行，就把大门朝着哪个方向。并且他们盖一栋楼房，可以盖好几年，有时盖上一层没钱了，停住，先去挣钱，房子就那么半截撂着。选址也大胆得很，贴着悬崖就垒起来，容易有泥石流的地方也不管。当然这里风小，一年四季都在零度以上，除了冬天以外，在什么房子里住都能对付。袁方芳领着我们去最边缘的一户苗族人家，他说每次去都得走 3 个小时。

山路看起来都像“之”字形，弓起身沿着山路跟着袁方芳一直往前走，左手边有一条小路起伏不定，我们吃力地爬上去，出现了一块相对平坦的地方，建有 3 栋白瓷砖的崭新房子。袁方芳领着我们向左拐了一个弯，沿着一条小路再往上走，才到了房子跟前，一位精瘦精瘦的小伙子出来迎接我们，袁方芳说，这是 80 后的小青年，我培养的后备干部，村委班子的成员，他之前在外打过工，他非常热心集体的事情，只要有事，他就积极地干，是我的好帮手，所以把他作为培养对象，发展他成为预备党员。小伙子很长时间没出去打工了，村里修路需要人，他就一直跟着第一书记袁方芳干活。第一书记知道要想搞好扶贫工作，党建是第一位，所以培养几个有知识、有文化、有热情、有上进心的青年充实到农村班子当中来是最重要的事情。

这个小伙子把我们领到他家，他家有两栋楼房，成直角相倚相邻，其中一栋大门开着，走进去，客厅里是一圈新买的仿皮沙发。他妻子很热情，赶快拿饮料给我们喝，我们谢绝了。我们好奇地扒在锁着门的那套房子的窗子上，想看看里面有什么。隐隐约约地看到在大厅一侧堆着一堆玉米，还有很多用麻袋装的东西堆在那里，我们问这是什么，小伙子说是土豆，这里种土豆比较多。贵州地无三尺平，天无三日晴，人无三分银，如何克服地方的这些困难来让大家脱贫致富，袁方芳觉得要因地制宜。他想着搞养殖，但搞养殖就得有饲料，这里的山植被非常少，如果是养羊、养牛，他们把山上的草都吃掉怎么办？这真的是一个难题，他也想种华农菌草，但这里的山太高，温度低，不适合种植，下一步可能就考虑种树来绿化山村。袁方芳是满怀欣喜的，因为他们 7 个人就是一个集体，在一起讨论难题，集思广益，把难解的问题向上级汇报，这样他们可以获得一些比较科学的政策、方法，不至于走弯路。现在他们首先要做的是把路修好，成立合作社、恢复小学、种植养殖等问题也都要去思考。袁方芳恨不得立即干好这些事，因为他们已经驻村一年了。

我们跟着袁方芳从小伙子家出来，继续往里走。袁方芳边走边说，矿山村要摆脱贫困，最主要的是先修一条路，修一条柏油路进来，这里的人就能下山了。村民以苗族为主，他们喜欢住在山上，有的年纪大的人怎么动员也不下山，你对他讲地质灾害多么严重他也不信，又不能强迫他们，只好先把年轻人转移出去，因为这里地质灾害发生得太频繁了，他计划把他们迁到镇上集体住楼，然后给贫困户一些优惠。

现在矿山村的孩子们基本到镇上去统一学习，但很多家长向支书反映，他们希望村里恢复中心学校，这样他们把孩子送到学校后，可以去地里干农活。矿山村的支书是彝族，姓安，长得很壮，40 多岁，非常热心，一直跟着我们，他和袁方芳配合得很好。他说，我们现在就想在村里再恢复原来的老学校，因为现在在镇上读书，学生的家长必须陪着，他们想出去挣钱或者在家里种点儿地都没有时间。我说，国家的政策是让村民回来，不要出现过多的留守儿童，要以孩子成长为主、打工为辅，必须有一个家长在家里照看孩子，如果你以让家长出去打工为借口恢复原来的小学那是不现实的，但如果因为孩子到镇上学习，耽误了农业生产，我们可以为您呼吁一下。安支书领着我们到原来的中心小学所在地看了看。这里四周都是高山，呈25度角的地平坡度都很难找到，转来转去绕了很多的路，果然有一处比较平坦的地方，面积也不大，两三亩的样子。一排破败的房子前面是相对平坦的空地，空地上有一个高高的篮球架，像搁置了几十年了。篮球架上投篮的铁圈都没有了，只剩下一块板子矗立在那里。

所谓的教室，一副破败的样子，门上有一个大缺口，房顶也有很大一个裂缝，但竟然有人住。一个60多岁的老人从里面出来，瘦瘦的，黑黑的，身上的衣服也不整洁，他面无表情地说，这是我的房子，我已经买了，15 000块钱买的，连院子。房子里面黑乎乎的，有一张床，床上的被子乱糟糟的，房顶上挂着好多腊肉，一大块一大块的，从房梁上垂下来。这里的风俗就是年底家家户户杀猪，做杀猪菜，做腊肉，这里不管贫富都有腊肉吃。我产生了疑问，就对支书说，你这学校都卖了，如果再恢复的话，户主答应不答应？赔偿多不多？他说当年卖的时候已经说过，如果什么时候集体再用，不能以各种借口不给集体。这样的话恢复原来的小学阻碍不大。但还有一个难题就是村民已经走出去了，他们还愿意不愿意再把孩子领回村子上学？现在村子四面全是高山，有没有教师愿意来这里教课？因为大多数村民都出去了，找个人都非常难。我们建议村支书到有学生的家里去做个调研，让他们说真话、签字，如果大多数学生愿意回来上学，我们会让第一书记去和镇里、县里或者其他部门反映，解决这些问题，但前提一定是老百姓自愿，不能强迫。

这个彝族的支书说这件事他可以做。原来矿山村和邻村合为一村，他是支书，现在他的村子独立出来，恢复原样，他还是支书，他要为村民办些实事，遇上第一书记来扶贫，他更有信心了。

天快黑了，我们原路返回，又到了村委租来的办公室旁边，袁方芳下车与我们挥手作别。

回过头去看他，他一个人站在那里，身后是层层的高山，车子往前开，他的影子越来越小，渐渐消失在黑暗里。他一个人是怎么度过这无数个茫茫黑夜的呢？不知道深山的夜里会不会有熊、有狼或者其他的野兽出没？袁方芳是在城市工作的人，一下子来到这大山独栋房子里，他要克服寂寞、恐惧，还有寒冷。想到这里，我的眼睛有些湿润了。

我们继续翻越一座又一座高山，最后在路边一栋三层楼前停了下来，他们说，这就是红卫村的办公楼。看来红卫村经济条件比矿山村强多了。

红卫村的第一书记是刚刚结婚的小伙子陈伟亮，长方形的脸上有着宽阔的额头，头发软软的、稀稀的，结婚三年了没要孩子，刚刚把“希望工程”定下来，党支部找他谈话，让他来赫章当第一书记。红卫村的村委班子很健全，村委成员的分工在墙上展示着，一清二楚。村委办公室设在二楼，我们上去的时候，红卫村的两委班子成员正在开会。红卫村的支部书记姓吴，30 多岁的年纪，已经干了 18 年了，人非常热情，一看就是见过场面的，说起话来一点也不慌乱。他多次感谢上级领导和社会各界对他们村的支持，然后说现在村里正在修路，修路的钱都是他先垫付的。也许意识到这是表扬自己，他的脸瞬间有些红，显得很腼腆，于是赶忙岔开话题。他接着和第一书记商量着村里成立合作社的事，把村里的贫困户分成两部分，先让一部分加入到合作社来，让他们养牛、养猪。

所以我在和赫章县的第一书记们接触的时候就聊到合作化的问题，主张像红卫村要搞合作化，为什么只让一部分贫困户加入进来？为什么不把整个村子变成一个大的合作社，然后在里面成立小小的互助组，可以养牛养羊分开来，村民擅长什么就编入什么组。他们说现在实施的扶贫政策是修路用工的时候优先雇用极贫困户，其次是一般贫困户，如果贫困户雇工不够用，才能从其他村民中招，这样国家的扶贫资金就可以第一时间让贫困户当作工资挣到手。但还有一个问题，贫困户有的是因病致贫，就没有能力通过合理劳动拿到相应工资，这怎么办？所以有很多实际性问题是需要讨论的，不能一刀切，也不能教条主义，毕竟人的能动性还是在一定范围内发挥的，所以走农村合作化道路也是需要特别的慎重。

在北方农村搞股份制首先遭到了部分贫困户的反对，原因是先富起来的村庄村支部成员或者亲属往往很有钱，会持有很多的股份，于是支书想把整个村子变为合作社入股的时候遭到了贫困户的强烈反对。因为越穷的人股金越少，年终分红的时候他们得到的利益最少，他们就有疑问，觉得集体的东西应该是均等的，但通过出卖集体的土地搞房地产拿回来的资金再进行分配的时候股金少的人就获得的少，这是不公平的，这更加激化了干群矛盾。乌蒙山区往往不存在这种情况，集体本来没有资产，人人都是平等的，没有过多的私利在里头，农村合作化的道路走得很顺。

陈伟亮是七支队中最年轻的工作队员，他到村里去后，立即走访农家，发现全村 5 个村民组中，只有村委会所在地和河边组有一条县道通过，其他 4 个村民组 90% 的老乡住在山上，没有一寸水泥路。村里几条河堤、桥梁都破破烂烂，发大水时只好自发组织修复。运输货物还是靠肩扛牛拉，猪肉、核桃都运不出去。陈伟亮非常着急，买了台包装机，在办公室亲自真空包装猪肉，对外推销。他经过分析思考，争取了厅党组的关心，6 个以“精准扶贫”的名义立项的村民自建土地整理项目和 1 个综合性土地整理项目落户赫章县队员所在村。落地红卫村的是 1 个 199 万元的村民自建项目，涉及 3 个村民组道路的整治。

我们没有过多停留，从红卫村出来继续往县城赶。路过一个村庄的，看到前面一堆人在吵架。走过去发现是村里在修路。一个男人大声指责开铲车的人，气势汹汹的样子。其他人是看客，这个男人站在铲车前，个子很高，穿着陈旧的中山装，戴着一顶旧军帽，眼睛里冒着怒火。原来，第一书记罗大山给村里修一条出村的公路，找来推土机，在拐弯处，占用了这家自留地约有 2 米，这个男人不干了，指责修路的推土机多推了 2 米他家的自留地边，大发雷霆，站在推土机前拦着，逼着村支书和第一书记赔偿他。同来的毕节市政协副主席邹芝桦同路人交谈，得知这个不让修路的人是一个从镇上退休的干部。她看不下去了，对那人说，第一书记带着钱和政策来帮我们修路，我们要支持，不能出难题。再说了，你是拿国家工资的人，按说，村里不应该给你土地，而你却有这么多土地，你占了便宜还卖乖。说到了点子上，那人乖乖地移开了脚步。

罗大山人很善良，他看到营脚小学孩子们用的桌椅破破烂烂的，就到自己的单位去做工作，让省第三测绘院出了近 2 万元的资金，购置了 60 套课桌椅赠给了村小学。

岔河村的第一书记叫冉文瑞，瘦瘦的，眼睛很有神。冉文瑞和我说，岔河村也面临缺水的难题，一条河道存在着地质灾害隐患。2016 年，七支队与双坪乡政府邀请了毕节市兴黔职业技术学校的老师来到岔河村，搞厨师烹饪技术技能培训 15 天，岔河村和周围 60 名村民报了名，最后给他们发了烹饪专项技能证书。村民们可高兴了。我在时任毕节市委书记陈志刚 2016 年 7 月的会议讲话材料里看到这么一个扶贫模式，叫“五千行动”，说是“千企帮千村，千技扶千村，千人进千村，千金聚千村，千业惠千村”。

我们看到一排沿街房，是岔河村的，陈宗利建议在这里谈谈，不进村了。老支书就坐在我的身边，他有 60 多岁的样子，略显瘦削的脸庞，露出宽阔的额头，一双很明亮的眼睛，花白的头发。原来他是个老中医，一直干了很多年的支书。因年龄大了，老中医和“第一书记”冉文瑞正在培养接班人。老中医笑着指了指站在旁边穿红色外衣的人说，下一步我们准备让他接班。他是 70 后，在广东打工 5 年，回家盖了 3 栋房子，他愿意为村里群众服务，愿意接班。老中医说，还要再培养培养他，人光有热情不行，还要有能力。冉文瑞赞同老中医的意见，他们要为村里培养有文化有见识的新型带头人。

冉文瑞说，我们同步小康七个第一书记所在的村子，面临的第一个问题就是缺水，岔河村也不例外。

因为环保督查，很多石料厂因为手续不全被关闭了，我们弄不到石子，修路的进度慢了，红卫村也是这样，他们正在想办法。可见，往前推进每一步都是艰难的。

冬天修路的时候时常下雨，夜里就会结冰，路边都立着“小心路滑”

的铁牌子，人在上面行走更艰难。第一书记们就会互相提醒注意安全。很多山路有无数个弯道，大雾弥漫，视线不好，大小车辆会车时非常危险，他们必须格外小心。

隔了3个月，我在电话里问起陈宗利缺水问题，他说，福来厂村的吃水问题都在土地整治项目里了，现在家家户户上了水管，安装了水龙头，引来了自来水。他们会一个村一个村去做好工作。

2017年4月起，驻村情况有了变化，驻可乐乡的3位同志调整到双坪乡，双坪乡是市里的极贫乡。因工作需要，蔡湛、袁方芳、罗大山回原单位，新调来了3位同志：曾程瑶，省第一测绘院工程师，任回水村第一书记；吴玉兴，省第二测绘院分院党支部书记，任五里村第一书记；马廷辉，省第三测绘院副主任，任石庄村第一书记。

第一批七支队成员在2018年5月全部回到了贵阳，以贵州省国土资源厅土地整理中心副主任邱杰任副队长的新一轮第一书记高炯煌、吴玉兴、曾程瑶、邱斌、黄勇灵、陈健继续在赫章进行扶贫事业。精准扶贫村由赫章的可乐乡和双坪乡全部移到了双坪乡，新增了双坪乡的五里村、回水村和石庄村。

七支队员们和我互加了微信，我由此得知了大量村里的信息。矿山村修路还有100米就完工了，这是矿山村第一次通公路。石庄村的饮水项目在全县进展最快，他们饮水工程的池子、管道铺设、接头，强调一定做好，怕难维修，还要考虑到耐用性。他们隔几天就开一次项目调度会。

双坪乡福来厂村第一书记徐侃，家住赫章县城，却常常和大禹治水一样，多次过家门而不入。他深知福来厂村是省厅工作队驻村帮扶7个村中的样板村，事事要走在头里。2016年8月，徐侃5岁的儿子患病，经常要去贵阳、遵义等地就医。每次，他都要么不去，要么匆匆送儿子到医院，就返回村里忙工作，根本就没有时间陪护。有一次，徐侃在村里忙项目的事，顶着烈日晒了一天，血压升高，头脑发昏，第二天，他又出现在村里。同事们不放心，极力劝说他去医院看看，他才勉强去医院测量血压，血压已升到危险值。医生建议他住院，可是，他匆匆买点药，就返回村里了。他常常和村民打成一片，在村里种植牧草时，和村民一起装车、卸货、整地、种草，完全是一个好劳力。

蔡湛是贵州省第一测绘院高级工程师，任可乐乡春乐村“第一书记”，后又任双坪乡回水村第一书记，现已 52 岁，是工作队中年龄最大的队员。2016 年，得知单位派人驻村，他主动向党组织递上了申请书。到村里工作后，蔡湛不但协调解决村里水、电、路问题，而且帮村民打开猪肉销路，助农增收。他跟村民的关系相当融洽。在村里他真心帮村民办事，把村民当作自己的亲人。他有一手好厨艺，常常做好饭菜，请几位乡亲到他的住处共进晚餐，商量工作，大家相处得像亲戚一样。有的贫困村民交医保费时手头紧，蔡湛就直接帮他们交了。

马熊是双坪乡兴发村第一书记，他通过一碗“满口窜”的苞谷饭拉近了与村民的距离。马熊是遵义人，从小没有吃过苞谷饭，刚到村里时，发现村民吃的东西主要就是“四样标配”：苞谷饭、酸菜汤、洋芋、腊肉。有时与村民共同进餐，里面有苞谷饭，他吃不惯苞谷饭，感觉这种饭满口黏，难以下咽，就向村民请教。村民说，饭里加点酸汤，就好咽了。这个方法果然奏效，马熊发现苞谷饭也没有那么难以下咽了，村民看见城里来的干部能吃苞谷饭，满心欢喜。

七支队得知国家最高领导人关心老百姓的如厕问题，他们立即行动起来，建高标准的公共厕所做示范。还帮着华农菌草公司给村民发劳务费，他们学习“塘约道路”，不断引进新社员，决心要建成全村村民都参与的合作社。

石庄村的第一书记马廷辉工作热情高，一刻也不闲着。在村里他一会儿去走访留守儿童，一会儿去勘测路线，后来还给村里办了夜校。夜校的墙上有火红的党旗和国旗，挂着领袖们的大幅照片，和新时代农民见习所办成一体，来提高农民的文化水平和素质。

测绘一院的曾程瑶说，矮化苹果种植项目，经过了村支两委与项目方的沟通协调，农民在自家地头工作，有助项目顺利推进。我感到双坪乡因为他们的踏实工作，老百姓的生活和精神面貌都改变了。第一书记们感到贫困户要想尽快脱贫，还得增强商品意识。他们在走访困难户时，遇到了这样一件事：一位村民养了猪，干部们动员他卖鲜猪肉，鲜猪肉 18 元 1 斤，他不卖，经过熏制，鲜肉变成腊肉，12 元 1 斤就卖了。第一书记们很感慨，村民随心所欲，不算经济账，这个理念一定要转变。

从赫章县国土资源局出来后往北走，看到路边种植了很多的樱桃树，马上要收获樱桃了，他们说这里的种植作物多数由山东对口帮扶。他们说樱桃树也是从山东运过来的，老百姓不会管理，第一年根本没有结果，第二年山东干部从老家带来多名技术人员来给一位种植户的樱桃树修枝整理，这位种植户当年就挣了 10 万元。大家都纷纷感叹技术的重要性。时值 5 月，牡丹和樱桃叶子绿油油的，生机勃勃。我们看到远处山坡上有养鸡场，他们介绍说鸡粪在为这些樱桃树服务。对面正在修建水库，贵州正在为解决赫章缺水的问题全力以赴。

（选自《中国作家·纪实版》2019 年第 2 期，有改动）

丁晓平

1971年出生，安徽怀宁人。现任解放军出版社副总编辑。中国作家协会会员，中国报告文学学会青年创作委员会主任，系全国新闻出版行业领军人才、中国出版政府奖优秀出版人物奖获得者。首倡并坚持“文学、历史、学术跨界跨文体写作”，著有《中共中央第一支笔》《王明中毒事件》《1945·大国博弈》《世界是这样知道长征的》等20余部作品，800余万字。荣获中国文艺评论“啄木鸟奖”、徐迟报告文学奖、中国作家鄂尔多斯文学奖、作家文摘十大非虚构好书奖等。

觉悟：彭夏英的脱贫故事

神山村不大，村内新修的水泥路如同一个枝丫，不到一刻钟就能走完。抵达神山村的当天下午，茅坪乡副乡长、驻神山村工作组组长李燕平带着我沿着习近平总书记考察调研的路线，一路向北走去。地势越来越高，我们一直爬到北边的山顶上。山顶上只住着一户人家，女主人叫彭夏英。

几个月前，彭夏英家门口的山体出现了严重塌方，泥土裹着灌木、野草和石头一起覆盖了山脚下的空地。现在村里正在用水泥对这片山坡进行加固，做了梯形被覆墙，沿着山沿修建了一道栏杆，环境更加漂亮了。

小人物也有大命运。说起彭夏英，这个农村妇女不简单。现在，她不仅是神山的大名人、井冈山的大名人、江西的大名人，还是全国的大名人。2016年春节前，在全国几乎所有的主流媒体上，都能看到一张照片——习近平总书记坐在一户农家的八仙桌上首，与女主人话家常。这位女主人就是彭夏英。

见到彭夏英的时候，她一手拿着 A4 复印纸、一手拿着圆珠笔，站在厨房的门口不停地念叨着什么。经过小罗介绍，她赶紧放下手中的活计，带着我们来到她招待习近平总书记的堂屋参观。

这是一栋老屋，破旧、低矮、简陋，散发着浓浓的烟火味，黄黑色的土墙覆盖着岁月的烟尘。大家开开心心地进了屋子，客客气气地互相让座。

生于 1967 年的彭夏英文化水平不高，只读到小学四年级。1981 年，她和在这里做木工的川娃子张成德结婚后，生了三个孩子，大的是女儿，两个小的是儿子。1990 年，张成德帮左秀发家拆老屋，墙塌了，把他压在下面，受了重伤，命保住了，但再也不能干重体力活了。

男人倒下了，这个家的顶梁柱就塌了。上有老，下有小，怎么办？彭夏英把伤心的眼泪往肚子里吞，默默地一个人扛起了生活的重担。1993 年，家里省吃俭用，把多年的积蓄拿出来盖了 3 间瓦房，谁知，房子刚刚建好不到半个月，因为山体滑坡就塌了。而且祸不单行，没过几年，她上山砍竹子时，一不小心摔倒了，从山上滚到山下，爬不起来了。乡亲们把她抬到医院，严重骨折，在手术台上躺了 5 个多小时。

就这样，彭夏英一家的生活慢慢变得困难了，由拮据渐渐滑入了贫穷，女儿生病时连 10 元钱都借不到，成了神山村需要帮扶的贫困户之一。

通过井冈山“三卡识别机制”的识别认定，彭夏英确定为“蓝卡户”。在这种情况下，政府扶持她家养了 6 头黑山羊种羊，还请来专家教她如何给羊防病治病。很快，她就扩大养殖，发展到 30 多头。那时，一只黑山羊在市场上可以卖到上千元，几只羊羔出手，彭夏英就赚到了以前全家一年的收入。随后，她又在政府的帮扶下，养了十几头牛，还养了娃娃鱼，很快就摆脱了贫困。

2016 年 2 月 2 日，习近平总书记来到她家做客。就在头一天晚上，她家的羊竟然生下了双胞胎，好像是专门来给她报喜似的。

那天一见面，习近平总书记就微笑着跟彭夏英、张成德夫妇俩打招呼：

"我给你们拜年啦！"

总书记走进了屋，看到厨房里热气腾腾，就笑着说道："好热闹啊！"

彭夏英说："乡亲们正在我家里蒸米果，这是我们的过年货，年年都要送这个礼物。"

与习近平总书记肩并肩坐在自家的八仙桌前，干练、爽朗的彭夏英内心激动，但一点儿也不拘束。总书记体察民情，与她家长里短话桑麻，嘘寒问暖谈民生，亲切得就像走亲戚。习近平问什么，她就答什么。习近平问得很仔细，她回答得很具体。

"你们家有几口人吃饭？"

"我们家有 5 口人吃饭。我和爱人，老母亲，两个儿子。女儿出嫁了。"

"家里有什么收入啊？"

"没有什么收入，就是田里种点田打点粮食、地里种点蔬菜，山里面砍竹子搞点零花钱。"

"孩子都在哪里打工？有多少钱一个月？"

"儿子在深圳打工，1 000 多块钱一个月。"

"政府对你们家里有什么扶持项目？"

"政府扶持项目有好几个，一个是帮我们入股种了黄桃，每年都有股份分红，还送了黑山羊给我们养。另外，我们有低保，医疗也有合作社保障。砍竹子一年也有两三千元，加上政府扶持资金，一年下来也有 9 000 多元收入。"

这时，习近平总书记忽然指着墙上挂的一幅年画，上面写着"光荣之家"几个字，问道："你家为什么挂这幅画？"

没等彭夏英回答，站在一旁的茅坪乡党委书记兰胜华说："老张当过兵，是军属。"习近平颔首微笑着，点点头。

这时，村支书黄承忠端着热气腾腾的米果从厨房里走出来，放在桌子上。过年了，彭夏英用果盘装了红鸡蛋、花生、瓜子、杨梅干、豆角酥和井冈蜜柚，盛情招待习近平总书记一行。

看着热气腾腾、香味扑鼻的豆粉米果，习近平十分高兴，拿起筷子夹起一个，尝了尝，还叫陪同的其他领导同志大家都来尝尝。

放下筷子，习近平问道："你们过年时招待客人，也是这些茶点吧？"

"也就是这些。"

这时，习近平站起来，给张成德、彭夏英夫妇送上准备好的年货——一袋大米、一壶油、一袋花生、一袋红枣和一个电取暖器。

彭夏英激动地说："总书记千里迢迢地来看望我们，非常感谢您！"

"给你们拜年嘛！"

说完，习近平走进卧室。看到书桌上摆着一台旧电视，拿起遥控器问道："你们这个电视机能收到几个台？"

彭夏英回答说："以前只能收到一个台，现在政府送了户户通小锅子给我们，可以收到50多个台了。"

听了之后，习近平就拿着遥控器调了5个频道，感觉很不错，才放下，笑着说："电视还是老电视，你们还没有买新的啊。"

彭夏英笑着说："我们已经准备好了，等儿子回来，准备买一个新的。"

走到床铺边上，习近平指着床上的被子，问道："你们盖的被子冷不冷？"

彭夏英说："不冷啊，我们屋子里有火盆呢。"

看完卧室，习近平走到屋外，看到水池里养着娃娃鱼，问道："这个娃娃鱼吃什么东西呀？"彭夏英说："吃猪肉、泥鳅、虾米。"

习近平笑了，说："这些小东西还要吃好的啊！"

说完，大家都乐了。

走出屋子，习近平又走进厕所看一看。看见里面装有自来水冲厕装置，他就按了一下水箱的按钮，只见水哗哗地冲了出来，他这才放心地点点头。

走到屋外东边的小路上，习近平看到了一对小羊羔，非常可爱。彭夏英告诉总书记，这对羊羔是昨天晚上才出生的一对双胞胎。

习近平听了非常开心，关切地问道："这个羊都吃什么东西？"

彭夏英说："吃竹叶、树叶，它们每天都自己在山上找吃的，不用买饲料喂。这羊好养，白天放到山上，晚上它们自己回家，不用我们去找。"

“这个羊是什么品种?”习近平问道。

“成都麻羊。”彭夏英回答道。

上厅堂、下厨房，习近平总书记在彭夏英家里里外外转了转，亲自操作遥控器看一看电视机能够搜索多少个频道，到卫生间亲自按下自来水冲厕水箱按钮看一看有没有水流出来。细微之处见精神，也见真情。什么叫一滴水中见太阳?人民领袖与人民之间的鱼水情，就是在这点点滴滴中荡漾开来，在人民的心中扎了根。

离开时，看到习近平眼神中似乎还是有些不放心，彭夏英拉着总书记的手说：“我们生活过得非常好！我们感谢党的好政策，感谢您来看我们，您给全国人民当家当得好，我们老百姓感到很幸福!”

习近平谦虚地说道：“我们国家是人民当家作主！包括我在内，所有的领导干部是人民的勤务员，帮你们跑事的。”

听着习近平总书记意味深长的话语，彭夏英的眼泪在眼眶里打转。

一晃半个小时就过去了，日理万机的习近平总书记要告辞了，彭夏英两口子舍不得总书记走，想一直送总书记到村口。习近平客气地让他们留步，不要送了。他们就站在山坡的路口上，不停地挥着手，目送着总书记一行。

没想到，习近平总书记前脚走才两天，春节前夕，3 位陌生人闻讯来到了神山村。这是神山村来得最早的游客。他们自称是退伍军人，在村里转了转，中午想在彭夏英家吃个饭。彭夏英也爽快，就炒了四五个家常菜。山里寒冷，平时山里人都爱喝点烧酒去去寒。爱人张成德也爱这一口。因为都当过兵，见了战友格外亲，就这样 4 个退伍军人就一边吃一边喝一边聊，更加亲热了。

吃完饭，告辞时，3 个退伍军人留下 100 元钱，彭夏英和张成德坚决不收，但是最后还是拗不过人家，收下了。不过，这件事，给了他们夫妇很大的启发。春节时，儿子女儿都回来了，最后大家一合计，在龙市工作的女儿决定回家开办“农家乐”，每年支付父母 3 万元的租金。

这年正月二十，全村第一家“农家乐”——“成德农家宴”在彭夏英家开张了，生意好得有些意外。因为习近平总书记来过彭夏英家，在这里叙谈了20多分钟，而且还吃过她家的米果，因此来神山村旅游和参观见学的人们都会慕名来她家吃饭。

2017年下半年，因为女儿在龙市的工作分不开身，彭夏英老两口就决定自己承办“农家乐”，半年下来就挣了5万元。同时，他们还开了一家“神山特产小卖部”，零售一些自家生产的土特产，比如果脯、米果子、茶叶、笋干、竹篮，还培育兰花、映山红等盆景出售。这样，一年下来，她家的收入翻了好几番，达到了10万元，成为村里的脱贫典型。

2017年底，彭夏英主动向村里写申请，不要政府的低保，不当贫困户，要求把救助让给“比我更需要的人”。面对一些已经脱贫却不肯写脱贫申请的人，她直率地说：“我不想当贫困户，贫困户的小孩找对象都难。”

面对政府发放的救助金，有人觉得“不要白不要”，彭夏英却说：“党和政府只能扶持我们，不是抚养我们。”

彭夏英这简简单单的一句话，感动了无数的人们。站在她的面前，我甚至有点难以相信，这句富有哲理的话，要高度有高度，要温度有温度，竟然出自一个农村妇女的口中。这需要多么大的志气和胸怀啊！这需要多么大的勇气和自信啊！该用什么语言来形容呢？又该用什么词语来赞美呢？在听到这句话的那个瞬间，我想到了一个词语——觉悟。这个觉悟，就是家国情怀，就是在家与国之间的一种选择，是由家及国的灵魂跃升。

是的，这就是觉悟。没有什么比这个平平淡淡的词语，更能形容和赞美彭夏英的家国情怀了。这是新时代农村妇女的崭新形象，是在脱贫攻坚战中一个农民从口袋富起来到脑袋富起来的最美表达。说起这些，淳朴、善良的彭夏英还用当地的俚语说道：“死水不经舀，要细水长流。”

食唔穷，着唔穷，

么划么算一生穷。

这是神山村流传下来的一句客家谚语，意思是说：“一个人吃不穷，穿不穷，生活中没有计划好，一辈子穷。”

说起彭夏英的事迹，井冈山茅坪乡党委副书记王晓慧十分感动，真诚地对我说："一个从来没有走出过井冈山大山沟的农村妇女，有这样的胸怀、素质和情怀，真是令我敬佩。要知道，在农村评低保，经常是人找人，找关系托人情，工作不好做。彭夏英第一个主动向村里提出不要低保，让更需要的人去享受，这真的是一件了不起的事情。她就是我们'最美茅坪人'。"后来，为了配合神山村发展旅游业和新乡村建设需要，彭夏英又第一个在村里响应号召贱卖了自家养的黑山羊，第一个在村里带头拆了自家的牛圈和厕所。

2017 年，彭夏英荣获"感动吉安十大人物"称号，当选吉安市人大代表。

2018 年 10 月 17 日，在北京召开的全国脱贫攻坚奖表彰大会暨首场脱贫攻坚先进事迹报告会上，彭夏英又荣获"全国脱贫攻坚奋进奖"。

听了彭夏英的故事，我忽然觉得，站在眼前的这个贤惠、聪明、清秀的农村妇女，虽然生活的重担已经把她的腰背压弯了一些，但她是一个有志气的坚强女人。

人穷志不短。从神山村这个山沟沟里，彭夏英依靠勤劳的双手，自力更生斩断了穷根，终于第一次坐上了飞机、第一次来到了首都北京、第一次获得了国家的最高奖励，这真是她夫妇俩一辈子想也不敢想的事情。

彭夏英的丈夫张成德，1950 年出生于重庆合川，1968 年参军入伍，到西藏日喀则的吉隆县当了一名边防军人。当兵 8 年后，退伍回乡。不久，他离开家乡，四处谋生，当过木匠、篾匠，也当过瓦工、泥工，最后落脚井冈山神山村。1981 年与小他 17 岁的彭夏英结婚，倒插门做了上门女婿。

因为贫困，张成德离开家之后，就再也没有回过老家。2017 年 3 月，他带着妻儿衣锦还乡，终于回到了阔别 30 年的故乡。回到老家，父母都已经不在了，见到了大哥张成福。30 年不见，物是人非，老兄弟俩老泪纵横，抱头痛哭。把酒当歌，人生几何，岁月蹉跎，骨肉情深。现在日子都好了，幸福的未来更是充满希望，欢歌代替了愁容。交谈中，张成德激动地把习近平总书记来家中看望他们的事情告诉了哥哥。

哥哥张成福听了，摇摇头说："成德，你说啥呢？你说啥，我都不信习主席会去你们家，你没有这么大的面子。"

无论弟弟怎么说，哥哥怎么也不相信。无奈，张成德就从箱子里拿出早就准备好的照片递给大哥看，还让儿子从手机里调出视频来做证明。可是，哥哥张成福依然还是不相信，脑袋晃得更凶了，笑着说："成德，你回家了，我们高兴。在外面混了 30 多年，也没见你回来过一次，你可别在我这里吹牛！别拿网上的东西忽悠我这老头子。"

见哥哥不相信，张成德就主动邀请哥哥跟他一起来井冈山神山家里走亲戚，玩一玩，看一看。哥哥爽快地答应了。到了神山村，哥哥张成福在张成德家住了一个星期，在村里和井冈山又转了转，耳闻目睹，这一下终于相信了，看到弟弟真的没有诳他，开心地笑了。看到弟弟家已经脱离贫困，打心眼里为弟弟感到高兴和自豪，觉得习近平总书记真是了不起。

吃水不忘挖井人。2018 年春节前，也是过小年的时候，深怀感恩的彭夏英想给习近平总书记写封信，感谢他的恩情，汇报神山村这两年的大变化。坐在自家堂屋的八仙桌旁，心里回忆着当年与总书记肩并肩坐在一条板凳上谈心的往事，彭夏英内心翻江倒海，一时间不知如何说起。很久没有提笔写信的她，觉得手中的笔比做女红的绣花针还要难以拿起，比在田间劳动的锄头还要沉重。

彭夏英这么写道："尊敬的习总书记：您好！两年前的小年，您来到我们神山村，来到我们家，询问我们日子过得怎么样。两年过去了，如今我们神山村发生了翻天覆地的变化。政府帮助我们把房子进行了整修，路也变宽了。每家每户发了黄桃和茶树苗，成立了产业合作社，大家都入了股，去年还举办了黄桃节。两年过去，大伙开起了农家乐，做起了小生意，有的卖工艺品，有的打糍粑。曾经给总书记竖大拇指的老支书彭水生还经常被游客请去讲神山村的变化，讲井冈山脱贫的故事。村里制作竹筒的年轻人左香云，还当上了全国人大代表。我们都为他高兴，听他说过完年不久就要去北京开会。我们全村人都托他向总书记问好，大家说神山村的变化，都是总书记您带来的……”字少情浓，纸短情长。一封信，写满了中国农民对习近平总书记的爱戴之情。

因受中国老区建设促进会的邀请，彭夏英第二天就要去北京参加“巾帼心向党，建功新时代”2019 年扶贫日论坛活动，我就匆匆结束了采访，约好等她回来时再详细聊一聊。她答应了。

5 天后，彭夏英从北京回来了。白天，我忙于到茅坪、新城采访，等我回到神山村的时候，已经是晚上 9 点钟了。因为第二天采访的行程已经安排好，我希望今晚就去完成对她的采访，可是又担心她已经休息。山村的夜，似乎黑得更早。江西高校出版社的朋友开着车，把我送到了她家的山脚下。我抬头望了望，二楼的灯依然亮着，就鼓足勇气爬上山坡，站在她家的楼下喊她。不一会儿，她打开窗子，看见是我，就打着手电下楼了。

进了堂屋，彭夏英继续讲她的故事，讲她这次在北京开会的见闻，还拿出她的获奖证书、奖杯、奖牌让我拍照。结束采访时，我提出想看一看第一天见到她时她正在准备的发言稿，看一看她这次到北京参加论坛都说了些什么。她爽快地答应了，麻利地从会议文件袋中找出来递给我，题目是《幸福生活是干出来的》。

彭夏英说：“国家精准扶贫的春风吹进了神山村，党的阳光也照进了我的家门。2016 年 2 月 2 日，习近平总书记到井冈山市茅坪乡神山村视察精准扶贫工作，走进了我家，有幸受到总书记的关心关怀，亲切询问我家生产生活情况，并鼓励我们要树立信心，脱贫致富。在习主席和各级政府的鼓励下，我焕发了青春，鼓足了劲头，不等不靠，抢抓机遇，自主创业，摆脱贫困。自己脱贫致富后，带动周围贫困群众一起致富共奔小康。”

接着，这位依靠自己的双手勤劳致富的农村妇女向人们汇报分享了她的脱贫故事，话里话外，都浸透着淳朴、善良和高尚的情操。她说：

抢抓机遇加油干，做脱贫路上的先行者。毛主席说：“自己动手，丰衣足食。”习主席说：“幸福都是奋斗出来的。”我坚信领袖们的话，“幸福生活是干出来的”。受习主席视察我们神山村的影响，全国各地的游客纷纷到来，神山村迎来了旅游发展的新契机。面对踏破门槛的客人，我看到了脱贫致富的商机，全家人一合计，下定决心办“农家乐”，拿出了准备建房的全部积蓄，开办了全村第一家“农家乐”，将住了大半辈子的房屋腾出来，置办了餐具，开了6桌，同时容纳60多人用餐。我带领一家人加班加点，苦心经营，不断改善菜品质量，提高服务水平；坚持和气生财、客人至上、诚信是金的经营理念，得到了游客们的赞誉。农家乐生意办得红红火火，年收入超过10万元。在经营“农家乐”之余，我和丈夫还开起了神山特产小卖部，除向游客出售自家制作的果脯、笋干、腊肉等，又重新拾起放下多年的竹篮编织和竹筷制作手艺，制成竹制品，从山上挖些野生兰花、映山红等做成盆景出售，每月还能增收不少。就这样不久，我家就过上了好日子，生活就像井冈山的翠竹节节高。

要扶持不是要抚养，做自主脱贫的促进派。过去的神山村交通闭塞，基础条件差，部分贫困群众“等着扶，躺着要”，我虽然文化不高，但对这样的做法很不赞成！“我不想当贫困户，贫困户小孩找对象都很困难”，这是我经常同邻居们讲的内心感受。村里一个贫困户是我同族的亲戚，经过乡村两级帮扶，已完全达到当年的各项脱贫指标，但他就是不写脱贫申请，还想得到政府更多的资金扶持。我得知这一情况后，主动出马“现身说法”，同亲戚讲事实、摆道理，最后一句“党和政府只能扶持我们，不是抚养我们”让这个贫困户很受触动，顿然释怀，主动写了脱贫申请。我不仅自己主动申请脱贫，还以实际行动引导符合条件的村民主动脱贫，支持政府早日完成脱贫攻坚任务。在村里评审低保时，我主动把丈夫享受的低保指标让给更需要的村民。我经常给领导们说：“习总书记到了我家，很多游客也慕名来我家吃农家饭，我富裕了，这些就让给更困难的邻居吧。”

独享富不如共致富，做共同致富的带头人。我想，光自己富不算富，只有带动和帮助全村贫困户脱贫致富，才能共同发展，和谐共生。因此，我一方面把自己平时积累的客源介绍给其他“农家乐”；另一方面，积极与红色培训机构对接，争取更多的游客前来参加红色培训和休闲旅游。为提高村里接待能力，使更多的贫困群众在旅游市场获取收益，我主动牵头成立了神山旅游管理协会，并挨家挨户上门宣传动员，邀请他们加入协会。通过不懈努力，全村共有近百人入了会，有 16 户开办了农家乐，从业人员 56 人。通过协会的积极运作，来神山体验农家乐的游客越来越多了，大伙的生意也越来越好了。2017 年，全村农户人均纯收入 1.78 万元，其中贫困户人均纯收入达到 8 737 元。

我粗略地看了一遍，发现在这张用 A4 纸打印好的发言稿的最后，她又工工整整地加写了一段文字，仅仅两行，内容如下：“我相信在党和政府的带领下，我们依靠自己勤劳的双手，生活一定会更加美好，我们也一定能够同步迈入小康社会。”瞧！庄稼人说的都是庄稼话，就像种在地里的庄稼，是你看得见的那一片生机勃勃，是你喜欢的那一片青翠欲滴，就像井冈山那岭上开遍的映山红。

读完彭夏英的这篇演讲稿，我内心一震，如果不是亲眼所见，我很难相信这是一个农村妇女说出的话，是一个曾经的贫困户写出的文字。什么叫不忘初心？什么叫共同致富？这就是觉悟！这就是家国情怀！我心悦诚服地为彭夏英竖起大拇指点赞，不能不把尊敬的目光投给她。而从她的身上，我欣喜地看到，“口袋”富起来的神山村的父老乡亲，在脱贫攻坚这场人类伟大的斗争中，“脑袋”也富起来了！他们也是新时代最可爱的人，他们灿烂的笑脸就像那岭上开满的映山红。

（选自《文艺报》2020 年 8 月 5 日，有改动）

丁 燕

生于新疆哈密，现定居广东东莞，中国作家协会会员，广东省作家协会理事，广东省作家协会报告文学创作委员会副主任。著有《工厂女孩》《工厂男孩》《低天空：珠三角女工的痛与爱》《阳光洒满上学路》《双重生活》《沙孜湖》《和生命约会40周》《第一个365天》《王洛宾音乐地图》《饥饿是一块飞翔的石头》《工厂爱情》《木兰》《午夜葡萄园》《母亲书》《我的自由写作》等作品。曾获全国鲁迅文学奖提名奖、文津图书奖、徐迟报告文学奖、百花文学奖、广东省鲁迅文学艺术奖等。

海丰红色村庄的扶贫行动

在海丰，历史是以叠缩的方式存在着的——你不仅可以目睹到当下，还可以目睹到包括100年前的那段历史。海丰还是一个充满象征意味的城市——就像伦敦现在依旧是狄更斯的伦敦那样，海丰现在依旧是彭湃的海丰。穿过大街小巷，走过鳞次栉比的小店，挤在熙来攘往的市场中，你无法逃出彭湃的眼神。在海丰，彭湃无处不在——他的名字出现在人们的闲谈中，也出现在学校、医院和公园的牌匾中。如果你不了解彭湃，你便无法了解海丰——海丰的特点，便是彭湃的特点。

1922年，从日本早稻田大学政治经济系毕业归来的彭湃，深入海丰县各个农村，开始从事起农民运动。他换下学生装，穿起粗布衣，“食尽了四乡的茶饭，差不多日日是早出夜归”，利用各种形式揭露地主剥削农民的罪行，启发农民的阶级觉悟。1922年7月，彭湃与5位农民成立了广东省第一个农民协会——“六人农会”；之后，农会从几人至几百、上千、上万人，最终达到几十万人。在 1923 年的《广东农会章程》中，彭湃提出纲领——“图农民生活之改造，图农业之发展，图农民之自治，图农民教育之普及”。1927 年，彭湃领导海陆丰人民召开了县工农兵代表大会，成立了海陆丰工农兵苏维埃政府——这是中国历史上第一次竖起了苏维埃政权的旗帜。

如今的海丰乡村，早已不是彭湃当年所见到的模样。县里通过落实农业产业发展、农村基础设施建设、“厕所革命”、“三清三拆”等措施，使乡村振兴发展取得明显成效。到 2019 年年底，海丰县建档立卡的 9 089 户共 27 999 名贫困人口，人均可支配收入达 1.5 万元以上，按“八有”标准 100% 实现稳定脱贫；省定贫困村 37 条全部达到脱贫标准。

坡平村

位于大液河畔的联安镇坡平村，是广东省的省定贫困村。昔日的小村杂草丛生、满目疮痍，如今，村里已修复和重建了广场、革命英烈纪念馆、烈士故居等旧址，整个村庄干净而整洁、宁静而优美。当你来到亚前彭村小组时，这里已成为一个爱国主义教育基地和党员廉政教育基地。彭湃于 20 世纪 20 年代到村里搞革命的场景，已变成墙壁上的巨型画面；而彭桂、彭元漳等烈士的故居皆粉刷一新，整齐干净；以前那个屋顶破旧、墙壁斑驳的农会旧址，现在变成了展览馆，馆内的布置相当现代化。

黄小雄家的屋子面积虽然不大，但却拾掇得相当整洁——铺了瓷砖的地面扫得很干净，就连灶台上的锅碗都擦拭得晶莹发亮。显然，这个家一定有个勤快的女主人。果然，妻子叶少华看着就是个利索人。59 岁的黄小雄微笑着，一头黑色短发里已掺杂着些许银丝。他穿着一件黑白相间的长袖 T 恤，微笑时神态严肃谦恭，但却丝毫不失尊严。只是，他的肤色焦黑，像被炭火烧烤过。

他的大女儿已 32 岁，嫁到广西，育有 3 个孩子；小女儿 30 岁，嫁到陆丰，育有两个孩子。小女儿除了照顾孩子外，还在家里做些首饰装配；小儿子23岁，在梅陇镇的首饰厂打散工，收入很不稳定。今天着实碰巧，远在广西的大女儿黄树颖回了娘家——脑后梳着条粗黑的马尾，上身穿白T恤，下身是黑裤子，皮肤白净细嫩，眉眼相当标致。她热情地招呼着客人们喝茶，周身都洋溢着青春的活力。我不禁纳闷——这样一家人，看着如此整齐而体面，待人又如此和气而周到，何以会让生活陷入困顿？

原来，导致这个家陷入贫困境地的，是一场突如其来的大病。那是2013年，黄小雄被确诊为鼻咽癌！看到那十几万的医药费清单时，他的眼泪忍不住淌下来。出院后，他不仅干不了太重的活计，还要定期去医院复查，每查一次便要花费1万多元！就在丈夫出院刚刚两年时，妻子又检查出糖尿病。之后，她因为脑血栓而引发了中风，致使嘴歪腿软，根本无法下地走动。经过一年多的治疗，耗费了1万多的医药费才勉强好起来。夫妻双双遭受病痛折磨，而女儿们又都远嫁别处，儿子只有一份勉强维持的散工，于是，这个家便像一座屋顶镂空的房子，显得摇摇欲坠。2015年，当扶贫工作队进村进行审核时，他家便被核定为贫困户。

黄小雄陷入回忆——早在20世纪80年代家庭联产承包制时，村里给他家分了七八亩地。然而，水稻卖不了什么好价钱，而西兰花则要看市场行情。全家人在地里从年头忙到年尾，算了算账，才有几千元收入。2010年，黄小雄做出了一个决定——将地让给亲戚种，举家搬到梅陇镇卖鱼。每日凌晨4点起床，这男人便急匆匆出门，赶往鲘门镇的码头。他要在这里等第一批从海上归来的渔船靠岸，在以批发价购买到足够多的鱼类后，他再包车拉到梅隆镇市场出售。唉，他赚的都是些辛苦钱——一斤22元的鱼，在市场上卖25元。做生意有风险，总是时好时坏——有时，他踩对了点子，批来的鱼很受顾客欢迎，很快便销售一空；可有时，他的运气却很背，剩下一堆鱼卖不掉。全家人就这样忙碌着，一个月能挣上5 000多元就算相当不错。

2015年，黄小雄又做出了另一个决定——重返坡平村，重新开始种地。对于这个决定，他从来都没有后悔过。当他家被核定为贫困户后，村里的扶贫干部便针对他家的情况进行帮扶——先是免费发放袁隆平研发的水稻良性种子；又免费发放化肥等农资用品；通过虾养殖项目，每年可有 1.5 万元分红（包括 2018 年、2019 年）；入股县里的“红色旅游”后，每年有 1 400 元分红。除了这些帮扶之外，最令黄小雄感慨的，是“以奖代补”政策——为鼓励贫困户通过种地或打工致富，政府决定，贫困户每种一亩地可补 1 000 元。这个政策让老黄家在 2017 年领到补助 6 000 元；2018 年为 7 500 元；2019 年为 3 850 元。

当扶贫干部发现坡平村的土壤和水质很适合种植番石榴时，便鼓励黄小雄干起来。可他却显得有些犹豫：“树不挂果怎么办?”“我们找专家来解决啊!”“销售不出去怎么办?”“我们来帮你联系啊!”于是，从 2017 年开始，老黄便在地里忙活了起来。在安全地度过了 2018 年后，这片番石榴树在 2019 年年底时挂满了果实。按这个情况预算，番石榴的收入应在 2 万元左右。

听说我想去地里看看时，黄树颖爽朗地答应道：“没问题!”于是，坐在她的摩托车上出发，一路颠簸，来到了一片田野。正午的阳光将琥珀色涂抹在一丛丛绿树上——啊！这就是黄小雄精心种植的番石榴树！这情景令你不禁感慨——有时，贫穷并不仅仅意味着缺钱，它还会使人丧失挖掘自身潜力的能力。

果农为了保护果实不受伤害，怀着极大的耐心，在所有果实的外面都裹上一层白色的塑料袋。果农在干这件事时需要十二万分的小心——既要让袋子将果实全部包住，又不能在操作过程中伤害到侧旁的果实。

放眼望去，我的心里微微一抖——这个工程真不算小！上万颗的果实，都被套上了袋子，这便意味着套袋子这个动作，被黄小雄重复了 1 万次以上。我终于恍然大悟——为何他的肤色会那么黝黑！因他长时间暴露在田野，为这些树上的果实套袋子，所以他的整个面孔、脖颈和胳膊，都被阳光反复地炙烤过。我不觉心疼起来——这个男人在这块地里流下了多少汗滴？要知道，他不仅接近六旬，还是一个要做化疗的病人！若在城里，他是个马上要过退休生活的人，而在这里，他还拿自己当主劳力呢！

2017年对老黄来说是个特别的好年头——他不仅开始种植番石榴，还申请到了5 000元的医疗救助。他还盖起了一栋新房子——虽然自己花费了9万元，但通过国家的危房补助政策，又拿到了4万元的补助。这之后，通过“以奖代补”政策获得补助和年底的各种分红，都是他始料未及的事情。黄小雄是个见过世面的男人，也是个勤劳肯干的男人，更是个懂得生活真谛的男人！现在，这个平凡而普通的一家人，维持着一种简朴而自尊的生活。一家人生活在一起，心情是笃定而踏实的。

白山村

穿过公平镇的中心，来到了白山村。白山村有近3 000人，共489户，而其中，因先天残疾、后天患病、没有劳动能力等各类原因，致使88户被核定为贫困户，共313人。村里有条名叫“大浦洋”的村道，原本是条坑坑洼洼的泥土路，而现在，已被修整成一条平坦的水泥路。经过村道硬底化建设工程后，村民们再也不用担心下雨时会弄脏鞋袜。现在，我看到了白山村公共服务中心——精准扶贫基建项目——那是一栋姜黄色的三层小楼，有着棕红色屋顶。这栋楼房已成为村里的标志性建筑。站在服务中心门前，只见一条条柏油路辐射开来，向着村子的各处延伸而去。以前，村里的夜晚是漆黑漆黑的，而现在，当一排排路灯竖立起来后，整个夜晚都变得亮堂起来。当路灯照耀着服务中心对面的篮球场时，那个空间显得格外阔气——湖蓝色的地面配上紫色的篮球架，衬托出白色篮板的秀美。

张淑尔的家也是一栋独立的新砖房。站在门口的她，正在向我挥手。虽然我只是个偶尔到访的客人，但她依旧热情四溢。35岁的她有着一张银盘大脸，眉毛浓黑、睫毛翻翘。除了遮住鼻孔、嘴唇和下巴的口罩外，她的面部看着十分标致动人。她的体型微胖，在黑色T恤衫外套了件粉红色毛衣开衫，下身穿着条牛仔裤。她的屋子是新建的，所以外墙的瓷砖显得格外簇新。进入屋内，你大吃一惊，像是进入到一个英国贵族家庭——纯白色的欧式家具，姜黄色的丝绸窗帘，大彩电和大冰箱，开放式厨房，整洁的卫生间……显然，这个家的主人更青睐西式家具，更强调现代品位，和此前所见的大部分家庭都不一样。她有 3 个孩子，分别是 6 岁、8 岁和 10 岁，在读小学一年级、三年级和四年级。那个摆在鞋柜上的头盔，便是母亲骑摩托车去接孩子上下学时用的。

当年，她从隔壁村嫁到白山村后，和丈夫相亲相爱，日子过得欣欣向荣。丈夫郑建生常年在外地打工，家里的事全靠女主人打理——那 2 亩地虽然每年只能收入 2 000 元，可她却舍不得荒掉；再加上照顾孩子们的日常生活和学习，她每天都忙得团团转。丈夫会裁剪，原来在镇上的服装厂打工，每月可挣个 3 000 多元。但是，这几年服装行业整体衰落，他便到广州去打工。谁能想到，一场突如其来的巨变陡然降临到这个家。2015 年，正在炒菜的女主人被泄漏的煤气所伤，不得不住院治疗。大火将她烧得面目全非——双手完全变形，手背上布满大小深坑，整个面部全然发焦。在住院的一个多月时间里，她做了面部、手部和大腿的植皮手术。之后，她的手掌因萎缩而变小，表皮发白，指缝间粘连，活动起来很不自由；她的下巴处变得皱巴巴，像火山熔岩的碎片拼贴起来。如果她没有戴口罩，那么她的脸便由鼻梁处开始分界——上半部让人看着欣喜，下半部让人看着惊骇。所以，如果要出门或者见客，她总会把口罩戴上。

那场突如其来的事故让这个家庭花费了 30 多万元——因为有些进口药不能报销，所以有 7 成的医药费是自己付的。张淑尔不仅被肉身的疼痛所侵袭，精神上也遭遇了巨大打击——眼瞅着 3 个孩子都要上学，可生活费怎么办？正当她陷入愁苦之地时，一项政策令她欣喜无比——通过对贫困户的助学补助，每个上小学的孩子每年能获得 3 000 元生活补助。她掰着指头算了算：有了这一年 9 000 元的补助，便能解决孩子们的吃饭、穿衣、买学习用品等问题，实在是雪中送炭。

除了助学补助外，张淑尔还有残疾补助——每月 300 多元；她家还申请了低保——每月 1 000 多元。有了这些补助托底，加上地里的收入和丈夫的打工收入，这个家已经像加了油的发动机，开始轰隆隆地转了起来。这栋新房子是2018年盖起来的，花费的20多万中有一半的钱是借来的，而国家补助的4万元简直是雪中送炭。“老房子是瓦房，总是滴滴答答地漏水，里面又暗又潮。”现在，张淑尔每天骑摩托车接送孩子们去上学。当她的手抓住车把时，总显得颤颤巍巍。可是，她是母亲啊！一咬牙，她浑身都充满了力量，就那样把摩托车开了出去！现在，当她做任何一件事时，都需要付出比一般人多几倍的努力才能达到。然而，她却不愿等、靠、要，而愿意努力地去干活。当她拿出手机展示孩子们的照片时，眼神璀璨得像黑丝绒上的宝石。经历了那样一场大劫难，可在她的身上，一点都没有看破红尘、茫然若失、怨恨诅咒，反而充满了诚挚和热情。现在，她以无比的努力和耐力，平静地接受着命运给予她的不公。不，她并不想把生活变成号啕的哭墙，而想把它变成旋转的舞台。

大化村

终于来到了赤坑镇大化村。大化村共有700多户，其中的103户为贫困户，而有劳动能力的贫困户有71户。以前的大化村不仅经济力量薄弱，且产业结构单一——蔬菜种植和家禽养殖处于零星状态，而水稻农田则抛荒很多，基本没什么像样的产业。现在，村里的经济呈现出“百花齐放、满园争妍”的状态。扶贫工作队因地制宜打造“一村一品”，促成了海丰勤致合作社、智慧农场、礼扬腐竹生产基地、袁隆平水稻等40多个项目的诞生。

在那间普通的平房正门上，贴着“吉星高照”——这是孙贤在的家。虽然内里的空间不算大，但墙壁却刷得相当洁白。当上午10点的阳光从小窗投射进来后，整个房间璀璨而明亮。我注意到这间屋子和我在岭南乡村所见的屋子差不多，但就是那墙白得有些异常——好像昨天才刚刚粉刷过。然而，那石灰粉却并不均匀，有的地方深，有的浅。

男主人看起来比实际年龄要年轻得多——虽然皮肤黧黑，但眼睑的轮廓却格外清晰，暗黑的瞳眸里闪闪发亮，嘴唇厚实而有弧度。他梳着三七开的分头，穿着件白色长袖衬衫和黑长裤。虽然在额头、眼角和脸颊处有些许皱纹，但整个面部刮得干干净净。最让人难忘的便是他的眼眸——那是典型的广东人的模样——深深地凹陷下去。原本，他应和村里人过着相似的生活——侍弄那几亩地，到了年底，将水稻和番薯卖出后可收入 6 000 元左右。然而，这种生活模式却发生了意外。1987 年，孙贤在结婚了，但他却没有发现老婆是个脑膜炎患者。虽然她看起来身材不高，但却是好手好脚的模样。婚后，做丈夫的才大吃一惊——妻子早已患有脑膜炎，既没有劳动能力，也无法干家务。

在 2016 年时，当扶贫工作队在进行贫困户的调查时，发现老孙家的问题很大。男主人已不再年轻，无法胜任高强度的重体力劳动；妻子常年有病，无劳动能力；3 个子女虽然都 20 多岁了，但都干的是散工，收入很不稳定。故而，孙贤在的家被核定为贫困户。针对他家的情况，扶贫干部们设计了特别的帮扶计划——鼓励子女们尽量能干一份稳定的工作；老孙的年龄偏大，不适合干地里的活，但可以搞养殖。“饲养走地鸡是个不错的活，既不用耗费太大体力，又能有相当收入！”可老孙缩手缩脚：“卖不出去怎么办？”干部们给他打气：“你只管养，我们来帮你卖！”于是，老孙安下心来，搞起了走地鸡的养殖。果然，等 200 多只鸡养成后，干部们帮他联系销售，一只鸡能卖到 100 元，一年便收入 2 万多元！3 年下来，干部们已帮他销售了将近 700 只鸡呢！

除了卖鸡的收入外，因父亲和子女们都在工作，故而他家在 2017 年时获得“以奖代补”的奖励 5 000 元，2018 年时有 8 000 元；再加上村里扶贫项目的分红 1 000 元，县红色旅游项目的分红 1 400 元，老孙集腋成裘，很快就甩掉了穷帽子。他的心里一直揣着个小梦想——将旧房子翻新一下。而现在，说干就干！现在，房子不仅墙壁雪白，客厅和卧室都铺了瓷砖，连卫生间的四壁都嵌上了瓷砖，而这些全部工程，才花费了 1.3 万元！看到我大吃一惊的模样，他指着墙壁说：“那些都是我自己买涂料自己刷的！”

顿了顿，他补充道："暗房子里住的都是发愁的人！"

陡然间，我被这句话给击中了——虽然这是一句相当普通的话，但却蕴含着岭南人所特有的机敏与幽默。他一定要粉刷房子，哪怕不专业，也要让墙白起来，因为，他不想发愁！显然，这栋簇新的屋子带给他的，是一种强烈的成就感！所以，当他在描述自己的生活时，态度显得那样积极。饲养走地鸡启动了一个良性循环，而在那最初的时刻，鼓励他不要害怕付出的声音显得尤为重要。

42 岁的孙后船像个运动员——身材矫健、动作灵敏。他穿着件灰色长袖 T 恤和蓝色牛仔裤，黑皮鞋擦得干干净净。他的模样显得十分可亲——那头乌发下是张洋溢着笑容的脸。看得出来，他是个性格爽朗而乐观的人。甚至，连他的声音都显得格外清脆——他说话的语速较之常人要快一点，且用词十分准确，还藏着一丝俏皮和诙谐，但又不失分寸。这个男人，如果不是因为左眼有残疾，实在是个俊朗而讨人喜欢的人。然而，命运对他却显现出了异乎寻常的残酷性——因为左侧眼皮耷拉着，所以，在他左眼周围的肌肉都有些扭曲。于是，他的面孔呈现出一种古怪的效果——左侧丑陋而狰狞，右脸却英武而俊俏。然而，他却有一具和肉身不配套的灵魂——那样乐观！那样充满活力！绝不轻易言输！这种状态让你也感到欢欣——也许肉体的缺陷并不吓人，而人们若是对自己毫无期待，那才是真正的吓人。

"我刚出生的时候是能看见的！"他用强烈的口气陈述着这个事实。然后，他捋了捋情绪，开始讲述自己的前半生。出生 4 个月后，他的左眼突然失去了光明，眼皮亦塌陷了下来；而就是在这个时刻，他的母亲因病撒手人寰。一只眼睛失明和丧母，都发生在他还是个婴儿的时期，这是怎样痛心的惨烈之事！

7 岁时，父亲和另一个村的女人结了婚后，自己也去了那个村。临行前，父亲将他过继给了大伯。初中没毕业，他便开始下地劳动。很快，他就对地里的各项活计都十分谙熟。等他长成一个青年时，大伯张罗着给他娶媳妇。和妻子结婚时，他并不知道她有病。事实上，这个女子和他的情况恰好相反——虽然她好手好脚，但脑袋却像电脑主板会经常短路般，一下子就黑屏了。虽然已生了两个儿子，但妻子的精神一直处于时好时坏的状态。清醒时，她像一个正常人；犯病时，她不仅大吼大叫，还会奋力打人。

这个家似乎已落入了“疾病陷阱”——丈夫残疾，妻子精神有病，两个孩子都未成年。家里的全部开销靠丈夫一人种地所得。他是无法出门打工的，他有自知之明：“我这个样子是不能出门的，但我可以把所有的气力都放在地里面!”他发狠地种了十几亩地，每天都早出晚归地耕作，但是日子过得依旧很是艰辛。如果没有残疾补助，没有助学补助，这个家的日子一定会非常困难。然而，当政府提供给这个家一把“梯子”后，他们便从可怕的“贫困陷阱”中慢慢地爬了上来。现在，他家一年有 3 000 多元的残疾补助；全家每月有 900 元的低保补助；13 岁的大儿子在上小学，一年有 3 000 元生活补助。当扶贫干部们看到他比那些好手好脚的人还爱干活时，便将村里的一些公益工作——锄草、搞卫生、清洁水渠等——都让他来干，让他挣点零用钱。

他的小儿子才 3 岁，有着一头软软的黑发，两只眼睛又黑又亮，小巧的嘴巴很是红润，甚为机灵可爱。这孩子在灰毛衣外套了件黑色马甲，下身是蓝色牛仔裤和运动鞋，和城里孩子的衣着并无二般。在父亲的手机视频里，我看到那个小孩举着个小锄头，正认真地朝地上砍去。他的样子那样认真，绝对是在帮助父亲，而不是在玩游戏！这个小男孩像个勤劳的农民般举起锄头，手脚并用，腰杆挺直，真心实意地要给爸爸帮忙。唉！命运对这家人如此苛刻，可他们却从未抱怨，反而坦然接受，并尽力适应与改变。这些最平常普通的人，就像那些田野里的泥土，毫不起眼，但却是撑起整个世界的基石。他们应该过上更好的生活！他们配得上更好的生活！我的耳边响起彭湃在 100 年前说出的心愿——“图农民生活之改造，图农业之发展，图农民之自治，图农民教育之普及”。

（选自《文艺报》2020 年 8 月 6 日，有改动）

圆　梦

2020年底，全面脱贫攻坚战就将顺利告捷，全面小康即将在中国广袤的大地上变成现实，中华民族的千古一梦终于就要圆满实现。这是多么令人激动人心的时刻，这是多么振奋士气、鼓舞民族斗志有时多么值得自豪的时刻！梦想成真，生命出彩，让14亿人苦苦求索的美好希望与祈盼都将实现，让小康社会成为现实。这样一桩伟大的事业，在我们的作家笔下，呈现出五彩斑斓、绚丽无比的光芒。我们参与，我们见证，我们记录，我们书写，我们赞美，我们讴歌。为了这个时代，为了这个时刻，我们已经等了太久太久。为了这桩宏伟壮丽的事业，为了我们历经苦难百折不挠的人民，我们愿意付出全部的激情、热血和赤忱。歌唱祖国，赞美人民，祝福我们的伟大祖国蒸蒸日上，更加繁荣昌盛！祝福我们的人民幸福安康，生活更加富足美满！

李 迪

北京人，祖籍河北滦南，中国作家协会会员。历任云南某师文化科创作员，人民文学出版社现代部编辑，《商品与质量》周刊总编辑。1970年开始发表作品。著有长篇小说《遥远的槟榔寨》《野蜂出没的山谷》，中篇小说《这里是恐怖的森林》《黑林鼓声》《你死我活》《代号叫蜘蛛》《枪从背后打来》等，长篇传记《澳门谢硕文》。曾获首届金盾文学奖。

腾飞的十八洞村

这里是湖南湘西十八洞村。一个古老而年轻的苗族村寨。

青山环抱，绿水流翠。木楼相依，万瓦如鳞。

2013年11月3日，习近平总书记来到了这里。在村民的晒谷场上，在一棵高耸入云、有着300多年树龄的梨树下，面对围坐在身边的父老乡亲，习近平总书记第一次提出了“精准扶贫”，指导全国扶贫攻坚战。沉睡在贫困中的十八洞村，自此蝶变，张开多彩而勤奋的翅膀，飞翔在脱贫奔小康的春风里。那样耀眼，那样明亮！

十八洞村由4个自然寨组成，习近平总书记所去的寨子，因为有梨树，就叫梨子寨。

村党支部书记龙书伍说，论季节本是初冬，我们却迎来一场春风！

行走在绿水青山的十八洞村，你会时时被精准扶贫、自强不息的故事所感动。

梨花朵朵惹人爱，采撷几朵存起来……

金兰蜜的故事

扶贫工作队队长龙秀林吓了一跳！

当他就着星光走上前去，这才看清，路边黑乎乎的一堆，不是柴火，而是一个人。

天寒地冻的，这是谁呀？

还能有谁？村民说，龙先兰！

听村民讲起，龙秀林心头一沉。原来，龙先兰年幼丧父，母亲改嫁，唯一的妹妹也跟着走了。他以酒浇愁。哪儿醉了哪儿睡，吃了上顿没下顿。

这不，大年三十，家家都在忙过年，他又醉倒在路边。

龙秀林急忙抱起他，“兄弟，你醒醒，醒醒，跟我回家！”

他把龙先兰领回自己位于邻乡的家，妻子正忙年夜饭。腊肉、酸鱼、蒿草粑粑……

“哎哟，这是谁呀？”

“这是我弟弟。”

“啊？以前没听你说啊！”

“哈哈，现在说也不晚呀，他来跟我们一起过年！”

“要得，我添双碗筷！”

龙先兰愣住了。龙秀林说：“先兰，咱们一笔写不出两个龙。从今往后，你就有家了。你是我弟弟，我爹妈就是你爹妈！”说着，他把爹妈请出来：“爹，妈，你们看，我弟弟俊不俊？”两位老人一看儿子“捡”了个弟弟回来，笑得合不拢嘴，遂按苗家认亲礼，给他包了一个大红包。龙先兰再也忍不住了，泪如雨下。“爹，妈，”他大声哭喊着，“老天不公，我一再失去亲人，我没有希望，我只有喝酒，我兜里永远没有钱！现在，我又有家了，又有爹妈了！往后，我要听你们的话，听秀林大哥的话，活出人样儿来！”

打这以后，龙先兰扔掉了酒瓶。龙秀林逢人就说，“先兰是我弟”。当然，帮助龙先兰脱贫，成了他进村后百忙之外的又一忙。小伙子正当年，光打零工不行，要引导他干一番事业。龙秀林先帮他摆了个鱼摊，养鱼卖鱼，还叫妻子动员姐妹们都去买。可龙先兰天生不是买卖人，嘴笨，不久就收摊大吉。再干啥好呢？龙秀林拍着脑袋苦想。忽然，一只蜜蜂冲他一脸的汗飞来。他一躲闪，来了主意。哎，让龙先兰学养蜂行不？苗家自古就会养蜂，但都是散养，星星点点，成不了气候。如果龙先兰能办个蜂场，养成规模，采自大山的天然土蜂蜜还愁没有销路吗？到时候不怕他嘴笨，只怕供不应求！

龙秀林把想法一说，龙先兰拍手叫好，可接着又摊手为难："我跟谁学呀？再说也没本钱啊。"龙秀林说："师傅早给你请好了。本钱你还愁吗？哥有一块饼，就有你一半！"就这样，龙秀林自掏腰包，把龙先兰介绍给邻乡的养蜂专业户，并为他购置了蜂箱等物件。龙先兰嘴笨手不笨。出徒后，第一年养的 4 箱蜂就挣了 5 000 多元！他高兴得手舞足蹈，首先想到的是把本钱还给龙秀林。龙秀林说："还啥？看你那破房子，风来透风，雨来漏雨，还不赶紧翻修了找媳妇，想打一辈子光棍吗？"

到底是哥。话说龙先兰都 30 岁了，媳妇还不知在哪儿呢。十八洞村像他这样的光棍还有不少，成了扶贫工作队的心病。脱贫先要"脱单"，无家心不安。为此，工作队在村里举办了四届相亲大会。第一届举办时，龙秀林就把先兰拽去，跑前忙后给他当"媒婆"。

关键时候，龙先兰的嘴也不笨了，说我不会唱歌，也不会跳舞，但有一身好力气，哪个姑娘跟上我，我让她幸福一辈子！说完，就地 18 个俯卧撑。脸不红，气不喘，一下子就被板栗村的姑娘吴满金看上了。

姑娘看上不行，爹妈不同意。

小吴主意正。不管爹妈同意不同意，自己跑到十八洞村。两个人一起打扫龙先兰的房子，光是垃圾就装了五口袋。

龙秀林听说后，选了个好日子，带上妻子，叫上村干部，一起来到板栗村为龙先兰提亲。他对两位老人说："先兰有家啊！我是他哥，这是他嫂子，这是村主任，这是村支书。我们都是先兰的亲人，也是你们的亲人。我们真心担保，先兰是个好后生，他现在不是酒鬼了，是个养蜂能手，姑娘跟他错不了，你们二老就放心吧！”

小吴爹说：“离了窝的小鸡要自己找食，受了欺负别后悔。”

小吴妈说：“孩子认准了，我们也不是不讲理的人。”

龙秀林赶紧接上话：“二老同意啦？”

两位老人不说话。隔了一会儿，又点点头。

龙秀林小跑着回来向两个人报喜，说恭喜恭喜，好事成双啊！老人同意了，这是一喜，我刚得到消息，精准扶贫贷款下来了，每个贫困户 5 万元，这是又一喜。这下你们的蜂场可以开张了！

蜂场很快开张了！两个相爱的人从此开启了辛勤而甜蜜的生活。在两个披星戴月的身影背后，180 个蜂箱如繁星飞落在百花丛中。

当小吴准备把收获的蜜带回家给爹妈品尝时，不留神被蜂在脸上蜇了一下。

爹一看到她的脸肿了，就吼起来，我就说他是酒鬼！妈心疼地掉了泪，闺女，这婚咱不结了！

哈哈哈，小吴笑弯了腰。“你们快尝尝，这蜜甜不甜？”

两位老人蒙住了。

很快，在唢呐和鞭炮齐鸣中，龙先兰和吴满金喜结良缘。他们的蜂场产出的蜂蜜也正式命名了。啥名？夫妻俩名字里各出一字——金兰蜜！

“爱在拉萨”

“没的事。”这是龙拔二大妈挂在嘴上的话。

可是，那时候，她正“有的事”。

而且，不是一件，是三件。件件愁死人！

先是老伴病了，椎间盘突出，不能下地，不能坐，只能躺床上。地里的活儿干不了，还要看病，打针，一年要花好几千块钱。家里还有个老奶奶，日子也指望她。

再一个，家里上百只羊突然得了病，一下子全死光了。不能吃，只能埋了。龙拔二哭干了泪。埋完了，不想回家，坐在地里到天黑。

第三件，喜忧参半。或说忧大于喜。唯一的儿子杨英华，考上了华东师范大学。这是寨子里第一个大学生。乡亲们都来祝贺，龙拔二却眉头紧锁。这是要花钱的事。可是，钱呢？孩子很懂事。高中时住校，到了晚上，有钱的同学去逛街，他坐在寝室不出去。可现在不是逛街，是要真金白银，学费、生活费。

说实话，一般人都难以承受这样的压力。何况，龙拔二已经是60多岁的老人。她咋供得起呢？

她挺直腰杆，“没的事”。

偷偷地，把家里最后一头耕牛卖了。

家里本来养了三头牛。儿子上高中的时候，就卖了两头。儿子知道了，说妈你把牛卖了，咱家的地咋耕啊？她说没的事，还留着一头呢。地也不多，有一头就够了。

现在，为了给老伴和儿子凑钱，她把留下的那头牛也卖了。儿子急得哭。她说你小声点儿，别让你爸听见，他病着呢。家里的地我想办法请人帮忙。放心吧，没的事。

请谁帮忙呢？又哪儿有钱请呢？龙拔二只能自己当牛。她背着家人，买了一台便宜的旋耕机。当地人叫铁牛，类似手扶拖拉机，在机头前方安装了可以旋转的犁刀。耕地时人双手攥紧了把，掌握方向。犁刀旋转，泥花纷飞。半天下来能把人震酥。这都不说，铁牛重70多公斤，龙拔二家的地在高坡上，咋抬上去呢？

龙拔二喘了口气，没的事。她把铁牛的零件，一个一个地拆开，装进背篓里，分几次背上山。背到山上后，再一个零件一个零件地组装起来，然后就开始了一天的劳作。

到底是 60 多岁的人了，干了不一会儿就累了，一屁股坐在田坎上，看着要耕的地还没有尽头，坐着坐着，眼泪就下来了。

一天的劳作结束，龙拔二又把铁牛拆开，用背篓一次次背下山，明天接着干。就这样日出而作，日落而息，地终于耕完了。把种子和希望一起种下去，用脚蹚平。暮色四合，地里一串串歪歪扭扭的脚印。

这样的苦日子到底结束了！龙拔二做梦也没想到，有一天，习近平总书记来到村里，从此村子走上了脱贫致富之路。这里山高地少，种粮食困难，但山清水秀、风景宜人，可以发展乡村旅游，靠旅游脱贫。于是，进村的路拓宽了，家家门前铺上了青石板，村民的房屋装修好、卫浴改造好，整个村子焕然一新。节假日的时候，全村游客多时一天能有七八千人。为了接待游客，一家又一家开起了农家乐。龙拔二家当然不例外。老伴烧柴、煮饭打下手，龙拔二亲自掌勺。苗家美食棒棒哒。最多时家里坐满 10 桌客人。一拨客人走了，又一拨客人来了。龙拔二再也不用上山了，坐在家里就能挣钱。

话分两头，再说说她的儿子杨英华。时光荏苒，英华以优异的成绩在华东师范大学毕业了。这样的好苗子，市县机关早就盯上了。眼看就要跟儿子团聚，龙拔二高兴得睡不着觉。

可是，有一天，她接到了儿子的电话，妈，我要到西藏去支教，那里需要我！

龙拔二愣住了。她万万没想到，儿子不回来了，要直接去拉萨。

而且，合同一签就是 10 年！

就这么一个儿子，日思夜想的。龙拔二很揪心。“孩子，你能不去吗？”她心里翻江倒海，终于说出了这句话。

“妈，咱家现在脱贫了，生活好过了。可还有没脱贫的地方啊，我们不能忘记。多的话也没有，妈，请您原谅我！”

彻夜未眠，辗转反侧。

第二天一早，龙拔二拨通了儿子的电话——

“没的事。十八洞人的心，要像十八洞那样大!”

接到妈妈的电话时，杨英华已经踏上了前往西藏的旅程。48 小时的硬座，吃不好，睡不着。当火车翻过唐古拉山时，上吐下泻，头晕眼花。他瞬间体会到父母的担心。但是，他无怨无悔。

送走了又一拨客人，龙拔二在围裙上擦擦手。她抬起头来，遥望绿水青山。她知道，在山的那头，就是拉萨。

十八洞村的农家乐，各家的名字各家起：阿雅民宿、幸福人家、精准坪广场饭庄……

龙拔二家的最特别——

“爱在拉萨”。

回乡种黄桃

隆吉龙是村里最早去广东打工的，一去 20 年。

20 个春秋，事业有成。买了房子，买了车，结了婚，有了孩子。

现在，要舍弃这些幸福满满，重返十八洞村——那深山老林，那陡坡烂路，那养肥的猪要几个小伙子换着肩抬出大山才能卖的日子，重回记忆中这样的村庄，得要多大的勇气啊!

但是，他毅然转身。

习近平总书记在十八洞村首次提出“精准扶贫”，隆吉龙闻讯彻夜难眠。最终他说服爱人，离开繁华地，踏上回乡路，去跟村民一起建设家乡。一人美了不算美，全村都美才叫美!

下高铁后坐上长途汽车，在服务区休息时，隆吉龙在水果摊上看见了他没见过的桃，金灿灿的。

“这是啥桃?”

“黄桃。”

“多少钱 1 斤?”

“15 块。”

“啊？你卖金子呐！”

“你不买没关系，尝尝！咬一口，甜掉牙！”

隆吉龙一咬，牙还在，心甜透！

“你从哪儿进的？”

“哈哈，还用进吗？自家种的！”

“哦？你种了多少？”

“20 亩。”

“一亩能种多少棵？一棵能结多少果？”

“一亩照着小 30 棵种，一棵能结上百斤。咋的？哥，你有意种吗？”

“有意。咱们保持联系！”

隆吉龙买了一袋黄桃，就像买了一袋金子。

十八洞村山多地少，村民人均合不上一亩。种粮食只够糊口，谈不上收益。也有种西瓜或烟叶的，比种粮食好。但又能好到哪儿去呢？一亩地种西瓜，刨去成本，纯收入也就几百块钱。种烟叶也就这个价。而这两样东西都很“矫情”，种两三年必须换地方，再种下去就会生病，侍候不了。特别是种了烟叶的地，土是散的，风一吹跟沙子一样，回过头再想种玉米都不成。不少地就这样撂荒了，实在可惜。要是用来种黄桃多好啊！一棵树别说结上百斤，就结个 70 多斤，每斤也别说卖 15 块，就卖 10 块吧，那一棵树结的桃就能卖 700 多块钱。一亩地也别说种小 30 棵，就种 25 棵吧，这样一算，收入都有小 2 万！隆吉龙越算越高兴，对，回村就发动大家种起来，让黄桃成为脱贫桃！

然而，当他兴奋地把桃分给村民品尝时，各个都叫甜，可一说起种桃来，跟着要种的只有 4 家人。隆吉龙愣住了。他又把账响亮地算了一遍，听的人还是笑而不语。终于，有人说话了：“桃三杏四梨五年，挂果不是短日子，中间树要有个病灾啥的，地就废了。”又有人说：“我家的烟叶正绿着，挣多挣少的，当年就见钱。还有人说，咱这地方以前从没种过这个，谁知这金贵东西水土服不服?”隆吉龙明白了，黄桃究竟咋样，谁心里也没底。我说出花来，不如种出果来。他说：“这样吧，我家有几亩地，我先种起来给大家当样子！我也提个主意，谁家愿意把地流转给我种黄桃，你地里原来种的东西每亩纯收入是多少，我现在就给你！或者干脆，旱地每亩给400元，水田每亩给600元，签下合同按年给，所有风险我承担。无论如何，一定要把黄桃种起来！春天有花看，秋天有果吃，吸引更多游客来十八洞村，为咱点赞，也给咱送钱！”

话音落下，一片叫好。

连家里的带流转的，隆吉龙拿出打工攒下的辛苦钱，种了100亩黄桃！

农谚不虚。第三年，挂果了！

隆吉龙听了卖桃人的话，树壮果肥。他把刚挂的果全打了，再养一年树。

第四年，黄桃大丰收，金铃满坡摇。

村民们眼见为实，大呼小叫，我要种黄桃，我也要种黄桃！隆吉龙跑前跑后，买苗送苗，指导栽种。

黄桃处处开花，村民张张笑脸。

村委会换届，村民一致选举隆吉龙当主任。

当上村主任，隆吉龙和村干部们为发展十八洞村要做的事，比树上的黄桃还要多——

要把飞虫寨到当戎寨的路修通，这条路村民盼了20年；要把青石板铺到田间地头，方便村民雨天下地，更为发展休闲观光式农业打下基础，让游客畅游绿水青山，分享春种秋收的快乐；哦，最重要的旅游项目是开发村里的大溶洞——那个溶洞，大洞套着十八小洞，号称夜郎十八洞，也是本村美名的来由……

忙了一天的隆吉龙走在回家的路上，边走边盘算，如同当初走在回乡的路上……

（选自《人民日报》2020年5月6日，有改动）

秦 岭

一级作家，居天津。代表作有《皇粮钟》《透明的废墟》《不娶你娶谁》《幻想症》《走出“心震”带》等。小说5次登上中国小说排行榜，作品3次入选全国“好书榜”，曾获《小说月报》百花文学奖等10余种。有20多篇散文纳入大学、中学阅读试卷或范文。

蝶变元古堆

“定西苦甲天下。”老话了。

但是，同样的老话“元古堆苦甲定西”，也许只有定西人才知道。村穷与民苦，是元古堆穷根上结出的两个苦瓜。

“一元复始，千古一变。”元古堆神奇的蝶变始于2013年腊月二十三，也就是中国传统节日：农历小年。那天，中共中央总书记习近平来到了高高的元古堆。在元古堆，心系着贫困群众的习近平总书记，访贫问苦，殷殷嘱咐干部群众：“咱们一块儿努力，把日子越过越红火。”

元古堆的脱贫攻坚由此全面提速。元，有了肇始之意；古，有了旷远之释；堆，有了夯筑之势。

“南有十八洞，北有元古堆。”几年间，蝶变的元古堆像一曲韵味浓郁的“甘肃花儿”，唱响了大江南北。

从“苦甲定西”到枯木逢春

元古堆这个名字，乍一听，疑似古风浩荡，遗韵盎然，其实它早先叫圆咕堆。

“咱不是穷幽默，只因咱村50岁以上的文盲、半文盲太多了。元字比圆字少了些没用的皮子瓤子，古字比咕字还少了一张吃饭的嘴哩。”一位老人对我说完，随口唱起了“甘肃花儿”中的《穷人歌》：“穿了个烂皮袄呀，虱子比虮子多。搭到那墙头上呀，麻雀儿垒了窝。世上的穷人多，哪一个就像我……”

有元古堆“小百科”之称的村主任郭连兵对我讲：“过去，中国最穷数甘肃，甘肃最穷数定西，定西最穷数渭源，渭源最穷数田家河乡，田家河乡最穷数……唉！”郭连兵的罗列和对比，像极了一位饱经风霜的历史老人守着古老的石磨筛玉米粉，筛完头遍筛二遍，筛完二遍筛三遍……

剩下的最后一撮秕糠，成了“元古堆苦甲定西”的注解。

而农业专家是这样对我讲的：“只有元古堆脱贫了，定西才算真脱贫；只有定西脱贫了，甘肃才算真脱贫；只有甘肃脱贫了，中国大概就真正脱贫了。”

元古堆—定西—甘肃—中国，这几个关键词构成了共和国脱贫攻坚历史上一个绵长而特殊的链条。

作为行政村，元古堆由元一社、元二社、穹地社等13个自然村组成，总共447户1 917人。“三里不同天”，所有的自然村被黄土丘壑阻隔、切割得支离破碎，孤零零地掖在漫长岁月的深处。

2012年底，元古堆有低保户151户491人，五保户8户9人，扶贫对象221户1 098人，贫困面达57.3%。人均从农业产业中获得的收入仅为660元，全村农民人均纯收入仅为1 465.8元。

“有女不嫁元古堆。”当年，元古堆的光棍就有40多个。

大年小年都是年，但所有的元古堆人都记住了2013年的农历小年。瑞雪过后的上午，村口来了一拨轻车简从的人。村民们一眼就认出来了，走在前面的就是中共中央总书记习近平。习总书记看望了80岁高龄的老党员、贫困户马岗和群众，还嘱咐大家共同努力，摆脱贫困，争取早日过上好日子。

图 1　元古堆位于甘肃省定西市渭源县田家河乡，地处海拔 2 400 米的山区，总面积 12.4 平方公里。这里高寒阴湿，沟壑纵横，是著名的深度贫困地区。脱贫攻坚后，元古堆发生了翻天覆地的变化，荣列甘肃省十大美丽乡村。左图为今日的元古堆，右图为元古堆旧貌

从此，13 个自然村，变成了脱贫攻坚的 13 个主战场。“众人拾柴火焰高”，国务院扶贫办将渭源县确定为直接联系县，为元古堆下派驻村帮扶工作队队长并担任村党支部第一书记。省、市、县、乡共同发力，组建了驻村帮扶工作队。田家河乡先后选派 4 名副科级干部、副科级后备干部担任村党总支书记，形成了领导带头、单位牵手、干群联合、社会助力的扶贫开发新格局。

“扶贫工作务实、脱贫过程扎实、脱贫结果真实。”按照习近平总书记确保“三个实”的要求，脱贫攻坚如火如荼展开：工程，项目，产业，美化……小阵地，大阵地，大会战，小会战。

“梧桐引得凤凰来。”元古堆的小伙子终于不用当光棍了。

青年农民陈广明的媳妇杜文文就来自被誉为“陇上江南”的天水。听说我也是天水籍，杜文文说：“当初我要嫁到元古堆，把咱天水的亲友吓坏了。他们来元古堆看过后，才晓得嫁对了。”

2016 年，在第二届“绚丽甘肃 · 美丽乡村”评选活动中，元古堆荣获甘肃“十大美丽乡村”称号。

“咱元古堆枯木逢春！这是借了脱贫攻坚的东风。”村民杨树才说。

6 年多来，元古堆跨过了脱贫攻坚的“硬杠杠”：“两不愁三保障”。整体搬迁后的元古堆小学不光新增了幼儿园，教学及办公用房增加到了 1 210

平方米，建档立卡在校学生 111 人，入学率达 100%；新建医疗卫生室占地 60 平方米，贫困人口家庭“一人一策”签约率达 100%；脱贫户年人均纯收入达到 3 500 元，建档立卡贫困户年人均可支配收入达到 6 970 元，全村年人均可支配收入达到 10 085 元，6 年增加近 6 倍。

也就是说，元古堆整村脱贫提前 2 年实现。

高高的元古堆，一跃成为全国脱贫攻坚示范村之一。

“您知道‘北元南十’吗？”有村民故意考我。

图 2　作家秦岭给元古堆小学学生讲课

我马上反应过来，元，指元古堆；十，指十八洞。十八洞村位于湖南省湘西土家族苗族自治州的花垣县。2013 年 11 月，习近平总书记在十八洞村考察调研时，首次提出了“精准扶贫”。在精准扶贫的步履和成效上，元古堆和十八洞既有神奇的相似性，又各有千秋。

2019 年 3 月 7 日下午，习近平总书记来到全国人大甘肃代表团参加审议，当天第一个发言的就是定西市委书记唐晓明。他向总书记报告，元古堆村去年已经整体脱贫，引洮二期工程正在加快建设。

元古堆，这是总书记十分牵挂的地方。

共和国大地上的两个村庄，一个在陇中，一个在湘西，一北一南，犹如一曲跨越万水千山、遥相呼应的合唱。

踏平坎坷成大道

路，是要用脚走的；脚，是要穿鞋的。

没错！提起元古堆早先的道路，元古堆人首先想到的是岁月深处的一种鞋——牛皮窝子。

一尺半见方的一张牛皮，用温水泡软后，沿边打好孔，先把脚踩上去，再四角对折至脚踝，于是牛皮形成一个“窝子”。下一步，细麻绳穿孔而过，轻轻拢住四角，然后往“窝子”里塞燕麦草，直到燕麦草填实了牛皮与脚之间的所有空间，再一点点抽紧麻绳，最后在脚踝处束一个活口结……至此，人脚变成了一个巨大的“牛蹄子”。

因为穷，也因为元古堆的“晴天扬尘路，雨天烂泥路，冬天溜冰路”。

某自然村一户村民的小娃儿得了急性脑膜炎，心急如焚的家人和邻居送娃儿去会川镇抢救，架子车却深深陷入烂泥里。娃儿最终失去了最佳的抢救时限，落下了终身残疾。

天气稍一变脸，元古堆的当归、党参、黄芪等中药材就运不出去，外地的客商也进不来。

在老支书刘海东家，我见到了他当年陪同习近平总书记考察元古堆时的照片。他说：“习总书记离开元古堆不久，咱村的修路战役就打响了。”

84 岁高龄的朱桂英老人对我说：“修路时，征用了我家的一些耕地，我就给后人娃娃们说了，咱一分钱的补偿都不要，就要一条好路。”

“打仗亲兄弟，上阵父子兵。”但当年的村党总支书记、包村干部吴海娟却给我介绍了一对“父女兵”——梁上社社长白海红和女儿白月娥。

56 岁的白海红是元古堆的老党员、老社长。修建梁上社主干道时，白海红因劳累过度，再加上肺炎复发，先后 4 次在会川镇医院接受手术治疗。他听说工程因征用部分村民的耕地和补偿问题而受阻，出院第二天就在女儿白月娥的搀扶下，拄着拐棍进东家门、出西家院做动员。白海红说话吃力，白月娥就在一旁帮腔。

“脱贫攻坚越到紧要关头，越要坚定必胜的信心，越要有一鼓作气的决心，尽锐出战、迎难而上。”习近平总书记的话语振奋人心。

“踏平坎坷成大道。”不到 3 年，元古堆完成通村道路油化 13.5 公里，硬化社内巷道 16.99 公里，实现道路硬化全覆盖。

修长、笔直的行道树分立道路两旁，清风徐来，树叶婆娑，如吟如歌。一个个司机紫铜色的脸上洋溢着自豪的表情，一看，就是元古堆人。如今全村拥有各类小轿车 90 辆、客货两用小车 43 辆。路的前头，是梦一样的远方。

村头，一座漂亮的客运站，平地而起。

“咱村，有一站哩。”在元古堆人眼里，这是尊严的回归。

在水一方

水，生命之源。

元古堆在渭源——渭河的源头，却偏偏与渭河“擦肩而过”，不光被崇山峻岭远远“甩”到了洮河流域，而且位居洮河流域的偏远地带。毗邻的索爷林山、包家屲坡尽管富含水源，却因矿物质复杂，不能成为生活用水。

村医张桂峰说：“早先元古堆人的饮用水问题比较多，全村患有‘大脖子病’、‘大骨节病’、克山病等地方病的村民比比皆是，30 多年前普查获知的 50 多名地方病患者，如今还有 10 人。”

有一年，某自然村一家农户办婚宴，几位远道而来的亲戚主动承担了担水的活儿。其中一位亲戚正在挑担爬坡，正好迎面下来一只毛驴。驴刚刚和他“擦肩而过”，突然后蹄子凌空一蹬，当场把亲戚踹了个人仰马翻，连人带木桶直滚到坡底。人，顿时头破血流；桶，当场四分五裂。

“幸亏抢救过来了，差点‘红事情’就变成‘白事情’了。”村民聊起这件事，至今心有余悸。

一盆水，往往“一水四用”：第一遍，洗菜，然后沉淀；第二遍，用沉淀后的水洗碗，然后再沉淀；第三遍，用沉淀后的水洗脸，然后再沉淀；第四遍，用沉淀后的水饮驴，然后……水就没了。

缺水是贫困之源，治贫就要引水。

在苍茫的三千里陇原，谁不知道引洮工程？

1958 年，引洮工程开工建设。限于技术水平和经济条件，1961 年，工程被迫停建。

2006 年 11 月，引洮工程再次启动。

2013 年，在考察定西市渭源县引洮工程时，习近平总书记强调："民生为上，治水为要，要尊重科学、审慎决策、精心施工，把这项惠及甘肃几百万人民群众的圆梦工程、民生工程切实搞好，让老百姓早日喝上干净甘甜的洮河水。"

2014 年引洮工程全线正式通水时，元古堆人已经提前饮用了整一年。

自来水进村了，用元古堆人的话说，就是"感觉身上的气血两旺了"。

"一水兴六畜。"分散在元古堆农户家的 500 多头大家畜——犏牛、骡子、毛驴……从此摆脱了饮用不洁水的历史。

南山上，绿意盎然，云岚飞挂。3.8 万只放养虫草鸡吃完虫子，品完青草，该喝水了。老远望去，漫山遍野的鸡向水槽聚拢过来，像条条长龙上波光粼粼的片甲。

"一水兴百业。"元古堆以百合农民专业合作社、种植农民专业合作社、兴元苗木繁育专业合作社等 5 个合作社为平台，大力发展第一、第二产业，这些产业，因水而生，因水而兴，因水而旺。

那天午后，我在一家农户饮过一次酒，品牌曰：元古堆。

"这酒咋样？"村民问我。"好酒。""水好了，酒就好。"

酒，以水为媒；水，以酒为荣。喝元古堆酒，别有一番滋味在心头。

安得广厦千万间

"舅舅看妈喊妹哩，妈在山后装蒜哩。"洋蒜装是装，装不住的却是眼泪。茅草屋檐下，土坯破炕上，根本容不下一个娃他舅。

2013年以前，元古堆有C级危房115户，D级危房223户，危房户数占全村农户数的69.1%。如此规模的危房数量，在当时的渭源县已经罕见。

“共圆安居梦。”2013年，元古堆的危房改造战役全面打响。

“这项工程，是精准扶贫工作的重中之重，也是我们面向2020年‘迎大考’。”当年的元古堆村党总支书记、田家河乡政府干部黄满强说。

元古堆在加快3个集中安置点建设的同时，协调甘肃酒泉钢铁集团有限责任公司投资145万元对集中安置点进行了坡屋顶改造，修建了130套安置房，并为每户配套建设52平方米养殖圈舍，配套建设62个养殖暖棚，扶持农民发展养羊业。

元古堆人习惯把那130套漂亮的安置房，叫“新农村”。

在脱贫攻坚的“硝烟”中，共建设、改造危旧房屋338户，“五保老人”集中供养8户。

当年的村党总支书记、田家河乡政府干部贾元平告诉我：“为了做通下滩下社某一家农户的思想工作，驻村工作队登门拜访不下五六十次。”他说：“阻力不止这些，不过，办法总比阻力多。”

元古堆的村史馆里，分栏目陈列着几个大板块，展示着元古堆危房改造前后的变化。两相对比，分明两重天。

2017年6月23日，习近平总书记在山西太原主持召开深度贫困地区脱贫攻坚座谈会，定西市委书记唐晓明是11位发言代表之一，他说，总书记问得很细，十分牵挂。

那次会上，习近平总书记强调：深度贫困地区脱贫攻坚是这场硬仗中的硬仗。我们务必深刻认识深度贫困地区如期完成脱贫攻坚任务的艰巨性、重要性、紧迫性，采取更加集中的支持、更加有效的举措、更加有力的工作，扎实推进深度贫困地区脱贫攻坚。

“会当凌绝顶。”高高的元古堆东侧山梁上，有一个精致的观景台。

观景台距离新建的300千瓦光伏电站不远，飞檐展翼，四角翘翅，如天地之间的一处琼台玉阁，朝迎日出，暮送晚霞。每次登上观景台，我都要放眼远眺元古堆。

视野里，最醒目的是山下的元古堆村貌：那温婉的一抹抹的白，是墙面；那热烈的一片片的红，是屋顶。新培植的景观树和花草，把红白相间的新居烘托出百花盛开的模样……

走进村民王焕平家的院子，首先扑入眼帘的，竟然是一棵又高又大的百年白牡丹，这样的“艳遇”让我始料未及。

王焕平的母亲说：“其实，早先还有一棵黑牡丹哩。姊妹牡丹开花的时候，半个村子香哩。”我暗吃一惊，问：“那……黑牡丹呢?”

王焕平的母亲表情黯淡下来，说：“都挖掉 20 多年了，原地苫了两间土坯房。早知如今有好院子好房子，说啥也得让那棵黑牡丹留下来。”

当初挖掉黑牡丹，是因为房子；如今保护白牡丹，也是因为房子。

“咱都是股东”

“你们当中，有在企业里当股东的吗?”

那天和元古堆的部分村民围炉夜话时，我随口问了一句。

“咱都是股东。”回应几乎异口同声。

后来我看到一段录像，录像反映的是元古堆 2018 年度产业带动暨企业入股分红大会的盛况。一些村民在文化广场排成了长队，有的在等待分红，有的在确认合同，有的在领取现金。广场中央的桌子上，100 元、50 元、10 元的钞票码得整整齐齐，像一溜儿长长的“长城”微缩景观。

股东是谁? 元古堆的村民。那次分红大会，共有 7 家企业、合作社为 444 家农户分红，分红总额达到 51.7 万元。

2013 年是元古堆人身份大转换的“元年”。有人戏言：“那一年，咱元古堆差点叫成了元股东。”

提起刚刚入股的情景，下滩上社的建档立卡户郭春辉至今记忆犹新。

当时，张婉婷、张军平、黄满强等驻村、包村干部和刘海东等人挨家挨户讲政策，动员村民自主选择村里的企业入股，可他就是听不进去。“我当时忽视了一点，那就是脱贫攻坚的大背景和扶贫助困的政策。”

郭春辉共拿出3 000元的存款，他担心“在一根绳上吊死”，分别在砖厂入股500元，在砂场入股500元，在圣源公司入股2 000元。

“现在看来，我当时购买的股份太少了。人没有前后眼，如果有，我会多买几股。”郭春辉对我说。

下滩下社的黄郁春拿出了2 000元，入股砂场、砖厂；土城门社的王喜俊拿出了2 000元，入股砂场、砖厂、矿泉水厂；元五社的张云财拿出了700元，入股矿泉水厂、农光互补羊肚菌种植标准化产业基地；鸾地社的……

元古堆人把这种入股方式，叫“公司+农户+现金入股”模式。也就是说，由公司建成经济实体，吸纳群众资金融资发展优势产业。

村民闫霞亮入股入的不是资金，而是家里的羊。入股协议上，白纸黑字：每只羊年分红160元，每年按股份的20%分红。

这种以羊入股的模式，元古堆人谓之“公司+农户+羊只入股”模式。这一模式已带动全村172户投入472只羊，企业每年为群众发放入股分红8.35万元。这其中有40户贫困户，每户年分红1 000元。

村民把这种增收方式，叫“‘羊’关大道”。

民宅也能入股。马琴芳投资40多万元创办“农家乐”时，就是看准了3家农户住宅周边的环境优势，在她的动员下，3位户主慨然同意。“农家乐”开张之后，马琴芳每年给3位股东分红5 000元。

圈舍——元古堆人口中的羊圈，也能入股。

率先以羊圈入股的，是村支部副书记董建新。在他的带动下，62户农户的闲置圈舍作为资产全部入股元古堆良种羊繁育合作社，由合作社集中使用并带动分红。“圈舍入股”每年向农户分红3.72万元，农户户均年分红600元。

一个个圈舍，终于全部盘活。最终盘活的，是“圈舍入股”模式。

而土地入股，农民由此变成了另一种股东，这种模式叫“公司投资 + 农户土地入股”。截至 2018 年底，元古堆整合闲置、荒芜土地 300 亩，先后有 128 户农户的土地入股到甘肃田地农业科技有限责任公司。

“入股，就是当土地的主人哩。”一位村民说。

改厕“短平快”

2017 年 11 月，习近平总书记再次就“厕所革命”做出批示：坚持不懈推进“厕所革命”，努力补齐这块影响群众生活品质的短板。

元古堆的“改厕”可谓“短平快”，只用了 5 个月，就宣告凯旋。

早先在元古堆，“出恭”之处谓之“三茅”：茅子、茅坑、茅房。

无论有坑无坑、有房无房，都可以统称为茅子。有坑无房，就不能叫茅房，有房无坑，就不能叫茅坑。无坑无房，就只能叫茅子。

很多农户家的猪圈就在茅房内。人和猪面对面，眼对眼。

“白天蹲茅坑，夜晚蹴尿盆。”一屋子的臭。

茅坑变厕所，谈何容易！

“厕所革命”之初，很多元古堆人不敢相信自己的耳朵：“是城里人的那种厕所？”也有坚决反对的。“风水先生说了，动茅坑要看黄道吉日哩。”

“茅坑变厕所，我惜疼那一坑好粪，我要靠粪务庄稼哩。”

实际上，脱贫摘帽之后的元古堆，早已成立了 5 家农民专业合作社，其中养殖业 2 家、种植业 3 家，特别是通过大力发展以中药材当归、党参、黄芪为主的种植业，多数农户家的土地得到合理流转。另外，“改厕”不仅不是“一刀切”，而且也照顾到了部分农户的积肥需求，更何况“改厕”成本有财政补贴资金，可一些人就是走不出传统思维和生活惯性。

不少农户终于在等待观望中转过弯来，工程队趁热打铁，及时跟进。“改厕”每成功一处，就像“样板间”一样向全体村民进行展示。

我曾走进 20 多户家庭，家家都有了新式厕所。

大石头河畔

流经元古堆的大石头河，如今成了元古堆的又一张名片。

董建新说：“习近平总书记说过‘我们既要绿水青山，也要金山银山’。我们坚持山水田林路草综合治理，投资 132 万元实施了元古堆小流域水土保持综合治理工程，完成生态造林 5 900 亩，营造乔木林 750 亩，实施退耕还林 1 194. 3 亩，建设封禁围栏 10 公里，如今山青了，水绿了，在青山绿水中，大石头河更像一条河了……”

曾几何时，大石头河畔垃圾遍地，各种废旧塑料袋、地膜在墙头、树梢随风招摇，这一切在《田家河乡元古堆村美丽乡村规划》实施之后，全被送进了历史的“垃圾箱”。

一位妇女对我讲，有次她领着宠物狗沿大石头河遛早，发现河滩上有几只白鹭，长腿，雪白的身子，黄黄的长嘴巴尖尖的。她赶紧停下来，担心把白鹭惊着了。她万万没有想到，小狗也像通人性似的，乖乖趴了下来，一动也不动。

2019 年 7 月，大石头河畔迎来了一场轰动全国的赛事——马拉松。

那天，在“西北花儿皇后”——渭源县峡城乡门楼寺土牌村民间花儿歌手汪莲莲的歌声里，来自英国、北京、广东、福建、山东、四川、湖北等地的 1 000 多名长跑健儿云集元古堆。

元古堆既是起点，也是终点。

每当华灯初上，大石头河畔变成了“不夜城”，元古堆的舞蹈队翩翩起舞。

“你是我的小呀小苹果，怎么爱你都不嫌多……”跳起来，舞起来，动起来，唱起来，乐起来，笑起来……

那灵巧的舞步，因为带着行走山川大地的笃实而显得别有韵味；那挥舞的双手，因为留有当归、百合和庄稼的余香而显得分外曼妙；那一张张笑脸，因为经过风吹日晒而显得更加本真，更加妩媚，更加灿烂。

“万事开头难。”2016 年，安晓东等包村干部决定以元古堆妇联为依托，组建元古堆表演健身广场舞队伍，结果报名者寥寥无几。村妇联主席王调香尽管预料到了这一点，但她没想到连她的闺蜜也坚决不答应。她挨家挨户做思想工作，却往往吃了“闭门羹”。媳妇姑娘们给出的理由五花八门：

“那是城里女人跳的，咱乡里人跳那干啥？”

“咱是种地的身子，跳舞难看死了。”

……

包村干部管娇娇、鲁文霞、边亚琴当起了“领头羊”，率先跳了起来。

媳妇姑娘们渐渐心热了，先是好奇、围观。终于，下滩下社妇女乔淑琴开始跳了，下滩上社妇女漆雪琴开始跳了……30 个、40 个……5 支舞蹈队横空出世，分别是阴屲社、元一社、元二社、元三社、元四社舞蹈队。

村两委还重组了 3 支社火队，并纳入文化扶贫范畴，每年都要举办声势浩大的元古堆文化艺术节……

元古堆开辟了历史的新纪元！

习近平总书记指出：“打赢脱贫攻坚战，中华民族千百年来存在的绝对贫困问题，将在我们这一代人的手里历史性地得到解决。这是我们人生之大幸。”“不获全胜，决不收兵！”

大石头河涛声依旧，人们的梦想如彩蝶新飞……

（选自《求是》2020 年第 11 期，有改动）

蒋 巍

辽宁营口人，1947 年生，中国作家协会全国委员会委员，中国作协创作研究部副主任。曾任《小说林》总编辑、《诗林》总编辑、《文艺报》副社长。代表作有长篇小说《海妖醒了》，网络体长篇小说《今夜艳如玫瑰》，长篇纪实文学《红色福尔摩斯》《渴》，散文集《我是个才华横溢的家伙》等。曾连获全国第二、三、四届优秀报告文学奖，另有小说、散文等作品获各类全国征文奖。

杨家沟巨变

一

你晓得天下黄河几十几道湾哎？
几十几道湾上，几十几只船哎？
几十几只船上，几十几根竿哎？
几十几个艄公吆嘀来把船来搬？
……
陕北汉子一声吼，扬起黄河万丈潮。

黄土高原是中华民族的历史见证。漫长的时光流淌过这片土地，冲决出纵横交错的千沟万壑，刻下道道文明的足迹，给记忆留下层层年轮。

那些日子很久远了，如今 92 岁的老乡蒋志明依然清晰记得，毛泽东同志穿一身灰蓝旧军装，骑着白马和一群战士路过他家窑洞门前的情景。因为雨后路滑坡陡，马走不动了，毛泽东同志和年轻战士们一起牵着马匹前行。后来人们知道了，那会儿这片黄土高原和这里的人民张开深情的怀抱，悄悄守护了一个与中国命运有关的秘密——米脂县杨家沟村。

毛泽东同志当时给自己起一个化名“李得胜”。他弹弹烟灰，笑说，“李得胜”者，谓之占得天下公理必胜也。

初冬的一天傍晚，杨家沟坡上的一孔窑洞中，毛泽东同志一手夹烟，一手提着马灯，正在仔细研看军事地图。这时，西北局书记习仲勋同志领着一位穿黑棉袄的年轻人走进窑洞，介绍说，主席，这是佳县县委书记张俊贤同志，他来杨家沟开会，特意来看看您。

毛泽东同志赶紧下炕，笑着说：“小张同志，你领导了我几十天，管吃管住，真是好县委书记哟！”张俊贤同志不好意思，紧紧握住主席伸过来的大手说：“哪里哪里，是主席领导得好！”

毛泽东同志没有忘记，他率部转战到陕北佳县，最后 3 天大军断粮了。习仲勋同志找到张俊贤同志，要他一定想想办法。张俊贤同志问，要多少？习仲勋同志说，12 万斤。

对于只有不到 10 万人口的佳县来说，这可是天大的数字！张俊贤同志想了想，说：“把全县坚壁的粮食都拿出来，够一天；把地里的苞米谷子青稞都割了，能吃一天；把全县的羊和驴都杀了，还能对付一天！”

毛泽东同志听说此事后，落泪了。3 天后，中共中央机关顺利转移到米脂县杨家沟村。也正是在佳县的黄河岸边，李有源唱出了中国人民的伟大选择：“东方红，太阳升，中国出了个毛泽东……”

中国共产党及其军队为人民求解放，付出了巨大牺牲；亿万人民群众为支援革命，最后一碗米送去做军粮，最后一尺布送去做军装，最后的老棉被盖在担架上，最后的亲儿郎送到战场上……

1948 年 3 月 21 日，毛泽东同志率中共中央机关离开杨家沟，东渡黄河，前往晋绥。解放全中国的伟大号角，从此响彻大江南北……

时光飞逝。2017 年 7 月 1 日，陕北汉子朱兆飞站在杨家沟的高坡上，望着山上山下一排排古老的窑洞，抚今追昔，心潮澎湃。此刻，他将投入到中国大地上另一场伟大的“战役”——脱贫攻坚大决战中去。

二

2017年6月29日，榆林文化旅游产业投资公司的会议室，气氛有些紧张。此前，书记朱兆飞主动报名参加扶贫工作，经市领导同意，委派他出任米脂县寺沟村（后与坡上的杨家沟村合并为一个行政村）第一书记。董事长李军召开公司全体员工会议，说，扶贫工程的重要意义大家都知道，但长年扎根农村帮贫扶弱不是件容易事，全公司都是朱书记的坚强后盾，要人要钱，朱书记说了算，点谁是谁！

很快，两名青年助手选定。当天上午10时，3人乘车向80公里之外的杨家沟出发。那天大雾，崎岖的山路在雾中蜿蜒盘旋。车上，朱兆飞给两个小青年做了一番动员，还特别强调，咱们一定要扶真贫、真扶贫，扎下去就要做好吃苦的准备，打不赢这场攻坚战决不收兵！

朱兆飞，1965年生，英眉朗目，白面长身，当过兵，做过《榆林日报》记者、榆能集团党委副书记等职。谁都没想到，朱兆飞会主动向市领导提出，希望下村去当第一书记。文件一下来，公司同仁、家人朋友莫不大吃一惊。榆林市米脂县作为国家扶贫开发工作重点县，之前脱贫工作开展不顺，效果一直不佳。不久前，榆林市委领导班子做了调整，对扶贫工作重新安排，并立下军令状，要求全市贫困县区一定要在2019年全部实现脱贫摘帽。政令如山，压力骤然加大，52岁的朱兆飞选择去米脂县寺沟村当第一书记，无疑是临危受命。

爬坡过沟，颠簸一路，小车驶进杨家沟的寺沟村。头天刚下过雨，地面泥泞不堪，朱兆飞干脆卷起裤腿，把鞋袜脱了，赤脚上阵。他爬到高坡上纵目四望，远近的高塬深沟裸露着层层黄土。村民们大都是老人，面色黝黑，衣衫陈旧，有的在劳作，有的在闲逛。一些泥头花脸的孩子围过来，好奇地瞅着他们。眼前的一切仿佛一张发黄的老照片，显得苍凉、沉寂。走进村部，镇里、村里的干部们正忙成一团，填写村民家庭经济档案表格，细项之多，令朱兆飞等人惊讶不已。看村干部们太忙，朱兆飞和村支书蒋志格、村主任刘伟周进行了简单交流之后，便下去走访农户。

据统计，寺沟村共 98 户人家，其中有 24 家贫困户。面对贫瘠的山村，该怎么办？沉甸甸的使命，山一样压在朱兆飞的心头。

图 1　朱兆飞（左一）在田间地头与村民攀谈

三

2019 年 10 月，我到杨家沟采访，在路口随便找了十几位村民，坐在石头上聊天。一位年过六旬的村民说他叫张万金。我说，这名字好富贵呀！他说这是他奶奶给起的。父亲那辈四兄弟，名字中分别有“荣华富贵”四个字；到他这辈，名字中分别有“钱金银喜”四个字。他是老二，故名张万金。这里的百姓，勤劳坚韧，希望能用自己的汗水和双手，换来富足美好的生活。取名万金，也是长辈对孩子未来的美好期望。奶奶还给他起了个乳名叫“摇钱儿”，即“摇钱树”的意思。

“摇钱树”只是一个美好的愿望吗？不。为人民谋幸福，为人民种下“摇钱树”“幸福树”的实践，正在轰轰烈烈的脱贫攻坚中一步步完成。朱兆飞来到杨家沟，要办的就是这件事。

很快，朱兆飞走遍了沟沟坎坎、家家户户，先召开全村党员会，征求意见；又召开村民代表会，听取民意。老乡们你一句我一句，意见纷纷。一个严峻的现实摆在朱兆飞眼前：农村改革初期包产到户，极大激发了农民的劳动积极性，解决了当地人民的温饱问题。但这种个体分散的生产方式，也逐渐使得农村集体经济失去了活力。贫困户很多因孤寡、老弱、病残致贫，靠“大水漫灌”的方式，根本无法完成“不能落下一个贫困家庭，丢下一个贫困群众”的要求。

深山朗月，灯光如豆。连续几个不眠之夜，朱兆飞苦苦思考杨家沟的脱贫之路。贫困户靠自己的力量难以翻身，平均分钱的办法也不行。能不能把他们拢到一起干点大事呢？蓦然间，他的脑子里跳出一个创想：杨家沟地理环境独特，革命历史底蕴深厚。可以利用好杨家沟的自然资源，把“红色旅游”和“绿色经营”结合起来，将一家一户的扶贫金集中起来投入新产业。朱兆飞感觉思路渐开——把土地、圈舍、基础设施折合成集体资产，实行集体控股、个人分红，这样可以很好地帮助贫困户们摘掉贫困帽，走上致富路。

找到新思路，朱兆飞振奋不已，思绪如潮。在扶贫日记里，他对这个创想进行一次次论证和丰富。字里行间，充满着热情，充盈着干劲。

在朱兆飞的设想里，发挥好集体经济的作用，是重要一环。

以朱兆飞多年的企业管理经验，他选择了一个当初让村民们抵触、如今令村民们惊喜的绿色产业——养殖本地特有的黑毛土猪。

没资金怎么办？政府投资需要考察、报告、审批等环节。但脱贫工作，时间紧，任务重，需要打开思路找财源。后来，朱兆飞的好战友——榆林文旅公司董事长李军对他的创想大加赞赏，当即决定公司先投 10 万元。

朱兆飞和助手再次走进贫困户的窑洞，热情宣讲“红色旅游 + 绿色经营”的“双轮驱动”方案。哪承想，老乡们还是冷脸如霜，眼睛望着窗外。你们是不是给杨家沟画了个“大饼”啊？再说黑毛土猪生长慢，存栏时间长、成本高，卖不上价钱，还不亏个底儿掉？

朱兆飞明白，老乡们相信耳听为虚，眼见为实。听口号没用，关键得看行动。那就干起来看！

文旅公司的 10 万元扶助资金到账，4 000 平方米的养殖场地点选定，建筑工程队的数台挖沟机、推土机、运输车，轰轰隆隆进村开工了。为节省资金，养殖场以及规模较大的通路、通电、通水、办公区和饲料加工间等设计方案，都在朱兆飞的扶贫日记上一笔笔勾画出来，连门窗大小、台阶尺寸都标得一清二楚。有些原材料一时买不起，就东借西凑——200 根钢管就是从一家公司借来的。一时间杨家沟成了大工地，到处机声隆隆，热火朝天。

朱兆飞天天在工地上摸爬滚打，满身土，两脚泥，一块砖是否砌整齐了都要严格把关。一开始，村民们都远远地看着。后来，几位老党员、村干部被感动了，默默进场帮忙。再后来，全村男女老少，带上铁锹、扁担、水桶都赶来了。钱不够了，老支书巩玉智、村支书蒋志格、老党员姜建生先后送来 1 万元现金，说这是他们自家的积蓄，先拿去用吧。70 多岁的老贫困户王有冻也送来 5 000 元，说要入股。老人家真诚地说："你们实打实干起来了，我放心。"

村里有位聋哑青年小蒋，与人交流的唯一方式就是微笑。走访蒋家时，朱兆飞了解到，小蒋有个弟弟，因过失犯罪进了监狱。兄弟俩感情深，小蒋每每看到弟弟的照片便泪流不止。朱兆飞想，扶贫要暖心。2017 年 10 月 31 日，他开车拉上小蒋，去榆林监狱探望他的弟弟。兄弟俩见了面抱头痛哭，朱兆飞和在场狱警也不禁流泪。朱兆飞说，现在国家对杨家沟展开大规模扶贫工作，你在狱中要好好改造自己，争取立功减刑，早点回村创造自己的新生活。小蒋的弟弟抹着眼泪道，谢谢朱书记对我的关心爱护，今后您看我的行动！

杨家沟的变化和朱兆飞的付出感动了小蒋。此后每次见到朱兆飞，他都笑呵呵地竖起大拇指。不同的季节，他还会从山上采来不同的水果，红苹果、黄梨、红枣等送给朱兆飞。小蒋没上过学，只会写自己的名字。有一天他把朱兆飞拉进办公室，在一张纸上认认真真写下“朱兆飞”三个大字，然后指指院子里的公示板，开心地笑起来。显然，这是他从公示板上一笔一画学来的。数天后，工地上一个焊工病倒了，小蒋抄起家伙就干，朱兆飞和村民们这才发现，小蒋竟然有一手焊工手艺！他的父亲说，那可能是他少年时到县城帮人干活儿学来的。这也是小蒋第一次在全村人面前亮出自己的绝活儿。

朱兆飞的行动，犹如一把大犁，翻开了沉寂的土地，让穷困的山沟变了样，让乡亲们看到了日子的希望。

这一天，几位非贫困户上门提建议说，养殖互助合作社要成立了，国家给贫困户的5 000元扶贫金可以入股分红，而我们和贫困户的生活水平其实差不多，确定贫困户的红线是人均年收入低于3 015元，而我们家恰好是3 016元或者多一点，就画在红线外，入不了合作社，我们也很想加入。更何况村上的土地、基础设施等资源本就是属于集体的。

真是智慧来自群众，朱兆飞一听，豁然开朗。是啊，完全应该把非贫困户吸收进来，请他们自愿入股。这样合作社就可以做强做大，以强带弱，互帮互助，尽快实现共同富裕。在当天的日记上，朱兆飞写道：“通过合作社模式，当地资源变资产，扶贫资金变股金，农民变股民，个体生产变集体合作，让村民自选劳动岗位，人人有事做，真是皆大欢喜啊！”

之后通过广泛征求意见，全村村民热情高涨，一呼百应。村民大会上，所有股民在合作社协议书上庄严地按下红手印。老支书巩玉智激动地说，当年我领着大家按下了包产到户的红手印，这回又按下了合作互助的红手印。我看这是实现共同富裕的光明大道！全场的乡亲笑开了花，张张笑脸像阳光一样照亮了古老的黄土高坡。之后，村民们商议制定合作社章程，选举理事会成员，朱兆飞当选监事长。2017年8月29日上午，寺沟村红旗飘扬，锣鼓喧天，举行了隆重的“亨亨养殖合作社”挂牌仪式，全体村民到齐，100多头黑毛土猪进圈。

如今，杨家沟村获得榆林市“脱贫攻坚示范村”等多项荣誉，朱兆飞也捧回省市县“脱贫致富带头人”等一堆奖状。2017 年 12 月 19 日，一则报道《山沟沟“第一书记”让贫困山村蜕变》在网上广泛传播。朱兆飞在日记中写道：“杨家沟一下红遍大江南北，我也成红人了。但我问心无愧，我们付出了，没有一点夸张，怎样做的就是怎样说的。”

四

图 2　作家蒋巍在杨家沟

2017 年底，寺沟村与杨家沟村合并，贫困户变为 125 户。肩上的责任重了，朱兆飞的雄心却更大了。经他一手策划的“红色旅游 + 绿色经营”双轮驱动模式，在这片热土上展开了更宏阔的图景。从 2017 年到 2019 年，通组通户道路全部硬化并安装了太阳能路灯；一孔孔战时的破旧窑洞重新修整并恢复旧貌，老一辈革命家的旧居，中央下属的政治部、西北局、新华社、公安处等多处旧址，统一规划改建为红色遗址展览馆。每到年节，车辆如潮，游人上万。

与此同时，杨家沟的绿色经济也惠及全村。满身汗水的朱兆飞晒得黝黑，天天出工，一会儿变农夫，一会儿变园丁。他们的养殖产业规模越来越大，效益越来越好。在小动物园里，孔雀、鸵鸟、鸳鸯、野鸭、鸽子和各色观赏鱼共处一园，其乐融融。坡上坡下的良田两侧，构筑起近 1 米深的水泥泄洪渠，基本上解决了山洪冲毁庄稼的问题。

2018 年，养殖业大获成功，黑毛土猪供不应求，年底户均分红 4 000 元。2019 年 6 月二次分红，户均 3 000 元。不到一年半时间，村民的本金就全部收回，还赚了 2 000 元。2019 年收入进一步增加。提起当初朱兆飞力排众议，铁心发展绿色养猪业，大伙儿都心服口服，说真是神了，你能掐会算啊？2020 年春，受疫情影响，市场略显萧条。可来杨家沟抢购黑毛土猪、佳米驴的商贩依然络绎不绝。

2018 年 10 月 18 日，杨家沟召开了贫困户脱贫退出的民主评议会，78 户主动要求退出的全部符合标准。这真是民心民风民意的大转变。过去争着抢着当贫困户，现在个个长了志气。老乡们说，这年头你总戴着贫困户的帽子，儿子连媳妇都找不到啊！

历经 3 年砥砺奋斗，杨家沟村发生了翻天覆地的大变化。2019 年实现整体脱贫，合作社总资产翻了 6 倍多，期待已久的好日子终于到来。

朱兆飞领我在全村转了一圈。养殖场里干净整洁，500 多头存栏的黑毛猪大的有 300 多斤，小的也有上百斤。近 200 只长耳朵大眼睛的佳米驴皮毛发亮，欢实可爱。进入饲料加工间，两位村民正在用机器粉碎饲料。朱兆飞从地上抓了一把原料，一是苞米，二是黑豆。他一边嘎嘣嘎嘣咬着，一边分了一半给我，说，放心吃吧，没一点添加剂。我吃了一小把，是炒熟的，倍儿香！

上级规定，驻村干部每年驻村不得低于 220 天。3 年来，朱兆飞年年驻村在 320 天以上，总共写了 6 大本 40 万字以上的扶贫日记。每一天的工作、每一天的数字、每一天的喜怒哀乐，他都写得清清楚楚，感人至深。从字里行间看得出来，朱兆飞以他的担当精神，把自己全身心地交给了杨家沟。他说："杨家沟是毛主席住过的地方，不忘初心，牢记使命，就是我全部工作的出发点！"

新时代的扶贫政策，条条倾心为民，条条温暖人心。杨家沟的脱贫历程和发生的巨变，还有那座拔地而起的红色遗址展览馆，就是有力的证明！

（选自《人民日报》2020 年 6 月 9 日，有改动）

许　晨

山东德州人。国家一级作家。中国作家协会会员，中国散文学会理事，中国报告文学学会理事，山东省作家协会原副主席，青岛市作协名誉主席。《山东文学》社原社长主编。著有《居者有其屋——中国住房制度改革纪实》《人生大舞台——“样板戏”启示录》《血染的金达莱》《巍巍“泰山”——鲁能泰山足球队夺冠之路》《琴声如诉》《再生之门》《第四极：中国蛟龙号挑战深海》等多部长篇报告文学和散文集。曾荣获第七届鲁迅文学奖、第五届冰心散文奖、全国海洋文学大赛特等奖、山东省文艺精品工程奖、“中国梦”征文一等奖等。

滴水穿石

来自闽东的脱贫攻坚报告

一

滴答、滴答、滴答……

一粒小小的水珠沿着山崖滴落下来，敲击着水池中的青石，发出轻微而坚定的声响，瞬间破碎了，水花四溅，进而又滴下来一粒，连绵不断。犹如一支方向明确、勇往直前的部队，百折不挠、前仆后继。

这是我在福建宁德寿宁县下党乡见到的情景：依山而建的乡村公路旁边，“难忘下党”主题纪念馆后面，矗立着由几块石板、一湾水池构成的石头雕塑，上面醒目刻着四个红色大字：滴水穿石。

当年，任职宁德地委书记的习近平提出：树立“弱鸟先飞”意识、发扬“滴水穿石”精神，脚踏实地，久久为功，实现闽东脱贫。艺术家由此创意，打造出了这样一尊现代石雕。寓意哪怕力量微小，只要目标专一，持之以恒，就一定能把艰难的事情做成功。

宁德，位于福建省东部，俗称闽东，既是战争年代的革命老区，又是少数民族畲族聚集区。依山面海、岭高水长，由于历史、地理和海防前线等种种原因，交通不便、信息闭塞，经济社会发展滞后，人民群众生活困苦，曾列入全国18个集中连片特困地区之一，被称为东南沿海上的“黄金断裂带”。1985年，全地区农民人均纯收入仅为330元，其中在160元以下、徘徊在温饱线的贫困人口达77.5万人，所辖9个县有6个被认定为国家级贫困县，120个乡镇有52个是省级贫困乡镇……

1988年6月，年仅35岁的习近平勇挑重担，从厦门市委常委、副市长位置上，转任宁德地委书记。渴望改变面貌的宁德人喜出望外：从经济特区来了一位年富力强的书记，一定会引来项目、资金，让宁德抱上个“金娃娃”。特别是修筑福州到温州铁路、开发三都澳港口、创办并发展中心城市等“三大目标”。习近平没有马上表态，而是轻车简从，一下子扎到基层深入去调研，登山跨海一路走一路思考。全区9个县跑下来，他形成了初步的为政理念，在不同场合语重心长地阐述：

“我们不要想干一夜暴富的事情，也没那个条件，但我们不能输在精神上，人穷志不穷。我给宁德的定位就是弱鸟先飞、滴水穿石、不耻落后。只要锲而不舍，最后总能够旧貌换新颜……”

后来，习近平又专门为刚刚复刊的《闽东报》写了一篇文章，题目就是《滴水穿石的启示》：

> 滴水穿石的自然景观，我是在插队落户时便耳闻目睹，叹为观止的。直至现在，其锲而不舍的精神仍每每浮现在眼前，我从

中领略了不少生命和运动的哲理。……就拿经济比较落后的地区来说，她的发展总要受历史条件、自然环境、地理因素等诸方面的制约，没有什么捷径可走，不可能一夜之间就发生巨变，只能是渐进的，由量变到质变的，滴水穿石般的变化……

由此，“滴水穿石”这四个大字深深铭刻在闽东大地上，如同振聋发聩的洪钟大吕一样，时时回响在宁德干部群众的心间。30 年过去了，特别是党的十八大以来，这里的人们一张蓝图绘到底，一任接着一任干，发生了天翻地覆的沧桑巨变。

时间转到 2019 年，宁德 9 县已全部摘掉了“贫困县”帽子，全市建档立卡户实现了整体脱贫，农民人均可支配收入达到了 16 147 元。同时，“靠山吃山唱山歌，靠海吃海念海经”，产业结构变优，奏响“经济大合唱”，交通路网穿山越海，城乡面貌焕然一新……

尤为令人瞩目和欣喜的是：随着习近平总书记风尘仆仆的身影、行色匆匆的足迹，这种“弱鸟先飞”的意识和“滴水穿石”的精神，从宁德走向了福建，走向了浙江，走向了黄土高原的西海固，走向了湘西的十八洞村，走向了内蒙古大草原，走向了全国各地的山山水水。

2015 年 10 月 16 日，已任中共中央总书记的习近平在减贫与发展高层论坛的主旨演讲中说：“25 年前，我在中国福建省宁德地区工作，我记住了中国古人的一句话：‘善为国者，遇民如父母之爱子，兄之爱弟，闻其饥寒为之哀，见其劳苦为之悲。’至今，这句话依然在我心中。”

由此可见：扶贫，在习近平工作中有着多重的地位；百姓，在习近平心目中有着多大的牵挂。1992 年，习近平同志将在闽东工作时的讲话、文章结集出版，书名即为《摆脱贫困》。消除贫困、改善民生、实现共同富裕，这就是他在政治上的理想抱负，也是中国共产党人的使命和初心。

渊远而流长。已亥年秋冬时节，我怀着真诚而崇敬的心情，走进了闽东的山海之间，沿着由当年羊肠小道变迁而来的盘山公路，去寻觅那微小而强大的“水滴”的来龙去脉……

二

“‘地府’来了！咱们的‘地府’来了！”

“啊，真来了?！好好，快挑上凉茶去迎接啊！”

大山深处小村子，响起一连声的欢呼，村民们纷纷奔走相告，声音里充满了惊喜和兴奋。这一天是 1989 年 7 月 19 日上午，宁德地委书记习近平率领着地直有关部门和寿宁县负责人，冒着炎炎酷暑，沿着曲曲弯弯的山道，来到了寿宁县下党乡调查研究、现场办公。

古往今来，当地老百姓从未见过这么大的“官”，只知道这就是过去的知府，所以通俗而又亲切地称为“地府”。这件堪称“破天荒”的事情，还要从一周以前谈起——

在宁德地委召开的一次贫困乡党委书记座谈会上，一位个子不高却很壮实的中年人站起来，向坐在中间的地委书记习近平说：“习书记啊，我这个乡的书记难当啊，下党太落后了，你能不能到我们那里去看一看？”

说话人是寿宁县下党乡党委书记杨奕周。这个乡成立不久，位于寿宁县西北部，四周都是深山高岭，十分闭塞落后，进出全靠爬山越岭。就连乡政府都无路、无电、无自来水、无经费、无办公场所，群众生活十分困苦，甚而夫妻俩只有一条裤子穿。习近平闻言，神情严肃地说：“老杨，咱们说定了，我一定去！”

不久，习近平总书记连同行署专员陈增光，以及 18 个相关委办局的同志，一共 30 多人，踏上了去下党乡的路。杨奕周得到通知，又惊喜又犯愁，终于盼来了地委书记，过去连县长都没来过呢！可自己这个“五无乡”怎么接待呢？天气这么热，路途这么远，他与大家一合计，把村口古廊桥——鸾峰桥打扫一下权当“接待室”，再准备好防暑的物品，带人翻山前去相迎。

当时乘小车从宁德出发，需经过大半天的颠簸先到寿宁县城，再换越野吉普车开到平溪乡，就没有通车的路了，只能沿着山路步行。杨奕周早早赶来带路，手挥柴刀走在前边，不断地砍着横在路上的野草树枝，真正是“披荆斩棘”一样。习近平一行戴着宽檐草帽，脖子上搭着条黄花毛巾，边走边擦汗。途中，下党人自发地送来祛暑凉茶，大家也顾不上客气了，拿起来就喝，喝完接着走。其中，一位名叫王光朝的村民，还亲手熬了草药茶挑了几里路送过来。

整整走了两个多小时，到了下党，习近平一行都已经汗流浃背了。人们在鸾峰桥上拉起一块塑料布，打来水简单擦洗了一下，歇都没歇就组织开会。乡里没有办公用房，就在廊桥对面的小学校找了一间教室，临时用红纸写了“会场”两个字贴在墙上，前面摆了一张桌子、三把椅子。习书记让杨奕周坐在中间，自己和陈专员坐在两边。老杨一下子就紧张了，手发抖，说：“你让我坐在那儿我讲不出话来啊。”

“今天主要听你的，把问题和困难都讲出来。”习书记反复鼓励，杨奕周才平复了一下，坐到中间去讲了。同来的地直委办局和县里同志们坐在下边。听完了杨奕周的介绍后，习书记立即现场办公，把反映的情况逐一分析，限时解决，比如修路、通电、农产品销售等。

之后，这位年轻书记的心始终牵挂着下党乡，又数次前来看望乡亲们、调研协调，指导这里的人们脱贫致富，发展经济。一个佳话流传至今：“习近平九到寿宁三进下党。”而他也对这片山水满怀感情，曾深切地回忆道：“异常艰苦、异常难忘。下党，是我一辈子都忘不了的地方。”

那个在地委大会上站起来“放炮”的乡党委书记杨奕周，成了习书记一位非常要好的基层朋友，经常联系，亲热交谈，了解乡村情况。后来习近平调任浙江工作，老杨专程前去看望。再后来，杨奕周生了重病，习书记闻讯还给他寄过药。甚而在杨奕周不幸过世之后，他的孩子遇到了就业困难，习近平百忙之中仍给予了相关帮助。这种对基层干部的爱护关心，让人感到格外温馨。

此后的下党乡，在老书记的亲切关怀下，在一届届党委政府的正确领导下，经过全体村民的奋力拼搏，修了路、通了电、喝上了卫生的自来水，开办了茶园、发展起了乡村旅游，一年一年大变样了。村民们住上了新房子，办起了农家乐，幸福生活好似牛奶里调了蜜。

2019 年 7 月下旬，距离习近平走进下党乡 30 年了，往昔那个“五无乡”发生了天翻地覆的变化。受乡亲们委托，当年上山迎接习书记的刘明华、王光朝，还有杨奕周书记的老伴等 6 位干部群众，联名给习近平总书记写信，汇报下党乡整体脱贫的喜讯，表达了感恩之情。

没想到，习近平总书记于 8 月 4 日就给乡亲们回信了：

“寿宁县下党乡的乡亲们：你们好！来信收悉。得知下党实现了脱贫，乡亲们的日子越过越红火，我非常高兴。向大家致以衷心的祝贺！……希望乡亲们继续发扬滴水穿石的精神，坚定信心、埋头苦干、久久为功，持续巩固脱贫成果，积极建设美好家园，努力走出一条具有闽东特色的乡村振兴之路。”

消息传开，下党乡的老百姓奔走相告，纷纷传播这一激动人心的喜讯，感觉就跟逢年过节一般。时隔数月，我来到乡政府所在地下党村，仍然强烈地感受到村民们那兴奋喜悦的情绪……

尤其是坐在村民王光朝开办的“幸福茶馆”里，听他讲述 30 年前第一次上山给习书记送凉茶、送毛巾的情景，又如何一步步脱贫致富，以及怎样与其他 5 人一起商量写信向总书记汇报的过程。言谈话语间，充满了欣喜、满足与自豪。

“太好了！老王，在你这里聊天，可真是‘幸福茶馆话幸福’啊！”我真诚而打趣地说。

“对！好多人都这么说，还有记者专门给我拍照登了报呢！”

三

海风拂面，春光明媚。

时光列车奔驰到了 2019 年 4 月 29 日，早已撤地建市的宁德福安市下白石镇下岐村，迎来了一位特殊的客人。他穿着一件咖啡色的上衣，神情庄重，在人们的簇拥下沿着青砖铺就的村街，边听介绍边参观。他就是老挝人民革命党中央总书记、国家主席本扬。

同样是风尘仆仆地专程前来，同样是被热情的村民们围拢着，只不过 30 个春秋过去了，沧海桑田，再也不需要大汗淋漓地步行两个多小时了，再也不需要临时找一个教室贴上会标来开会了。闽东人今非昔比，弹指一挥间，旧貌变新颜……

2018 年 6 月，本扬总书记访华期间，循着习近平总书记几年前的足迹，专程赴大山深处的湘西十八洞村考察。时隔不到一年，本扬再次来华，又一次选择习近平总书记曾经工作过的地方，学习精准扶贫的中国经验。下岐村，这个闽东面积最大的连家船民集中安置点，就这样进入了外国友人的视野。

早年下岐村居民都是以打渔捞虾、赶小海为生。祖祖辈辈住在船上，以天为盖海为庐，一条长七八米、宽不足两米的小船，就是一家人的全部家当，被称为连家船民、“海上吉普赛人”。一首民谣道出了他们贫困生活的艰辛：“一条破船挂破网，祖宗三代共一船，捕来鱼虾换糠菜，上漏下漏度时光。”

1997 年冬季，一份反映连家船民生活困境的报告，摆在了时任福建省委副书记习近平的案头。曾在宁德工作过并始终关心群众脱贫的他深受触动：一定要彻底解决这个问题！转过年来的 4 月，习近平专程来到了下岐村实地视察，走访白马港畔渔民的临时船屋，看到里边阴暗潮湿，无水无电，心情十分沉重。

“在我的记忆里，每到台风季节，外面下大雨，船里就下小雨。”现任村党支部书记郑月娥就是连家船民的女儿，提起当年的过往，仍然心有余悸：“我家人晚上不敢睡觉，整宿拿着水瓢把船舱里的水舀出去。那时我还小，就蜷缩在角落瑟瑟发抖，生怕船会沉下去。”

能够上岸落脚安家，让孩子接受教育，让老人医疗有保障，是每一户连家船民多年的梦想。如今，这个梦想成真了！经过一段时日的研究试点，总结提高，当年12月，习近平在宁德福安市主持召开了全省“造福工程”暨连家船民上岸定居现场会。他说：“我们不仅要使他们搬上来，住下来，还要让他们富起来，真正安居乐业过上好日子。”

一场从根本上改变连家船民命运的“战役”打响了。

政府通过填海造陆、向邻村征地等多种方式，向船民免费提供土地建造房屋，一举解决了他们上岸没有土地的后顾之忧。1997—1999年，采取“分期分批，全面搬迁”的办法，先后投入资金700多万元，为下岐村新建了6个渔民安置点，建房339栋，安置511户2 310人。

江成财，土生土长的连家船民，由于长年飘泊海上晒得很黑，大家叫他“黑哥”，上岸时已是而立之年，有3个小孩，政府补贴建了一套60多平方米的新房子。黑哥高兴得合不拢嘴，盘算着以后一边赶小海，养海蛏子，一边打工学些技术，让生活更好一些。

2000年，已是福建省省长的习近平再次来到下岐村，看望上岸的连家船民，首先走进第一排第一户的江成财家。刚刚从滩涂干活回来的他还没来得及洗手呢，连忙在裤子上擦了擦迎了上去。习近平亲切地与他握手问道：“你们搬上来，生活习惯吗？”

“我习惯，早就想上岸了，多亏党和政府的好政策！就是我父亲睡不惯这软床，不会用煤气灶……”

习近平笑了：“慢慢就习惯了。你现在上岸了，要努力做事情，做个样子出来。”

好一个闽东汉子江成财，牢牢记住习省长的话，吃苦耐劳地干起来。他积极要求入党，又在建筑工地学到了技术，自己拉起了一支建筑队，带领100多名乡亲承包工程。从没有片瓦的连家船民，到在陆地上为居民盖楼房，黑哥没有辜负老省长的期望，成了远近闻名的致富典型。

冬去春来十几年，下岐村党支部带领村民们大力发展水产养殖、海洋捕捞、商贸服务等多种产业，人均年纯收入从搬迁上岸前的不足千元，增长到现在的 2 万多元。此外，原本走不下船、上不起学的渔民子弟，已经培养出了 200 多名大专以上学历人才，走向了全国。

参观结束，本扬总书记深情地表示："今天来到下岐村，看到在习近平总书记精准扶贫理念指引下，村子有了新变化，人们过上了美好新生活。中国同志脱贫攻坚的成功经验十分宝贵，我们要把中国同志的好做法带回老挝去。"

深秋时节，我在宁德福安市朋友陪伴下来到了下白石镇下岐村。一进村，眼前为之一亮，渔民新居依山傍海，马路两旁商铺林立。村中墙壁上，醒目地书写着一句铮铮誓言：牢记嘱托，不忘初心，继续前进，努力把下岐打造成闽东沿海船民上岸第一村！

年轻的女党支部书记郑月娥热情接待。她是本村渔民的女儿，福安市人大代表，性情真诚而爽快，见我对她的名字发生了兴趣，笑着说："这名字耳熟是吧，只跟香港特首差一个林字。"

"好，人也一样秀外慧中，精明强干！"我真诚地表示。

她带领我们边参观边介绍，从连家船民的过去到沧桑巨变的今天，娓娓道来，如数家珍，特别提到了半年前，老挝国家主席本扬前来考察的情景，欣慰而自豪。

我连连点头，敬佩有加。说话间，沿着整洁的村街，我们来到村中间的渔民广场上。周边是一栋栋漂亮的村居楼房，花坛里盛开着一簇簇红艳艳的三角梅，广场边横卧着一条渔船模型，几个小孩子在上面嬉笑玩耍。远处的海面波光粼粼，昔日的穷海滩涂变成了黄金海岸……

四

在宁德福鼎市磻溪镇，有个"中国扶贫第一村"——赤溪村。

当我初次听到这个名字时，心里不免产生一丝疑惑：在广袤的华夏大地上，在全面打响脱贫攻坚战的时代里，曾经存在着许许多多的扶贫村，怎样分得清哪个是第一、哪个是第二呢？

然而，直至我真正走进这个地处闽东、群山环抱的山村，了解到其中的苦辣酸甜之后，心悦诚服地赞叹：实至名归，名不虚传。当然严格来讲：中国扶贫第一村的称号，是对于新时期扶贫工作的形容和赞誉。

因为，它开启了共和国改革开放以来的扶贫新篇章……

1984 年 6 月 24 日《人民日报》第一版，编发了一封读者来信《穷山村希望实行特殊政策治穷致富》，写信人是时任宁德地区福鼎县委报道组组长王绍据。信中反映了目前农村形势发生了巨大变化，但在一些偏远山区仍十分贫困。闽东有个叫下山溪的山村，土地贫瘠，无路无电，村民温饱都成问题。希望国家给予特殊政策，帮助他们富裕起来。

同时，《人民日报》配发了本报评论员文章《关怀贫困地区》。来自闽东贫穷的呼唤，引起了党和国家的高度重视。1984 年 9 月 29 日，中共中央、国务院发出了《关于帮助贫困地区尽快改变面貌的通知》，要求各级党委和政府，采取十分积极的态度和切实可行的措施，帮助这些地方人民摆脱贫困。

党中央的号召得到了各地各部门的积极响应。虽说新中国成立以来，我党就致力于人民群众的幸福生活，也取得了不小的成绩，但有组织有规划地进行扶贫活动，自此在全国各地如火如荼地展开了……

引发这场“新扶贫运动”的是宁德地区福鼎县的下山溪，后来整村搬迁并入赤溪村。如此看来，“中国扶贫第一村”的称号，可谓一种时代符号。2009 年，国务院扶贫办也给予了认定。此后，这个深藏在闽东大山里的小山村，如同被阳光照亮的角落，日新月异地亮堂起来。

下山溪自然村既是革命老区，又是畲族聚集村，典型的“老少边”扶贫重点村。开始，有关部门多次派人带着大米面粉、衣服棉被、抚恤金补助款到村里挨家挨户分发。县委、县政府还实施特殊政策，免除了全村人上交公粮和征购粮。

然而，这个挂在半山腰上的穷村，条件过于恶劣：背后是悬崖峭壁，面前是百丈深渊，没有一分稻田，种植的番薯不够当口粮，常以野菜充饥。甚至连养山羊、喂长毛兔也无适合的嫩草可吃。上述送粮送衣的“输血”式扶贫，犹如干灼的沙漠等来了一场雨水，虽可感受到一阵凉爽，但很快蒸发得无影无踪。

这时，习近平同志出任宁德地委书记，提出了“弱鸟先飞”“滴水穿石”的发展新思路，指引闽东走上了因地制宜、扶贫开发的康庄大道。1995年春天，有感于“一方水土养不了一方人”，当地实施了异地搬迁的“造福工程”。下山溪率先行动，带动周边半山、小溪、排头、溪东等畲汉混居的自然村移居到赤溪中心村，逐渐形成了一条长达 800 多米的“长安新街”。

这是从根本上“挪穷窝”“拔穷根”，跨出了脱贫致富的关键一步。贫困村民异地搬迁到这里进行“换血”生存，各显神通。继而激活了“造血”功能，人气旺、商铺兴。沿街新建的两排混凝土楼房，既呈现了崭新的村容村貌，又开设了数十家客栈、商店、小超市、白茶店、农家乐。

当年给《人民日报》写信的王绍据，一直关心着赤溪村的发展变化，尽到一个有良知记者的责任。后来他在地委书记习近平的推荐支持下，出任复刊后的《闽东报》总编辑，仍然不遗余力地为扶贫开发鼓与呼。2017 年，已经退休有年的王绍据被授予“全国脱贫攻坚奖奉献奖”，他当之无愧……

在白墙青瓦的村委会里，我采访了现任村党支部书记杜家住和村主任吴怡国、村委杨海燕等人。他们分别回顾了全村的脱贫历程，衷心感谢党的领导和习近平总书记的关怀。杜家住说：“我们赤溪是一个畲族村，位于福鼎太姥山下，四周崇山峻岭，几乎与世隔绝。2009 年，我担任村党支部书记，就一直琢磨：小打小闹成不了气候，全面奔小康，就得有一个支柱产业，带动村民发家致富……”

果然，此后他们利用青山绿水优势，积极寻求合作伙伴，实施土地流转联合开发，发展文化旅游产业，走出了一条“旅游富村、农业强村、文化立村、生态美村”的新路子。2016 年 2 月 19 日，习近平总书记来到人民网视频直播间，同 2 000 千米之外的赤溪村视频连线，满怀深情地说：“我在宁德讲过，滴水穿石、久久为功、弱鸟先飞，你们做到了，你们的实践也印证了我们现在的方针，就是扶贫工作要因地制宜，精准发力。”

说到这里，身高 1 米 8 的杜家住一下站了起来，两眼闪着光彩：“当时真的很紧张也很激动，没有想到能跟总书记这样见面对话！我们永远也忘不了，一定努力工作，建设一个更加幸福美好的新赤溪。”我也深受感染，情不自禁起立鼓掌。而后，我们一起来到村头那块铭刻着“赤溪　中国扶贫第一村”巨石前，拍下了一张值得纪念的照片。

习近平同志曾经说过：“宁德是我的第二故乡，也是我魂牵梦绕的地方。”是啊，他走遍了宁德的山山水水，与闽东人民群众结下了深厚情意。

这里是他扶贫开发重要思想的起源地和“四下基层”工作制度的实践地。如今的人们牢记习总书记的殷殷嘱托，正以“只争朝夕，不负韶华”的姿态，从脱贫攻坚走向乡村振兴，再到建成全面小康社会的路上迅跑。

我走上位于宁德福鼎的太姥山，凭栏远眺，山海交响，胸中激荡着滚滚春潮，似乎看见那山上溪流正奔涌而下，涓涓滴滴，执着而有力地冲击着一块块山石。我的耳畔又回响起习近平总书记写在《闽东报》上的至理名言：“我推崇滴水穿石的景观，实在是推崇一种前仆后继，甘于为总体成功牺牲的完美人格；推崇一种胸有宏图、扎扎实实、持之以恒、至死不渝的精神。”

年头岁尾，北方已是冰天雪地，南国依然绿树红花，姹紫嫣红的三角梅像火焰一样燃烧着，映红了天地，映红了闽东……

（选自《文艺报》2020 年 7 月 7 日，有改动）

关仁山

1963年生于河北唐山。中国作家协会全委会委员，河北省作家协会主席。主要作品有长篇小说《天高地厚》《金谷银山》《唐山大地震》《麦河》，长篇报告文学《感天动地——从唐山到汶川》，中篇小说《大雪无乡》《九月还乡》，短篇小说《苦雪》《醉鼓》等。曾获第五届鲁迅文学奖，中宣部第十一届全国“五个一工程”奖，第十四届中国图书奖，第九届庄重文文学奖及香港《亚洲周刊》华人小说比赛冠军等。部分作品被译成英、法、韩、日等文字，并有多部作品被改编成电影、电视剧、话剧、舞台剧。

太行山上挂红灯

唐荣斌老汉和顾宝青大娘怎么能想到，2012年12月29日，一场瑞雪，竟然使骆驼湾的世事全改变了。

这一天早上，天很冷，风很响地拍打着门窗。下雪了，雪花纷纷扬扬，雪落太行静无声，瑞雪兆丰年啊！

唐荣斌和顾宝青夫妇仰脸望着雪花。他们夫妇有个小秘密，就两天前，骆驼湾村支书顾润金到家里来，让他们稍稍准备一下，有上级领导来慰问，哪位领导没说。鸡叫二遍，他们起床，唐荣斌从炕上爬起来，穿上破旧的棉衣，拿起小笤帚疙瘩，将自己土啦光叽的棉衣打扫干净，顾宝青换了一件新衣裳，凌乱的头发梳得规整锃亮，脸上皱褶舒展开了，透着少有的红润。

吃了早饭，顾宝青简单清理一下屋子，其实，昨天就用抹布擦了一遍，这阵抬头又看见房顶到处是灰尘和蛛网，她让唐荣斌用小笤帚划了两下，干净多了，然后就抬头望了望窗外。

太行山山顶已经被皑皑白雪覆盖了！

太行山的冬天有下不完的雪。这道山谷，拐到骆驼湾这里开始瘦了，瘦得只剩下一道细细的梁。脊梁弯曲的山顶，有点像骆驼的脊梁，山峰突兀，叠嶂错落，早晚霞光照耀，远看就像一个卧着的大骆驼。到了歪头山那边，山体陡峭，地势险恶，无路可走。但是，有许多怪兽奇鸟出没。比如大鸟苍鹭，就喜欢在骆驼湾山涧飞翔。

太行山见证了这个普通村庄的变迁。明代洪武年间，因卫河码头，骆驼商道得名。村南的几座山峰称“辽道背”，南有驼梁，东有桥瀑，西侧60公里就是山西五台山了。“辽道背”上的落叶松、槐树、杨树越发显得朦胧，如果碰上雪天，白白的雪挂异常美丽。

喜鹊呱呱叫了两声，震落院里树上的雪粉，飞向空中消失得无影无踪了。顾宝青惊喜地喊了一声：“老头子，你看，喜鹊！”

唐荣斌佝偻着腰钻出来，仰着白发斑斑的头颅，什么都没有。他以为是大雪反照的强光，刺花了眼，使老伴儿产生了幻觉：“宝青，喜鹊在哪啊？瞅花眼了吧？”

顾宝青笑了，抬手指着：“你这二五眼啊，你看，你看，两只呢！”

喜鹊呼啦啦飞过，唐荣斌的眼睛还是迷迷糊糊的。

顾宝青嗔怨说：“唉，你啥都瞅不见！快去吃药吧！”

唐荣斌要把精神集中到内心，而不是在眼睛上，呵呵一笑说：“那好啊，看到了，双喜鹊到必有喜事啊！”说着，回到破烂的石屋里吃药。主卧门口放着一个小柜子，上边摆满了大瓶小瓶的药品，那是唐荣斌吃的药。唐荣斌记性不好，吃药都是顾宝青分好、包好。

顾宝青背靠着院里的巨石看雪，脸上充满了期盼。庄稼人的生活啊，什么时候才能改变呢？

顾宝青的目光落到自家破落的房子上，心情立马沉重起来。雪花和喜鹊是浪漫的，破败歪斜的旧房子，又让她的思绪回到冷酷无情的现实。她记得，自从她嫁到唐家，房子就没有翻修过，旧房山墙上裂开了大口子。如果赶上雨天，房顶滴滴答答地漏水。她家有三小间屋子，黑黑的墙壁上挂着玉米棒子和红辣椒，一盘土炕占去一半，火炕上几乎不能藏任何东西，种土豆和玉米用的家什散乱摆放在角落里。儿子分家闺女们出嫁以后，她不知道把那只破箱子摆在哪儿，索性就摆在堂屋的原处，冬天往箱子盖上压大白菜，夏天放被子和棉衣，再用一块灰布罩住。顾宝青认为自己是个苦命的女人，要了一辈子的强，自己盖不起房，儿女也盖不起房！贫穷总是让她在众人面前抬不起头来。领导慰问，在她的理解等于怜悯，让别人怜悯自己总是不光彩的，这让领导看见这破屋烂舍，将是一件多么尴尬难堪的事情啊！

唐荣斌吃了药，抓了一把扫帚哧啦哧啦扫雪。在顾宝青看来，老唐就是没心少肺，整天傻吃蔫睡的。

顾宝青却弯腰捧着大团的雪，往黑洞洞的墙缝里填。唐荣斌愣了，这个从不莽撞的婆娘，今天犯的是啥神经？雪化了，房子里该渗水啦，你是不是傻啊？

顾宝青拍打几下粘泥带雪的手，对着扫雪的唐荣斌说："这房子太破了，人家客人来了，瞅见这大窟窿小眼的，多不好意思啊。"

唐荣斌说："你呀，死要面子活受罪！净帮倒忙，人家领导慰问，就是看我们房子有多破，家有多穷，你日子富得流油啦，还慰问你干啥？"

顾宝青七上八下的心稍微安稳了一些，嗔怨地瞪唐荣斌一眼："没骨头的货，受穷的脑袋！"

唐荣斌没吭声，继续扫了一阵雪，然后挺直腰，揉了揉发木的太阳穴，脑子一片空白。他叹息了一声：唉，阜平都穷啊，能是我老唐一人的错吗？过往啊，扶贫干部经常慰问，有啥大惊小怪的呢？

顾宝青不吭声了，捡起笤帚哗啦哗啦地扫雪。

唐荣斌扫到门口，一探头，瞅见胡同里的泥土小路被雪盖得严严实实。

唐荣斌用手扒拉着墙头上的雪。石头墙壁七拧八歪，参差不齐，一片破败景象。

唐荣斌和顾宝青夫妇是河北保定阜平县龙泉关镇骆驼湾村的普通农民。果然，普通的人遇到了大喜事。

这一天，习近平总书记就到了他们家，唐荣斌和顾宝青太惊喜了，说领导来慰问，做梦也不敢想是习总书记来他家慰问。

天气寒冷，温度是零下13℃。习近平总书记踏雪到来，让唐荣斌一家倍感温暖，终生难忘。这些庄稼人似乎忘记了劳累和忧愁，脸上充满了激动和欢喜，各自欣喜地盼望着出现新生活的契机。

习近平总书记在她家盘腿坐在炕上的火盆一旁，嘘寒问暖。习总书记给他们家带来了一桶食用油，一袋50斤的白面，炕上一床崭新的棉被和一件军大衣。唐荣斌和顾宝青记得，那天虽然很冷，还下着雪，但是她们家小院像过年一样喜庆。一台21英寸的彩电，是唐荣斌家唯一的大电器，习总书记让他打开电视，问他能看几个台，还问到家里的电话能不能打长途？唐荣斌说：能打长途啊！习总书记还叮嘱唐荣斌，把小孙子的教育搞好，希望就在下一代，下一代要过好生活，首先得有文化。

顾宝青记得习总书记在骆驼湾讲过的话，“只要有信心，黄土变成金”，信心多么重要，他们永远记在心里了！

雪停了，唐荣斌和顾宝青站在自家门口，欣喜地望着自家小院，听自己的心跳：天哪，这不是做梦吧？

习总书记还在骆驼湾看望了陈得印和唐宗秀夫妇一家。习总书记进屋就坐下来，与他们亲热地聊天。唐宗秀家，一张土炕占去半间屋子，炕上摆着一个取暖的火盆，余下半间，摆放着两个柜橱和一张桌子。习总书记问他家种了几亩地，粮食够吃不够吃，养猪了没有，还问到他们有什么要求没有？

唐宗秀家门外的小路，用石头铺砌而成，走在上面深一脚浅一脚，她特意扶着习总书记缓缓走出门外，她说总书记慢着点走。习总书记也叮嘱她说："路滑，你也慢着点走！"

天黑了，日头一下子掉进太行山背后，天空开始疏淡，如奶液注了清水，薄薄的亮色透出来。渐渐地，天上亮出几颗星星；渐渐地，一轮很大的月亮走进人们的视野。

骆驼湾人，到了夜晚心情都不能平静，人们奔走相告，一群一伙，说笑，议论，喧腾的人声，将死气沉沉的骆驼湾激活了！人们怀着对未来生活的激情，对幸福生活的向往，开始做着属于自己的规划和准备。

大雪无乡，阜平有幸！

虽是寒冬，可是阜平大地已经听到滚滚春雷的涌动。是啊，全国脱贫攻坚的号角，从阜平大地吹响！

世界上没有绝望的处境，只有对处境绝望的人！

面对困难，中国人不会屈服，河北人不会屈服，阜平人不会屈服，为了革命老区尽快脱贫，可走千山万水，可说千言万语，可吃千辛万苦，可用千方百计。河北省委、省政府立刻成立阜平扶贫攻坚领导小组。省委副书记赵勇担任组长。1 月 7 日至 9 日，省委书记张庆黎到阜平县深入调研，研究解决扶贫开发工作的困难和问题。1 月 23 日，阜平县召开脱贫致富奔小康动员大会。组织动员全县 21 万干部群众，向贫困宣战，向小康社会进军！

唐荣斌听顾润金支书说，当时的骆驼湾有 608 口人，428 人为贫困人口。2011 年村民年均纯收入只有 900 多元。骆驼湾是一个特困村。每家那一湾山坡地，对于靠天吃饭的山民，如同金子一般珍贵！骆驼湾与整个阜平县的贫穷，是有原因的，除了耕地少，人均半亩地，生产农产品比较单一，玉米、大豆和土豆，混个温饱都困难，别说富裕了。山民热爱家乡的一草一木、山山水水，可是他们的生存意识往往只是活着的意识，他们没有想过，一个自然条件好的山村，怎样才能利用现有资源活得更好呢？

房子破，不丢人，有了钱，盖新房。顾宝青不再羞涩和自责，骆驼湾哪家不是塌墙烂院？黄泥石头屋子，低矮、破旧，已经年久失修，破败不堪。院子里有一块硕大的石头，像一块磐石，死死堵着他们，让人喘不上气来！家庭不富，有看风水人说，这块大石头压运，不仅压老两口，还压唐家后人运气！顾宝青看着石头不顺眼，心里烧着火一般焦灼。她想找人把巨石用吊车拉走，儿子唐俊峰联系了保定曲阳，只有曲阳有这种吊车，那地方卖石头出名，曲阳回话说，用两辆100吨的吊车，得花1万块钱呢，老两口吓住了！在巨石和资本面前，唐荣斌和顾宝青感到自己的渺小无助。后来，又有人过来看风水，说多亏了这块大石头，给他们家带来了喜气和好运！唐荣斌把看风水的骂跑了，滚吧，瞎子算卦两头堵，我们不信歪不信邪，老百姓只信共产党！顾宝青瞅着那块巨石又顺眼了，常常过去抚摸一阵，心情好，连石头都有了温度！顾宝青生性贤惠，一辈子不知道挑别人的不是，感情总是贴着家人感情，如果得别人一点好，她的心就感激得如热锅里的水，沸沸扬扬。其实，顾宝青对唐荣斌也是满意的，老唐虽然身体不好，但心眼好，憨厚、实在、勤快，跟着这样的男人，讨吃要饭也是放心的。

山高高不过天。风雪过去，天空湛蓝湛蓝的。这一次，唐荣斌和顾宝青觉得，奇迹真的出现了，他们很清楚，习总书记来了，而且到了他家，老唐激动得心就要从喉咙里蹦出来，对于骆驼湾每个农民来说，尽管重要的还是勤劳，劳动让每一天节奏紧张起来。但是，骆驼湾人最困难的日子终于熬到头了。

习总书记离开骆驼湾，仅仅两周时间，骆驼湾被纳入国家级重点贫困村。

政府很快行动起来了，在唐荣斌和顾宝青的印象里，领导来了一拨又一拨。春节刚过，驻村干部张玉奇带领3名省委办公厅同志到了骆驼湾。他们先是入户走访，了解每户实际情况，然后召开党支部和村民大会，共同制定目标。张玉奇组长有着特殊任务，需要给大家完成10件好事。

鸟儿恋旧窝，更不用说人了。骆驼湾村和顾家台，进行了就地改造，村民不用再搬迁到别处。这让骆驼湾老百姓欢欣鼓舞。政府帮助老百姓盖大房子，盖好房子！这让顾宝青脸上有了喜悦。唐荣斌老汉眉头中间的疙瘩舒展开了。

土地流转，他家的玉米地变成了菌菇大棚。顾宝青在小吃街摊黄子。有事干日子过得也快，转眼就是 6 年啊！

2018 年春天，傍晚时分，一切都安静下来了，顾宝青回到家，天还没有黑，家里人已经吃完了晚饭，饭是大女儿唐俊娟做的，饭在锅里热着，顾宝青说她在小吃街吃了，然后俯身在唐荣斌耳边悄悄说：“老唐，你感觉好点吗？”

唐荣斌睁眼望了望顾宝青，眼神发直，喃喃道：“你吃饭啊！”

顾宝青难过地低着头，唐荣斌不知怎样安慰她，可能看男人病情加重有些担忧。唐荣斌问：“宝青，你哪不舒服吗？”

顾宝青马上意识到自己不正常，打起精神来，笑了笑：“我没事儿，就是惦记你的身体哩！”

唐荣斌长长呻吟一声：“唉，别惦记，过去我们穷，今天日子好了，营养跟上了，身体会好起来的！”

顾宝青听见穷字就过敏了，嘴上啰唆着：“人穷不如鬼，酒淡不如水！可不愿意再回到那个日子啦！”

唐荣斌不高兴了，悻悻道：“眼下这不富裕了吗？嘴里竟是穷啊，鬼啊，我看你是得了穷病啦！”

顾宝青被逗笑了：“这不是穷怕了吗！”

唐俊娟不高兴了：“老爸病成这样，咋嘴上老挂着鬼呢？多不吉利啊！妈，你跟爸说点高兴的事儿！”

顾宝青说：“好，说高兴的事，眼下净是高兴的事儿！”

唐荣斌就把话题扯到房子上。是啊，老两口目光落在新房上，这新房，大大的客厅，厨房也宽敞，圆桌、木椅、沙发、卫生间、坐便器、洗澡的花洒，一应俱全，哪儿哪儿都随心，看也看不够！

唐荣斌吃了药，心里暖暖的，整个人有泡在烈酒里的感觉。心里有说不出的踏实和宽慰，就能香香甜甜地睡去。

2018年清明之前，天气转暖。河流差不多完全解冻，解冻的小河变得宽阔起来。河边的杨树、柳树已经萌生了绿意，梯田的向阳坡上，青草已经拱出了黄色的地皮。鸡叫二遍，骆驼湾人起床，煮早饭的时辰，顾宝青听见鸡叫，慢慢睁开了眼睛。

唐荣斌精神了一些，说饭后要到村里遛遛。唐荣斌连续躺了半个月了，吃了大把的药，一把老骨头又有了力气，翻身自如，脑袋瓜一点点清醒了。顾宝青欣喜无比，她跟小吃街领导请了假，领着老唐遛跶遛跶。唐荣斌能够起床了，还说了好多热络话，让顾宝青心中格外激动和幸福，她不知该说什么了，便搀扶着唐荣斌的胳膊，一直走到东村口。

柳絮纷纷扬扬，在太阳和蓝天间游荡。鸟儿在树枝上叽叽喳喳地叫着。

唐荣斌挪着脚走过来，沉重地迈着碎步，他觉得人老了先从腿上老，还有一些特征，躺下睡不着，坐着就打盹儿，老事忘不了，新事记不住，顾宝青路过自家老宅，又想起过去孩子们拜年的尴尬事。因为贫穷，低人一等，在众人面前总是抬不起头来。她触景生情，一种怀旧的情绪弥漫在她的心头，她又唠叨了好半天，说到院里的巨石一旁的柴火垛。困难的时候，唐荣斌喝两碗稀汤，就愁眉苦脸下地干活了，顾宝青宁愿自己少吃，也不愿让老唐吃不饱，因为他在山坡干活，顾宝青有时也去地里干活，她毕竟是女人，地里的好多活干起来相当吃力，有的重活根本干不了。老唐每次到田里干活，都砍一捆柴回来，每天一回，每一回一小捆，日子长了，就垛起规模不小的一大垛。老唐望着高高的柴垛，享受着劳动带来的荣耀。有一次，老唐屁股后面补丁被山柴划破了，肉露在外面，顾宝青被逗笑了，笑得前仰后合。她不怎么会针线活，就胡串了几针，让开线的裤子遮住丑。无论穷还是富，唐荣斌觉得劳动是充实的，不劳动就空虚，两种劳动态度互为映照。

一阵猛烈的咳嗽，打断了唐荣斌的思索。唐荣斌叹息了一声说："我们家啊，有钱的当官的亲戚，都是七不沾八不靠，攀附那个高枝，想都别想啦！还是我们自己的劳动最可靠，我看啊，凭劳动吃饭最踏实、最幸福哩！"

顾宝青听着很舒服，夫妻间这叫三观相合啊！

唐荣斌不耐烦地摆着手说：“宝青，别提那些陈谷子烂芝麻的事了，那是老皇历啦！如今骆驼湾在 2017 年就脱贫了，今年是 2018 年，脱贫攻坚上台阶的时候啦！你还有啥不知足的？”

顾宝青微微一笑：“知足，知足！你的身体好起来，我就更知足啦！”

顾宝青和唐荣斌缓缓走着，转动着灵活的眼睛，回头望了望气派的新房，心里就敞亮，从内心讲，顾宝青对目前现状已经很满足了，她跟老唐商量，2019 年春节好好过一把。春节，对于中国人来说，家人团圆，还有亲戚客人登门，人气兴旺，则说明这家人声誉可敬。过去，年好过，节好过，日子难过。现在日子也好过了！顾宝青想让嫁到内蒙古的二闺女一家，嫁到王林口镇的三闺女一家，嫁到阜平镇的大女儿唐俊娟一家，还有本村的儿子唐俊峰一家，都一起过来拜年，好好热闹一番。全家春节大团圆，这是她和老唐多年梦寐以求的事啊，今年终于可以实现了！在顾宝青的意识里，屋子宽大、敞亮，冬暖夏凉。家庭是女人的靠山、幸福的港湾，我们是普通的家庭，有普通的幸福，这就够了！

唐荣斌和顾宝青路过村委会，见到了驻村干部刘华格，他们与刘华格打了招呼，就看见刘华格上车走了，第一书记多忙啊！唐荣斌为人厚道，当他看见家里富了，搬入了新房，有吃有喝，老宅变成“第一大院”，每年 5 万租金，4 亩土地流转有分红，他在民宿工作，宝青在小吃街摊黄子，都拿工资，现在只有高兴，没有忧愁，可是，他们并不知道扶贫干部是怎样地奔波与煎熬，他们普通人只是沉浸在脱贫的喜悦中了。唐荣斌说：宝青啊，你说我们日子好了，是不是应该感恩？感谢县里镇里村里那些好干部，特别是那个省委来的张玉奇，村里的顾润金老书记，县委郝国赤书记、刘靖书记，瑞利书记，贾县长他们多辛苦啊！操了多少心啊！我们家的门槛儿都踢破了，可别忘了人家啊！

顾宝青频频点头，她是见证人啊。唐荣斌和顾宝青都记得，那是 2015 年，郝国赤书记亲自到他们家，谈政府欲租用他家的老宅，说是要建成

"第一大院"，每年租金5万。当时，唐荣斌还不懂"第一大院"的意义，是被这5万块钱惊住了，心中怦怦直跳，这是多么令村人眼红的事情啊。后来，看见那么多游客过来参观"第一大院"，他忽地明白，这不光是钱的事，还有唐家在骆驼湾的荣耀哩！

顾宝青又把话题扯到幸福上来了！

唐荣斌想到唐家的荣耀，端了架子，边走边说："宝青啊，什么叫幸福？幸福在任何地方都是相同的。在骆驼湾这深山里，人们吃喝不愁，房子宽敞明亮，剩下就是身体了，幸福最后拼的是个好身体啊！"

大山里的生活和劳动是迟缓平静的，如今富裕了，对于每个家庭来说，每一天的节奏都是忙乱而紧张的。顾宝青这两年，把唐荣斌的穿戴准备齐全。他们生了几个孩子，辛苦把他们养大，省吃俭用，当儿女的好好尽孝，不然老人突然走了，儿女就会后悔。所以，女儿们常常过来看望，还孝敬一些东西。有时候，唐荣斌津津乐道地说着骆驼湾的扶贫故事，孩子们亲热而崇拜地围在他身旁，听得入了迷。孩子们看见骆驼湾的好日子来啦！

唐家有一个好家风，叫遇事不责备！遇事相互责备，于事无补，还会伤害家里亲人的感情。有困难全家人一起扛！老两口过了这么多年，磕磕碰碰难免，可是彼此从来没有责备过。唐家4个儿女们也继承了这个好家风，没有一家吵架闹离婚的。子女离婚是对老人和孩子的伤害啊。还有啥比这种孝顺更金贵的呢？

从村街走了一圈，再回到家里时，已是中午时分。唐荣斌累了，双腿几乎迈不开步子了。过去他喜欢蹲在树下，像木头人一样坐着，神情恍惚。今天他蹲不住了，坐在新房门前的石墩上，望着云彩发呆，云彩一朵一朵，显得眼花缭乱。他低着头，两只眼睛微微闭合着。

顾宝青忙着给唐荣斌做饭，时不时泪眼蒙眬地瞥一眼外边坐着的老唐。即便他躺着，一直躺着也好，不说话也行，就这么守候着，这个苦了一辈子的女人从来没有像现在这样幸福啊！原来，他们光以为有了钱才会幸福，其实，回忆无数艰难困苦的日子，他们老两口与孩子们，不生气、不打架，相互搀扶、体谅，又何尝不包含着人生的幸福呢？

唐荣斌坐在新房的门口石墩上，抬眼就能望见老宅。那已经是“第一大院”了，里边有他和宝青与习近平总书记的合影，有光光的巨石，他觉得有生以来，第一次这么疲乏，只想坐着不动，永远面对着老宅的门口。顾宝青做饭，时不时出来看看老唐。

唐荣斌颤抖着声音说：“宝青啊，我们有今天，根本不是老院里大石头带来的好运，我们得知道感恩，感谢总书记，感谢党和政府，党就是我们的靠山，我们的一切！”

顾宝青频频点头：“是啊，记住啦，记住啦！”

有一天上午，唐荣斌失踪了，顾宝青心脏直跳，紧张万分。自从老唐病重，她心里就乱糟糟地静不下来。她和孩子们带老唐去了几趟医院，医生说这是慢性心血管病，没有什么好办法，适量运动、吃药、静养。

谁想到，这天上午，唐荣斌竟然吃力地爬上了山坡，找到他家流转的那块土地，褐色黄土被雨水泡得软软的，玉米茬子都烂了。低矮的耕种玉米的小山丘，形成平缓的波浪状的斜坡，朝着北面伸展开去，视野很好，一下子能够看见骆驼湾的一半景观。唐荣斌扶着一棵树干，愣在那里，树叶上的露珠洒了他一身，他遥遥听到几声召唤。到处是菌菇大棚啊，一色黑色的塑料盖顶，他闻到了土地的气味，闻到了香菇的气味。他在那蹲了好半天，然后站起来，他的目光越过黄昏中连绵起伏的群山，望见了他家老宅和新宅，两只手抓着自己的胸口，热泪在脸颊上流淌着，默默地说：我知道自己不行了，说走就走了，宝青啊，你带着孩子们奔前程吧！记住，你要替我活着！然后，他对着土地又说了几句热络话。

唐荣斌从山上回来，浑身哆嗦，手、胳膊干啥都不灵。顾宝青也从小吃摊回家了。顾宝青没有想到唐荣斌会有登山的气力。这让顾宝青生气，还有说不出的酸楚。尽管唐荣斌身体越来越差，他还想干点事，不知他从哪儿弄来了铁丝和木板，悄悄放在床头，顾宝青没有在意铁丝和木板，也没有问他，但是，她发现他除了身体哆嗦，眼睛还肿了，肿得像核桃一样大。

唐荣斌的举动让顾宝青惊讶，唐荣斌找来了铁钳，鼓捣着做了一个东西。顾宝青不知这是啥意思，追问也不说，等他手里的东西渐渐成型了，顾宝青忽然发现是在做一个灯笼。

顾宝青又叨叨开了："瞎鼓捣啥？好好养病比啥不强？"

唐荣斌颤抖着声音说："宝青，我做的这个灯笼，过年的时候，孩子们来了，就挂在门前，祝福我们子孙后代，祝福我们骆驼湾。如果我走了，你要叮嘱孩子们，我们家的好日子，是习近平总书记给的，党和政府给的，总书记要是再来骆驼湾的话，就跟总书记说，我唐荣斌亲手给总书记做了个灯笼！感谢习总书记，感谢党和政府，让我们过上了幸福生活！"

顾宝青听懂了，心中一热，泪水在她憔悴的脸上淌着："是啊，是啊！你还挺有心啊——"

连续半个月，唐荣斌都在做灯笼。

儿子唐俊峰对唐荣斌做灯笼不解，甚至还有些嘲笑。大女儿唐俊娟一直照顾他，她也是不解，但是，女儿看他累出了汗，不停喘息，出于心疼，竭力地劝说："爸，别干了，我去集市上给您老买一个好灯笼。"唐荣斌摇头说："你懂个啥，买，咱家有钱了，买得起，这个灯笼不能买，必须我亲手做。代表我的心哩！"唐俊娟还是不理解，嘟囔几句，无奈地躲开了。唐荣斌终于把骨架拧好了，红色的绸布一裹，还真像模像样了！顾宝青搀扶着唐荣斌哆哆嗦嗦地把灯笼挂上门楣，灯笼点亮了，红彤彤的耀眼，映红他的脸膛，映红人的心，他整天抬头看来看去。唐荣斌拉着顾宝青的手说："宝青啊，我要是走了，你可得替我活着啊！"

顾宝青抹了一把脸上的泪水，嗔怨说："净说瞎话，走啥走啊，你给我好好活着！"

又一个深夜降临了！唐荣斌像以往那样睡去，他翻了个身，发出轻轻的、恍若隔世的叹息。顾宝青听见了他的叹息，但是没有想到，第二天，唐荣斌因心脏病去世了！

2018 年 12 月 28 日，唐荣斌还是去世了，悄悄地走了。看来人对自己的命还是有感觉的，要不老唐嘴里总是说要走呢，好房子，好日子，都没留住这老东西。顾宝青的眼泪像断了线的珠子，淌个没完。她恍惚间对自己说，老唐没有走，他扛着锄头上山了，收他的玉米去了。哦，那些流转的土地都建成菌菇大棚了，哪里还有玉米地？地下有玉米吗？

顾宝青让儿子唐俊峰给父亲唐荣斌洗了遗像，一张黑白的，一张彩色的，黑白的葬礼用了，彩色的挂在她的房间，让老唐每天都看着顾宝青的幸福生活！

顾宝青门口的墙壁上，悬挂着唐荣斌的大幅相片。满脸皱纹的唐荣斌正微笑着望着她。顾宝青每天起来，一抬头就先看见唐荣斌的照片，心里空落落的。无情的现实告诉她，老唐确实走了，她在地上，老唐在地下，阴阳两隔。尽管两人没有轰轰烈烈的爱情，但是，深厚的感情是在与贫穷做斗争的苦难中建立的，是那样醇厚、真挚，老唐一走，她精神上的重要支柱被抽掉了，使她有一种说不出的悲伤，她面对模糊的老宅，再瞅瞅新宅，真想大哭一场，此刻，她的眼里满含泪水，长声哭泣着："老唐啊老唐，苦命的人啊，日子这么好，你着急走啥啊？你放心吧，我顾宝青替你活着呢——"

2019 年春节到了，过大年了，鞭炮齐鸣。唐家后人们齐聚新房，人气鼎盛，亲情融融。全家吃年夜饭的气氛还是无比欢悦，遗憾的是，唐荣斌不在了，如果他还活着该多好啊！

夜晚，顾宝青看见悬挂在太行山下的红灯笼闪闪发亮。

（选自《文艺报》2020 年 7 月 6 日，有改动）

叶多多

昆明人，生于20世纪60年代初。昆明市“四个一批”人才。代表作有《我的心在高原》《边地书》《澜沧拉祜女子日常生活》《一个也不能掉队——云南脱贫攻坚纪实》《在明亮的山冈上》《风情四方》《银饰的马鞍》等散文、小说、报告文学集。曾获全国少数民族文学创作骏马奖、《北京文学》奖、徐迟报告文学优秀奖、云南省文学艺术创作奖一等奖、云南少数民族文学创作精品奖等。

一个都不能掉队

一条悬崖路的前世今生

“五、四、三、二、一……”

字振华面色凝重地挥手下达了起爆令。随着一声巨响，寂静的山谷上空霎时腾起了冲天的烟雾，爆破一举成功。在掌声和烟雾弥漫中，我看见了这个硬朗的彝族汉子脸上洋溢着的坚毅与自信。

2016年11月10日下午18时3分，对于福田村彝族北组的村民来说，是一个历史性的时刻，也是一个值得永远铭记的日子。硝烟散去，字振华第一个走向现场查看。向晚的阳光在他身上投去了一抹明媚的金色，村民小组长陆文龙看着他长长的背影感慨道：“字书记为了我们，太拼命了。”

福田村彝族北组位于海拔3 200米的高山之巅，33户118人像蘑菇一样散居在山里。大多数时候，他们的生活仅限于沉寂的山谷。早晨，当洋溢着木柴味的炊烟飘尽之后，人们就开始从村子里往外走，到山上的苞谷地或洋芋地里去。蓝得心碎的天空，绿得冒油的树木，脱贫对于他们来说，只是一个深藏于心底的梦想。

2016 年 10 月 20 日，我们开车随字振华去彝族北组。泥土和碎石组成的路面尘土飞扬，很多路段从车上只能看到无底的深渊，车身贴着峭壁一点点慢慢往前挪动，岩石上刀凿斧劈的痕迹见证着这里三代人几十年的期盼和努力，很长时间，它们以拙朴的力度刺痛着我的眼睛。

不时会遇上一两个赶着骡子的农人沿着凸凹的山路走来，狭路相逢，我们得提前找好避让的地方。侧身相让的一刻，我看见了他们的额头上布满了晶莹的汗滴。

在山地谈交通，话题尤显沉重。每一个山地的孩子，当他稚嫩的双腿能够离开房屋，走得稍远一些的时候，他平生的第一次收获，就是一小兜，甚至仅仅是一小把野菜。像第一次觅食的小兽，他内心充满了难言的怯弱与兴奋，一步一步顺着地埂在那些蓬勃的植物中仔细寻找、辨认，希望能够尽快找到人和牲畜可以果腹的食物，荠菜、灰灰菜、马豆草，这些浅根植物都是他力所能及的，地埂上那一行小小的脚印，就是他全部生活的起点。

从此，他将沿着祖辈父辈的足迹，不停地在山里走，走向成熟，走向衰老，也很难走出这片山地。

村民小组长陆文龙告诉我们，从爷爷起，他们一家三代都是村民小组长，爷爷当年是个有想法的人，走出大山，走向外面的世界是他和村民们梦寐以求的愿望。于是，1992 年爷爷开始带领村民挖山修路，大家协商，每户出一个工，每天不间断地开挖。那时陆文龙刚到上学的年龄，爷爷告诉他，等路挖通了，他就可以坐着汽车去上学了，爷爷的话在幼小的陆文龙心里播下了一颗希望的种子。

然而，现实对于一个心怀美好梦想的山村少年来说，却残酷得有些令人心碎，出山的路，一挖就是 13 年。锄头从爷爷手中传到了父亲手中，又传到他手中。目标却依然是“把路凿通”！虽然儿时的梦想依然清晰如昨，但他已经很少激动。

日子就这样日复一日、年复一年地过去了。

他再也不会去注意家里的核桃树已经发出了好看的嫩芽，也不会注意到头上的天空是多么的蓝，太阳正隔着树叶透出一束束耀眼的光，光里有些小小的亮点，那是些憋了一个冬天的小飞虫，它们自由自在地享受着春风与阳光。与很多农人一样，他从来不会留意到身边的风光，却很小就学会让自己像树一样深深扎根于土壤，寻找赖以生存的食物。这是必要的。

降生在哪里是无法选择的事情，靠天吃饭的日子也不能不让人揪心，种子如期播了下去，心却跟着悬了起来，收获太难预料。如果碰上几场喜雨，种子出得整齐，自是欢喜，但仍然不敢有丝毫的懈怠，草因此而锄得更勤，家里神龛上的香火和供品也添得更旺。缺雨的年份就不用说了，除了张罗着找找野菜采采草药什么的，只有对着老天祈祷了。即使是无神论者，在灾难和困厄面前，也不是了。

2005 年，一条 2.5 米宽、7.8 公里长的土路终于把彝族北组的村民引向了外面的世界，村民们又一鼓作气，继续投工投料，挖了一条辅线，把最远的两家人联了起来。从此，村民们在这条路上来来往往，生生死死，赶集、种地、收获、接送神灵、嫁娶新娘，一走就是 11 年。

去往彝族北组的路上

我们的车子在稀烂红土的纠缠下彻底沦为了废物，人在酷烈的山地，无奈而无助是常有的事，我们只好弃车与小陆一起步行进村。到达山村的时候，已是傍晚时分，小陆的父亲早已等候在村口的小路上，母亲担心两个儿子出事，连忙在神龛前点燃了三炷香。

旅游鞋灌满了泥水，一阵巨大的寒冷和疲倦袭了上来，我靠在墙边闭了一会儿眼睛。大伙说话的当儿，小陆的母亲捧来一碗开水冲的荞面糊糊放在我手里，让我趁热喝下去。

我一再推辞，大婶不高兴了：“字主任为我们脱贫跑上跑下，跑得脚板翻天，不要说喝荞面糊糊，连感谢他的话也不让我们说一句。你们跟着他大老远跑到这山旮旯里，还不是为我们好，你不喝我们怎么过意。”说着，这个朴实的彝族妇女又往碗里加了一勺白糖，反复催促着我：“快喝下去，暖暖身子。”

一阵暖意漫上我的心底。

在火塘边，字振华连夜召开北组、南组两个村民小组会议。望着从山坳里聚拢来的村民，字振华有些歉意地说：“大家辛苦了，我们这么晚连夜召开会议，是要决定一下彝族南组修建文化广场的事情。”

说话间，彝族南组有村民怯生生地提出：“各村都有文化广场了，政府什么时候也给我们 7 户人家修一个跳舞演戏的小广场呢？大家心里一直期盼着，哪怕比别的村小一些也没关系，我们小组人也不多。彝族人喜欢跳舞，心里不舒服需要跳舞，高兴、有喜事更要跳舞。”一双双期盼的目光看着字振华。

火塘边的他们，无论是老人还是孩子，所有人的脸都是那么淳朴，仿佛哪怕是天塌下来了，也没有必要焦虑和绝望，这样的脸已经不多见了。而现在，他们不过是要求一个小小的广场，一个在深山里让欢乐弥漫的地方。

彝族大部分生活在高寒山区，快乐来自火塘和大地，他们从来没有离开过火塘，火塘在山与水之间，在浓郁热烈的身体之间，在怀旧与眷恋之间，在等待与守望着的彝族人心窝深处，火塘塑造了彝族人永不灭寂的历史。

火塘暗藏着一套神秘的语言，暗藏着每一个家庭兴盛和死亡的全部秘密。然而，随着安居工程的推广，随着人们生活条件的改变和提高，火塘正在消失，现在很多的彝族人已经过上了汉式的生活，将来的彝族人也一定会告别贫困，过上一种更为舒适的生活，通电通路，古老的山寨很容易就与外面的世界接轨。

字振华心头一热，坚定地说：“大家放心，文化小广场是一定要修建的，我们还要装起大喇叭，不但可以唱歌跳舞，还可以从这里闻听党的声音、外面世界的声音。”

字振华一席话，说得大家纷纷鼓起了掌：“有字书记这番话，我们心里就踏实了。哪怕我们只是深山里的7户人家，党没有忘记我们，政府也没有忘记我们，我们也在党的光辉照耀下呢。”

说这话的时候，大家表情认真，一点也不走过场。

如果不是亲耳所闻、亲眼所见，也许会觉得这话有点矫情。一直以来，山村以外的人们都生活在灯火辉煌、铺着水泥、车水马龙的城市里，这样的生活彻底剪断了人与土地、自然的联系，人们理所当然地认为，一切本该是这样。换句话说，山里的悲剧于山外的人是遥不可及的，麻木是很普遍的现象。

很幸运，我能够来到他们中间，来到脱贫攻坚的第一线，能够以理性的目光打量着这里正在发生的翻天覆地的变化。

（选自《一个都不能掉队——云南脱贫攻坚之路》，云南人民出版社，2017年版，有改动）

王　松

天津师大数学系毕业。中国作协全委会委员，文学创作一级，享受国务院特殊津贴。现居天津。曾在国内各大文学期刊发表大量长中短篇小说。出版长篇小说单行本、个人作品集及长篇报告文学数十种。

温暖，不仅是故事

“全球减贫最佳案例”

2019年诺贝尔经济学奖获得者阿比吉特·班纳吉和埃斯特·迪弗洛，曾对全世界至少8.65亿贫困人口进行了深入的调查研究。但最后，在他们的研究成果中，也没能给出一个带有普适性的彻底解决贫困的方法。这是因为，解决这个问题，不是只要制定一套措施或建立一个机制就可以放之四海而皆准，它几乎涉及农业、工业、商业、科技、金融乃至社会科学各领域的诸多问题，而且具体情况不同，措施和方法也不尽相同。可是现在，中国的扶贫工作者凭着经验和智慧，已经想出一个又一个切实可行的具体方法和有效的措施。

江西省龙南县的“扶贫车间带动模式”，就是一种创新模式。实践证明，这种模式不仅有效，也在全国乃至世界产生了影响。2019年10月，由世界银行、联合国粮农组织、国际农业发展基金、联合国粮食计划署、亚洲开发银行、中国国际扶贫中心和中国互联网新闻中心联合发起，面向全球征集原创的优秀减贫案例。这个活动旨在以案例为载体，在全世界范围推广和分享减贫成功的实践经验。征集期间，共收到减贫案例820件，涉及巴基斯坦、巴西、菲律宾、哥伦比亚、加纳、柬埔寨、喀麦隆、肯尼亚、尼日利亚、老挝和马来西亚等30多个国家。在这次征集中，龙南县的“扶贫车间带动模式”入选了“全球减贫最佳案例”。应该说，这是一个完全中国式的，或者说极具中国特色的扶贫模式。

这个模式的形成，是从一个由龙南县政府主导创办的就业扶贫福利工厂开始的。这是一个专门帮助有残疾的贫困群众就业脱贫的公益性企业，主要生产服装和一些简单的日用品。企业成立之初，县就业局局长刘明亮慧眼独具，聘请有经验的企业家廖家利来担任厂长。

廖家利的第一个创新，就是为全厂256名工人设计了个性化的培养方案。这些工人的情况很复杂，光持有残疾证的就将近60人，其中还有19个聋哑人，再加上智力低下的和文盲等，没有完整劳动力的工人几乎占总数的一半。于是，管理团队就把工作岗位按难易程度分为10个等级，再为每个工人评分，安排到合适的岗位。比如年龄偏大的，就安排在插花车间，手脚麻利的则安排到制衣车间。廖家利知道，这个群体的人，在心理上不仅自卑、脆弱，也很敏感，所以在分配工作时，还要考虑到这些因素，尽量不伤害他们的心尊心。

合理的薪资制度，是工人安心工作的“定海神针”。福利厂按照“按劳取酬，企业保底”的原则，一方面对工人实行计件工资，鼓励工人凭自己的能力多劳多得；另一方面，也对劳动能力较差的工人实行二次利润分配。也就是说，到年底，企业拿出利润再分配一次，确保每个工人达到最低工资标准以上。厂长廖家利说起这个福利厂很感慨，虽然甘苦自知，但也很有成就感。当初刚建厂时，招收了200多名贫困人员，现在98%的工人都已学会一定的技能，更关键的是，他们的人均收入已达到2 200元，当年就摘掉了贫困帽子。

县就业局局长刘明亮说，有件事，让他和廖家利永远难忘。那是2015年初夏的一个上午，福利厂第一次发工资，这也是每个工人最激动兴奋的时刻。工人叶向阳捧着一沓钞票，眼泪在眼眶里打转，半天说不出话。接着，他做出一个让所有人都没想到的举动，他走到刘明亮和廖家利的面前，突然咚地跪下了。刘明亮和廖家利赶紧把他搀起来，告诉他，这是他自己的劳动所得，而且这才只是开始，今后只要大家齐心协力地干，真正的好日子还在后头呢。

但是，刘明亮说，他和廖家利厂长都知道，叶向阳的这一跪，也跪出了他作为一个劳动者靠自己双手吃饭的自信和尊严，也跪出了这个企业的意义、价值和责任。

温暖的温度

龙南县的就业扶贫福利厂就像一个巨大而又温暖的孵化箱，用它的温度，孵化出一个又一个来自贫困家庭的弱势工人的自尊心、自信心和对未来生活的希望。

廖家利说，他曾遇到过这样一件事。当初企业刚成立时，一个县里的扶贫干部来找他，说自己“结对子”的一个贫困户，这家的男人想让他老婆来这个福利厂上班。廖家利一听说，可以啊，来吧。但这个扶贫干部说，不过，他老婆有点特殊。廖家利笑笑说，咱是福利厂，特殊也不怕，只要没完全丧失劳动力就行。这干部说，她智力很正常，胳膊腿也没毛病，可就是两个字，太懒，而且还不是一般的懒。廖家利一听就有数了，说没关系，让她来吧。

这女人叫沈春英，当时 30 岁，夫家是南亨乡刘屋村的。自从嫁过来，不是蹲墙根儿晒太阳，就是在村里东游西逛，别说干农活，家里连灶屋都懒得进。最后丈夫实在忍无可忍了，已经放出了绝话，如果这好吃懒做的毛病再不改，就离婚吧。

果然，这个沈春英刚来厂里 3 天，就懒得出了名。别说廖家利，工人也都没见过这么奇怪的人。每天在工位上，别人都低头紧张忙碌，唯独她，就坐在那儿发呆，也不说话，连工具掉到地上都懒得弯腰去捡。可到了吃饭时间，只要铃一响，比谁跑得都快，总是头一个到食堂。做饭的凌师傅实在看不下去了，就来找廖家利，摇着头说，这可真没办法了，她一个人能顶三个人的饭量，可吃得多，听说还不干活儿，这哪像话啊？

廖家利听了笑笑说，没关系，吃不穷，总得给她点时间。

其实这时，廖家利已经在和班组长廖倩影商量这事。

廖倩影身为班组长，每天跟各种情况的工人打交道，也很有经验。她先是不动色声地接近沈春英，一点一点地对她说，你看，人家有残疾的人都在认真做，咱好手好脚的，不光不比别人差，应该干得更好才对啊。廖倩影这样说，也是故意刺激沈春英。果然，沈春英显然听进去了。廖倩影就又趁热打铁地说，咱先试试，你这样的人，肯定没问题。

沈春英听了点点头，竟然答应了。

一个星期过去了，沈春英开始学会一些简单的制衣技术。这时，廖倩影又故意安排一个有些残疾的工人和她在一组，这一下也就更激起了沈春英的好胜心，手脚也更勤快了。

这时的沈春英就像换了个人，一门心思都扎在工位上。过去总是头一个去食堂，现在却有几次，差点误了吃饭。这下食堂的凌师傅又跑来跟廖家利告状，她别影响我们做卫生啊。

廖家利听了，仍然只是笑。

廖家利知道，沈春英因为工作积极，已被评为车间的“岗位能手”。车间的同事说，她简直像脱胎换骨，完全变成另一个人。沈春英偷偷对廖倩影说，我过去懒，没心思做事，是因为心里总埋怨眼前的穷日子，也就打不起精神，想着这么混就算了，可自从来咱厂里，才发现，这日子也挺有意思呢！不光沈春英自己，就连她丈夫也觉得这不像自己的老婆了。当初县里的那个扶贫干部来对廖家利说，真是神了，现在这个沈春英，回家也勤快了，跟家里人还有说有笑。她丈夫一直说，要来厂里当面感谢廖厂长呢。

这个特殊的贫困群体，由于生理和心理上的原因，性格都很内向。就业局局长刘明亮说，就业扶贫福利厂是一个特殊企业，和生产经营比起来，安全和管理才是最棘手的难题。

这确实是一个难题。厂里曾发生过这样一件事。东江乡的黄美华不仅是聋哑人，还是文盲。据说她在 45 岁前，生活范围只在村子周围的方圆五里以内，更不要说到县城了。自从来福利厂，平时就住在宿舍，每逢周五，家人或帮扶干部来厂里接她，周一早晨再送回来。

出事是在一个周一的早晨。这个早晨，已经到了上班时间，眼看过了 9 点，黄美华还没到岗。正在厂里巡查的刘明亮一听说这事，赶紧给她家里打电话。家里人说，早晨临时有事，就没送她，想着这几步路早熟了，就让她自己来了。刘明亮一听已出来一个多小时，应该早到了，一下更急了，立刻报了警，然后就组织人出去分头寻找。可大家把她必经的所有路线找了一遍，还是没找到。接着又扩大范围再找。最后，终于在离厂不远的一个山岗上，把她找到了。她是走迷了路，正一个人蹲在路边哭。刘明亮这才长长地出了一口气。

经过这件事，刘明亮和廖家利对全厂工人进行了一次调查，发现竟然有将近一半的工人不熟悉来厂的路。刘明亮特意做了一个试验，随机找了 5 名工人，带到县城最繁华的地段，然后跟在身后，让他们分别回厂。结果，有 2 个工人迷路了，没能自己回来。刘明亮和廖家利都惊出一身冷汗。这可不行，安全出行的措施必须跟上。这以后，厂里就制定了严格的制度，平时出厂，必须 3 人以上，而且要履行请假手续。对于近百名有残障和文盲的工人，则要由管理人员结对管护，负责安全往返。当然，光有这些措施还不够。为杜绝工人走失这类事再发生，刘明亮又想了一个更有效的办法。他去找县里的电信部门，专门设计了一种装有 GPS 定位芯片的特殊厂牌，有紧急呼叫和迅速定位的功能。当员工外出遇到紧急情况时，只要按一下功能键，就能给家属、班组长和厂里的保安室同时发出 3 个短信。根据呼叫信息，确定的具体位置可以精确到 3 米以内。当这 200 多个特殊的厂牌发到工人手里，不光工人，家属也很感动。黄美华的丈夫拿着这个厂牌说，这可真是千金难买啊！

刘明亮和廖家利有一个共同的感受，这个就业扶贫福利厂和其他企业最大的不同，就在于员工是一个特殊的贫困群体，所以需要更细心、更耐心，也更加人性化的管理。

有一件事，让廖家利很感慨。福利厂的工人除去双休日，平时工作期间，吃住都在厂里。食堂每天免费提供三餐，虽然只是简单的“两荤一素一汤”，工人们却都认为，这是“世界上最香的饭菜”。当初刚建厂时，一个周末，按常理这天一下班，工人就该都回家了。但晚上，廖家利巡查宿舍时，却发现宿舍里很多人没走。清点了一下，竟有十几个人。一问才知道，没走的大都是单身汉，说回去也冷屋冷灶，还不如在厂里舒服，也热闹。廖家利心里一热，立刻把凌师傅从家里叫来，洗米做饭，继续开伙。从这以后，食堂的灶火就再没熄过。

聋哑人在残疾人中是一个更特殊的群落。他们生活在一个封闭的世界里。由于无法与人顺畅地沟通，往往也会出现一些意想不到的事。一天，22岁的聋哑人朱容突然浑身是血地从外面跑回来。大家一看，都吓了一跳，忙问出什么事了。朱容比画着告诉大家，他在外面被人打劫了。发生了这么严重的事，厂里立刻报了警。但警方来了，对朱容仔细询问之后，又经过缜密的侦查，最后得出的结果却让所有的人都很意外，他竟然在说谎。再进一步询问，他才说出实话。原来，他感到太寂寞了，不仅无法与人交流，也从来没有人注意他。于是才做出这样的荒唐事，先在外面找个僻静地方自残，制造假象，再跑回来谎称自己被打劫。他以为这样一来，大家也就会都关注他了。这件事表面看，只是个很小的闹剧，但立刻引起刘明亮和廖家利的重视。他们这才意识到，残疾工人的心理问题，很可能是一颗不定时的“炸弹”，如果不及时疏导，随时都有爆炸的可能。于是经过研究，与广州一家知名的心理咨询公司达成合作意向，由他们就如何与残疾人沟通和心理疏导设专门课程，对厂里的管理人员进行培训。同时还邀请县特教学校的老师来厂里教授哑语，要求每个管理人员都要学会哑语的日常用语。后来，让朱容的母亲也来厂里务工。这样不仅增加了收入，他们母子也可以相伴。

在就业扶贫福利厂，还有一个人的工作很特殊。这个人就是食堂的凌师傅。凌师傅除去做饭，廖家利还交给他一项重要任务，就是注意观察每个工人的饭量。如果哪个人饭量突然减了，就可能出了什么问题。工人林伟祥本来是个很壮实的大个儿，吃得也多。但有几天，饭量突然下来了，再看脸色也不好。凌师傅立刻把这个情况告诉了厂里。管理人员带他去医院检查，果然查出很严重的胃病。经过治疗才痊愈了。林伟祥一回来，第一个来谢凌师傅。

凌师傅却笑着说，你要谢，就去谢咱的廖厂长吧。

“家”的故事

春天，对于每个人都是公平的。谁说弱草不能开花？谁说贫困的人、残疾的人，就没有爱情？在这个就业扶贫福利厂，一朵朵爱情的花，也像五月的映山红，正在悄悄地绽放着。我们前面曾说过的小伙子朱容，就和一个肢体有些障碍的姑娘幸福地走到了一起。这件事就连朱容的母亲也没想到。当初，母亲看着儿子，再看一看这个冷清简陋的家，经常讷讷地叹息，儿子啊，谁家的姑娘肯嫁给你哟。但朱容来到福利厂以后，这一切就悄然改变了。

发生那件事以后，厂里的管理人员经常对朱容进行心理疏导，刘明亮也常来找他聊天，尤其朱容母亲来厂以后，母子一起努力，每年的收入已达到五六万元，终于甩掉了贫困帽子。这以后，朱容在工作上表现突出，经常受到领导表扬，也就更加自信了。人一自信，思考问题的方式就会改变，观察人和事的角度也会发生变化。渐渐地，他发现，自己对一个叫朱丽萍的女孩儿有了好感。这个女孩儿在另一个班组，平时工作，没机会跟她接触。于是每到吃饭，朱容就总是故意坐到这女孩儿的附近。渐渐地越离越近，最后，终于坐到了她的旁边。这女孩儿对朱容的接近似乎并不反感，一边吃饭还经常跟他聊天。这一来朱容就更有信心了，后来吃饭时，还试探着为这女孩儿夹菜。每到这时，女孩儿也不推辞，只是看看他，会心地一笑。这时，细心的廖家利已看在眼里了。他决定为这两个年轻人做一次红娘。但女方家长一听这事，却不同意。廖家利当然明白，女方家里的想法也可以理解。后来做了一番工作，女方家长再见这小伙子，感觉人品确实挺好，也有志气，况且女儿也喜欢，终于点头同意了。

结婚这天，廖家利带着厂里的管理人员一起来吃喜酒。新娘朱丽萍虽然害羞，但在婚礼上还是把心里话说出来，她说，她和朱容都没想到，也能像正常人一样幸福地生活。

据不完全统计，自福利厂成立以来，已有 20 多名员工组建了家庭。刘明亮和廖家利都深切地感到，就业扶贫还只是第一步，接下来，还要培养他们积极向上的意识和健康的人格。只有这样，无论遇到什么挫折才不会再返贫，也才能彻底拔掉他们精神上的“穷根”。

《三国演义》中有一句著名的话，“请将须用激将法，少年不若老年人”。廖家利就曾经用过一次这样的“激将法”。有一段时间，他注意到包装组有个残疾工人，叫黄起森，在工人中很有号召力。曾想让他担任班组长，但谈了几次，他一直没表态。后来廖家利问他，你是不是怕自己没这个能力？果然，这一下黄起森上套儿了，眼一瞪说，这不是能力的事儿，让我当班组长也行，但有个条件。廖家利不动声色地说，什么条件，你说吧。黄起森说，这个组的人，得我自己挑。廖家利立刻同意，说可以，人你随便挑。廖家利以为，如果让黄起森挑人，他肯定得挑身强力壮的。但没想到，他却挑了 5 个有残障的人，还给自己这班组取了个名字，叫“励志组”。廖家利一看高兴了，为了进一步激励他们的斗志，故意又问黄起森，你口气这么大，敢跟别的班组比比吗？黄起森一听说，这没什么不敢的。廖家利说，行，只要你们拿第一，我请你们全组的人喝酒。黄起森一拍大腿，要这么说，你就准备酒吧！

黄起森这组都是单身汉，但也有一个问题，几个人都是天天提酒瓶子的“酒鬼”。黄起森就定下组规，工作日一律不许喝酒。这几个人一听也不含糊，二话没说就都甩掉了酒瓶子。就这样，大家开足马力干起来。黄起森是个粗中有细的人，在工作中找到很多窍门，还发明了一些适合身体条件的辅助工具，这一来也就大大提高了效率。前两个月，“励志组”获全车间第三和第二名。按说这个成绩已经很好了，可黄起森还不干，又给全组的人加码儿。到第三个月，“励志组”果然得了第一。这时，黄起森就带着全组的人来找廖家利。廖家利当然说话算话，酒已经备好了，这天晚上，他为这个“励志组”摆了一桌“庆功宴”。

廖家利管理就业扶贫福利厂这几年，已经越来越感到这份沉甸甸的责任。很多工人，已不声不响地把自己的全部家当都搬到厂里来。这也就意味着，他们已经把自己的一切都托付给了这个企业。但这还只是外在的，在他们心里，也早已把这个厂当成自己的家了。这些人表达情感的方式和普通人不一样。他们平时都不吭声，看着挺蔫，可真到关键的时候，爆发力就会出来。这种爆发力没有豪言壮语，就是一种自然而然，而这也才是真实情感的流露。

有一次，厂里接了一份难得的大订单，全厂上下都很兴奋。但就在这时，突然停电了。如果按原计划，第二天早晨 8 点以前，所有的货必须装箱，这样才能赶运到深圳的码头装船。如果赶不上这个时间，就只能走空运，而这一来成本就要大大提高，给企业带来的损失至少要在 8 万元左右。廖家利本来已经做好走空运的心理准备，可就在这时，工人们听说了这事，一块儿来找廖家利，说不行，厂里的损失就是咱大伙儿的损失，每人都有份儿。一个工人说，我们商量好了，晚上不睡了，等来电以后，连夜加班赶出这批订单。

廖家利没想到工人们会这样说，心里顿时一热。

这个晚上，厂里一片灯火通明。所有的工人都自发地在生产线上忙碌，连平时最爱偷懒的人都睁圆两眼拼命地干。廖家利来到车间，看到这个情景，感动得流下了眼泪。他立刻去食堂，组织厨师，为工人们准备夜宵，又劝体弱的工人早些回宿舍休息。但没有一个人肯回去。就这样一直干到第二天早晨6点，全部货物提前2个小时顺利地装上了车。

拿出这个就业扶贫福利厂的花名册，会发现是两本。一本上的在职人员名单，人数是256人，另一本的离职人员名单，是245人。这些离职的人，又去了哪儿呢？

就业局局长刘明亮笑着解释了这个问题，他说，除了少数回家务农的，70%以上的人，由于学会了一门技术，或掌握了一定的技能，已经被我们输送到别的企业去了。

由此可见，这个就业扶贫福利厂不仅是一个爱的熔炉，也是一所培养合格的新工人的大学校，甚至可以说，是一个技能培训基地。很多虽然有些残疾，但还具备相对完整劳动力的贫困人员，来这里经过心理疏导、技能培训，就可以让他们成为一个有完全工作能力的人回归社会，走上别的工作岗位。由此可见，廖家利厂长和他的管理团队已经让这个就业扶贫福利厂的意义进一步延伸了，不仅解决了特殊贫困群体的就业问题，也为社会做出了贡献。

当初的那个所谓的“懒女”沈春英，掌握了熟练的技能之后，在福利厂工作了8个月，后来园区的很多企业招聘熟练技工，刘明亮看她已经完全符合应招条件，就推荐她到更有发展的企业去工作了。这一来，她每月的收入也就大大增加了。

廖家利是个心胸很宽的人，绝没有本位主义的想法，也不会因为是自己培养的工人，就想方设法留住，只为自己的企业服务。如果从这里出去的人能有一个更好的前途，他只会为大家高兴。不仅如此，他和刘明亮局长为了更便于向外面推荐福利厂的工人，还专门建立了一个微信平台，把工业园区50多家企业的相关负责人都拉进这个微信群。两年多来，从福利厂出去的工人，大多数都是他们用这种方式，通过这个渠道送走的。有人感到奇怪，福利厂花费这样大的精力，才把这些贫困人员培养成生产骨干，但刚能挑大梁，不想办法留住他们，却就这么轻而易举地都放走了，而且还主动推荐，为他们寻找出路，这是图什么呢？

也许，看一看就业扶贫福利厂的标志，这个问题就不言自明了。福利厂的标志造型，是两只手托举着一颗爱心。应该说，就是这个标志，把这个就业扶贫福利厂的宗旨和意义都充分地表达出来。刘明亮说，我们办这个就业扶贫福利厂的宗旨，就是要通过就业，帮助贫困人群，特别是这个特殊的贫困人群脱贫，让他们学到成熟的技能，再推送到更好的就业单位，将来能有更好的发展，然后再吸纳、再培训、再推送，这就是扶贫的责任和使命。

刘明亮的这番话，是他和廖家利们对这个工作的理解。

（选自《人民日报》2020 年 8 月 24 日，原名为《暖意满满的工厂》，有改动）

陈　新

中国作家协会会员，成都市作家协会副主席。代表作有《镜像》《由浅入深的寂寥》《蝶变》《探海蛟龙》《嫦娥揽月》《蛟龙逐梦》《九寨祥云》《绵延的光芒》《爸，我爱你!》等。首次书写了关于中国探月工程、探海工程的两部长篇报告文学。曾获中华优秀出版物奖、《北京文学》奖、浩然文学奖一等奖、四川文学奖、徐迟报告文学奖提名奖等。散文《江凡》曾入选北师大版全国小学《语文》教材。

盛开的雪莲

一

在我心里，他，就像一朵藏地雪莲。

他叫白伟伟，1985 年出生，山西吕梁人。

16 年前，19 岁的他来到西藏当兵，2007 年退伍之后，通过考试成为西藏自治区山南市乃东县（后改成乃东区）财政局的一名员工。

2015 年 11 月，白伟伟主动请缨，申请到乃东县结巴乡格桑村担任第一书记。

从驻村第一天开始，白伟伟就在村两委干部的带领下，走村入户，了解村情民意，寻找致贫原因。每到一户，他都会拿出本子，做下详细的记录。

然而，白伟伟很快发现，摆在他面前的困难，比想象中要多得多。第一个问题，就是沟通障碍。由于语言不通，他和藏族乡亲们交流起来很不顺畅。但是，如果不能很好地与村民沟通，那还怎么帮助他们脱贫？

白伟伟决心首先从改变自己开始——“一定要学会藏语！”为了攻克这个难题，他和藏族群众同吃同住同劳动，并规定自己每天要学多少词汇及句子。

经过一段时间的努力学习，白伟伟不仅能与乡亲们无障碍交流，和他们像朋友一样聊天，甚至能够叫出格桑村每一个村民的藏语名字。

虽然已经学会说藏语，但是身为驻村干部、第一书记，白伟伟心里明白，他要实现的，是让格桑村整村脱贫致富。

那么，如何才能让村民脱贫致富呢？想来想去，白伟伟决定把目光放在项目争取上。他懂政策，工作方法多，干事也有韧劲，只要有好的想法，不怕实现不了。

乃东区财政局局长才仁顿珠对白伟伟印象非常深刻。有一次，为了争取一个项目，白伟伟守着他谈，让他“叫苦不迭”，但又十分感动。

那几天，白伟伟守在才仁顿珠的办公室，不厌其烦地介绍项目的情况。有人来找才仁顿珠，他主动给端茶倒水，然后出去回避。等客人一走，他就又回到才仁顿珠办公室，继续谈自己的项目规划……

就这样，白伟伟为格桑村申请到了 8 万多元的值班室与厨房维修费用。之后，又申请到了 30 万元用于母猪养殖项目。这些成为格桑村集体经济发展的种子，为村子的脱贫致富注入新动力。

2016 年 7 月，一场突降的暴雨，使格桑村二组擦沟段发生洪涝灾害。白伟伟闻讯，与村干部迅速带领大家投入到防汛抗洪工作中，挖填坑洞、搬运沙袋、清除淤泥……他都冲在最前面。

突然，村主任索朗达杰指着白伟伟的脚惊呼：“白书记，你的脚出了很多血！快去处理一下吧！”

白伟伟低头一看，右脚上鲜血直流，把凉鞋都染红了。

“没关系，刚才被石头磕了一下。”白伟伟很镇定，“我是军人出身，轻伤不下火线！”说着，他撕下背心一角，简单包扎了一下伤口，继续战斗。

洪水终于退去，村民们的损失降到最低，但白伟伟脚上的伤口却因处理不及时而感染，后来上医院治了一个月才痊愈。

为了村子有更多的可用土地，白伟伟请人到村里考察，发现将村里的戈壁平整后，可以多出 2 000 多亩可耕种土地。这是一件多好的事啊！

白伟伟马上着手做可行性报告。报告不仅得到上级部门的肯定，也得到广大村民的支持。更让他颇为得意的是，他发现乃东区财政局院子里有一辆停放未用的装载机，如果用装载机来平整戈壁，岂不比人工方便省力许多？

一番游说与奔波，白伟伟终于免费借来这辆装载机。村民劳作，加上机械化协作，工作推进得很顺利。白伟伟提出：新整出来的土地，每个村民都有份，今后靠这片土地赚的钱，归村集体所有，用于改善民生。

看到村民磨糌粑粉不方便，白伟伟从第一书记经费中拿出 1 万元建造了水磨坊，从此，全村人都到这里来磨糌粑；了解到村幼儿园的孩子们中午休息的条件不好，他又协调有关部门，争取到了床上用品三件套和一辆运输用的电动三轮车。白伟伟不只是一位驻村扶贫的基层干部，还是村民身边的“活雷锋”，常常帮助大家修家电、修汽车、换灯管……

天天跟乡亲们打成一片，白伟伟自己的终身大事却迟迟没有进展。家里人一直催他结婚，还给他在吕梁老家介绍了一个姑娘，但白伟伟一直说村里工作忙，抽不出时间回老家相亲。

催促多次的母亲终于忍无可忍：“你要是还认我这个娘，今年就必须回来相亲！”母命难违。白伟伟终于决定，利用 2017 年年底休年假的时间，回一趟老家见见那位姑娘。

其实，已经好几年没有回过老家的白伟伟，何尝不想念父母、不想念家乡，不渴望拥有一个温馨的小家？但是，白伟伟心里更明白，脱贫攻坚是国家大事，等格桑村的乡亲们都脱了贫，过上富裕的好日子，自己再娶媳妇也不晚。

然而，正打算动身回山西探亲时，白伟伟却病倒了。

二

2017 年 12 月 10 日，白伟伟有些不舒服。当时，忙于工作的他并没在意，以为只是感冒。谁知吃过药后，感冒没好，还发起烧来。14 日下午，由于头痛欲裂，他才赶紧请假去了医院。医生诊断后说：你的病情严重，要注意多休息。但是拿了药之后，白伟伟又立即返回工作岗位。

与以往不一样的是，这次感冒确实重，医生开的药也没效果。白伟伟越烧越厉害。16 日下午，忙完工作后，他拖着疲倦的身体到医院输液。然而，高烧始终不退，还有越来越厉害的咳嗽和气喘，接着还咯血了。

这已经不是一般感冒了。“我们这里医疗条件有限，你的病不能拖，万一是肺水肿怎么办?”医生不容商量，当天将他转院。检查后发现，白伟伟由于延误治疗，已发展成肺水肿。医院立即采取治疗措施。见其病情越来越严重，后又将他转到西藏自治区军区总医院。

由于初期延误治疗，不幸的事还是发生了：经过两天的努力抢救，白伟伟还是停止了呼吸……他的生命，永远定格在了 32 岁，定格在了山南市乃东区结巴乡格桑村脱贫攻坚的事业上！

虽然到格桑村驻村只有两年多时间，但白伟伟为格桑村的发展做出了积极贡献：集体经济收入由 2015 年的 3.5 万元增加到 6.5 万元；村民人年均收入由 2015 年的 8 792 元增加到 12 973.12 元；将村里 2 000 亩戈壁改造成了良田。

白伟伟生命中最明亮的时光，留在了这片他热爱的土地上。

得知白伟伟去世的消息，格桑村很多人都哭了。村党支部书记旦增白玛哭了，村主任索朗达杰哭了。村民普布卓嘎情绪难以自抑：“你怎么舍得离开我们呀！以前我儿子的电脑坏了，没人会修，你得知后，当天就利用休息时间来我家里……”村民洛桑卓玛说：“现在日子越来越好，都没来得及说声谢谢，你却走了。你对我们家这么好，我要让小女儿益西卓嘎将你的故事写成文章，记在心里。”

邻近的桑嘎村村民赤列更才也哭了，“兄弟，你救过我的命，我一直想报答，现在你不在了，我该怎么报答呀！”

原来，2016 年 8 月，白伟伟到医院给那次抗洪中受伤的脚拆线。当他正准备离开医院时，得知桑嘎村一位名叫赤列更才的贫困户做手术需要输血，却一时找不到同血型的血。白伟伟得知自己的血型符合要求，马上对医生说，我愿意献血。

医生担心他的身体，建议他少输一点。他却急了：“我今年才 31 岁，没问题！”就这样，他为赤列更才捐献了 400 毫升血。也许在平原地区献血 400 毫升不算什么，但这可是在海拔 4 000 米的高原啊！

为了纪念他，2018 年的春节、藏历新年，格桑村没有一家人开展庆祝活动。许多村民还自发地在家里为他祈福。长明的酥油灯，摇曳着发出柔和的光，寄托着格桑村的乡亲们对他的深切思念。

同白伟伟一样，西藏的扶贫干部，仿佛一朵朵藏地雪莲，真诚、坚韧、纯洁，给人们带来希望。而他们一腔赤诚无私奉献的事迹和精神，也如雪莲一样，长久地生长在这片雪域高原上，在蓝天下盛开，在阳光下绽放，温暖着人们的心灵。

（选自《人民日报》2020 年 7 月 8 日第 20 版，有改动）

纪福华

辽宁建平人，1962 年生。中学高级教师。作品收入《中国文艺家》等百余种集刊，并有大量诗词作品散见于网络。在各种征文比赛中获奖百余次。

长江源村的故事

“生态移民”

“三江源”处于誉为世界“第三极”的青藏高原腹地，乃生态保护的重中之重，其生态曾严重退化。

长江源村老支书更尕南杰透露：同一片草场，20 世纪 70 年代，“养活三四百头牦牛都富余”，后来“连一百头都喂不饱”，且“头年旱、来年涝，老鼠满山跑”……生态愈发脆弱，自然灾害频发。最严重一次雪灾，当地牲畜死亡超七成，“幸存牛羊没吃的，互相啃毛。”

2004 年，国家启动三江源生态保护建设一期工程。

习总书记指出：“保护三江源是党中央确定的大政策，生态移民是落实这项政策的重要措施，一定要组织实施好。”

搬迁新家园

青海为“生态移民”建了最好的家——格尔木市近郊，建好新房，交通便利，水电气全通，专等新居民入住。但牧民们却面临艰难选择——

“搬不搬?”

更尕南杰透露：房子政府盖，生活有补助，但牧民仍有顾虑，语言不通、习惯不同、没有别的技能……

平均海拔 4 700 米以上，含氧量只有海平面的六成，更尕南杰的老伴跟不少高原牧民一样，高血压、冠心病、关节炎多病缠身。“到乡卫生院骑马得一天，缺医少药，小病靠自己硬扛。”一次普通的阑尾炎，花了 3 天才赶到最近的医院做手术。“这样的日子还得熬多久？搬!”

更尕南杰是第一个响应“生态移民”搬迁的老党员，凭他的威望和人品，牧民们跟着他，搬进了安置点。

2004 年 11 月，作别沱沱河、翻越昆仑山，唐古拉山 6 个村自愿搬迁的首批 128 户牧民 407 名牧民，从 400 多公里之外搬迁至格尔木市南郊，组成了长江源村。如今，村子规模已扩大到 245 户、568 名村民。

长江源村

长江源村被人们亲切地称为“长江源头第一村”。村第一书记秦大云说：“取名长江源村，既有来自长江源头的意思，也寓饮水思源之意。”

总书记看望长江源村

2016 年 8 月 22 日，习总书记驱车来到长江源村考察生态移民、民族团结和基层党建工作，这里宽敞明亮的藏式客厅里、干净整洁的文化广场上、独具藏式风格的房门外的街道上，都曾留下习总书记的足迹和身影，回响着人民领袖关心少数民族群众的暖心话。习总书记高兴地说：“你们的幸福生活还长着呢，希望你们健康长寿。”习总书记还说：“各民族是一家人，大家要相亲相爱、共同团结进步。”温暖的话语，真挚的关怀，殷切的嘱托，留在长江源村村民的心里。

老支书更尕南杰讲的故事

76 岁长江源村原老支书更尕南杰是当年响应搬迁的第一人，也是第一个给总书记献哈达的人。15 年来，他见证了长江源村每一天的变化。

住在三江源时，每年初冬，他都要赶在大雪封山前，到 400 多公里外的格尔木购买一家人整个冬天的口粮。那里没有电，牧民们多半不认识家用电器，点的是羊油灯。在山上吃的是炒面、肉和酸奶，餐桌上菜、水果少得可怜，甚至把日常蔬菜当作草，更不会炒菜烹调。来到长江源村后，政府特地举办烹饪技能培训，牧民们才认识了蔬菜，学会了烹调。

他说：“过去在山上时，一家人一年四季都住在帐篷里，靠养牛羊维持生计，一年人均收入不到 2 000 元。”

在他家里，挂着习总书记来长江源村视察工作的照片。那天下午，他和村民一起等在村委会门口。“总书记一下车，我第一个向总书记敬献哈达，总书记一直拉着我的手，听我介绍村里生态保护、群众生活情况，总书记的手很温暖。”

他说，15 年来，村里发生了巨大的变化。按照总书记的嘱托，大家齐心协力奔小康，搞起绿色农业、乡村旅游，开起了嘛呢石雕刻车间，开办长江源藏民族风情园、特色餐饮、家庭宾馆、小卖部、小吃店，既有藏式风格的餐吧、民族手工艺制品商店、牛羊肉直销店，也有汉族同胞开的商店、饭馆、水吧。针对富余劳力举办雕刻、舞蹈、驾驶、烹饪等技能培训，兴建农贸市场，实现排水管网畅通、道路硬化、天然气入户，有固定的卫生间、淋浴设施，村民的收入逐渐增加，日子越过越红火。村里还建起了扶贫宾馆、长江源村牛羊育肥基地和饲草料基地。

同时，长江源村还搞了电网改造、垃圾填埋场扩建、天然气入户等 10 个基础设施项目。

他说：“总书记说我们的幸福日子还长着呢，大家会一起奔幸福。”

他透露，现在小病不出村，大病上医院“也就 15 分钟车程”，年事渐高的他和老伴再不用为就医发愁。

“最重要的是，草原上鼠害少了，野驴、野马等野生动物多了，河道里也几乎看不到垃圾了，以前干涸的小河里又有水了。”他特别指出，和以前相比，看病、孩子上学都很方便，尤其是孩子上学条件的改善，直接影响了一代人。

他说：“我们知道这是国家的好政策，是为了保护草场、保护我们的家乡，所以大家都很拥护，愿意搬迁到新家。”

申格讲的故事

习总书记视察看望的第一户牧民就是申格家。至今家里还悬挂着习总书记和申格家人同坐在藏式床上的照片。

申格说：习总书记来到我家，就和我们坐着话家常。“去年 8 月 22 日，对我们一家来说一生难忘。习总书记来看望我们，我们全家人都很感动，也倍感幸福。”

申格透露：1983 年，草场承包入户，他在唐古拉山镇承包了 20 000 公顷草场，靠天吃饭，逐草而居。然而，20 年下来，他发现草场里的青草长势越来越差、越来越矮小，过去常见的野生动物日益稀少，他的心情也随之越来越沉重。

交通不便、物资匮乏……且不说生活上的不便，因长期生活在高寒缺氧地区，住的又是帐篷，睡觉直接睡在地上，他的妻子子步和许多牧民一样，患上了风湿病、关节炎、心脏病这些高原病。因当地医疗条件太差，好医院又远在格尔木，妻子的病情总是得不到及时治疗。

而现在，他们住在格尔木市南郊，有国家盖的房子，睡在了床上，家具家电也齐全了。申格感到生活一下子舒适、便利了许多。每户都有 300 平方米的小院，62 平方米的房子，可以在院落范围内自己扩建。房里水、电、天然气、厨房、厕所都有，连家用电器也是统一配送。村里的学校、卫生室、文化广场更是一应俱全。

几年来，政府不断改善他们的住房条件，统一对院里的地面进行硬化，对屋顶和墙体加装了保温层，建设了院墙和院门。与帐篷相比，这样的居住条件可谓天上地下。

他说，女儿申请成了草原管护员，每个月有了固定的收入。每周六，他都和家人积极参加村上组织的卫生大扫除。

他说，如今，虽然政府发放的草原奖补资金足以维持一家人的开支。但村里的年轻人都纷纷走了出去，开始学习经商、参加工作，或从事嘛呢石雕刻产业。大家的收入增加了，家家户户家用电器一应俱全，村里不少人家还买了小汽车。闲暇时，村民会聚在广场上跳锅庄，歌唱现在的幸福生活。

申格说，由于老伴身体不好，唐古拉山镇还给老两口每月发放一部分补助资金。老两口平时帮着子女带带孩子，闲了也去市里逛逛，日子过得有滋有味。

“翻身不忘毛主席，幸福不忘共产党。国家对我们的政策越来越好，替我们考虑得越来越周全啊，许多地方村民的生活条件还远远不如我们。”他说。

牧民们为了国家生态大计自愿离开了草场，国家也对他们给予了各种补偿。近年来，这些补助标准大幅度提高，16 周岁以下、55 周岁以上的人口还有困难补助，申格家每年光草原奖补就有 14 万元。此外，村民还可以担任草场管护员或林业管护员，每月可分别获得 1 800 元、3 000 元的补助。

思想的蝶变

传统的藏族牧民都有“轻商重牧”观念，思想比较保守。但住进国家盖的新房、拿着国家的补贴、不再“八岁能放百头牛”的长江源村的村民们却不再想混日子了。

闹布才仁下山没多久，村上组织驾驶技能培训，他第一个考取货车驾照，“以前在草原‘靠天吃饭’，现在进了城我要换个活法。”

他是长江源村第一批拿上驾照的村民之一，拿到驾照后，他就买了翻斗车，给沱沱河附近的一个建筑工地拉建筑材料，工作虽然辛苦，可收益不错。

跑了10年运输，眼界大开的闹布才仁没有小富即安。2014年，唐古拉牦牛、藏羊通过国家农产品地理标志认证，他敏锐捕捉到市场前景，每年回山里收牛羊，还投资40多万元把村里的门面房改造成冷库，“这不，一上午就卖出去3 000斤牛羊肉，冷库里储存的400多只整羊和上万斤牦牛肉，怕是撑不到开年，还得派人再收点儿。”

关键是他的觉醒：“人爱护草原母亲，草原母亲也会继续哺育儿女。”“为啥我的生意好？禁牧移民，牛羊少了，可品质高了，个顶个膘肥体壮，市场也买账。”他注册了岗尖蕃巴商贸公司，“公司名称是高原雪山的意思，就是想告诉顾客，我的牛羊肉来自大自然的馈赠。”

三木吉——这位下山时才19岁的姑娘，如今成了远近闻名的“女强人”，亲手支起了岗布巴民族手工艺品专业合作社。“政府组织的创业知识培训，我一场没落。”听说藏式氆氇毯有市场，三木吉当即决定创业，不仅与村里姐妹们开起合作社，胃口还越来越大，从编织氆氇毯发展到制作藏靴、绘制唐卡，合作社营业收入从不到7万元跃至34万元，而且从线下销售转战到电商平台。

仁青措新开了一家超市，她给这个超市取名“格拉丹东综合超市”，因为搬迁之前，她从家里就可以看到长江的发源地格拉丹东山峰。这个经营藏服和日常生活用品的超市，开业仅两个月，就给她带来了1万余元的收入。

从山上下来，长江源村的村民们不单单靠国家和生态补偿过日子，不少人在村里做起了小生意，开超市、做餐饮、小卖部、小吃店、茶馆，还有的年轻人经营起电商。

不少村民当上了草原管护员，参与到生态环境保护当中来。

每个月巡护，嘎玛曲卓都要与同为生态管护员的父母返回故乡，深入长江源沱沱河腹地。“对草原设施、环境卫生进行监管，谁家的牛羊数量超标了要清点核实，碰到盗采盗猎等违法行为立即制止上报。”嘎玛曲卓一家每次进山巡护，少则三四天，多则一星期，“虽然辛苦，但那片山山水水不仅是我的家园，也是全国人民的家园。”

闹布才仁也是一名草原管护员，他说：“拿我们家来说，国家的草场补贴一年有 3.6 万元，当草原管护员一年又有 2.1 万元的工资收入，加上超市收入，生活越来越好。”他说，大家手上都宽裕，村里的生意也好做。

2011 年，闹布桑周夫妻先后成为草原管护员，负责捡拾长江源头垃圾、巡查草原鼠害和火情，这让他们有更多的时间“回到”故乡。他们每次从“山上”回来，都要把“山上”的故事、草原的变化讲给孩子们听。闹布桑周说，给孩子们讲山里的故事，就是要告诉他们长江源头的变化，以后我们的子女也要继续保护这片土地、保护长江。

今年 33 岁的扎西达娃是在长江源头的沱沱河牧区出生、长大的牧民。如今，他已成为长江源村村委会主任，同时也是一名草原管护员。他说，担任草原管护员虽然收入不多，但这丝毫不影响他对这份工作的热爱，每次巡山都很积极，沿途也会拍摄一些照片带给舅舅更尕南杰看，并把山上的故事、草原的变化讲给舅舅听。

扎西达娃的舅舅更尕南杰说，他们说山上的草原恢复得特别特别好，草长得特别高，花开得也特别美丽。我听到这话，感到非常高兴，当时我们选择搬下来是非常正确的。

扎西达娃说：“长江源村现在有 172 名草原生态管护员、33 名湿地生态管护员，全面覆盖 501.1 万亩禁牧区。”

美丽乡村对“美”的诠释

如今长江源村成了美丽乡村的楷模，但她的美与其他美丽乡村不同。

2008 年 7 月的一天，70 多岁的藏族阿妈宗阿在给女儿倒茶时，突然眼前一黑，重重地摔倒在地，失去知觉。因车祸导致双腿残疾，躺在床上的女儿顿时吓蒙了。几分钟后，她大声呼叫，闻声赶来的邻居和更尕南杰将宗阿送往格尔木市第一人民医院抢救。住院的十几天，检查费、治疗费总共花了 3 000 多元，更尕南杰自己就帮宗阿付了 1 000 多元。这对可怜的母女让更尕南杰十分揪心，宗阿出院后，便为她写了申请，跑前跑后帮她办理一切手续，在他的协调下，宗阿终于住进村里的敬老院，过上了老来无忧的生活。

2016 年，村民才仁青梅诊断出骨结核病，住院 20 天后才仁青梅已经花完自己全部积蓄。在得知他没钱做手术时，又是更尕南杰主动组织村民捐款，短短几天就筹集了 6 万多元，在他的号召下村民们同意从村集体经济中多捐出 2 万多元，帮助他治病。如今说起这件事，才仁青梅仍然满是感激："多亏了老书记和村里的各族乡亲们，是他们给了我第二次生命。"

玉树州曲麻莱昆仑文化村与长江源村一路之隔，两个村子都以藏族群众为主，平日里，大家互通有无，亲如一家。2014 年 1 月，达娃才仁一家在回牧区的路上发生重大交通事故，他的儿子不幸身亡，女儿伤势严重，急需用钱。更尕南杰得知消息，立即去医院看望并个人捐款 5 000 元，同时号召长江源村的群众向达娃才仁一家捐款。隔着一条马路的两个村，虽然归属不同的州管理，但并未隔断长江源村村民奉献爱心的热情，大家纷纷慷慨解囊，帮达娃才仁一家解了燃眉之急。

正　果

2017 年，长江源村人均年纯收入达 22 828 元，是山上的 10 倍，脱贫摘帽。

如今，三江源各类草地产草量提高 30%，水资源量增加近 80 亿立方米，相当于 560 个西湖。

三江源地区的长江、黄河、澜沧江干流流域水质优良。

（选自青海作家网）

国家大事的时代表达（代后记）

李朝全

国家大事与文学主题

2012年12月，习近平总书记到河北省阜平县考察扶贫开发工作时强调，消除贫困、改善民生、实现共同富裕，是社会主义的本质要求。2013年11月3日，习近平总书记到湖南省湘西州花垣县十八洞村考察，首次提出“精准扶贫”。此后，我国的脱贫攻坚战略日益清晰明确，提出到2020年我国现行标准下农村贫困人口实现脱贫，贫困县全部摘帽，解决区域性整体贫困。为此，从2015年起，我国全面打响了脱贫攻坚战。作为全世界人口最多的发展中国家，中国经过长期努力，在扶贫脱贫领域业已取得了卓越成绩，成为世界上减贫人口最多的国家，为人类减贫事业做出了巨大贡献。中国脱贫的巨大成就蕴含着多重世界性意涵，其探索与实践为解决贫困这一世界性难题提供了中国思路、中国方案、中国模式，为世界贡献了中国智慧。

实现全民脱贫、全社会小康是中国的一项国家理想和奋斗目标，也是中国共产党执政宗旨的具体体现，是党对人民和世界做出的庄严承诺。脱贫攻坚的目标就是要实现物质生活与精神境界的双重提升，生活方式与生产方式的双重变革，生存权与发展权的双重保障，农业现代化与新型城镇化的双重实现。它既是中华民族伟大复兴进程中的一个重要步骤、一个宏大的时代课题，也是每一位中华儿女个人愿望的集中体现，充分表达了人民的心声、人民的愿望和人民的向往。5000多年中华民族文明历史，天下小康天下大同是古已有之的伟大梦想，经过新中国70多年的艰苦奋斗，这一梦想即将成真。

文学是时代的书记员，也是历史的一面镜子。脱贫攻坚这项波澜壮阔的时代伟业，必然要反映到文学创作上，并为之提供丰沛的创作素材及资源；而优秀的文学创作亦能为脱贫攻坚事业提供强大的精神支撑和动力。

文学和时代密不可分。文学是时代的观察者、记录者、画像者、表现者和思想者。时代为文学提供了丰沛的题材内容、故事情节、人物和语言，脱贫攻坚正是当今时代最重大的一件事情，文学无疑要浓墨重彩地予以反映和表现。

脱贫攻坚的文学书写是时代与文学关系的一个生动体现，同时也很好地体现了文学与政治的关系。脱贫攻坚既是重大的社会生活事件，也是重要的政治事件，是一种政治主张、政治理想和抱负的践行过程。文学是意识形态上层建筑的组成部分，文学离不开政治，对脱贫攻坚这一重要的政治举措进行艺术的反映和描写，也是文学可以承担而且应该承担的一项意识形态任务和职责。

脱贫攻坚不仅对于中国和中华民族是里程碑式的划时代的事件，对于全世界的减贫事业、人类的生存与发展也是具有标志性意义的重大事件。全世界到2030年要实现减贫脱贫，而作为拥有世界1/5人口的中国提前10年率先实现全民脱贫，为世界树立了一个榜样。因此，中国脱贫事业的文学创作，对于人类和世界的生存发展也能提供样本和启示，具有超越国界的价值和意义。为了使近亿人口摆脱贫困，中国采取了包括易地扶贫，派驻扶贫干部、驻村第一书记，对口扶贫、结对子扶贫，还有科技扶贫、产业扶贫和东西协作、财政支持、资金扶持等种种举措，其目标只有一个，让全体国民一个都不能少地摆脱贫困，缩小东西部差距，缩小社会贫富差距，实现全民小康。这种抱负追求及其践行过程中的办法、举措、方式、途径等，都可以为世界和人类提供有益的经验借鉴。脱贫的中国模式具有世界性意义，脱贫文学必然也具有世界共通性普遍性价值。

脱贫主题文学创作概况

脱贫攻坚无疑是新时代的一项重要内容和一个重要阶段。党的十八大以来，中国进入了建设中国特色社会主义新时代，包括脱贫攻坚在内的三大攻坚战的全面打响，无疑是新时代开启的一个标志，也是新时代的一座里程碑，因此，脱贫攻坚书写是新时代叙事重要而有机的组成部分。

脱贫主题文学作品根据扶贫脱贫的内容划分，基本上可以分为物质脱贫，精神心理脱贫题材作品。所描写的内容包括物质扶贫、智力扶持、扶贫扶志、扶贫扶智、心理脱贫、精神脱贫等。在脱贫形式上可分为扶贫与脱贫，前者借助外来助力"输血"为主；后者重在激发本地的内生动力"造血"为主。从扶贫脱贫的策略、途径、方式、措施上考察，脱贫攻坚是国家的宏观决策及重大发展战略，是中国共产党治国理政的重要内容及举措。从落细落实上着眼，脱贫攻坚的具体措施包括人力、财力、物力扶持，易地搬迁扶持，对口帮扶，扶贫干部帮扶，派遣驻村干部包村包户，"结对子"帮扶，培育脱贫致富带头人，等等。脱贫方式还包括教育扶贫，通过对贫困人口的培训培育，提升人的素质技能，这是一种强基固本式的脱贫。或者组织贫困地区劳动力外出务工；或者创造物质基础，改善贫困区的基础设施生产生活条件；或者通过产业扶贫、事业扶贫、资金投入，发展农林畜牧业、生态有机农业、农业观光旅游、农家乐休闲服务业等培育脱贫支撑点。还有通过应用互联网、大数据、人工智能、云计算等方式协助贫困地区和人口脱贫。这些不同的脱贫方式和脱贫措施都逐一生动地体现到了文学的书写上。

从书写的对象及重点划分，脱贫题材文学创作可分为以记事为主、以写人为主和书史三大类型。记事为主的作品重在描写贫困地区脱贫事迹。重在写人者，则通过活生生的脱贫事例塑造文学新人，包括农村新人、新型农民，也包括扶贫干部、大学毕业生、乡村第一书记、支教教师、志愿者等。书史作品则重在对扶贫脱贫历程的记录，这是一种史记式描写，多为注重某一地区或某一人群脱贫经过的实录。

从脱贫作品所描写的范围上划分，可以分为地域性脱贫叙事与全局性全景式叙事。有的作品注重书写一时一地的脱贫攻坚事业，包括从一个省一个市一个县到一个乡镇一个村落的扶贫脱贫过程。如李迪《十八洞村的十个故事》、彭学明《人间正是艳阳天》、龙宁英《逐梦——湘西扶贫纪事》等讲述湘西十八洞村的脱贫故事，徐锦庚《涧溪春晓》表现山东章丘三涧溪村的脱贫，王宏甲《塘约道路》描述贵州安顺塘约村脱贫之路，朱朝敏《百里洲纪事》描写湖北枝江百里洲镇的脱贫，郑旺盛《庄严的承诺》叙写河南兰考县脱贫，鲁顺民等《掷地有声》反映山西扶贫脱贫，贺享雍《大国扶贫》、刘裕国等《向往》描写四川脱贫，贵州、云南、陕西、甘肃、河南、西藏、青海等全国各地都有脱贫题材文学创作。与此同时，出现了一些全景式叙事作品，关注全国贫困连片地区的脱贫进程，如纪红建的《乡村国是》和蒋巍的《国家温度》。尤其值得提及的是，自 2019 年 9 月起，中国作家协会组织实施脱贫攻坚题材报告文学创作工程。这是一次集束式的文学创作生产活动，充分体现了社会主义文学组织化生产的优势。中国作协一次性组织了 25 位作家奔赴 25 个地点撰写 25 部作品。其中既有全景式描写脱贫攻坚的，也有注重着力一个乡镇一个村或者一个县一个省区的脱贫报告。这 25 部作品构成了一种立体式的脱贫叙事格局，对于表现中国脱贫攻坚事业必将起到很好的总结汇聚推动作用。

从体裁上考察，脱贫攻坚创作主要以报告文学纪实文学为主，非虚构的表现方式可以客观真实准确科学地记录脱贫攻坚的伟大进程和卓越成就。同时，也涌现出了一批聚焦脱贫攻坚有较大反响的小说。

客观真实地记录时代大决战

报告文学是时代的晴雨表和方向标。报告文学的优长在于非虚构和真实性特质，可以准确客观地传递时代正在发生的巨变，记述时代大决战艰难曲折、生动感人的过程。脱贫攻坚这桩时代大事在报告文学纪实文学中得到了最及时最直接最有力的反映。

脱贫攻坚纪实在题材和主题上都进行了有力的拓展。譬如朱朝敏的《百里洲纪事》不仅描写扶贫扶志扶智，而且扶心，不仅从物质上、资金上、人才上对贫困地区百姓予以扶持，而且从心理上进行救助扶持。作品选取百里洲这个长江最大的江心岛来书写中国脱贫攻坚事业。百里洲就像一只小麻雀，但是五脏俱全，具有独特性典型性。百里洲的贫困人口是 6 076 人，约占全国贫困人口的万分之一，这万分之一实质上就是一个中国样本，一个中国脱贫攻坚战的典型。作者"以'我在'姿态去抒写，不仅要写出当下乡村整个群体的生存现场，还要写出他们的精神现场和心理现场"，从整体性上把握自己的扶贫对象，关注被扶贫者身心灵整体性的健康和健全，强调不仅扶贫扶智扶志还扶心理。作者充分运用小说元素和手法，以故事立文，注重生动情节，从一开篇讲述因为农药中毒导致脑受伤的杨勇，偏执地寻找妻子贲芳芳，接着写黄大国嗜赌成性，伤害了母亲，后自认弑母并因此被判重刑，等到他从监狱出来以后就变成了一个缩头缩脑的人，对强势的妻子始终委曲求全，这个人物一直都是沉默寡语或比较压抑的存在。作者笔下的人物大都个性鲜明命运独特。尤其是那位"特别能战斗"的覃老太太覃如玉，她本是一位大家闺秀，但是由于命运周折也沦为了一个贫困户，她先是为受凌辱的孙女金蓉讨说法，要让每个施害者都被绳之以法，一次次打官司一次次上访，尽管欺凌者都是邻居但是覃老太却毫不畏惧最终让他们逐一都受到了惩罚。后来，她又找到了儿子不能生育的根源，是环境污染导致儿子患上弱精症因此他的媳妇才会出轨跟别的二流子走到一起。于是她又为了治理污染而走上不屈不挠的抗争之路。杨春天一辈子习惯沉默，被大舅抛弃时她不言不语，等到大舅过 60 大寿的时候才终于同意离婚，但是离婚后她也不再嫁人，熊老头一再执着的求婚，"倒霉"的扶贫干部乔先森一心想促成二人的婚姻。尽管婚姻不成，但杨春天对熊老头还是有感情的，每年大年三十中午都要请他聚餐，熊老头送她的一只小羊更是被她当成闺女一样爱护，羊死了，一年后老太太也走了。《百里洲纪事》故事生动人物形象，具有较好的艺术性和可读性。

《逐梦》《人间正是艳阳天》《十八洞中的十八个故事》也采取了解剖麻雀式的写法，都聚焦十八洞村。十八洞村是习近平首次提出精准扶贫的地方，这里的生动实践和取得的成就无疑是烛照脱贫攻坚事业最好的窗口之一。《塘约道路》作者王宏甲在塘约脱贫的精彩个例上发现可行的脱贫路径，就是依托村党支部的坚强领导，开辟出一种新型的农村合作化的道路，把劳动力尤其是贫困户、残疾人农户也集中联合起来，对包括土地、资金、劳动力在内所有的生产要素进行重新组合，激发每个个体的积极性和创造力，开掘农民的内生动力，凝心聚力，发挥集体的力量，一个都不落下地实现共同致富。秦岭《高高的元古堆》以今昔对比手法，凸显了苦甲天下的甘肃定西元古堆村用短短 6 年时间实现从一个“穷”名远扬的“倒霉堆”到“绚丽甘肃·十大美丽乡村”和中国脱贫攻坚示范村之一的华丽蝶变。

第一部全景式反映中国扶贫脱贫攻坚战的长篇纪实是纪红建的《乡村国是》。作者足迹涉及 14 个省区市 39 个县 202 个村庄。《乡村国是》用心描绘出波澜壮阔的中国脱贫攻坚战的生动画卷，是中国向贫困总决战的一份生动的文学记录。作者选取了全国集中连片的特困区六盘山区、滇桂黔石漠化片区、武陵山区、秦巴山区、罗霄山区、昆仑山区、闽东山区等，包括东部沿海的福建，中部的江西、安徽、湖南、湖北，西部西南、西北广袤的乡村，确实堪称全景式、全视野地辐射和观照了全国的贫困地区，使得作品的主题与论断更具说服力。这部作品很好地表现了我们党人民至上，执政为民的理念和我国集中力量办大事、办成事、办好类似精准脱贫这样重大事情的社会制度的优越性。作者不仅仅着眼政府扶贫，也关注社会扶贫、企业扶贫；不单写经济扶贫、政策扶贫，也写到科技扶贫、教育扶贫、文化扶贫。虽然以乡村脱贫为主题，但又并不局限于书写乡村扶贫脱贫，还延伸到关注城市里大量的贫困人口及其脱贫问题。作品的历史纵深感鲜明，不仅仅写当下的脱贫攻坚战，还追述中国的扶贫历史，书写新中国成立以来扶贫脱困的艰辛过程以及取得的辉煌成就。同时，作者将中国乡村脱贫置于一种国际化的背景，把中国脱贫攻坚战放在人类与贫困作抗争的历程当中来考量，提出贫困是全人类共同面对的难题。作者自觉地将脱贫攻坚战与百姓的命运紧密联系，不但聚焦广大贫困群众的命运变迁，也力图写出广大扶贫干部的感人事迹。他努力反映普通群众和乡村在与贫困作艰难决战的悲欣交集的历程，并将这一过程同人物、村庄的命运变迁结合起来。作者通过采写众多贫困百姓和扶贫干部的故事，弘扬了勤劳坚韧、拼搏奋斗、自强不息、互帮互助的中国精神。

在叙事结构上，凌翼的《井冈山的答卷》谋篇布局相当巧妙。作品以总书记讲话中的关键词来谋篇布局，基本上分成三大部分。第一部分是序章“时代是出卷人”，紧接着便是“开卷”，然后从卷一直到卷十，便是主题内容“答卷”，描写井冈山扶贫干部群众大家一起上，共同把这份时代卷子回答好。最后一部分跋是“人民是阅卷人”，答卷成绩由人民评阅由群众说了算。这种浑然天成的巧妙结构，很适合脱贫攻坚这个题材。作者选取我们党 1927 年创立的第一个农村革命根据地井冈山这个革命老区，从 1927 年到 2017 年 2 月井冈山全面脱贫正好是 90 年。以前我们常讲“老少边穷地区”，贫困区似乎成了老区的一个标配。对老区我们欠债太多。如今，历经 90 年，井冈山通过上上下下的共同奋斗彻底告别了贫困，成为革命老区脱贫致富的模范。《井冈山的答卷》表现的另一主题是永葆初心，牢记责任和使命，将红色主题贯穿始终，用党的初心为红线贯串起了历史和现实。

以纪实手法反映脱贫攻坚战的作品数量众多，对于记录各地摆脱贫困过程无疑具有史志价值，对于认识和了解中国社会的变迁、文明进步亦有积极意义。劳罕《心无百姓莫为官》反映扶贫脱贫的“下姜模式”。铁流的《“莱西经验”诞生记》和《代村人的好日子》描写优秀的基层干部带领村民脱贫的生动事迹。曾令云《春暖乌蒙》、沈洋的《磅礴大地：昭通扶贫记》和周刁的《行走乌蒙》讲述乌蒙山区脱贫故事，欧阳黔森《花繁叶茂》

《报得三春晖》《看万山红遍》和何建明的《时代大决战——贵州毕节精准扶贫纪实》分别聚焦贵州铜仁和毕节的脱贫攻坚战。何建明的《山神》刻画了时代楷模、带领百姓修通“天渠”实现脱贫的村支书黄大发的感人形象。李迪的《永和人家的故事》和梁庆才《时代答卷——来自一个国家级贫困县的报告》分别描写山西永和和河南光州的脱贫事例。逄春阶和朵拉图的《家住黄河滩》讲述的则是易地扶贫的典型故事——黄河滩区百姓的脱贫历程。

讲好脱贫故事，塑造时代新人

故事情节、人物和环境是小说的三个要素。脱贫攻坚题材在小说创作领域的新创造与新拓展主要体现在故事、主题和人物等方面。习近平同志说：“典型人物所达到的高度，就是文艺作品的高度，也是时代的艺术高度。只有创作出典型人物，文艺作品才能有吸引力、感染力、生命力。”脱贫题材小说注重编织生动曲折的故事情节，塑造典型环境中的典型人物，凸显解决贫困、为民谋福、推动社会发展进步的时代主题。近年来，涌现出了一批产生了良好社会反响的小说。其中，赵德发的《经山海》、滕贞甫的《战国红》、陈毅达的《海边春秋》和脱贫题材报告文学纪红建的《乡村国是》、高宾的《心无百姓莫为官》等 2019 年都获得了第十五届精神文明建设“五个一工程”奖。

在主题开掘上，脱贫小说注重从历史和世界的视角洞察和思考。李明春长篇小说《山盟》特别注重现实与历史的勾连，讲述了一个当年曾经是红军活动过的革命老区石家梁村如何帮扶一个个穷困村民摆脱贫困的故事。当下的对口帮扶脱贫，帮助老百姓过上小康生活，与当初共产党和红军浴血奋战打天下为了让老百姓吃上饭的初心是一脉相承的。然而，几十年过去了，石家梁村因自然条件恶劣仍旧有一些群众因为种种主客观原因而生活在贫困线以下。由县里派出了一个接一个的扶贫干部，结对帮助这些贫困户寻找和发现谋生致富的门路，实现脱贫的目标。作品塑造的扶贫干部都是活生生的生活中人，他们有自己的家庭、自己的工作，也有自己的困难和诉求。为了回到石家梁村参与扶贫，石承不得不与妻子朗月分居两地迟迟都要不上孩子。接替石承的蓝喆更是遭遇了妻子红杏出墙、夫妻离异的不幸。但是，他们都义无反顾全身心地投入扶贫大业。尽管他们殚精竭虑，尽己所能地工作，但在扶贫进程中，他们也遇到了诸多无奈无助，石承和蓝喆最终都没能完美地完成扶贫任务没有得到奖状或表彰，但是他们觉得“贫困户脸上的笑容比奖状还好看”。

作者同时注重刻画形形色色、性格各异、千差万别的贫困户形象，凸显扶贫攻坚之艰巨复杂艰苦曲折。如因病致贫的冬哥，好吃懒做的凯子。冬哥原本是一个有志青年，打工诗人，擅长吹拉弹唱。然而，返乡盖房眼看就要过上幸福日子的他却突然遭遇下肢瘫痪，妻子携女出走。石承扶助他帮他四处寻求资助以安上假肢。冬哥儿子山仔的形象也很鲜明，他要强又倔强，争气又懂事，因与范镇长儿子范龙打架而被迫转学，后在上学途中险些被洪水冲走。当看到父亲的腿即将得治，他立志将来要挣好多钱，去帮助更多的穷人。与冬哥形成鲜明对比的是凯子。凯子又穷困又倔强硬气，身上交织着叫花子、二流子的无赖，同时他又想争口气，气不过竟然输给了冬哥这个残疾人，连离异的桂珍都宁愿嫁给冬哥也不愿跟他。石承千方百计帮助他，安排他到景区卖矿泉水，他竟然卖亏本了；安排他到朗月店里打工，他竟不辞而别……小说通过讲述石承对其曲折的帮扶过程，折射出了扶贫任务之艰难繁杂。最终，凯子找到了为人操办红白喜事的职业，以一种戏剧化的方式总算脱了贫。在贫困户中，还有像夏莲这样真正的硬骨头爱争气的女子。这个不幸丧夫寡居的女人却坚决不愿接受贫困户的名分，因为这关系到一家人的脸面和尊严。尽管蓝喆、范镇长等想方设法想帮助她申请政府救济扶持，但她却始终都不领情而宁愿自力更生，苦熬苦干。与夏莲形成对比的是，企业家富翁郝友和他的贫困母亲郝婆。小说以一种戏谑反讽黑色幽默的方式刻画了郝婆的独特形象：一辈子穷吃苦做，而临死之前竟捐出巨资来帮扶其他贫困户。小说还深入思考了简单帮扶脱贫所可能带来的不利后果，追问扶贫的终极目标：在普通百姓眼里，究竟什么才是幸福？石老山不肯下山，他认为守在山上守住阵地就是人生最大的幸福。而那些搬迁下山的群众也有许多人找不到事做安居却难以乐业，也还找不到真正的幸福。因此，作者通过对幸福真谛的追问，实际上也对脱贫工作进行了深刻的反思，使小说意犹未尽。

除了讲好故事，脱贫题材小说尤其注重对新时代新人形象的塑造和刻画，长篇小说如滕贞甫《战国红》中的杏儿，陈毅达《海边春秋》中的刘书雷、赵德发《经山海》中的吴小蒿。

百年乡土文学是中国现当代文学的一支主流。今天的乡土文学面临着新的转机，作家们需要处理好新的时代生活经验，准确认识和把握时代本质，书写好当下农村正在发生的变革，塑造好属于这个时代的新农民形象。《战国红》在这些方面做出了积极的探索。在土地贫瘠落后的辽西柳城村，一群年轻人的到来使这座古老的乡村焕发出无限生机。这个穷山恶水的村子早在清朝时就因乱砍滥伐森林导致生态恶化严重缺水，因此柳城村人心心念念皆在于如何破除“从今往后，河水断，井哭天，壮丁鬼打墙，女眷行不远”这一延续了300多年的喇嘛咒。在描述重振乡村这个艰难的过程中，作者精心塑造了几个堪称农村新人的人物，特别是柳城村本地的两个青年女性杏儿和李青。热爱徐志摩诗歌、酷爱写诗的杏儿原本亦希望离开柳城到外面广阔的天地去施展手脚，但因母亲患上腿病行走不便，杏儿出于孝道选择了留下。这个女孩善良、顽强、上进、敢作为、敢担当，她在两任驻村干部的熏陶影响和培训培养下，逐步成长为能够独当一面开拓进取的乡村干部。李青则是一位离开柳城村的农村女青年，她义无反顾地选择了回乡创业，为改变柳城村面貌贡献出自己全部的聪明才智。作者还特别注重表现这两位青年女性的爱情生活。杏儿的爱情朦朦胧胧如梦如幻纯真纯洁，而李青的情感纠葛曲折有致生动而美好。驻村干部陈放也是作家用心刻画的一个主要人物。这个即将退休的省机关的处长却自愿请缨到穷困的辽西担任驻村干部，做成了许多事，把很多想法变成现实，帮到了广大的父老乡亲，最终因车祸意外去世，但是他的愿景和理想正在柳城村大地上变成生动的现实。而村民们在砾石岗下为陈放挖掘墓穴时偶然发现的战国红玛瑙矿，更是对这位第一书记的一个有力衬托、象征和写照。

长篇小说《经山海》成功塑造了一个独特的乡镇女干部吴小蒿。故事主要围绕着吴小蒿的成长经历展开。吴小蒿通过竞争考核上岗被选拔为楷坡镇副镇长，负责安全和文化工作，到任后她兢兢业业地工作，处理了安全方面许多棘手的难题，着力抓传统文化的保护和开发利用，挖掘出打击乐《斤求两》鼓谱并对其进行再利用，开发了海上高跷，对香山遗美、霸王鞭、挂心橛等文物遗址进行保护，倡议建设海洋博物馆，……在被提拔担任常务副镇长、镇长以后，她主动作为，引进深海无人养殖设备“深海 1 号”，从孔林引进楷树，实现楷树复植。小说发生地是一个独特的所在，有山有海半农半渔，发展主要依靠念好山海经。和《山盟》相似，作者在创作时力求写出历史感、现场感。小说将吴小蒿在任职过程中所发生的一些大事，放在“历史上的今天”这个方位上来考察，将个人的微历史、小历史和时代的大历史及前人的历史交织在一起，让读者感受到“新时代的历程与个人的历程，都处在人类历史的大背景之下”，今天正在经历和发生的一切都能在历史上听到回响，从而赋予了小说以别样的历史纵深感。作者特别欣赏“鲸落”这一人生境界。鲸鱼死后庞大的躯体悠悠沉落，喂养着许许多多的海洋生物。沉到海底之后，会将所有的养分奉献给各种生物，包括一些可以分解鲸骨的细菌，从而形成了一个生态系统。在深海中至少有 1 万多种生物体依靠“鲸落”生存长达百年，直到其所有的营养消耗干净。而当有机物质被耗尽，鲸鱼骨骼更会化成一处礁岩，成为众多生物的聚居地。吴小蒿从鲸落这一特殊的海洋现象受到了深刻的启迪，确立了为官一任、造福一方的理想和目标，在工作中做到了公而忘私全身心投入，不惜牺牲了婚姻家庭亲情。她同时又是一个矛盾的复合体，性格复杂多元。她受过沉重的精神奴役创伤。到基层任职前她是软弱、克制的，从小就被重男轻女的父亲瞧不起。在读大学期间她又被由眼珠这个痞子般的“官二代”胁迫同居。毕业后，她从事的也是一种庸常无为乏味的工作。报考乡镇干部，到了农村后，她经历了一系列的挫折，解决了一个个的难题，逐渐成为一个有担当、敢负责、有作为的基层干部。她的性格和个体精神也变得越来越强大，最终敢于直面自己失败的婚姻，甚至不惜以命相搏进行抗争。这无疑是一个命运奇特、个性鲜明的新人。

文学是人学，人物是文学作品的关键元素，能否塑造出成功的人物形象是衡量一部作品是否成功的重要标志。近些年来文学界一直都在探讨如何认识和书写新时代，讲好精彩的中国故事，塑造出彩的中国人，为这个变革发展的大时代留下文学的影像。陈毅达的长篇小说《海边春秋》可谓是其中的佼佼者。这部小说以刘书雷从书斋的“文学博士”服务改革的“斗士”的成长历程作为故事发展的线索，围绕着援岚办工作开展和岚岛发展规划特别是以蓝港村的搬迁这一焦点事件为核心来展开情节和故事，在一个又一个矛盾冲突的解决过程中刻画以刘书雷为代表的一群时代新人形象。在作者笔下，时代新人的锻塑是一种成长性的过程。刚从京城名牌大学毕业不久的刘书雷是省文联最年轻的处级干部，还不是党员。他并未主动报名参加援岚，而是在李然书记的动员下，才被动地接受了这项任务。在经过省委组织部培训之后，他还试图同组织上讨价还价。即便是到了岚岛援岚办他依旧缩手缩脚，特别是被委派到蓝港村去协助解决村子的搬迁与发展问题时，更是手足无措。但是，在组织的鼓励支持下，在导师的教诲下，这个从书斋中走出的文学博士最终接受并顺利完成了这项看似不可能完成的任务。在此过程中，他的价值观和人生观得到了改造，激发出强烈的要为人民做更多工作为社会做更多奉献自觉的愿望。刘书雷是从现实生活土壤中生长起来的有血有肉的一个时代新人。难能可贵的是，陈毅达笔下的时代新人不是孤立的，而是成队伍成群体的。张正海这个从岚岛管委会文旅委下派的乡村第一书记，开始时也有畏难情绪，但在与村民的接触和朝夕相处过程中，他逐渐地理解了村民们的诉求，能够为蓝港村的村民设身处地地着想，一心一意谋求蓝港村的发展，以摆脱贫困，改变落后面貌。在此过程中，张正海做了大量建设性的工作，最终得到了群众的拥护和爱戴。“海上蓝影”这个微信公众号下所团结的一群有志青年切身感应到了时代变革的脉搏，决定集体回乡创业，共谋村庄发展大计。这些新人的出现，让我们感受到了一个时代强烈的新鲜气息，这就是以变革、发展、开拓、进取、奉献、实现价值、全心全意为人民一心一意谋发展为精神标志的时代新人的价值观。新人辈出是时代发展的召唤。作为时代书记员的文学应该主动响应这种召唤，写出能够体现这个时代鲜明形象的中国故事、中国人物。

脱贫题材小说值得关注的还有如马平的《高腔》、章泥的《迎风山上的告别》、林雪儿的《北京到马边有多远》、忽培元的《乡村第一书记》等，作品各有优长，都产生了一定的社会反响。

成绩和存在的问题不足

随着脱贫攻坚战的逐步推进和即将胜利完成，文学创作领域出现了一批有影响的小说和纪实文学作品，其中有些作品如欧阳黔森的《花繁叶茂》已被改编成电影或电视剧。在深入生活采访创作过程中，作家们积累了丰富的创作经验。时代主题创作要求作家在场、入戏、共情，和老百姓心连心，作家必须深入生活深入人民中间，体会人民情感和心声，写出人民的悲欣交集和时代的巨大变革，留下珍贵的历史记忆。在这个过程中，广大作家的情感发生了质变，和人民和人心贴得更近，他们的写作也更加接地气、有人气、有温度、有筋骨、有力度。作家和人民的关系更加密切，他们深入生活确实做到了身入、心入、情入，不久前病逝在创作十八洞村脱贫纪实作品过程中的李迪就是其中一位优秀代表。脱贫是亿万贫困百姓的衷心向往。作家们通过深入采访和书写脱贫事业，表现广大老百姓宁愿苦干不愿苦熬，也更加深化了人民立场和家国情怀。

脱贫书写是一种主题创作，主题创作容易给人生硬僵化的成见。为了打破这种成见，作家们竭力探寻新鲜的素材独特的事例新颖的视角，致力于塑造新人新典型，讲好中国新故事，弘扬中国精神，传递中国价值。主动求新创新成为大家共同的创作理念和追求。

目前看，脱贫书写已然很好地体现了中国制度优势，凸显中国共产党的领导和中国特色社会主义制度坚持以人民为中心奉行人民至上的执政理念。许多作品都具有世界共通性、人类共情性的价值。

此外，在脱贫创作中，组织创作生产成效显著。各地作协、扶贫、宣传和出版等部门动员和组织了一大批作家投身脱贫攻坚伟业，逼近观察书写，催生了一批精品佳作。这种组织化生产的经验今后可以复制和推广到其他主体性创作活动中，得到更好的运用。

当然，我们也毋庸讳言，当前脱贫的文学书写也存在着一些问题和不足。譬如，脱贫攻坚题材创作大多为对一个地区一个时间段一群人脱贫状况或其过程的记录和描写，全景式叙事较少，从整体上总体把握中国脱贫事业的作品不多。作品大多为一种记录记述反映和讲述，缺少深入独到的思索思考和提升升华，多数作品思想性尚显不足，在创作上存在简单化、平面化、概念化、标本化、同质化、模式化等不良倾向。在具体书写上，脱贫创作大多注重是描写如何扶贫和如何自发脱贫，而较少关注扶贫脱贫中的一些新颖独特的现代的新技术、新创新、新创举式的脱贫扶贫方式，比如像互联网、云计算、大数据、人工智能等高新科技在脱贫中的生动应用和实际成效。在这方面，丁一鹤、毛永温的《厚土中国》反映大数据精准防贫惹人注目。当下的脱贫创作多为局部性、中国式的讲述，而缺少面向世界和人类的，具有人类共情性共通性的描写，故事不够生动形象，人物命运和性格特征不够突出鲜明，作品缺乏打动世界读者的力量。作家们多写脱贫过程而少反映脱贫后的生存、返贫、防贫等；多描写“怎么扶”，少“扶什么”，少脱贫后怎么办？在“怎么扶”的问题上，国家的政策性导向是实施“五个一批”工程：通过发展生产、易地搬迁、生态补偿、发展教育脱贫一批，通过社会保障兜底一批。这五种类型的脱贫方式，都应该在文学作品中得到反映。目前，描写发展生产脱贫的作品为主，表现其他几种方式的脱贫作品很少或缺乏。尤其是全景式反映中国脱贫事业的纪实作品，更应关照到这五种方式。此外，脱贫文学多刻画贫困人口的形象，较少正面帮扶人物典型的塑造。不少作品反映性报告性特征鲜明，而少文学性、感染力，艺术性不足。所有这些问题和不足都在提示我们，脱贫书写还在路上，脱贫文学还存在着很大的提升和发展空间。

贫困的状况是相似的，而扶贫脱贫的道路、形式及效果却各有侧重。中国脱贫题材文学创作需要写出地方性、独特性、史志性，同时更要写出共情性、艺术性和人类普适性，要进行立体的全面的描写，写出更多鲜活的人物和故事。所有这些问题都有待于我们的作家在今后的创作中不断摸索并切实予以解决。脱贫攻坚题材是一座文学富矿，拥有广阔的写作空间。脱贫作品为乡村题材创作提供了全新的文本，也给传统深厚的乡土文学注入了新的内容、新的元素、新的可能。新时代乡村题材创作离不开脱贫攻坚，离不开全面小康，离不开新人的成长。乡村振兴、美丽乡村建设离不开人的成长、人的变革。文学是人学，脱贫攻坚文学应该始终关注人，聚焦人，回到人，更多地描绘人在脱贫攻坚的决定性作用，也写出脱贫攻坚对人的影响、人的变革。要在事中写人，由事及人，由人及事，以人和事构成历史全貌。这是今后脱贫文学应该聚力主攻的一个方向。

脱贫文学是随着我国扶贫脱贫事业的兴起而萌生勃发的，并且随着脱贫攻坚战决战阶段的到来迅速形成了一个创作高潮。2020 年底，脱贫攻坚就将完成，然而对于这场具有划时代意义事件的文学书写却远未结束。伴随着人类反贫困事业的进展，经过时间和历史的沉淀，中国的脱贫叙事必将得到更有力更深刻的开掘拓展，脱贫减贫文学创作一定会取得新的突破和新的成就。

（原刊于《中国文艺评论》2020 年第 9 期）